U0129306

紫燕銜泥 衆口築居

——中國新詩的 "公共性" 研究

向 天 淵 等著

文 史 哲 學 集 成

文史框出版社印行

國家圖書館出版品預行編目資料

紫燕銜泥　眾口築居：中國新詩的"公共
性"研究 / 向天淵等著. -- 初版 -- 臺
北市：文史哲,民 104.03
484 頁; 21 公分（文史哲學集成；670）
ISBN 978-986-314-241-6（平裝）

1 新詩 2. 詩評

820.9108　　　　　　　　　104000838

文史哲學集成　670

紫燕銜泥　眾口築居
——中國新詩的"公共性"研究

著　　者：向　　　天　　　淵等著
出 版 者：文　史　哲　出　版　社
　　　　http://www.lapen.com.tw
　　　　e-mail：lapen@ms74.hinet.net
登記證字號：行政院新聞局版臺業字五三三七號
發 行 人：彭　　　正　　　雄
發 行 所：文　史　哲　出　版　社
印 刷 者：文　史　哲　出　版　社
臺北市羅斯福路一段七十二巷四號
郵政劃撥帳號：一六一八〇一七五
電話886-2-23511028・傳真 886-2-23965656

實價新臺幣六二〇元

中華民國一〇四年（2015）三月初版

教育部人文社會科學研究規劃基金項目資助

"中國新詩的'公共性'問題研究"

（13XJA751007）結項成果

紫燕銜泥　眾口築居
——中國新詩的 "公共性" 研究

目　　次

詩的公共性（代序）

呂　進

　　新詩在上個世紀八十年代曾經創造過自己的輝煌。三個詩群同步活躍：艾青和穆旦這樣的"歸來者"，北島和舒婷這樣的朦朧詩人，雷抒雁和傅天琳這樣的"新來者"，再加上詩群之外的臧克家、李瑛這樣的資深詩人，演出了多音部的合唱。那是令人懷念的詩的時代，詩引發全社會強烈的共鳴。九十年代以後，詩歌的"個人化"傾向漸成潮流：抒寫自己身世，專注私人情感，吟唱狹小空間，於是詩歌與受眾拉開距離，放棄公共性的審美追求，逐漸退出公眾視野，自己將自己邊緣化了。

　　詩一經公開發表，就成了社會產品，也就具有了社會性。所以公共性是詩在社會的生存理由，也是詩的生命底線。其實，從詩歌發生學來講，從誕生起詩就具有公共性這一特質。甲骨文裏是沒有"詩"字的，只有"寺"字。宋人王安石解剖"詩"字說："詩，寺人之言"。寺人就是上古祭祀的司儀。《左傳》說："國之大事，在祀與戎。"祭天，祭地，祭祖，求福消災的祭詞，當然是"人人所欲言"，具有很高的公共性。中國古代的祭祀經殷周、秦、魏晉有新的變化發展，但具有嚴肅性、崇高性、音樂性的祭詞的代言性質始終沒有變化，這是中國詩歌與生俱來的遺傳。

　　從詩歌傳統來講，公共性是中國詩歌的民族標誌。對於詩歌，沒有新變，就意味著式微。但是如果細心考察，就不難發現，在一個民族詩歌的新變中，總會有一些有別於他民族的恒定的藝術元素，這就是民族傳統，這是詩歌“變”中之“常”。循此，可以更深刻地把握傳統詩歌 —— 發現古代作品對現代藝術的啟示；可以更準確地把握現代詩歌 —— 領會現代詩篇的藝術淵源；可以更智慧地預測未來 —— 在變化與恒定的互動中詩的大體走向。中國是詩國，正是幾千年的優秀傳統推動了中國詩歌的流變與繁榮。李白《把酒問月》有“今人不見古時月，今月曾經照古人”之句，優秀傳統就是“今月”。中國詩歌的優秀傳統的首要表現就是充當代言人。詩無非表達兩種關懷：生命關懷與社會關懷，兩種關懷就是兩種代言。

　　許多書寫生命關懷的篇章，從詩人此時真切的人生體驗出發，說破千百萬人彼時的類似心情。徐志摩的詩句“輕輕的我走了，正如我輕輕的來”，寫出一般人作別故地時共有的又瀟灑又纏綿的情緒；海子的“面朝大海，春暖花開”，是許多同時代人在心靈寧靜時的明朗感受；舒婷的名篇《神女峰》唱出了眾多女性反叛舊習俗的勇氣和大膽追求愛情追求幸福的心態：“與其在懸崖上展覽千年/不如在愛人肩頭痛哭一晚”。詩人情動而辭發，受眾讀詩而入情。詩人的體驗唱出了、集中了、提高了許許多多人的所感所悟所思，審美地說出人們未曾說出的體驗，能言人之未言，易言人之難言，自會從詩人的內心走向受眾的內心，自是親切，自會傳誦久遠。

　　書寫社會關懷是中國詩歌的顯著特徵，千百年來以家國為本位的優秀篇章數不勝數，歷來被認為是上品，所謂“國家不幸詩家幸，賦到滄桑句便工”，所謂“有第一等襟抱，才有第一等真詩"。"海天愁思正茫茫"是歷代中國優秀詩人的共性。即使對個人命運的淺吟低唱，也常常是和對國家興衰的關注連在一起的。只是，這"關注"的通道是詩的，而不是非詩的。新時期開始的時候，許多曾經的"受難者"從各個地方、各個領域"歸來"了，"歸來者"詩人高平的詩句"冬天對不起我／我要對得起春天"說出了所有"歸來者"的心緒：拋開昨天，走向明天。而朦朧詩人顧城的詩《一代人》只有兩行："黑夜給了我黑色的眼睛／我卻用它來尋找光明"，和高平有異曲同工之妙。詩人艾青在抗戰中有名句"為什麼我的眼裏常含淚水／因為我對這土地愛得深沉"，這種愛國情愫穿過時空，一直到今天也被人們傳誦。

詩是藝術，藝術來自生活又必定高出原生態生活。常人是寫不出詩的。只要真正進入寫詩狀態，那麼，在寫詩的時候，常人一定是一個詩人 —— 在那個狀態下，他洗掉了自己作為常人的俗氣與牽掛，從非個人化路徑進入詩的世界。非個人化就是常人感情向詩人感情的轉變，原生態感情向藝術感情的提升，沒有這種轉變和提升，就沒有詩。詩的顯著特徵是"無名性"。歌唱著的詩人和歌唱者本人既有聯繫，更有區別。既是詩人，就應當不只是充當自己靈魂的保姆，更不能只是一個自戀者。這種"無名性"使得詩所傳達的詩美體驗獲得高度的普視性，為讀者從詩中找到自己、瞭解自己、豐富自己、提高自己的廣泛可能。原生態的感情不可能成為詩的對象。讀者創造詩，詩也創造讀者。艾略特在《傳統與個人》這篇文章裏，宣導詩表現"意義重大的感情"，艾略特還說："這種感情的生命是在詩中，不是在詩人的歷史中"，"藝術家越是完美，那麼在他身上，感受的個人和創造的心靈越是完全的分開"。我們可以從公共性去理解艾略特的話。僅僅對一個人有價值的東西對於社會、對於時代不一定有重大意義。越是優秀的詩人，他的詩的普視性就越高。

　　當然，在情感內容上的高度非個人化的詩又必須在表達上尋覓高度的個人化。真正的詩人不可複製。表達技法是一個深不見底的大海，摒棄公共的規條："國無法則國亂，詩有法則詩亡"，"無法之法，乃為至法"。千變萬化的技法表現著普視的情感內容，這就是古往今來的優秀詩篇的共同品質。

　　　　　　　　　（本文原載《重慶晚報》2013 年 10 月 23 日）

緒論：新詩“公共性”問題的學理背景

一、新詩“公共性”命題的提出

作為詩學命題，新詩“公共性”的明確提出，至今不過四年左右的時間，可謂一個嶄新的學術話題。其誕生的直接契機是 2008 年出現的汶川地震、南方雪災等嚴重自然災害以及西藏衝突、奧運風波、金融危機等重大社會事件。圍繞這些突發性的災難與事件，詩人們創作出大量既不同於 1980 年代排拒主流意識、也不同於 1990 年代個人化乃至於極端個人化、更不同於世紀交替之際消費至上且娛樂至死的詩歌作品，讓廣大讀者強烈感受到久違了的詩歌與人民、社會、民族、國家之間的密切關聯。理論界自然也捕捉到這種趨勢。就在隨後不久的 2009 年 4 月，一批學者、詩評家彙聚首都師範大學，圍繞“詩歌與社會”這一主題，針對“5.12”地震詩潮、打工詩歌和底層寫作等現象，就詩歌的公共性與自主性、詩歌的社會功能、詩歌如何面對重大社會問題、當下詩人如何自我定位等諸多議題進行廣泛討論，並於會後發表網路版《“詩歌與社會”學術研討會論文集》，產生了一定的反響。其中，趙薇《九十年代以來的新詩寫作與公共性：對“地震詩潮”的再思考》、羅小鳳《公共話語與個人話語的多重互嵌：從“地震詩潮”看當下詩歌的社會功能變向》等論文從多個方面探討了新詩的公共性問題。此外，《人民文學》雜誌社從 2009 年 9 月起連續三年舉辦了三屆“詩與公共生活論壇”，與會詩人、學者結合當前詩歌現象，從詩人自身、新詩文體、題材取向以及受眾素養、傳播方式等多個方面入手，探討詩歌與公共生活的多重關係，呼籲詩歌有效地介入公眾生活。

　　與此同時或稍後，還有其他學者闡述此一論題，如呂進在《新詩詩體的雙極發展》《自由詩要守住中國詩之為中國詩的“常”》等論文中，都明確提出“新詩需要在個人性與公共性、自由性與規範性、大眾化與小眾化中找到平衡，在這平衡上尋求‘立’的空間。”[1] 又比如，孟繁華在《文學該怎樣進入公共論域：關於底層寫作》一文中也強調說：“文學的社會性和文學性不應也不會構成矛盾關係。所有的經典文學如果沒有對社會問題的關注，它的經典性是經不起時間考驗的，又如何能夠進入公共論域呢？如果僅僅潛心于‘純文學’，文學就只能在小圈子裏流傳和欣賞。”[2] 還有趙勇的《文學活動的轉型與文學公共性的消失》一文，對1990 年代以來文學公共領域一蹶不振、作家放棄知識份子角色而退守自我、私語化的文學開始流行等現象及原因進行了描述與分析，並頗為悲觀地指出：“在當下的現實語境中，文學公共性一旦消失，對它的重建將十分困難。這不僅是因為文學遠離現實之後已在很大程度上失去了穿透生活、闡釋世界的能力，而且也因為文學知識份子在許多方面已不再具有發言權……所有這些，都

1　呂進：《新詩詩體的雙極發展》，《西南大學學報》，2012 年第 1 期。
2　孟繁華：《文學該怎樣進入公共論域：關於底層寫作》，《深圳特區報》，2010 年 8 月 23 日。

意味著當今的文學與文學活動已失去了生成公共性的基礎。”[3]該文發表於 2009 年初，作者所看重並深感欣慰的是 1980 年代文學公共領域的“活躍”和文學公共性的“瘋長”，沒有也許還未來得及關注地震詩潮、底層詩歌等引起公眾強烈反響從而具有明顯“公共性”特徵的創作現象，但其對文學公共性消失的焦慮卻並非杞人憂天，仍值得我們予以高度重視。或許，新詩“公共性”問題的提出能夠成為重建“文學公共性”的一個良好契機，並非像趙勇所說，只能到文學之外的經濟、法律、歷史、哲學、社會學、傳播學乃至於科學界去尋求重建的基礎。

二、麥克裏希、艾略特、朱自清的相關闡釋

就在新詩“公共性”話題浮出水面並引起越來越多的關注之時，我們轉而發現，早在 1940 年 4 月，朱自清就翻譯了美國學者阿奇保德・麥克裏希的文章《詩與公眾世界》（1939）。按照麥克裏希的說法，“三十年前，公眾世界是公眾世界，私有世界是私有世界，這是真的；三十年前，詩就性質而論，與公眾世界絕少交涉，也是真的。但到了今天，這兩種情形並不因此還靠得住。……和我們同在的公眾世界已經‘變成’私有世界了，私有世界已經變成公眾的了。”[4]不僅如此，他還認為：“需要解釋的事實，不是只有少數現代詩人曾經試過，將我們時代的政治經驗安排成詩，而是作為這種努力的現代詩人沒有一個成功的 —— 沒有一個現代詩人曾經將我們這一代人對於政治世界的經驗，用詩

3　趙勇：《文學活動的轉型與文學公共性的消失》，《文藝研究》，2009 年第 1 期。

4　〔美〕阿奇保德・麥克裏希：《詩與公眾世界》，朱自清譯，《朱自清全集》（第 2 卷），江蘇教育出版社，1996 年版，第 415-416 頁。

的私人的然而普遍的說法表現給我們看。”[5]顯然，麥克裏希轉彎抹角地提出了一個相當複雜的問題，那就是在他所處的那個時代，“私人世界”與“公共世界”之間已經不能截然劃分出一條明晰的界限，而如何通過“詩的私人的然而普遍的說法”去表現一代人對於政治世界，也即所謂“公共世界”的經驗，是現代詩人面臨的巨大挑戰，即使是像“葉慈”（Yeats，又譯為葉芝）這樣偉大的現代詩人，在麥克裏希看來，“也不曾將現代的政治世界經驗‘當作’經驗表現”。[6]七十多年過去了，麥克裏希提出的問題至少在中國新詩創作中仍未獲得恰如其分的解決。

　　我們知道，朱自清並不擅長翻譯，該文是他僅有的幾篇譯作之一，被作為唯一的附錄放在《新詩雜話》（1947）的最後。就在這部被作者自稱是“愛不釋手”、“敝帚自珍”的詩論著作裏邊，我們看到朱自清寫於 1941 至 1943 年之間的幾篇文章，如《抗戰與詩》、《詩與建國》、《愛國詩》、《北平詩》、《詩的趨勢》、《真詩》等，在內容上都與麥克裏希的文章存在明顯的關聯。比如就在《抗戰與詩》（1941）一文中，朱自清評價艾青的《火把》時說：“這篇詩描寫火把遊行，正是大眾的力量的表現，而以戀愛的故事結尾，在結構上也許欠勻稱些。可是指示私生活的公眾化一個傾向，而又不至於公式化，卻是值得特別注意的。”[7]這種“私生活的公眾化”的發現與提出，與上述麥克裏希所謂“公共世界”的“私人的然而普遍的說法”，從兩個正相反對的維度揭示了詩歌公共性與私人性之間的辯證關係，形成相反相成

---

5 同上，第 417 頁。
6 同上，第 417 頁。
7 朱自清：《抗戰與詩》，《朱自清全集》第 2 卷，江蘇教育出版社，1996 年版，第 348 頁。

的呼應與共構。在《詩的趨勢》中，他更是多次大段引用《詩與公共世界》之中的文字，並就麥克裏希提出的"負責任的，擔風險的語言"、"真詩"等問題展開論述，而且還敏銳地指出："我國抗戰以來的詩，似乎側重'群眾的心'而忽略了'個人的心'，不免有過分散文化的地方。"[8]這些認識同麥克裏希的論述一樣，已經充分地涉及到今天我們仍需予以深度辨析的詩歌"公共性"與"個人性"之關係問題。

　　除此之外，我們還得提及 T・S・艾略特。作為世界級的詩人與詩歌理論家，他的聲名與作品由茅盾於 1923 年 8 月引入我國，經過吳宓、葉公超以及趙蘿蕤、王佐良、袁可嘉、周煦良、曹葆華等學者、詩人的譯介，到 1940 年代末期已經變得眾人皆知，而他對新月派、現代派、九葉詩派的詩歌創作及詩學理論所產生的重大影響，也早已成為學界的共識。這裏要談到的是《詩的社會功能》一文，該文最遲也在 1940 年代的中後期進入中國學者的視野。[9]艾略特在文中明確表達了這樣的觀點："詩人是否用他的詩來宣揚或者攻擊某個社會觀念這無關緊要。假如詩人所反映的恰好是他那個時候大眾所持的觀念，那麼拙劣的詩也可能會風靡一時，但是真正的詩不僅經受得住公眾意見的改變，而且經受得住人們完全失去對詩人本人所熱烈關注的問題的興趣。"[10]這種有關詩人與時代觀念及公眾意見之關係、"真正的詩"應該具備超越公眾興趣之品質的論述，都是極為深刻與辯證的認識，對中國新詩的啟迪是毋庸置疑的。當然，艾略特的詩學觀點比較複雜甚

8　朱自清：《詩的趨勢》，《朱自清全集》第 2 卷，江蘇教育出版社，1996 年版，第 370 頁。
9　參見張松建《艾略特與中國》，《外語與翻譯》，2002 年第 3 期。
10　王恩衷編譯《艾略特詩學文集》，國際文化出版公司，1989 年版，第 240 頁。

至不乏自相矛盾或者說依違兩可之處,雷納·韋勒克就曾指出:"以前艾略特捍衛過一種強調藝術自主、'詩歌純一'的觀點,一向持論反對將藝術與宗教、藝術與道德混為一談,反對馬修·阿諾德和美國人文主義者,但是後來卻提倡雙重批評標準:一方面為藝術標準,一方面為道德 —— 哲學 —— 神學標準。"[11]他對中國現代詩學的影響自然也顯得繁複多樣,但他有關詩歌社會功能與藝術特性之關係的辯證闡釋,仍然是我們認識中國新詩"公共性"與"個人性"之關係問題的重要理論資源。

三、阿倫特、哈貝馬斯、泰勒的系列論述

　　說到資源,我們必須指出,新詩"公共性"話題的直接理論啟示,應該是漢娜·阿倫特、尤根·哈貝馬斯、查理斯·泰勒等有關"公共領域"、"公共性"問題的系列論述。

　　漢娜·阿倫特(1906-1975)以其與海德格爾的特殊關係,在1990年代以來,開始引起我國學者的普遍興趣,她的論著以及有關她的研究與傳記持續受到追捧。1998 年,從她的 Human Condition(1958)一書中節譯出的《公共領域與私人領域》,被汪暉、陳燕穀作為首篇論文收入北京三聯書店"學術前沿"叢書之一的《文化與公共性》。隨後,阿倫特的一系列著作,當然也包括 Human Condition(《人的條件》)被譯成中文。在《人的條件》中,阿倫特首先將人的活動區分為勞動、工作、行動,"它們對應於擁有生命的世人的三種基本條件。"在她看來,勞動即是人的生命本身,工作是人的一種現世性,行動是人們居世的群

---

11 〔美〕雷納·韋勒克:《近代文學批評史》(第五卷),楊自伍譯,上海譯文出版社,2002 年版,第 297 頁。

體條件。前兩者更多地屬於"私"的領域，後者屬於人際交往的
"公"的範圍。"勞動、工作和行動這三項活動關注和預見著新
生命的不斷湧現，並為這些初涉人世的陌生人承擔提供和維護這
個世界的重任，因此它們始終植根於人的誕生之中。"[12]正如朱
莉亞·克利斯蒂瓦指出的那樣："在阿倫特所有的作品中，生命主
題始終牽引著她的思想，有效地幫助她探討政治學歷史與形而上
學歷史，並且得到了全面的昇華與完善。"[13]這種對飽受威脅的
人之生命的捍衛立場，在《人的條件》中顯得最為明顯，也是她
關注"人的活動"尤其是"行動"的重要原因，還應該是在分別
討論"勞動"、"工作"和"行動"之前，用相當大的篇幅梳理
社會領域、公共領域和私人領域三者之關係的根本理由。因為"行
動本身是人類獨有的特權，動物和神都不具備這一點，只有行動
完全依賴於他人的存在。"[14]具體到公共（政治）領域、私人領
域的劃分，她依據的是古希臘城邦公民的公共生活經驗，所謂"希
臘城邦國家的興起，意味著人們獲得了除其私人生活之外的第二
種生活，即他的 bios politikos。這樣每一個公民都有了兩個生存
層次，在他的生活中，他自己的（idion）東西與公有的（koinon）
東西有了一個明確的區分。"[15]除此之外，阿倫特認為還有一個
介於政治生活與私人生活之間的場域，即"社會領域"，而且只
有在此領域中才存在以"平等"為其實質的"自由"。當然，阿
倫特也對"公共"與"公共性"進行了簡單的論述。她說：" '公

---

12 〔美〕漢娜·阿倫特：《人的條件》，竺乾威、王世雄等譯，上海人民出版社，
1999 年版，第 2 頁。
13 〔法〕朱莉亞·克利斯蒂瓦《漢娜·阿倫特》，劉成富、陳寒等譯，江蘇教育出
版社，2006 年版，第 2 頁。
14 〔美〕漢娜·阿倫特：《人的條件》，第 18 頁。
15 同上，第 19 頁。

共'一詞表明瞭兩個密切聯繫卻又不完全相同的現象。""它首
先意味著,在公共領域中展現的任何東西都可以為人所見、所聞,
具有可能最廣泛的公共性。"[16] "其次,就對我們所有人都一樣
而言,就不同於我們在其中擁有的個人空間而言,'公共'一詞
表明瞭世界本身。"[17]

　　經由以上簡單介紹,不難看出,阿倫特是從政治哲學、政治
實踐理論的視角來建構其公共領域理論的。儘管她從亞裏斯多德
關於"人是天生的政治動物"和"人是能說會道的動物"的兩個
定義中獲得啟發,將"行動"和"語言"視為人的政治性(公共
性)的主要表現,但她並未對"語言"或者說由人的"語言"行
為所引發的文學公共性問題展開論述,從而留下一個值得深究的
詩學命題。不過,就在幾年之後,這一問題在哈貝馬斯那裏獲得
了進一步的思考與闡釋。

　　尤根・哈貝馬斯(1929～)1961年出版的《公共領域的結構
轉型》(以下簡稱《轉型》),直到1980年代才受到熱烈的關注
與討論,其原因就在於當時西方發達國家的傳播媒介受到市場與
國家的雙重控制,導致其性質、功能發生轉變,傳媒的批判公共
性也隨之消失,而這正是《轉型》一書預見性地給予探討的重要
內容。這本研究"資產階級公共領域"之形成、發展、轉變與瓦
解的著作,在1998年和1999年以節選和全譯的方式先後被翻譯
成中文,促進了學界對我國"公共領域"及"公共性"問題的反
思與探討。就本文所關注的文學公共領域與公共性問題,除零星
論述之外,《轉型》還辟有專節"文學公共領域與政治公共領域
的關係"予以討論。儘管哈貝馬斯關心的是文學公共領域在資產

16　同上,第38頁。
17　同上,第40頁。

階級政治公共領域形成過程中所發揮的作用，即所謂“在與‘宮廷’的文化政治對立之中，城市裏最突出的是一種文學公共領域，其機制體現為咖啡館、沙龍以及宴會等”[18]，“政治公共領域是從文學公共領域中產生出來的；它以公眾輿論為媒介對國家和社會的需求加以調節。”[19]隨著公共圖書館的建立、讀書俱樂部的湧現、市民階層閱讀習慣的養成，加上報刊雜誌、職業批評等仲介機制的出現，“參與討論的公眾佔有受上層控制的公共領域並將它建成一個公共權力的批判領域，這樣一個過程表現為已經具備公眾和論壇的文學公共領域的功能轉換。以文學公共領域為仲介，與公眾相關的私人性的經驗關係也進入了政治公共領域。”[20]《轉型》對文學公共領域之批判性功能的強調，對私人經驗通過文學活動進入政治公共領域之機制的描述，對文學公共領域被文化消費的偽公共領域所取代的惋惜，以及對大眾傳媒的興起使公眾分裂成沒有公開批判意識的少數專家和公共接受的消費大眾，並由此導致文學公共領域以及資產階級公共領域之瓦解的成功預言等，都為在當前商業化、資訊化、網路化時代中，我們應該如何重建文學公共領域的生成機制，怎樣堅守文學公共性的批判立場提供了重要的啟示，當然也是新詩“公共性”問題提出的學理背景與深入探討的思想資源。

　　加拿大的查理斯·泰勒（1931～　）是當代著名政治哲學家，1997年被韓震以《查理斯·泰勒對自由主義的批判》一文引入我國，前述汪暉、陳燕穀主編的《文化與公共性》一書也翻譯了他

---

18 〔德〕尤根·哈貝馬斯：《公共領域的結構轉型》，曹衛東等譯，學林出版社，1999年版，第34頁。
19 同上，第35頁。
20 同上，第55頁。

的《籲求市民社會》、《公民與國家間的距離》、《承認的政治》等三篇文章,提高了他在中國學界的知名度,而他 2003 年 12 月的北京、上海之行則加速了其著作的漢譯與研究。但直到現在,我國學者注重的主要是他有關市民社會、現代性、世俗時代、自由主義、社群主義、承認的政治等問題的論述。實際上,泰勒對公共領域、公共性的研究與阿倫特尤其是與哈貝馬斯的論述既一脈相承又有所發展。其中最值得注意的是,他借鑒了英國學者本尼迪克特·安德森論述民族主義之起源與散佈時所使用的“想像的共同體”概念,提出“想像的輿論共同體”,以此來描述傳媒時代因為共同議題結合而成的無形的或者說虛擬的公共領域,它並不具有物理空間的屬性,但卻能將眾多陌生的人串聯在一起,從而具有明顯的公共性特徵。在泰勒看來:“公共領域是透過非直接隸屬於政治系統的媒體,或政治立場中的媒體,進行分散討論的空間。眾所周知,蓬勃發展的公共領域是民主的基本條件。這也就是為什麼連當代的集權政體也覺得非要裝模作樣一番,就好像過去曾有過的許多例子一樣。然而如今我們瞭解到,這不僅是因為自由的媒體能夠扮演守門人的角色,小心翼翼地檢視權力,在它逾越許可權時發出警告。這項功能固然重要,但並不是全部。公共領域的媒體品質與功能,還可以深深決定公共辯論的品質與範圍。”[21]這種對媒體之品質與功能的強調,和哈貝馬斯對傳媒特性的闡釋可謂異曲同工,不僅有利於社會批判精神與政治民主機制的建立,對當今中國文化制度的改進、社會制度的完善、政治體制的改革與發展也具有重要的啟示,自然也是重建我國文學公共性不可忽視的理論資源。

---

21 〔加拿大〕查理斯·泰勒:《公民與國家間的距離》,汪暉、陳燕谷主編《文化與公共性》,北京三聯書店,1998 年版,第 207-208 頁。

四、詩歌“公共性”的多重內涵

　　上述當代西方學界三位大師級人物有關公共領域、公共性的論述主要屬於政治學、社會學的知識譜系，但由於他們對傳播媒介在公共領域建構中的功能與價值尤為重視，從而給“文學公共性”、“新詩公共性”的探討提供了直接的思想啟迪，催生出新的學術空間。只要流覽當前我國文學評論家、學者有關此一問題的具體論述，就會發現他們都不約而同地在這幾位大師那裏尋求各自的理論支援。但與此同時，我們也不得不指出，社會學、政治學與詩學或者說文學理論，畢竟屬於不同的知識與話語體系，如何將前者轉化成後者，實現更高境界的理論整合，進一步明辨新詩“公共性”與“個人性”、“社會性”與“文學性”的關係，促使二者達致相互促成、彼此共建的平衡狀態，是當前新詩理論與創作共同面臨的重要挑戰。

　　正因為“公共性”首先是一個與“共同體”、“公共空間”密切相關的社會學、政治學範疇，它與社會個體的“個人性”、“私密性”既相反對又同體共生，所以，探討詩歌“公共性”，也就隱含著詩歌“個人性”問題。但這樣一來，又容易將問題引向純粹精神或道德的層面，衍生出“公”“私”之別、“大我”“小我”之辨。實際上，詩歌的公共性，不僅僅是強調人文關懷、啟蒙精神、批判立場、苦難意識、底層關注、悲憫情懷、國族想像等，更重要的是要將這些道德、思想關懷與詩學原則、美學理想完美地融合在一起，也就是說，它既是內容問題，也是形式問題，既是精神問題，也是藝術問題。再者，詩歌的公共性與個人性並不是彼此否定的對立關係，而是相互促成的共建關係。離開了鮮明且富有個性的藝術表達，離開對個體生命價值的關注、對個人生存境遇的體驗，所謂對群體、民族、國家的關愛，對自由、公平、正義的宣導，對庸俗、醜陋、卑鄙的鞭撻等，就會因缺乏藝術感染與美學支撐，而淪為空洞的口號與虛假的情感。諸如此類的觀念與認識，也應該是我們客觀考察新詩公共性問題的理論前提。

第一章 詩人篇

第一節 徐志摩詩歌的情愛體驗與道德關懷

徐志摩（1896～1931）是新月派的代表人物，他在生前自編了三部詩集：《志摩的詩》（1925 年）、《翡冷翠的一夜》（1927年）、《猛虎集》（1931 年）。在飛機失事罹難後，陳夢家又為其編輯了《雲遊》（1932 年）。詩人在短暫的一生中為後人留下了一百二十多首詩歌作品。個人的創傷性情愛體驗，愛情的甜蜜與歡愉時刻，對殘酷社會現實的人文關懷，畢生追求的歐美式政治理想等等，在他充滿性靈的筆下自成面目，"滿溢著溫柔，微帶著憂愁"，撩撥著、滋潤著一代又一代讀者柔軟的心靈。

一、情愛體驗的詩意表達

"五四"的時代是"革命""啟蒙""個性解放"的時代，"五四"文學高舉的就是"個性文學"的旗幟，因此"人的發見，即發展個性，即個人主義，成為'五四'期新文學運動的主要目標。"[1]作為新月派的主將，徐志摩自覺不自覺地受到這一

---

1 茅盾：《關於"創作"》，《茅盾全集》（第 19 卷），人民文學出版社，1991年版，第 266 頁。

文學思潮的影響,他繼承了"五四"文學的要求個性解放,發展個人主義的精神特質;並且,由於每個詩人都有他自己獨特的性格特徵,行事作風和對人生的態度,這些東西或多或少都會表現在作品裏。因此徐志摩的詩作無疑具有私人性的一面,他在愛情詩裏傾盡全力舒展個人的愛情之花、生命之火,袒露他個人的戀愛經歷、對待愛情的態度,表現出鮮明的個人色彩。這些詩作可看作是詩人個人意識的產物。

　　風流瀟脫的徐志摩一生中曾與三個女子有個情感糾葛:一個是原配夫人張幼儀,一個是初戀情人林徽因,一個是理想伴侶陸小曼。不少愛情詩乃是他和這三位女子愛情糾葛的感情記錄。徐志摩和張幼儀的感情並不深,他們的婚姻為父母包辦。雖然二人婚後倒也相敬如賓,但是沒有感情作為基礎的婚姻終究還是出現了問題。徐志摩在英國留學的時候愛上了才女林徽因,並且和張幼儀離了婚。詩人給林徽因寫了很多情詩,如這首《月下待杜鵑不來》(1923)就記錄了徐志摩和林徽因約會,林未赴約的感傷:

　　　看一回凝靜的橋影,
　　　數一回螺鈿的波紋,
　　　我倚暖了石欄的青苔,
　　　青苔涼透了我的心坎;

　　　月兒,你休學新娘羞,
　　　把錦被掩蓋你光焰首,
　　　你昨宵也在此勾留,
　　　可聽她允許今夜來否?

　　　聽遠村寺塔的鐘聲,

像夢裏的輕濤吐複收，

省心海念潮的漲歇，

依稀漂泊跟蹌的孤舟；

水粼粼，夜冥冥，思悠悠，

何處是我戀的多情友？

風颼颼，柳飄飄，榆錢鬥鬥，

令人長憶傷春的歌喉。[2]

　　但是他卻從來沒有在詩歌中表達過對原配夫人的思念和愛意。在二人離婚三個月後，也許是為了對自己不負責任的行為作辯解，詩人給她寫了唯一的一首詩《笑解煩惱結（送幼儀）》，詩歌表達的不是對張幼儀的抱歉、虧欠之情，而是離婚之後他感到如釋重負，因而“容顏喜笑”的欣悅之感，全然不顧張幼儀的內心感受。可惜詩人的愛情之路並不順遂，林徽因拒絕了他並於一九二一年秋天從倫敦回國，情場的失意讓徐志摩感到格外地煩悶和哀愁，於是他寫了這首《月夜聽琴》，且看其中的兩節：“我聽，我聽，我聽出了/琴情，歌者的深心。/枝頭的宿鳥休驚。/我們已心心相印。”“我多情的伴侶喲！我羨你蜜甜的愛唇，/卻不道黃昏和琴音/聯就了你我的神交？”[3]詩人想像他與愛人心心相印，靈魂神交，但這種想像卻沒有實現的一天，詩人的愛情創傷唯有他自己能療救。“愛情是實現生命之唯一途徑”，詩人是把對理想的美的追求轉化成對現實中的美婦人的追求了，因此他終身無法忘記“初戀”情人林徽因。

　　林徽因於一九二八年與梁思成結婚，這使徐志摩備受打擊，

2　《徐志摩詩歌全集》，武漢出版社，2010 年版，第 80 頁。
3　同上，第 305、306 頁。

消沉了很久。而陸小曼的出現再一次點燃了徐志摩的原本死滅的愛情之火，他仿佛又找到了生命的意義，他像雪花一樣快樂。然而由於陸小曼是有夫之婦，他們倆的戀愛遭到了許多人的反對和阻撓。這其中也包括老師梁啟超的反對。但是詩人並不在意，為了能和陸小曼在一起，他具有與世俗觀念搏擊的強大信心和勇氣，他在詩歌《起造一座牆》中大聲起誓，並且鼓勵陸小曼要堅強面對流言蜚語，對他們之間的愛要懷有堅貞不移的信念：

> 你我千萬不可褻瀆那一個字，
>
> 別忘了在上帝跟前起的誓。
>
> 我不僅要你最柔軟的柔情，
>
> 蕉衣似的永遠裹著我的心；
>
> 我要你的愛有純鋼似的強，
>
> 在這流動的生裏起造一座牆；
>
> 任憑秋風吹盡滿園的黃葉，
>
> 任憑白蟻蛀爛千年的畫壁；
>
> 就使有一天霹靂震翻了宇宙，——
>
> 也震不翻你我“愛牆”內的自由！[4]

歷盡艱辛，二人終於結婚了。婚後，詩人在詩集《翡冷翠的一夜》中，記下了他和陸小曼的浪漫情史。詩集是送給陸小曼的，“算是紀念我倆結婚的一份小禮。”[5]並且，詩人在一九二五年旅遊途經佛羅倫斯後，以《翡冷翠的一夜》為題，擬陸小曼的口氣寫了一首詩。《翡冷翠的一夜》這首詩純粹描寫是詩人個人的愛情甜蜜歲月，詩人旨在詠歎他和陸小曼的真情，要吐出一顆癡情純真的心來。詩人赤裸裸地表白：“愛，我氣都喘不過來了，/

4　同上，第122頁。

5　同上，第102頁。

別親我了；我受不住這烈火似的話，/這陣子我的靈魂就象火磚上的/熟鐵，在愛的槌子下，砸，砸，火花/四散的飛灑……"[6]字裏行間閃爍著愛情的火焰，愛的大膽和瘋狂。詩人甚至對著天空大呼："但願你為我多放光明，隔著夜。/隔著天，通著戀愛的靈犀一點……"詩歌情真意切，寫出了詩人與陸小曼初戀時的烈火般愛情的極具真實性和私密性的體驗。

二、現實社會的詩性觀照

公共性的概念由哈貝馬斯直接提出，他認為"公共性本身表現為一個獨立領域，即公共領域，它和私人領域是相對立的。有些時候，公共領域說到底就是公眾輿論領域，它和公共權力機關直接相抗衡。"[7]受哈貝馬斯思想的啟迪，有學者認為"所謂文學公共性是指文學活動的成果進入到公共領域所形成的公共話題（輿論）。此種話題具有介入性、幹預性、批判性和明顯的政治訴求，並能引發公眾的廣泛共鳴和參與意識"。[8]此外，"'公共性'應該成為一種爭取平等權利的戰鬥的呼喚。"[9]由此可知，詩歌的公共性就內容而言存在兩個向度：政治訴求和人道主義關懷。

徐志摩生活在一個革命的、動盪的時代，"在這時代，公眾生活沖過了私有的生命堤防"，"私有經驗的世界已經變成群

---

6 同上，第104頁。
7 〔德〕哈貝馬斯：《公共領域的結構轉型》，曹衛東等譯，學林出版社，1991年版，第2頁。
8 趙勇：《文學活動的轉型與文學公共性的消失 —— 中國當代文學公共領域的反思》，《文藝研究》，2009年第1期。
9 汪暉：《導論》，汪暉、陳燕穀主編《文化與公共性》，北京三聯書店，1998年版，第3頁。

眾、街市、都會、軍隊、暴眾的世界裏”。[10]因此，“關懷”與
“憂國憂民”已成為“五四”混亂激蕩的時代對詩人首要的要
求。詩人必須無條件地為時代為民族發聲而不是逃避責任、退守
自我，從集體行軍中悄然溜掉。現實世界不時地闖入到徐志摩的
語言世界中來，詩人超越個人情愛體驗的拘囿，將時代的疼痛經
驗引入詩的世界裏，將個體生命的渺小脆弱感與漂泊孤獨感、個
人愛情理想的追求轉化為充滿性靈的政治意識與公共關懷，在詩
中盡情抒寫他的關於“愛、自由、美”的信仰和政治訴求，其詩
歌的價值取向無疑會偏向集體性的“公共”意向。同時，這些詩
是在“五四”時期種種宣導“人的”“政治的”的思想革命和政
治革命的影響之下形成的，是“啟蒙的文學”這一文學思潮下的
思想產物。

　　正如麥克裏希所說，“沒有一種批評的教條，可以將人們的
政治經驗從詩裏除外”，[11]可見，任何詩歌必然包含著政治經驗
的內在特質。面對無情的戰爭，詩人看到了戰爭的巨大的破壞力
量以及因戰爭帶來的悲慘景象：“柳林中有烏鴉們在爭吵，/分不
勻死人身上的脂膏”，詩人在《人變獸（戰歌之二）》中表達了
心中難以抑制的道德義憤和對戰爭的嚴厲道德譴責：“抹下西山
黃昏的一天紫，/也塗不沒這人變獸的恥！”[12]其他詩歌如《太平
景象》、《大帥（戰歌之一）》、《梅雪爭春》等則表達了詩人
對戰爭的無限厭惡和強烈抗議。作為知識份子，詩人只能以筆書
寫自己的憤懣，那麼，作為下層民眾的俘虜們面對戰爭又有怎樣

---

10 阿奇保德·麥克裏希：《詩與公眾世界》，朱自清《新詩雜話》，廣西師範大學
　　出版社，2004年版，第89頁。
11 阿奇保德·麥克裏希：《詩與公眾世界》，朱自清《新詩雜話》，第88頁。
12 《徐志摩詩歌全集》，第132頁。

的心態呢？徐志摩在《俘虜頌》（1927年秋）以白描的手法描寫了一幅滑稽的畫面：在神聖而寧靜的夫子廟前、秦淮河邊站著一批受了傷的俘虜，他們眉眼之間的哀傷神情像"玫瑰"花一樣鮮豔，口鼻的傷破裂開來像"山水"一樣充滿生氣，頭部的傷勢如碩大的"牡丹"。詩人在對俘虜的哀憐中蘊含著反諷，一針見血地寫到：

"拼了命也不知為誰，

提著殺人的兇器，

帶著殺人的惡計，

趁天沒有亮，堵著嘴，

望長江的濃霧裏悄悄的飛渡；

……

幹什麼來了，這'大無畏'的精神？

算是好男子不怕死？——

為一個人的荒唐，

為幾塊錢的獎賞，

闖進了魔鬼的圈子，

供獻了身體，在烏龍山下變冀？"[13]

詩歌生動展現了俘虜們的可悲的生存境況：他們是沒有思想的被軍閥操縱的玩偶，刻畫了他們的盲目和愚昧的心態和行為，對他們既心存同情又怒其不爭，同時尖刻地揭示出戰爭的非正義本質，從而構成了對血腥內戰的強烈批判，表現了詩人渴望停止內戰的政治訴求，洋溢著強烈的道德關懷。

徐志摩對於一切弱小的可憐的愛心有著博大的憐憫，他憐憫

---

13 同上，第191-192頁。

那些窮苦的、不幸的民眾，甚至因為這種同情之心而忘了自己的痛苦。從詩人寫的那些描寫下層民眾的苦難生活和悲慘命運的詩篇中，不難看出詩歌的字裏行間始終蘊含著一份人道主義關懷。如《先生！先生！》中描寫了一個穿著破爛的小女孩在寒冬臘月裏沿街乞討，求路過的人給她和她的媽媽幾個窩窩頭吃的慘像，她哀求著：“‘可憐我的媽，/她又餓又凍又病，躺在道兒邊直呻——/您修好，賞給我們一頓窩窩頭，您哪，先生！’”[14]但是卻無人搭理。寥寥幾語，把人們面對弱小的冷漠之情概括得非常準確。詩歌表達了詩人同情弱小的傳統倫理關懷和對受苦民眾的道德同情心，令人動容。又如在《一小幅的窮樂圖》中，詩人無情地諷刺貧富不均的社會現狀，隱含著對殘酷現實圖景的充滿公共關懷的道德追問：何時才能出現那個烏托邦式的社會？終於，詩人在《一條金色的光痕（硤石土白）》實現了他道德拯救的啟蒙理想，雖然現實世界裏不乏“血色的一堆自私的肉欲”，[15]但是窮人之間依然有互相幫助、互相扶持的溫愛之情，就連那位富家太太也心生憐憫，體恤窮苦人民。

三、個人性與公共性的相容互生

哈貝馬斯在闡述公共性是公共領域發揮作用之後呈現的基本特徵這一觀點的同時又認為，“如果說生的欲望和生活必需品的獲得發生在私人領域（Oikos）範圍內，那麼，公共領域（Polis）則是為個性提供了廣闊的表現空間。”[16]由此看來，在公共領域

---

14 同上第50頁。
15 同上第39頁。
16 〔德〕哈貝馬斯：《公共領域的結構轉型》，第4頁。

這樣具有公眾性的表現空間裏，公共性與個人性相容互生。哈貝馬斯這裏說的是資產階級公共領域（特指政治的公共領域），如果從文學的公共領域來說，這兩個原則同樣適用。

徐志摩的許多情詩披露了專屬他一人的的愛情歷程以及愛情體驗，但是也有許多情詩是在各式戀愛外衣的遮蔽下，激情歌詠心中渴望的歐美式"自由、民主"的政治理想，顯示出他的政治心態。正如茅盾先生所說："我以為志摩許多披著戀愛外衣的詩不能夠當作單純的情詩看的；透過那戀愛的外衣，有他的那個對於人生的單純信仰。"[17]最具有代表性的是《嬰兒》這首詩。詩歌描寫了一位端莊美麗的少婦的臨盆之苦，她要守候一個馨香嬰兒的出世。詩人在詩歌裏用的是比喻的手法，這個嬰兒正是徐志摩所嚮往的英美式的民主政治，他盼望在自己的國度裏能降生一個像西方資本主義社會那樣的"馨香的嬰兒"，這恰恰體現了詩人的政治理想和政治訴求。

徐志摩的愛情詩充滿性靈，有著鮮明的個性色彩，多數篇章有詩人民主個人主義的影子，具有明顯的個人性，但這些詩從一個側面也反映了"五四"時期覺醒的知識份子對個性解放、婚姻自由的熱烈追求。如《笑解煩惱結（送幼儀）》，詩人在詩中抨擊封建包辦婚姻，認為它"把人道靈魂磨成粉屑"，[18]只有消除了這種煩惱，才能出現人間好風景。"五四"個性解放的啟蒙之風、英美民主政治文化的薰陶必然導致徐志摩個人愛情的覺醒，他終生都在追求"真生命"、"真幸福"、"真戀愛"，這種反叛精神恰恰和傳統的意識形態、婚姻倫理觀念相衝突。雖然徐志摩的行為有著不負責任之嫌，但是從另一方面來說，他和張幼儀

17　《茅盾論中國現代作家作品》，北京大學出版社，1980 年版，第 97 頁。
18　《徐志摩詩歌全集》，第 328 頁。

離婚無疑是對輕視人性生命欲望的道德專制主義的大膽反叛,是對不合理現實的英勇反抗,有力衝擊了中國社會的傳統倫理文化體系,雖然他們的離婚具有私人性的一面,但其本身就是人道主義關懷的體現。反封建作為一種政治訴求,本身就是詩歌公共性的突出表現。

"文學的公共性同樣是共在性和差異性的統一。"[19]這種公共性和差異性就表現在:在面對民族危亡的時候,不同的詩人雖然在詩歌中表達的都是對社會的批判,對民族苦難的體察,但是每個詩人的批判和體察又都是不一樣的,各具風格。詩人乃是一個民族的良知,他們的真正偉大之處在於他們具有清醒的苦難意識和批判意識,他們反抗命運、拷問自我,把對時代的關注與一種批判性的內在審視聯繫在一起,從而超越一個時代或民族面對災難時空喊口號的集體狂熱。徐志摩在《灰色的人生》中面對民間疾苦,大聲疾呼:

······

來,我邀你們到海邊去,聽風濤震撼太空的聲調;
來,我邀你們到山中去,聽一柄利斧斫伐老樹的清音;
來,我邀你們到密室裏去,聽殘廢的,寂寞的靈魂的呻吟;
來,我邀你們到雲霄外去,聽古怪的大鳥孤獨的悲鳴;
來,我邀你們到民間去,聽衰老的,病痛的,貧苦的,殘毀的,罪惡
的,自殺的,—— 和著深秋的風聲與雨聲 —— 合唱"灰色的人生"![20]

---

19 陶東風:《阿倫特式的公共領域概念及其對文學研究的啟示》,《四川大學學報》,2010年第1期。
20 《徐志摩詩歌全集》,第26頁。

　　詩人對不平現實悲憤不已，對下層民眾充滿道德同情心，在宏大敘事話語和主流意識形態的表達中又隱含著明顯的徐志摩式的情緒體驗和個人感受，詩歌融道德關懷和個性色彩於一體。《青年雜詠》則是在歌詠青年人的敢為精神的同時又在作品中熔鑄著對現實社會的不滿和懷疑。

四、結　語

　　在徐志摩的詩歌中，個人性與公共性這兩個基本特徵是相容互生、相融而存的。他的詩歌中具有強烈的民族意識、充滿性靈的政治意識和崇高的道德拯救的啟蒙理想，其中又隱含著鮮明的批判性的自我意識。他在愛情詩中抒寫自己的愛情體驗，袒露自己極具私密性的愛情經歷，表現自己對待愛情的態度，其中也隱含了個人的人生信仰和人生理想；在對黑暗現實表達強烈不滿、對下層民眾充滿道德同情心的詩歌中又隱含著獨特的情緒體驗和個人性感受。徐志摩的一生是短暫的，但他的詩歌並沒有因為他的去世而湮沒在歷史長河中。他的浪漫情懷，他的人格魅力，他的人道主義情懷，都超越了時空的限制而愈發熠熠生輝，就此而言，他當之無愧為一個民族的良知！

第二節　聞一多詩歌的“公共性”與“個人性”

一、文學公共性的內涵

　　在尤根·哈貝馬斯看來，“公共性”的思想淵源可以追溯到古希臘時期的城邦生活,但作為 "公共性" 這一術語的基本詞根 "公共" 一詞, "在使用過程中出現了許多不同的意思。它們源自不同的歷史階段,在異同運用到建立在工業進步和社會福利國家基礎之上的市民社會關係當中時,相互之間的聯繫變得模糊起來。"[21]而且 "公共性本身表現為一個獨立的領域,即公共領域,它與私人領域是相對立的。"[22]因此,要對 "公共性" 有更多更深入的理解,就必須首先要理解公共領域。對於生活在當代西方社會中的哈貝馬斯來說,他所闡述的 "公共領域" 主要集中在資產階級社會的公共領域。哈貝馬斯認為: "在公共輿論中,公共性通過公眾輿論之中堅力量的公眾交往過程中表現出來,所發揮的主要是批判功能。"[23]因此,依據哈貝馬斯的觀點,公共性不僅僅意味著對公眾的公開與開放,更重要的意義在於公共性這一概念具有強烈的政治批判與道德批判的作用。

　　哈貝馬斯的公共性領域被引入國內時,並沒有僅僅局限在哲學或者是社會學的領域,同時也對其他學科產生了重要影響,譬如,文學。在哈貝馬斯《公共領域的結構轉型》這部著作中,也談到了文學公共性或者說文學公共領域的內涵。在他看來,文學公共領域是資產階級公共領域的前身, "這是因為資產階級公共領域最初是圍繞著文學閱讀公眾形成的。"[24]首先,文學自身要保持獨立自主的精神;其次,文學的公共領域是作為一種獨立的對話空間,與權力領域相互分離,它要求有廣泛的 "文學公眾"

21　〔德〕尤根・哈貝馬斯:《公共領域的結構轉型》,曹衛東等譯,學林出版社,1999 年版,第 1 頁。

22　同上,第 2 頁。

23　劉建成:《哈貝馬斯的公共性概念探析從批判到整合》,《教學與研究》,2008 年第 8 期。

24　陶東風:《論文學公共領域與文學的公共性》,《文藝爭鳴》,2009 年第 5 期。

的參與，從而讓文學活動成為社會輿論的一部分，發揮它對社會事件、政治問題等的批判。

對於"詩歌"這一特殊的文學樣式來說，它不僅僅是自我情感的完全表達，同時也需要承擔一定的"社會責任"。回顧 20 世紀的中國歷史，在某種程度上，社會問題就是文學問題，就是詩歌問題。詩歌以其強烈的敏感性感受著社會，以其獨特的言說方式表現並批判社會。對於聞一多（1899-1946）這樣的詩人來說，不僅有著自我的藝術追求與情感訴求，更加有著一顆對祖國與人民滿懷熱愛的赤子之心，他的詩歌作品既體現了鮮明的個人性，也具有突出的公共性特徵。

二、聞一多詩歌的公共性

自從"五四"時期登上新文壇，一直到 1946 年不幸罹難，在短暫的不到五十年的生命歷程中，聞一多給世人留下了兩本詩集──《紅燭》、《死水》以及一些未入集的作品[25]，憑藉這些創作和其他詩歌評論文章，他成為中國現代最有影響的詩人和詩論家之一。目前，學界對聞一多詩歌創作的大體評價是："前期表現詩人和詩論家特徵的藝術為藝術，後期表現為鬥士和詩論家特徵的藝術為人民，而且涇渭分明。"[26]筆者認為，在這樣看似"涇渭分明"的前後分期中，實則是有著其內在的一致性的。聞一多先生在四十年代一躍由詩人、學者變為激越昂揚的、高唱"人

---

25 文中未標出的聞一多詩歌均出自吳福輝、陳子善主編的聞一多詩集《紅燭·死水》，復旦大學出版社 2006 年版。

26 李樂平、姚國軍：《聞一多文藝思想的階段性分析》，《中州學刊》，2009 年第 1 期。

民至上"的"戰士",其中的原因看似是難以琢磨透的,"他本來是一個對政治生活沒有興趣的人,但最終卻為政治所纏繞。"[27] 然而當我們回到聞一多先生的詩歌中來,就會發現這樣的 "突兀"的變化中,也有其合理性。而這合理性正是基於他的詩歌所具有的公共性。

不可否認的是,聞一多先生的確在早年是一個執著於追求藝術之美的人。早年以及留學美國期間的詩歌主要收入在《紅燭》這本小集子中。從《紅燭》收入的詩歌來看,可謂風格迥異,交織了各種情感,諸如思鄉、愛情等等。其中寫於留學美國期間的一些詩歌,思鄉主題尤表現的突出。但是就在表達思想這樣個人性的主題時,也能見到他強烈的公共性批判。

1922 年,年僅 22 歲的聞一多,闊別親友,遠渡重洋,前往美國留學深造。這在當時是一個讓很多年輕人都夢寐以求的事情。但是聞一多卻不以為然。早年在清華留美預備班的時候,他就感覺清華是太 "美國化" 了,"據我個人觀察清華所代表的美國文化所得來的結果是:籠統地講,物質主義,零碎地數,經濟、實驗、平庸、膚淺、虛榮、浮躁、奢華 —— 物質的昌盛,個人的發達……"[28]這是聞一多在去美國之前在清華學校所發表的一篇文章《美國化的清華》。當他真正地抵達美國之後,美國社會的物質至上的利益觀以及種族歧視給他帶來了深深的傷害,並且一度讓他非常反感。在他給家人的信中說到:"我在美國多居一年,即惡西洋文明更深百倍。耶穌,我不復信仰矣。大哉孔子,其真聖人乎。"[29]這樣的感情落入筆端,於是成就了一首《孤雁》:

---

27 謝泳:《清華三才子》,新華出版社,2005 年版,第 59 頁。
28 聞黎明:《聞一多年譜長編》,湖北人民出版社,1994 年版,第 167 頁。
29 《聞一多書信選集》,人民出版社,1986 年版,第 171 頁。

"不幸的失群的孤客/誰教你拋棄了舊侶/拆散陣字/流落到這水國底絕壁/拼著寸磔的愁腸/泣訴那無邊的酸楚"。詩人以"孤雁"自喻,表達了強烈的思鄉之情,同時他也厭惡著美國社會所信奉的物質至上的利益觀:"啊!那是蒼鷹底領土/那鷙悍的霸王啊/他的銳利的指爪/已撕破了自然底面目/建築起財力底窩巢/那裏只有鋼筋鐵骨的機械,/喝醉了弱者底鮮血/……"機械文明破壞了自然,蹂躪著弱者,置身於一個陌生文化語境中的聞一多,看到這些,體驗到的是一種文化孤獨、恐懼,爆發了因文化的不適感而發出的控訴。再如《洗衣歌》,在讚美中國華工的同時,也流露出了對資產階級的鄙視之情。"我洗得淨悲哀的濕手帕/我洗得白罪惡的黑汗衣/貪心的油膩和欲火的灰/你們家裏一切的髒東西……。"這樣的詩歌還是屬於"精神批判"的階段。

詩人在留學美國後期的一些詩歌,如:《七子之歌》、《長城下之哀歌》、《我是中國人》、《愛國的心》等,這樣的情感則更加強烈。《七子之歌》是一首組詩。詩作最初作於 1925 年 3 月,當時詩人還在美國,最後於同年七月發表於《現代評論》。全文共七首,分別象徵著被外國列強侵佔的七處中國領土:香港、澳門、臺灣、威海衛、廣州、九龍島、旅大(旅順、大連)。詩前有詩人的自序:"國疆崩喪,積日既久,國人視之漠然。"面對國土淪喪,國民視之漠然的態度,讓詩人感到十分心痛,因而唯有寄情於詩歌。他在這組詩中採用了擬人的手法,用孩子對母親哭訴的口吻來控訴列強對它們的欺凌侮辱,讀罷可謂感人肺腑,催人淚下。"讀《出師表》不感動者,不忠;讀《陳情表》不下淚者,不孝;古人言之屢也,餘讀《七子之歌》,信口悲鳴

一闋複一闋,不知清淚之盈眶。" [30]

　　1925 年 5 月,聞一多結束了自己的留學生涯。"6 月 1 日,他們終於踏上了朝思暮想的祖國土地。萬萬想不到迎接他們的是上海馬路上那斑斑血跡 —— 前兩天,這裏剛剛發生了五卅慘案。" [31]留學歸來的聞一多,思想情感上經歷了巨大的變化,面對這樣血跡斑斑的現實社會生活,使他難以忍受。這一時期的詩歌主要收入《死水》集中。面對滿目瘡痍的社會,作為一個現代知識份子,聞一多首先否定了這個社會:"我來了!我喊一聲,迸著血淚/這不是我的中華,不對,不對"(《發現》)。五卅運動的血跡讓他懷疑這個不是他懷念已久的祖國,於是他只能借詩歌來宣洩著自己的不滿。繼而,又開始詛咒這個社會:"這是一溝絕望的死水/清風吹不起半點漪淪/不如多扔些破銅爛鐵/爽性潑你的剩菜殘羹/……這裏斷不是美的所在/不如讓給醜惡來開墾/看它造出個什麼世界"。把當時的中國社會比喻成死水,看不見任何的希望。這首詩歌中的那些醜陋的意象,明顯是受到波德賴爾 "惡之花" 的影響,但是詩人在這裏寫醜並不是出自於詩人自己的興趣愛好,而是通過這些醜的意象,來傳達詩人的控訴與反思。蘇雪林在《聞一多的詩》中評論這首詩時寫到:"聞氏則以死水的意象象徵現代腐敗頹廢的中國。" [32]而《一句話》中的聞一多更是 "突然著了魔" ,他爆發了,歇斯底里的叫喊著:"咱們的中國" ,只為震醒那些依然麻木不仁的國人。

　　歸國後的聞一多對中國人民的現實人生與生活狀態也給予

---

30 吳嚷:《七子之歌附識》,《清華週刊》第 30 卷第 11 和 12 合刊。
31 聞黎明:《聞一多傳》,人民出版社,1992 年版,第 90 頁。
32 蘇雪林:《聞一多的詩》,許毓峰、徐文鬥等編選《聞一多研究資料(上)》,北嶽文藝出版社,1986 年版,第 526 頁。

了極大的關注，如：《飛毛腿》、《荒村》、《天安門》等。其中《天安門》這一首詩是通過一個車夫之口，來敘述滿是冤魂屈鬼的北京城，再現了軍閥屠殺學生的慘烈現實。而《荒村》則描述了一個美麗的村莊因為戰爭而人煙慘澹的景象："這樣一個桃園/瞧不見人煙"。這些詩歌的語言幾近白話，這是聞一多有意讓底層人民在他的詩中"發言"，現實感與控訴意義十分強烈。

到了後期，聞一多先生雖然封筆不作，與詩神告別，但是他卻用他的生命譜寫了一曲偉大而壯麗的詩。從詩人到"戰士"，中間還有一個是學者的生活階段。因此，我們可以將聞一多先生的生命歷程概括為：熱 —— 冷 —— 熱的發展過程。青年時代的他帶著一腔熱血讚美那個擁有燦爛古文化的國度，而現實的殘酷摧殘了這個年輕人的夢，所以只有忍耐，把自己的一顆熱血之心投入到學術研究之中，而"當他以一個'戰士'的面貌出現在這個社會上，也就是他的忍耐現實的力量已經破裂，他不能再向現實的黑暗妥協，而現實的黑暗也就以其巨大的指抓撕毀了他。"[33]這樣的一種巨大的轉變實則是一個知識份子的現實焦慮感與深深的憂患意識。經過二十多年的現實拷問，四十年代的他放棄了當初追求純粹藝術之美的理想，而是認為"文學應該與政治打成一片"。1944年在西南聯大紀念"五四"運動的會上，聞一多作了發言，他說："我們知道，新文學運動之所以為'新'，它是與政治、社會思想之革新分不開的……我們要把文學與政治打成一片，要出塔。"[34]第二年，又是一次紀念"五四"運動的活動上他再次聲明："用詩歌朗誦來紀念'五四'，是極有意義的。我們為什麼要朗誦詩？文學必然有功利性，詩必然是政治的工

---

33 王富仁：《聞一多詩論》，《海南師範大學學報》，1993年第1期。
34 聞黎明：《聞一多傳》，第227頁。

具……" [35]。在西南聯大時期的聞一多，對文學或者說詩歌與現實和政治的關係有著非常深刻的認識。他閱讀過毛澤東的《新民主主義論》、《論聯合政府》以及《新華日報》等革命刊物，也曾嘗試著用馬克思主義的觀點來分析社會。然而，聞一多先生卻不曾屬於任何一個黨派，他的這些言論無非是出自一個詩人的良心。當時的社會環境導致了文學政治之間產生了非常緊密的關係，詩人作家 "不是應該規避政治，而是應該充分增強久已匱乏的政治自覺。" [36]

縱觀聞一多先生短暫的生命歷程，不管他是作為詩人、學者或者是所謂的 "戰士"，他的確都是站在一個獨立的、不附庸於任何黨派立場的知識份子。他用自己的詩歌對那個社會進行強烈的批判。

三、聞一多詩歌的個人性

通過分析，我們看到了聞一多詩歌中所蘊含的公共性特質，那麼這是否就說明聞一多的詩歌中的個人性就被消磨殆盡或者說詩歌個人性的存在妨礙了詩歌公共性的生成呢？其實不然。詩歌的個人性與公共性是相輔相成的。我們可以這麼說：整體地來看，個人性與公共性分別是聞一多詩歌的兩條線索，其中個人性是內蘊的，而公共性是外顯的。如果分析聞一多詩歌的公共性，只從外部談起，而不分析他詩歌中內在的個人性，就會有失偏頗。

結合聞一多先生的生命歷程，我們會發現作為詩人的他一生

---

35 同上，第 292 頁。
36 朱曉進等：《非文學的世紀 —— 20 世紀中國文學與政治文化關係史論》，南京師範大學出版社，2004 年版，第 475 頁。

都在追求著民主與自由，這種民主與自由不僅僅是屬於國家與民族的，而且也是個體生命賴以存在的基礎。因此在他的詩歌中我們不僅能發現類似于自喻為"孤雁"這樣強調個人孤獨意識的詩歌。而且也能在那些諸如《死水》、《發現》等詩歌中看到他的自我意識，一個抒情"大我"的背後隱藏了一個"小我"。設想，如果把他的詩歌中的個人性成分撇去，那麼這些詩歌將會流入一種集體的宏大敘事中間，不僅會失掉詩歌的藝術性，而且連詩歌應有的表現力都喪失殆盡了。

當然，聞一多先生詩歌的個人性也可以看作是他詩歌獨立性的一種體現。前文中依據哈貝馬斯的相關理論，文學的公共性一個重要前提就是文學具有獨立自主的特性。因此，聞一多詩歌的個人性乃是他詩歌公共性的前提。這種獨立的個人性體現在他的詩歌中就是，他的吶喊，他的憤怒，他的抨擊，都不是為了哪個黨派或者是依附某種政治意識形態。他為的是那個受災受難的民族和人民。"聞一多一度擁護國民黨是因為他'愛國'，他後來反對國民黨也是為了追求'民主'和'進步'，為著開拓'人民的世紀'，因此，聞一多不僅僅是為某種政治訴求而死。"[37]後來他與共產黨的親密也是為了民主與進步，雖然最後被槍殺，但這"絕非是知識份子不審慎地介入政治後的悲劇。"[38]

四、結語：公共性與個人性的交織

由此可見，聞一多先生詩歌的公共性與個人性是兩條相互交

---

37 黃曼君、梁笑梅：《生命之肯定者最終的奇跡——聞一多殉難的文化意義解讀》，《聞一多殉難 60 周年紀念暨國際學術研討會論文集》，武漢大學出版社，2007年版，第 23 頁。
38 同上，第 20-21 頁。

織的線。早年為了追求藝術，加上旅居他鄉的孤獨體驗，個人性的表達更加突出，公共性隱在個人性之後，這就是解釋了為什麼在思鄉的主題中也有強烈的批判。而後來隨著對社會體驗的進一步加深，他的詩歌中公共性的批判就愈發明顯。個人性隱在公共性之後，抒情大我後有一個抒情小我。一句話概之：聞一多詩歌的公共性與個人性的關係在於：公共性與個人性是他詩歌中潛在的兩條線，而隨著對社會體驗的不斷加深，公共性與個人性形成了一隱一顯的關係。

聞一多先生"從沙龍書齋走上街頭，從狹小的個人興趣走到關心人類的生活，立在時代的尖端吶喊，成為我們時代的一支火炬。"[39]他的詩歌的公共性與個人性做到了完美的融合。而這也為我們當下的詩壇樹立了一個良好的歷史典範。呂進在《新詩詩體的雙極發展》中說當下新詩面臨三個"立"的使命，其中之一就是"在正確處理新詩的個人性和公共性的關係上的詩歌精神重建。"[40]我們宣導，在保持詩歌獨立性的情況下，讓詩歌積極地介入社會，發揮詩歌應有的功能，這不僅會拓寬詩歌的表現領域，而且也是增強新詩生命力的絕佳時機。當然，這更多的是強化了我們的民族認同感與依存感。

第三節　朱湘詩歌的人生關照與社會情懷

現代詩人朱湘，其現實主義詩歌創作突破了個人的情感世界，推己及人，推人及己，人悲己悲，己饑人饑，對芸芸眾生無

---

39 杜運燮：《時代的創傷》，《萌芽》，1946 第 1 卷第 2 期。
40 呂進：《新詩詩體的雙極發展》，《西南大學學報》，2012 年第 1 期。

限關愛，對人性人生體貼同情，呈現出高遠而又具體的人文精神
與社會情懷。

一、寫實的詩歌觀念

文藝是鏡子，這在中外文論史上是一個屢見不鮮的話題，它
隱喻了各式各樣的文藝思想。各類文藝思想千差萬別，因此鏡子
裏的"影像"也異彩紛呈。朱湘受現實主義思潮的影響，他的文
學之鏡中的影像是人生。他說，"文學是要向人生舉起鏡子的"，
也即人生是文學的內容，文學是人生的真實反映；並且說這鏡子
"是向各相的人生舉起來的"，否則的話，"這鏡子中的形相只
能是不完全的，畸形的、單調的。"[41]文學反映人生不但要客觀
公正，而且要全面豐富，因此，詩人不能迷戀於個人的狹小天地
裏，"坐井觀天"，"嗷嗷待哺"，而應跳出個人狹隘的生活圈
子，"主動出擊"，走向社會。但社會總是不斷變化的，"一時
代有一時代之文學"，一時代也有一時代之人生，人生的"母題"
是不變的，但人生的"面貌"卻是隨著社會時代的發展而盡顯不
同，因此，作者的思想也應"與時俱進"。朱湘說："文學本是
要'向人生舉起鏡子'的，如今社會的情態既然已經這麼劇烈的
變化了，文學作者正該創造或改造出適當的形體、工具來採摘、
容納這些嶄新的材料；並且，作者自身也受到了時代的影響，同
代人的胸中所鼓蕩起的情感也在他們的胸中鼓蕩了起來，同代人
的嗜好、希望，也便是他們的嗜好、希望，只要作者是能手，他
們一定能以捉住來放在文學之中，活躍的，新鮮的。"[42]作者的

---

41 朱湘：《地方文學》，《文學閒談》，北新書局,1934 年版，第 86 頁。
42 朱湘：《文以載道》，《文學閒談》，第 2 頁。

思想變化也應帶來文學形體的變化，以新的工具含納"嶄新的材料"，以新的"鏡子"映照"嶄新"的人生；同時作者的思想變化也意味著自身情感的變化，"去以自己的火點燃旁人的火，去以心發現心"。憑切實的"技法"、現實的情感來抒寫時代人生；借自身的觀察、自己的體會去寫實社會人生，讓自己的情感和時代人的情感"息息相通"，使自己的感懷與同時代人的感懷"心心相印"。從"局部"人生寫實到社會人生寫實，從"狹隘"情感寫實到大眾情感寫實，從靜態人生寫實到動態人生寫實，從"陳舊"技法寫實到創新技法寫實，這些並沒有完成詩人"鏡子說"的進化，也沒有圓滿他為人生的寫實觀。

　　因為強調寫實、強調文學是人生的一面鏡子，它與把文學納入科學、要求藝術家以科學家的身份記錄事實、不加變化和增減、沒有強調與概括、沒有傾向與評價、沒有人和生活的社會本質、階級屬性的自然主義也是相通的。但朱湘並沒有陷入自然主義。自然主義在純客觀的基礎上對生活進行"照相"；朱湘則在"鏡子說"的根基上強調對人生進行"提煉"，主張對現實生活的豐富複雜的"嶄新材料"進行選擇、概括和提煉，突出文學對人生的能動反映和表現。唯有"文學是人生的提煉"，反映真實，豐富"道地人生"，它才"可以教你心跳，教你出汗，教你痛哭，教你狂笑，那一股回味可以嫋繞到很久之後。"[43]寫實的過程也是一個提煉的過程。藝術反映人生，但反映提煉過的人生，藝術源於現實，但源於提煉過的現實；藝術美源於生活美，但比"原生態"的生活美更具強烈的藝術感染力。同時，提煉的過程也是作家注入自己的思想感情和審美傾向的過程。既有生活美，又有

---

43 朱湘：《寄羅暟嵐》，樂齊編《精讀朱湘》，中國國際廣播出版社，2006年版，
　　第398頁。

藝術美，既有真實性又有思想性，這樣的藝術才能達到服務人生、進而服務社會的目的。鏡子因此也有了提煉人生、關照人生的功效。

鏡子的基本功能就是映照物體、觀照對象，朱湘拿來不光寫實人生，而且提煉人生、關照人生。至此，朱湘的寫實觀也得以完整，"鏡子說"也得以圓滿。鏡子成了詩人關照人生的象徵，也成為詩人現實主義詩學觀的形象表述。詩人也曾在寄梁宗岱的信中以詩明"志"：

> 杜甫啊，讓我只聽你悲壯的口調，
> 讓你咚咚的戰鼓驚起我久睡的靈魂！
> 為人不能在自身取得晏安，
> 也應將赤血噴口洪水的狂瀾，
> 將今世的汙穢一蕩而盡，
> 替後人造起一座亞洲的花園！

二、豐富的人生關照

在"五四"個性主義、平民文學思想的影響下，作為文學研究會的成員，朱湘重視人，尊重人性，在變化了的社會情態下，除了對自我人生抒寫、進行自我靈魂的關照外，還重點涉足了知識份子、普通老百姓等平民人生，向"各相"人生舉起了文學的鏡子，表達了動盪年代那種對己對人的悲憫情懷。

1、對自我的人生關照：由寂落到張揚的遊子心緒。

朱湘是從抒寫自我人生走上他的新文學人生關照之路的。合著文學研究會的心音，朱湘開始了他的人生序曲：

> 我是一個備殆的遊人，
> 蹣跚于曠漠之原中，

> 我形影孤單，掙紮前進，
> 伴我的有秋暮的悲風。
>
> 你們的心是一間茅屋，
> 小窗中射出友誼的紅光；
> 我的靈魂呵，火邊歇下罷，
> 這正是你長眠的地方。

──《夏天·寄一多基相》

　　本詩中，抒情主人公"我"（就是詩人自我）是一個遊子的形象，他孤身一人"蹣跚"於大自然中，伴隨他的只有空曠廣漠的荒原、晚秋刺骨的冷風，好不悲涼！這裏，自然不再是"與人相似的有機整體"，叫人得到滿足和享受；而是和人相背的無機"圖畫"，讓人覺得傷感與悲哀。自然"意義"的變化使現實從幕後走到台前，人與自然的關係失去和諧，心靈的皈依發生轉向。自然不再是慰藉精神的避難所，茅屋成了安歇靈魂的寄託處。自然成為人的對立面，用來抒寫一種愁緒；茅屋作為友情的象徵物，暗示某樣心向。身在"無機"的自然，念著"人間"的茅屋；身在殘酷的現實，盼著溫情、友誼與關愛。這是典型的遊子心緒，它並非起源於中國傳統文學中"傷別""鄉愁""閨怨"的感情經歷，而是肇始於動盪年代，社會的解體給知識份子帶來漂泊無依的落寞感受，友誼和溫情成了拯救身心的一根"稻草"。尋求生命的安定，關懷心靈的皈依，人性與人的生活並重，靈魂和肉體一致，這種關照自我孤獨人生的"人的文學"在《夏天·南歸》一詩也有體現：

> 我是一隻孤獨的雁離，
> 朔方冰雪中我凍的垂死；

　　忽然一晨亮起友情的春陽，

　　將我已冷的赤心又複暖起，

　　……

　　詩人繼續進行友情的抒寫。抒情主人公"我"（也是詩人自我）從漫遊的遊子到"飛翔的雁雛"，異樣的形象，同樣的寂落！何以解心，唯有友情！但為此故，"我的雙翼回溫而有力"，"已斃的印象復活於眼前"，"山鮮豔如出浴的美人"，"水仿佛高笑的群兒"。自然的美同現實的"醜"形成對比，自然成為現實的對立面，這種現實的反諷顯示出主人公對現實的關注，更彰顯出主人公自我張揚的遊子心緒。

　　如果說《寄一多基相》還是詩人"優遊"時期人生關照的一種心理鬱積，那麼到了《南歸》中張揚的個性，則是預示著詩人個人奮鬥生活的開始。由寂落到張揚的遊子心緒，從優遊到個人奮鬥的心理歷程，在浪漫時期只是一種暗示和象徵，到了現實詩作中則是對現實的正視和對自我人生的直接關照了。詩人並非機械地"照相"，而是進行人生的"提煉"：以第一人稱"寫實"，從自然的視角切入，用"遊子"和"雁雛"的孤獨開篇，主觀自我十分突出，內藏的心靈袒露無遺。儘管這樣的詩作不多，但是依然可以看出這是同一種心緒在不同風格的詩作中的不同表現。

　　2、對知識份子的人生關照：由扣問到哀歎的同人情結。

　　詩人的遊子心緒已經表明他孤獨和寂寞的自我人生離不開友人的同情和支持，個人離不開社會，靈魂離不開世界。由自我到他人，由個人走向社會，由浪漫走向現實，這是詩人的心理需求，也預示著其詩作主題發展的必然。因此，對自我人生的強烈關照也必然會使詩人對他人人生進行同樣關照。

　　高思潛少時極有文人天賦，但為境遇所迫，棄文業醫，二十六歲出現肺癆首期徵候，"自料也不久於人間了"。詩人並未與其謀面，但聞之卻情之切切，賦詩《夏天·寄思潛》以寄之："你天上月鉤中生長大的神童/你逐漸走進輝煌的望日之詩翁"，思潛才氣煥發，詩人扼腕歎息；"為什麼日月為兩目的天公這樣昏曚/為什麼有望的志士終潦倒于困窮/光陰耗於謀生上，壯士黑鐵般生銹"，思潛窮困潦倒，詩人扣天問地；"濟慈詩中所歌詠的誠然都罩上了苦辛/但月亮映日光般快樂須映悲哀而始明"，思潛身若濟慈，詩人聊感慰藉。思潛是這首詩的抒情主人公，以第二人稱抒寫，他的抒情是外抒情層；詩人是抒情的代言人，直接用第一人稱，他的抒情是內抒情層。代言抒情的方式造成了抒情內涵的雙重性，這兩個層次在詩中交匯，在思潛的遭遇中摻進了自己的身世，一方面是關照到思潛的辛苦人生、感性存在，另一方面也是抒寫自己的身世，抒發自身的感慨，這是由自我關照到他人關照漸變的連續。

　　到《石門集·死之勝利》《石門集·悲夢葦》《永言集·慰元度》等詩時，詩人對知識份子的人生關照已經不含"雜質"（自我關照），而走向"純粹"了。《死之勝利》是一首別致的充滿哀情的悼詩，詩人力勸死神高抬貴手，延緩詩友（楊子惠）死期，但死神言之鑿鑿，巋然不動。詩人動之以情："人生之宴他還沒有品嘗/也沒有逢迎哀曲的女郎……"，死神曉之以理："人生之宴！我問，賓客是誰/你看，豪士，賢人枵腹而歸……"。雙方你言我語，唇刀舌箭，以死之勝利而告終。詩人依然是抒情的代言人，但已隱去了自我身世的介入，表達自我情感的內抒情層"潛藏"起來。"年少翩翩"的詩友猝然離去，詩人的情感是深沉的，充滿了同情哀歎之心。和《寄思潛》相比，這首詩更突出了對知識份子感性存在的強烈關照。《悲夢葦》是詩人悲歎死于貧病交加的同人夢葦，《慰元度》是詩人感歎文人的貧窮，和上面的詩作比較，這兩首代言抒情詩重在關懷知識份子的生存狀況。

詩人對知識份子的人生 "提煉" 因關照的重點不同而手法多變：或語堅氣強，扣問天地，意在控訴黑暗現實；或鑿鑿言之，殷殷哀求，旨在關懷生命存在；或以鳥喻人，哀音聲聲，源于生存艱難（《悲夢葦》）；或筆式疏放，昂揚高歌，因為人窮志長（《慰元度》）。

3、對普通老百姓的人生關照：由悲傷到覺悟的平民心情。

從自我人生關照到對同人 —— 知識份子的人生關照，隨著詩人視野的擴大，普通老百姓也進入他的關照領域。《草莽集·殘灰》《草莽集·彈三弦的瞎子》《永言集·乞丐》等都是這樣的詩作，雖然都是平民百姓，但關注的焦點有所不同。

《殘灰》是詩人代一個獨坐在炭盆旁的老人抒情。即將熄滅的炭火引起老人的悲傷："童年之內，是在這盆旁/靠在媽媽的懷抱中央"；"到青年時，也是這盆旁/一雙人影並映上高牆"；"到中年時，也是這盆旁……妻子不在了/兒女自家忙"；"如今老了，還是這盆旁/一個人伴影住在空房"。童年時的母愛，青年時的幸福，中年時的 "妻離子散"，老年時的孤影獨伴，人生的甜酸更替，心裏的喜悲交織，千頭萬緒湧上心來，怎一個 "感" 字了得？守著殘灰，獨自怎生得辰光！老人的悲傷浸透著詩人的同情與關懷，老人的平凡身世飽含著詩人對人生的慨然與沉思：人的一生不都是這樣的嗎？老人需要關心，老人需要愛戴，這關愛來自子女，也來自社會。

《殘灰》中的老人獨自守著炭盆默默悲傷，讓人哀憐，《彈三弦的瞎子》中的老人彈著三弦 "申訴著微衷"，催人淚下。一個寒氣襲人的初夜，一排泛著黃光的路燈，一件破舊單薄的衣裳，一陣抖動嗚咽的申訴（琴聲），整組意象構成了一副孤寂清冷的圖畫。主人公是一個沿街乞討的瞎子，他沒有炭盆，只有寒冷，沒有傷悲，只有琴聲。主人公的遭遇撼動著"遊子的心胸"，似乎是"同病相憐"，又好象是悲天憫人，像琴聲，"無人見的暗裏飄來/無人見的飄入暗中"。

如果說《殘灰》的主人公是在自歎人世的悲涼，《彈三弦的瞎子》中的主人公瞎子沒有表露出對現實黑暗的憎恨，那麼《乞丐》中的主人公乞丐則是有所覺悟了："來生為畜都莫歎命壞/只要不投胎作乞丐"，將命運的悲慘直接指向社會了，"有人在門外踏過中途/肩扛著半爿雪白肥豬"。社會的貧富不均也讓詩人憤慨了："朱門酒肉臭，路有凍死骨"。杜甫的詩歌表現了他對廣大人民現實生存的關懷，朱湘認為當時的中國需要杜甫的現實主義，從這裏看，就是需要關注普通老百姓的生存困境。

與對知識份子人生進行"提煉"的手法不同，詩人對普通老百姓的人生概括則注意到意境的置設。《殘灰》中的老人寒夜獨坐在火盆旁；《彈三弦的瞎子》中的瞎子行走在城市寂寥初夜的路燈光下；《乞丐》中的乞丐雪天躲在破廟的龕桌下。淒冷環境中可憐人物的生之艱難得以傳達，給人的回味是"可以嬝繞到很久之後"的。

有人稱讚朱湘，說他用一支生花的妙筆在詩中營造了自己的天地，這種說法是片面的。僅就其側重寫實的詩作來看，除了對自我人生進行抒寫外，詩人還對知識份子、普通老百姓等平民人生給予了關照。詩作或以第一人稱進行自我抒情，或以抒情代言人身份為他人抒情，前者是直接抒情，後者是借他人之口來抒情，兩者在表達的情感上是統一的：即關懷包括自己在內的平民人生。除暴露外，其間也雜有控訴、憤懣之音。這是詩人受了個性解放和平民文學的影響，在文學研究會的旗幟下，從社會現象出發，討論有關人生一般的問題所達到的高度。

三、別樣的社會情懷

朱湘的遭遇可大致概括為：一生與貧窮相伴，終年與孤獨為伍。"他是另類的新月紳士與局外的現世平民"[44]，朱湘自己也說："我真是一個畸零的人。"[45]平民也好，畸零的人也罷，他們都道出了詩人在現世的生存狀況。但正是這樣一個"新月另類"，他才會把關懷的目光投向自己的"平民"人生以及和自己一樣畸零的人生。在對自我的人生關照中，詩人充分袒露，"不遺餘力"；在對知識份子的人生關照中，詩人抒發感慨，聊以自慰；在對普通老百姓的人生關照中，詩人掬一把淚，階級情深；在對戍卒的關照中，詩人殷殷悲啼，"難兄難弟"。詩人把自己看作平民階層中的一員，和他們"生死於共"，"肝膽相照"，在抒寫他們的人生中，詩人也找到了自我存在的意義，從而，自我和社會聯繫起來，自我意義與社會意義發生並軌，黑暗現實得以再現，社會本質得以揭露。

朱湘生活的年代，正是中國最苦難、最黑暗、最蕭條的時期，外侮頻頻，軍閥混戰，政府腐敗，經濟瀕絕，局勢變幻，社會動盪，在他身上，凝聚著中國知識份子那種真切沉重的憂患意識，身受"五四"革命風浪的洗禮，踽踽在這生他養他的生命的大地，愛國主義精神也滲透在他的每一根神經、每一支血管中：他不滿社會的黑暗，他詛咒政府的腐敗無能，他痛恨軍閥混戰，他

---

44 張邦衛：《救贖與獻祭》，《湖南大學學報》，2004 年第 4 期。
45 朱湘：《我的童年》，《中書集》，中國文聯出版公司，1995 年版，第 84 頁。

抗議帝國主義的野蠻侵略，他擔憂祖國的前途和命運，他焦急掙紮在死亡線上的勞苦大眾……

在詩中，他沒有表現出那個動亂年代的典型感受，沒有去追問醜惡現象產生的根源，沒有激進的反抗精神，沒有說教訓誡、開出“藥方”，沒有“隨大流”去寫大革命前後的時代巨變，沒有伸著脖子去高喊革命的成敗，也很少有去關注社會重大事件，而是從人道主義的立場出發，選取個人化的題材，以中國文人的積極“入世”的傳統，反映他所發現的社會現象，暴露他所熟悉的灰色人生，關注世道人心，關心民生疾苦。這不是中國傳統士大夫的悲天憫人，而是中國知識份子的時代責任；不是慈善主義的博施濟眾，而是平民階級的深情關照；不是個人主義的人間本位，而是下層平民的社會關懷。

朱湘突破了個人的情感世界，“吾廬”雖“破”，但志在“天下寒士”，自己處境雖艱，卻心系悲苦平民。詩人推己及人，推人及己，人悲己悲，己饑人饑，對芸芸眾生無限關愛，對人性人生同情體貼，這是一種高遠而又具體的人文關懷。

歷史以來，孔子大力宣導仁愛，墨家則以“兼愛”表示仁愛精神，他們不無強調無差等的愛，視人如己。作為作家，理應弘揚文化傳統，維護社會公德，而“70”後的“下半身”寫作卻對傳統的價值和起碼的公德公然褻瀆。沈浩波《乞丐》是這樣寫的：“趴在地上/一蜷成團/屁股撅著/腦袋藏到了/脖子下面/只有一攤頭髮/暴露了/她是母的/真是好玩/這個狗一樣的東西/居然也是人”。這裏，詩人“暴露”了乞婆乞討時的肉體形狀，其中滿含嫌惡與鄙夷，內裏極度冷漠刻薄，缺乏人性裏最起碼的同情與悲憫。這和前述朱湘的同題詩作的詩心詩意形成了巨大的反差。朱湘的“崇高”來自於他對自己思想和行為的自屬。他認為，要想得到詩神的垂青，非得有一番錘打磨練，正如他在《石門集·十四行英體·二》中所說：“世上如其沒有折磨/詩人便唱不出他的新歌”。痛苦出詩人，是的，朱湘以自己的悲苦，為自己、也為其筆下的知識份子、普通老百姓、戍卒等當時社會的弱勢群體唱出了一首首痛苦的悲歌，而且，他的這種歌唱以一貫之在他前後幾部詩集中。朱湘始終如一地保持著對社會低層的關注，無論自己的境遇如何。這種人文精神是何等的崇高啊。

第四節　臧克家詩歌的“公共性”與“私人性”

每個作家都不能離開他所生存的環境而獨立存在，但他們對生活環境所採取的態度決定了他們不同的創作傾向。面對同樣猙獰的現實，有些詩人投入積極的鬥爭，使他們中大多數沒有功夫多作藝術上的考慮；而有些詩人回避現實，使他們在追求藝術美中尋找出路。三十年代的新詩，就形成了以殷夫為前驅、蒲風為代表的中國詩歌會詩人群堅持“詩的意識形態化”、“大眾化”，和以徐志摩、陳夢家為代表的後期新月派，以戴望舒為代表的現代派詩人群強調詩歌的貴族化、純詩化兩種截然不同的創作局面。然而，處於這一時期的臧克家徘徊遊走於兩者之間，既關注現實、揭露社會黑暗、有著深刻的批判意識，又提倡詩美、注重詩歌形式、深受中國古典詩歌傳統的浸染；既具有強烈的時代精神，又具有鮮明的私人性或主體性；既弘揚了詩歌的擔當精神，又捍衛了詩歌的美學理想，在公共性與私人性之間獲得了適度的平衡，實現了詩歌公共性與私人性的統一。

洪子誠先生在《問題與方法》中談到："中國現代作家有時候是非常複雜的，他們的政治信念、文學觀的來源是多方面的，在不同時期也會發生很多變化。……概念、類型等，在研究時肯定很重要，但是，它不能完全涵蓋全部的具體的現象。"[46]因此從文本本身出發去認識臧克家是必要的，也許會存在宇文所安所說的文本之中的"外在表面"與文本之外"真正隱蔽的天性"的"雙重性"困惑與矛盾，但"文本結構之外的'真實自我'卻根本是毫不相干的問題，因為我們知道的一切都是他留下的文本和關於他的文本，我們認識他僅僅是通過這些文本和我們對這些文本所做的詮釋。"[47]臧克家也是個複雜的存在，他在文學史上一直被稱為"現實主義"詩人，但又被其好友姚雪垠叫做"田園詩人"。在他的詩歌中既有揭露社會黑暗、關注社會人生、批判現實醜惡的一面，又有大力描寫鄉村田園風光、富有濃厚的鄉土味和詩味的一面。因此他的詩歌既具有鮮明的公共性，又具有不可否認的私人性，而真正優秀的詩歌正是這兩方面的完美統一。而詩人往往是通過"對立的意象"或者"否定性言說"來實現兩者的對立統一。

一、現實主義詩人與公共性

現實主義的概念和含義一直以來相當複雜，容易引起歧義，但一般從文學思潮、創作方法或文學精神三個層面來理解。陳思和曾提出："二十年代前期的文學創作，與其認為是受了西方現

---

46 洪子誠：《問題與方法》，北京三聯書店，2002 年版，第 176-177 頁。
47 張隆溪：《道與邏各斯》，馮川譯，四川人民出版社，1998 年版，第 168 頁。

實主義文學思潮與創作方法的影響，倒毋寧說是受了'為人生的文學'這一口號的影響。前者僅僅是對後者的一種聲援，一種補充，而後者所包含的現實主義的含義，實際上指的是現代中國作家對現實生活的主觀態度，並不是具體的創作方法。"[48] "現實主義作為一種創作方法，它多少含著某種客觀的、消極的意思，而'為人生'，則鮮明的突出了主觀的、積極的人生態度。"[49]可以說，臧克家的現實主義更多是一種在民族災難面前，在面對一個如此緊迫的公共語境時所體現的關注民族興亡、大眾疾苦的文學精神和時代精神。

公共性的概念由哈貝馬斯提出，有學者認為"所謂文學公共性是指文學活動的成果進入到公共領域所形成的公共話題（輿論）。此種話題具有介入性、幹預性、批判性和明顯的政治訴求，並能引發公眾的廣泛共鳴和參與意識。"[50]公共性追求鮮明地表現在臧克家的理論與創作中。

臧克家認為詩人一定要成為"時代的候鳥"、"大眾的喇叭"，認為徐志摩式的輕靈調子，"只適合填戀歌，偉大的東西是裝不下的"，戴望舒式的"輕淡迷離的趣味"是沒有前途的。但他也反對口號詩，認為"滿篇的鮮血和炸彈是不能叫人感動的。"臧克家還認為生話是詩的土壤，詩應該表現現實生活，詩人也應該走進老百姓的生活，反映老百姓的需求。可見詩人對民生疾苦的深深關注，始終執著於生活、執著于人生，作為農民詩人的他與底層人們有著深厚的感情，具有強烈的社會責任感和使命感。而這一文學精神幾乎貫穿了他所有的文學創作。

---

48 陳思和：《中國新文學整體觀》，上海文藝出版社，2001年版，第253頁。
49 同上，第271頁。
50 趙勇：《文學活動的轉型與文學公共性的消失》，《文藝研究》，2009年第1期。

　　1933 年他的處女作詩集《烙印》就顯露了"不肯粉飾現實，也不肯逃避現實"的創作態度，揭露社會現實的黑暗，刻畫了一系列"可憐的黑暗角落裏的人群"，如《洋車夫》、《販魚郎》、《老哥哥》、《老馬》、《難民》、《當爐女》、《神女》等。聞一多先生在給《烙印》中所作的序中說道，"沒有一首不具有一種極頂真的生活的意義"，他似乎更看重《生活》、《烙印》一類詩，覺得它們有著"令人不敢褻視的價值"，甚至是"全部詩集的價值"，[51]因為它們不僅僅反映了時代的急流，更抓住了時代裏那種不變的東西，具有自己的獨特個性，這樣才不會被歷史遺忘，才能經住時間的考驗。然而茅盾卻認為聞一多所嘉許的"堅忍主義的生活觀"卻"實在妨礙了克家，使他的詩不能對於'生活'盡更大的貢獻。"茅盾希望臧克家能夠"接受前進的意識"，為人民群眾指明前進的道路，寫出"在生活上真正有重大意義的詩"[52]。老舍先生也曾評價臧克家的詩"石山旁的勁竹，希望它變株大松"，臧克家自己也認為需要更偉大、更先進的東西存在，於是在《烙印》再版後增加了《號聲》、《逃荒》、《到都市去》、《都市的夜（二）》，而這四首詩明顯地迎合了茅盾、老舍的建議。

　　然而，臧克家在《罪惡的黑手》序中說道，他的第二部詩集《罪惡的黑手》企圖"在外形上想脫開過分的拘謹向博大雄健處走"，"竭力想拋開個人的堅韌主義而向著實際著眼，但結果還是沒有擺脫得淨。"[53]可見詩人的掙紮與痛苦。在當時的時代背景下，詩歌具有一定的意識形態性或階級性是無可厚非的，甚至

51 《臧克家文集》（第一卷），山東文藝出版社，1985 年版，第 570 頁。
52 參見茅盾《一個青年詩人的"烙印"》，鄭蘇伊、臧樂安編選《時代風雨鑄詩魂——臧克家文學創作評論集》，作家出版社，1996 年版。
53 《臧克家文集》（第一卷），第 579 頁。

可以說是必要的，但詩人仍然不忘開掘與別人不同的新的感受世界感受時代的方式，能夠表現人類的普遍情感，這才是詩人的偉大之處。

二、田園詩人與私人性

作為田園詩人的臧克家，從小"接觸的全是頂著農奴命運的忠實純樸的農民。看他們生長在泥土裏，工作在泥土裏，埋葬在泥土裏"[54]，他深愛著他們，愛著他們身上的傷疤與瑕疵。他在鄉村自然風光裏陶冶自己的心靈，他把"整顆心，全個愛，交給了鄉村、農民。"[55]臧克家被公認為一個具有中國風格的新詩人，有外國學者甚至稱他為現代中國詩壇上有幸"未受到外國影響的奇人"。他的大部分詩歌中我們都可以看到他對自然景觀的大力描寫，在審美趣味上也向中國傳統詩歌傾斜。

當步入中年，詩人再回過頭去看自己的創作，最喜愛的還是《烙印》和《泥土的歌》兩個詩集中的一些詩篇，因此《十年詩選》中選的最多的也是這裏面的詩歌，而戰後的《泥淖集》、《國旗飄在鴉雀尖》、《從軍行》選得很少，他討厭自己戰爭時期創作的大部分詩歌中虛浮刹那爆發的情感與口號式、觀念式的思想內容，他認為"一首真正的好詩，卻正需要深沉的情感化合了思想、觀念，鍛以藝術熔爐。"[56]臧克家在《生命的零度》的序言中也說道："由於環境，心情，思想的變遷，而影響到詩篇的內容，形式，以及創作路線的曲直。我相信自己是在變著的。把這

---

54 同上，第 591 頁。
55 同上，第 593 頁。
56 同上，第 597 頁。

個集子裏的東西前後一對照,也可以看出這個變的蹤跡來。雕琢了十五年,才悟得了樸素的美,從自己的圈套裏掙脫出來,很快樂的覺得詩的田園是這麼廣闊!"[57]如"青山不說話,我也沉默,時間停了腳,我們只是相對。我把眼波,投給流水。流水把眼波投給我,紅了眼睛的夕陽,你不要把這神秘說破。"(《沉默》,1942年)我們分明能感受到詩人在與"青山"、"流水"的互動中感受到彼此的存在,像戀人一樣,即使誰都沉默不說話卻從不尷尬。"窗前的心,窗外的天空,一樣是不透明,清冷的風絲,吹著雨絲繽紛,一條細的雨絲,系一個煩悶;荷葉殘盤,摔碎了珍珠——把不住的空虛。"(《秋雨》,1932年)詩人由於雨天的昏暗清冷而感慨心靈的空虛與煩悶,情景完全融合在一起了。像這樣刻畫自然意象在臧克家的詩歌中隨處可見。

在審美趣味上臧克家也向中國古典詩歌靠近。徐長棟在《現實主義的困惑與探索》一文對臧克家詩歌中的古典詩歌的表現模式進行了細緻地分析,比如在物象選擇上具有"近取譬"而非"遠取譬"的特徵,也有一種以物起情、隨物宛轉的"起興"模式等,當然他的不少詩歌也具有西方詩歌的表現方法,如意象化、對話體、內心獨白等。

艾略特曾說:"詩歌的最重要的任務就是表達感情和感受。與思想不同,感情和感受是個人的,而思想對於所有的人來說,意義都是相同的。用外語思考比用外語來感受要容易些。正因為如此,沒有任何一種藝術能像詩歌那樣頑固地恪守本民族的特徵。"[58]因此某種程度上可以說中國新詩向中國古典詩歌傾斜是

---

57 臧克家:《生命的零度》,新群出版社,1947年版,第2頁。
58 艾略特:《詩歌的社會功能》,楊匡漢、劉福春編《西方現代詩論》,花城出版社,1988年版,第87頁。

一種集體無意識行為。在這點上臧克家的藝術追求似乎具有一種公共性，但如前所述，臧克家詩歌中也有不少西方詩歌的表現手法，做到了很好的中西融合，並且他始終堅持生活是詩歌的土壤，從生活中汲取創作的養料，因此不像現代派詩人在後期創作中陷入詩形僵死、文思枯竭、未老先衰的境地，從這一層面上可以說臧克家為我們樹立了很好的榜樣，具有自己獨特的藝術追求與私人性。

三、"否定性言說"：公共性與私人性的對立統一

哈貝馬斯認為，"如果說生的欲望和生活必需品的獲得發生在私人領域（Oikos）範圍內，那麼，公共領域（Polis）則是為個性提供了廣闊的表現空間。"[59] 由此看來，公共性與私人性並不是完全對立衝突的。臧克家詩歌中所體現的公共性與個人性往往也不是截然分開的，而是經常完滿地統一在一起，上文從兩個方面分開敘述只是為了更細緻更具體地闡述。徐長棟在《現實主義的困惑與探索》中提到："在臧克家詩中，可以發現兩類意象（語象）。一類是對鄉村田園風光、古老趣味的詩意表現，一類是詩人拒絕這種田園詩意、關切現實的心理意念。前者是指向外物、導向過去的，後者是指向內心、導向現實的。後者是對前者的否定。"[60] 這種"否定性言說"的方式凸顯了詩人的痛苦與掙紮，也是詩人矛盾複雜的詩論觀與生活觀的具體體現。"感情如何追

---

59 〔德〕尤根·哈貝馬斯：《公共領域的結構轉型》，曹衛東等譯，學林出版社，1991年版，第4頁。
60 徐長棟：《現實主義的困惑與探索》（碩士論文），西南大學，2006年，第21頁。

上觀念去抱緊它”[61]，對於如此深愛著農村、深愛著農民，具有根深蒂固的農民性的臧克家來說更是一個問題。這種矛盾複雜的思想狀態詩人自己也曾多次訴說過，比如：

> 對於偉大，我望見它晃動在眼前，我破死命追，然而當中的距離永遠是那麼遠。（《運河·自序》）[62]
>
> 我沒有倒下去，沒有後退，我用了堅穩的小步向前走。二十年來都是這樣在走著，痛苦地，矛盾地走著。而時代卻以百米競賽的快步去接觸最後的那條線。我害怕落後，也不甘心落後，仍然艱苦地向前走著，向前走著。（《十年詩選·序》）[63]
>
> “一隻黑手掐殺了世界”，自己卻感到孤獨無力，不能起而與之鬥爭，只是在一間“無窗室”裏“呼吸著自在”。……那個時期，思想陷於痛苦之中，情感上也有著失望消沉的一面。（《烙印·新序》）[64]

一方面他始終堅持對現實人生的關注，揭露社會黑暗和慘澹的一面，認為內容大於形式；一方面他又自覺或者不自覺地追求著中國古典詩歌的表現模式，認為詩美產生於內容與形式的統一。如《答客問》：

> ……
>
> 你要問什麼？
>
> 問清明時節紛紛細雨中
>
> 長堤上那一行煙柳的濛濛？
>
> 還是夕陽下，春風裏，

---

61 《臧克家文集》（第一卷），第 594 頁。
62 同上，第 581 頁。
63 同上，第 595 頁。
64 同上，第 577 頁。

女頰印著桃花紅？

問炎夏山澗沁出的清涼，

黃昏朦朧中蝙蝠傍著古寺飛翔？

還問什麼？

問秋山的秀，

秋風裏秋雲的舒卷，無邊大野上殘照的蒼涼？

……

我告訴你，鄉村的莊稼人，

現在正緊緊腰帶挨著春深，

……

可是已不似往常撒種也撒下希望，

單就叱牛的聲音，

你就可以聽出一個無勁的心！

……

饑荒像一陣暴烈的雨點，

打得人心抬不起頭來，

頭頂的天空一樣是發青，

然而鄉村卻失掉了平靜！

詩歌前面為我們暢想了一幅幅明媚的自然風景圖，有春風細雨，有煙柳桃花，有夏天裏的清涼，有秋天裏的爽朗，所有這些都與後面描寫農民的淒涼悲慘的命運格格不入。他既反對唱戀歌，歌頌自然，認為“你有閒情歌頌女人，而大多數的人在求死不得；你在歌頌自然，而自然在另一些人餓花了的眼裏已有些變樣了”[65]，又深深沉醉于寂靜幽深的自然風光，渴望樸素簡單的

---

65 臧克家：《論新詩》，《臧克家全集》（第9卷），時代文藝出版社，2002年版，第5頁。

農村生活，"像一個孩子知道母親一樣"[66]，他熟悉鄉村裏的一切。詩人告訴人們忘掉記憶中鄉村的自然風光，去關注此刻正發生在農民身上的巨大災難，他的理性思考企圖通過公共性來壓制扼殺私人性，卻更加彰顯了他對鄉村生活的留戀。也許正是這種複雜矛盾的心態，正是這種"否定性的言說"方式，形成一種張力，同時肯定與張揚了私人性的存在。

四、結　語

臧克家是一個豐富複雜的存在，他留給我們無數優秀的文學作品。他在面對革命的失敗混亂、社會現實的黑暗與知識份子精神的幻滅，始終堅持現實主義精神，揭露社會黑暗，用自己的詩歌服務於革命的需要；但他依然不忘詩歌作為抒情藝術所特有的藝術追求，注重詩歌形式，並努力挖掘時代洪流裏普遍的、不變的情感，實現了詩歌公共性與私人性的完美統一。對臧克家及其作品的研究層出不窮，但相信還有一個更豐富更完滿的臧克家等著我們去發現、去挖掘。

第五節　艾青詩歌的"公共性"
與"個人性"

大體說來，最能體現艾青（1910-1996）詩歌藝術水準的是解

---

66 臧克家：《答客問》，《臧克家全集》（第1卷），時代文藝出版社，2002年版，第101頁。

放前[67]和歸來後兩個時期的創作，我們就以這一前一後兩個階段的作品為主來探討艾青詩歌的"公共性"與"個人性"問題。

一、前期詩歌的"公共性"與"個人性"

正如此前我們已經指出的那樣，"公共性"必然涉及"公共領域"這一概念。哈貝馬斯認為："公共領域"是自主自律的個體通過主體間的理性、平等、公開的交往所形成的公共意見的領域。[68]有中國學者據此引申出"文學公共領域"，並將其解釋為"一定數量的文學公眾參與的、集體性的文學 —— 文化活動領域，參與者本著理性平等、自主獨立之精神，就文學以及其他相關的政治文化問題進行積極的商談、對話和溝通。"[69]

由此看來，中國新文學也曾出現過這樣的"公共領域"，並因而獲得鮮明的"公共性"特徵，尤其是在面臨民族危急以及國家災難的時候，對歷史的反思、對生命的關愛、對美好人性的嚮往等，都是中國新文學的重要主題。顯然，艾青的詩歌也在此列，讓我們先來看其前期詩歌的"公共性"特徵。

（一）前期詩歌的"公共性"

艾青出生於辛亥革命前夕，去世於一九九零年代後期，經歷了20世紀中國的每個重要階段和重大事件，透過其前期的代表性

---

67 艾青曾經把他解放前的詩歌創作分為三個時期：1932-1937 年的密雲時期，1937-1941 年的抗戰時期，1941-1948 年的延安時期。我們在此不做這樣的細分。
68 參見陶東風《阿倫特式的公共領域概念及其對文學研究的啟示》，《四川大學學報》，2001 年第 1 期。
69 同上。

詩作《大堰河》《北方》《向太陽》《黎明的通知》等，我們可以看到他所關注的對象和情感表達的方式都具有顯著的時代色。

在《新詩應接受檢驗》（1979）一文中，艾青指出："新詩的主流保持了革命現實主義的戰鬥傳統。……新詩是和共和國一同進入勝利的拱門的。新詩是帶著歡呼聲和人民一同前進的。"[70] 這樣的觀點同樣可以用來評價他自己的創作。

作為"時代的歌者"、"二十世紀的屈原"，艾青一貫堅持詩歌創作的"人民性"與"真實性"，他說："面對著瞬息變幻的現實，詩人必須說出自己心裏的話。寫詩應該通過自己的心寫，應該受到自己良心的檢查。所謂良心，就是人民的利益和願望。人民的心是試金石。"[71] "詩人所要求反映的真實，是更深刻的真實。或者說，是屬於最廣大的人民群眾的、更持久的真實。"[72]

艾青被稱為中國詩壇的"泰斗"和"王子"，曾被推選為諾貝爾文學獎的候選人。法國學者、艾青研究專家蘇珊娜曾在法文本的《艾青詩選》序言中說："如果艾青是最適宜於對外介紹的詩人 ── 大家都知道中國的語言是多麼難以譯成外語 ── 那是因為，這跟他的內心的聲音，跟他詩的真實和純樸有關。詩歌達到了這種內在的程度，就有可能溶化在任何一種語言裏，只要譯文基本上做到了表情達意就可以取得成功。"[73]的確，艾青的詩歌表達了全人類共通的情感與思想，他很少把目光只是單純地聚焦在自己身上，他總能從自己的生命體驗處蕩開，寫出一代人或"我們"的情緒與情感。詩人曾說："不對人類命運發空洞的預言，

70 艾青：《詩論》，人民文學出版社，1980 年版，第 9 頁。
71 同上，第 10 頁。
72 艾青：《我對詩的要求》，《詩論》，人民文學出版社，1980 年版，第 14 頁。
73 〔法〕蘇珊娜·貝爾納：《〈艾青詩選〉序法文本》，載海濤、金漢編《中國當代文學研究資料叢書·艾青專集》，江蘇人民出版社，1982 年版，第 98 頁。

不以先知的口吻說：'你們都跟我來！'而是置身在探求出路的
人群當中，共呼吸，共悲歡，共思慮，共生死，那樣才能使自己
的歌成為發自人類的最真實的呼聲。"[74]

《大堰河》詩集中的《巴黎》、《馬賽》等詩都與詩人的經
歷有很大的關係。當時的詩人雖年輕，並沒有單純的局限於描述
個人的情緒。在《巴黎》中，他一方面讚揚了巴黎的光榮歷史，
但更主要的方面卻是對它的黑暗和醜惡的憎惡與詛咒：

> 啊，巴黎！
>
> 為了你的嫣然一笑
>
> 已使得多少人們
>
> 拋棄了
>
> 深深的愛著他們的家園，
>
> 迷失在你的曖昧的青睞裏，
>
> 幾十萬人
>
> 都化盡了他們的精力
>
> 流幹了勞動的汗，
>
> 去祈求你
>
> 能給他們以些須的同情
>
> 和些須的愛憐！
>
> 但是
>
> 你 ——
>
> 龐大的都會啊
>
> 卻是這樣的一個
>
> 鐵石心腸的生物！

---

74 艾青：《詩論》，人民文學出版社，1957年版，第166頁。

我們終於

以痛苦，失敗的沮喪

而益增強了

你放射著的光采

你的傲慢！而你

卻拋棄眾人在悲慟裏

像廢物一般

毫不惋惜！

巴黎，

我恨你像愛你似的堅強；

莫笑我將空垂著兩臂

走上了懊喪的歸途，

我還年輕！[75]

詩人將巴黎擬人化，抒發的並非個人的恩怨，而是受難群體的共同感受。這首詩是詩人在回國入獄後所寫，但全詩沒有一句描述和表達自己在監獄裏的生活和心情，而是想到了巴黎，想到自己以及許多外鄉人在巴黎的命運，跨越了時空的限制，展現了一個年輕詩人的博大胸懷。

寫于 1938 年春夏之交的長詩《向太陽》，在中國新詩史上佔有重要的地位，牛漢曾評價它“不僅標誌著艾青的創作道路邁向了一個新的高度，而且對我國詩歌創作的發展產生了廣泛而深刻的影響。”[76]當時，詩人正置身於“保衛大武漢”的全民抗戰的熱潮之中，這種切身的感受直接融入到詩作裏。全詩有對苦難

---

75 《艾青全集》（第一卷詩歌 1928～1948），花山文藝出版社，1991 年版，第 39-40 頁。後引艾青詩作均出自《艾青全集》第一卷、第二卷，不再標明頁碼。
76 牛漢、郭寶臣主編《名作欣賞·艾青》，中國和平出版社，1993 年版，第 169 頁。

的正面描述，比如第三節“昨天”中這樣寫道：

昨天

我在世界上

用可憐的期望

餵養我的日子

像那些未亡人

披著麻縷

用可憐的回憶

餵養她們的日子一樣

昨天

我把自己的國土

　　當作病院

　　　　── 而我是患了難於醫治的病的

沒有哪一天

我不是用遲滯的眼睛

看著這國土的

　　沒有邊際的淒慘的生命……

沒有哪一天

我不是用呆鈍的耳朵

聽著這國土的

　　沒有止息的痛苦的呻吟

　　面對人民、民族、國家所遭受的無盡苦難，詩人“伏倒在紫色的岩石上/流著溫熱的眼淚/哭泣我們的世紀”、“不論白天和黑夜/永遠地唱著/一曲人類命運的悲歌”。相似的情緒也表現在別的詩作裏，其中最著名的就是同樣寫於 1938 年的《我愛這土地》：

> 假如我是一隻鳥，
> 我也應該用嘶啞的喉嚨歌唱：
> 這被暴風雨所打擊的土地，
> 這永遠洶湧著我們的悲憤的河流，
> 這無止息地吹刮著的激怒的風，
> 和那來自林間的無比溫柔的黎明……
> —— 然後我死了，
> 連羽毛也腐爛在土地裏面。

> 為什麼我的眼裏常含淚水？
> 因為我對這土地愛得深沉……

這種深入骨髓的悲痛與摯愛，賦予詩句厚重的感染力與無盡的生命力，表達了全民族的思想與情感。在這些直面苦難的詩作中，詩人並未悲觀與失望，而是充滿著樂觀與期待。《向太陽》雖然描寫了昨天 "淒慘的生命"、"痛苦的呻吟"，但更多地是對今天在 "太陽" 照耀與激勵之下已經覺醒的一切嶄新事物的禮贊：

> 今天
> 太陽的炫目的光芒
> 把我們從絕望的睡眠裏刺醒了
> ……
> 我們仰起了沉重的頭顱
> 從潮濕的地面
> 一致地
> 向高空呼嚷
> "看我們

我們

笑得像太陽！"

詩人還借群眾之口說："我們愛這日子/不是因為我們/看不見自己的苦難/不是因為我們/看不見饑餓與死亡/我們愛這日子/是因為這日子給我們/帶來了燦爛的明天的/最可信的音訊。"從"我"與"我們"的自然轉換可以看出詩人所表達的希望也是和祖國、民族、人民的希望同體共生的。這正是詩人"和人民一同思考，和人民一同回答"的結果。在長詩的結尾，詩人寫到："我甚至想在這光明的際會中死去……"這並非是一種消極的生命姿態，而是充滿了巨大的喜悅，乃至於願意以個人的死來換得這種普照大地的光明的長存。牛漢說："《向太陽》這首詩又能給人以史詩的感覺，它不是理念的歷史，是有血有肉的顫動著的歷史。"[77]正是在這種血肉豐滿且顫動不已的歷史中，艾青前期詩歌的"公共性"特徵得以彰顯。

（二）前期詩歌的"個人性

文學的"公共性"與"個人性"密切相關。一個成熟的作家，其作品不僅要具有鮮明的時代特色，而且還必須擁有獨特的藝術個性與美學風格。艾青就是這樣一位成熟的、偉大的詩人。他甚至從開始歌唱起就自覺地將詩歌的公共性融入到了個人性之中，在幾則作於抗戰初期的詩論裏，艾青就曾這樣說："個人的痛苦與歡樂，必須融合在時代的痛苦與歡樂裏；時代的痛苦與歡樂也必須糅合在個人的痛苦與歡樂一起。""詩人的'我'，很少場合是指他自己的。大多數的場合，詩人應該借'我'來傳達

77　牛漢、郭寶臣主編《名作欣賞·艾青》，中國和平出版社，1993年版，第175頁。

一個時代的感情與願望。”“願那些把美當作女神而屈膝膜拜的人們有福吧！而我們卻應該把美當作女傭人，要她為人類掃刷門窗，整理床榻啊。”[78]

　　艾青第一首產生巨大影響的詩作是《大堰河——我的保姆》，這首詩表明他的作品“在起點上就與我們的民族多災多難的土地與人民取得了血肉般的聯繫”[79]。它通過對乳母的深切懷念，抒發了對勞動人民的同情與熱愛，對黑暗社會的痛恨與詛咒。但這首詩之所以獲得如此巨大的感染力，主要還在於它擁有獨具匠心的構思：將大堰河與保姆合二為一，開創了他此後作品中反復出現的“土地——農民”這一特殊的意象複合體，將對祖國——大地——人民——母親的多重情感凝聚在一起。除此之外，艾青早期詩歌中反復出現的還有“太陽”、“火把”、“黎明”等意象群，通過對這些意象的大膽想像與描繪，詩人賦予它們以光明、溫暖、希望、理想、新生等豐富的思想與情感，這些情思又不僅僅屬於詩人自己，而是打上了鮮明的時代烙印，反映了廣大的勞苦大眾對於幸福、美好生活的熱烈嚮往與不懈追求。請看詩人作於 1940 年的《太陽》：

> 同我們距離得那麼遠
> 那麼高高地在天的極頂
> 那麼使我們渴求得流下了眼淚
> 那麼使我們為朝向你而匍匐在地上
> 那麼使我們為朝向你飛而折斷了翅膀
> 我們甚至願在你的燒灼中死去

---

78 艾青：《詩論》，人民文學出版社，1957 年版，第 166-177 頁。

79 錢理群、溫儒敏、吳福輝：《中國現代文學三十年》（修訂本），北京大學出版社，1998 年版，第 555 頁。

我們活著在泥濘裏像蚯蚓

永遠翻動著泥土向上伸引

任何努力都是想早點離開陰濕

都是想從遠處看見你的光焰

我們是蛾的同類要向你飛

我們甚至願在你的燒灼中死去

只要你能向我們說一句話

一句從未聽見卻又很熟識的話

只是為了那句話我們才活著

只要你會說：凡看見你的都將會幸福

只要勤勞的汗有報償，盲者有光

只要我們不再看見惡者的驕傲，正直人的血

只要你會以均等的光給一切的生命

我們相信這話你一定會有一天要證實

因此我們還願意活著在泥濘裏像蚯蚓

因此我們每天起來擦去昨天的眼淚

等待你用溫熱的手指觸到我們的眼皮

　　眾所周知，艾青早期詩歌帶有濃濃的"憂鬱"氣質，而且這種憂鬱頗具個人色彩，被稱為"艾青式的憂鬱"。詩人幼年被送養、青年到異國求學、回歸祖國後遭受多重磨難、抗戰期間輾轉大江南北的經歷，讓他真切地看到了農人的悲哀（《大堰河 —— 我的保姆》）、工人的肌瘦（《馬賽》）、寡婦的咽泣（《春》）、被暴風雨擊打的土地（《我愛這土地》）等等。這些苦難的現實與人生當然是促成艾青式憂鬱的重要原因，正如他自己說的那樣："叫一個生活在這年代的忠實的靈魂不憂鬱，這有如叫一個輾轉在泥色的夢裏的農夫不憂鬱，是一樣的屬於天真的一種奢望。”[80]但難能可貴的是，他不僅能夠將自己的“憂鬱”化作獨特的意象表現出來，而且還能“把憂鬱和悲哀，看成一種力！把彌漫在廣大的土地上的渴望、不平、憤懣……集合攏來，濃密如烏雲，沉重地移行在地面上……”[81]給人以積極的思想、向上的力量、審美的感受。除了我們熟知的“用嘶啞的喉嚨歌唱著”的鳥、“自矜地吹著蘆笛”的青年、“吃了大堰河的奶而長大了”的乳兒之外，詩人還創造了其他的充滿憂鬱但卻頗具忍耐精神或渾厚力量的意象，比如《馬賽》中的那匹“唯一的駱駝”：“在你這陌生的城市裏，/我的快樂和悲哀，/都同樣地感到單調而又孤獨！/像唯一的駱駝，/在無限風飄的沙漠中，/寂寞地寂寞地跨過……”；又比如《雪落在中國的土地上》中的被白雪覆蓋、被寒冷封鎖、被寒風撕扯著的“土地”；再比如《手推車》中那“以唯一的輪子/發出使陰暗的天穹痙攣的尖音/穿過寒冷與靜寂/從這一個山腳/到那一個山腳/徹響著/北國人民的悲哀”的“手推車”等等。不過，我們在分析艾青式的憂鬱所具有的獨特個性的同時，也要充分認識到它絕不只是簡單的個人情緒，它更像是一位人類苦難的背負者的憂鬱，其中有悲憫、有同情，但也有憤怒與激勵。這些應該是那個時代“感時憂國”的知識份子所普遍具有的情緒，只不過與大多數知識份子的憂鬱有所不同，艾青的憂鬱絕不會讓人感傷與沉淪，相反在他的憂鬱中潛藏有一種深沉、厚重且汩汩湧動著的力，它激發著詩人自己和他人為美好的生活與未來的希望去拼搏、去戰鬥。正如他自己所說：“假如不把人類身上的瘡痍指給人類看；假如不把隱伏在萬人心裏的意願提示出來；假如不把較美的思想教給人們；假如不告訴絕望在今天的人還有

---

80 艾青：《詩論》，人民文學出版社，1957年版，第169頁。
81 同上。

明天……。為的是什麼啊？"[82]

二、後期詩歌的"公共性"與"個人性"

（一）後期詩歌的"公共性"

艾青對國家、人民命運的關注，不曾隨著時間的流逝而改變。但其前後期詩歌中"公共性"的表現是有所不同的。在動盪不安、國難當頭、民不聊生的戰亂年代裏，全國上下被抗戰情緒籠罩的氛圍下，每個有良知的中國人都關注著戰事的進展、關注著人民、國家的遭遇，詩人也不例外。"經濟基礎決定上層建築"，在那樣的困境中，同大多數作家一樣，艾青也很難顧及生命中更為形而上的東西。在新中國，詩人所遭受的苦難，其性質不同於戰爭時的災難，但詩人卻較長一段時期生活在抑鬱甚至恍惚之中，無法拿起詩筆抒發自己的情感。平反之後，艾青得以"歸來"並開始重新歌唱，暮年的他對人生的感悟和總結自然不會再僅僅拘囿於生死饑飽等基本生存狀況，除了和前期一樣對未來滿懷"希望"之外，他的詩歌還多了反思與批判。即便"希望"這一主題，也與前期有所不同：前期的希望主要是給予戰亂中的人民和自己的，希望能夠過上和平、美好、幸福的生活，而後期的希望則更多地指向精神與哲理的層面，這顯然是對前期的發展與提升，可謂是歸來之後艾青詩歌與以往明顯的不同之處，值得我們稍作分析。

在《沙漠和綠洲》（1978）裏，詩人借"沙漠"和"綠洲"兩個意象對"絕望"和"希望"進行了辯證的思考：

---

82 艾青：《詩論》，人民文學出版社，1957 年版，第 167 頁。

沙漠是無邊的歎息
沙漠是遼闊的乾旱
沙漠是大地的死亡
沙漠是絕望的地平線

而綠洲 ——
綠洲是沙海的島嶼
綠洲是生命的召喚
綠洲是綠色的驚嘆號
綠洲是水的懷念

在綠洲裏
藍色的池沼
沐浴著白雲
青青的草地
跳躍著野羊
蔥鬱的灌木叢
有鵪鴿的歌聲……

綠洲是寬慰的微笑
綠洲是希望和信心

　　綠洲存在於沙漠中，希望孕育於絕望中，作為這首詩的主題
顯得既質樸又深邃，尤其能夠喚起那些經歷過十年浩劫的人們的
共鳴與回味。詩的第一節中出現的 "無邊的歎息"、"遼闊的乾
旱"，既是空間的鋪排，但也暗含著時間的綿延。無邊無際的 "乾
旱" 與 "歎息"，不只是曾經困于新疆的詩人以及同時代人的遭

遇，也可以是每一個處於困境中的人的感慨，在那樣的境遇中，人們很容易把絕望無限放大，從而失去希望。但在詩人看來，就在這無邊無際的"沙漠"之中，在絕望的地平線之外，卻總有象徵希望與信心的"綠洲"存在。而"綠洲是沙海的島嶼"則點出綠洲與沙漠的關係：綠洲存在於沙漠中，綠洲是沙漠中的希望。"沙海的島嶼"、"生命的召喚"、"綠色的驚嘆號"、"水的懷念"都是希望的象徵。而詩中出現的"藍、白、青、蔥鬱"等顏色以及"歌聲"、"召喚"與"微笑"等，都充滿了勃勃生機，它們是生命的體現，是具象化了的希望與信心。

在另一首作於 1979 年直接以"希望"為題的詩中，詩人這樣寫到："……//像窗外的飛鳥/像天上的流雲/像河邊的蝴蝶/既狡猾而美麗//你上去，她就飛/你不理她，她撐你//她永遠陪伴你/一直到你終止呼吸"。通過一連串的意象，詩人將希望若即若離、漂浮不定的特徵淋漓盡致地表現了出來。詩人對希望的堅持並不是盲目的樂觀，而是在充分正視人生的困境與低谷之後的豁達與樂觀，支撐這種樂觀的是對走出困境與低谷的堅定不移的理想與信念，正如他在《海水和淚》（1979）中所寫的那樣："海水是鹹的/淚也是鹹的//是海水變成了淚？/是淚流成海水？//億萬年的淚/彙聚成海水//終有一天/海水和淚都是甜的"。"億萬年"是很漫長的，但終有一天，鹹的會變成甜的，痛苦會變為幸福，詩人堅信這一天的到來。這種積極的人生態度是一位飽經滄桑的詩人最真切的生命體驗，既是自我鼓勵，也鼓舞著無數的其他人。

沉寂二十多年於新時期歸來的艾青，仍然堅持詩歌的"戰鬥的傳統"，對於民族和個人共同經歷的那一場浩劫，他必然要發出自己的聲音，並且再次和人民站到一起。《在浪尖上》（1978）就是這樣一首和人民站到一起的詩篇。詩人將鬱積在胸中的憤怒、悲哀、崇敬之情進行了一次既客觀冷靜又毫無遮攔、洶湧澎湃的大宣洩，其中不僅抒發了對四人幫的滿腔憤怒，也表達了對周恩來總理的無限敬仰，更主要的是對因張貼反四人幫的詩歌被逮捕的普通工人韓志雄的讚頌。儘管今日看來，這首詩不見得能激起當年那樣的共鳴，但我們仍能觸摸到詩人那顆與人民一起跳動的滾燙、赤城的詩心。

　　艾青後期反映文革的詩歌不僅與前期對黑暗社會的抨擊同樣尖銳凌厲，而且還多了幾分冷靜的反思與理性的批判。在《聽，有一個聲音……》（1979）中，詩人採用第一人稱，將抒情主題與黨的好女兒張志新的精神和靈魂融為一體：詩人既是在替張志新烈士吶喊，也將自己內心的情感與思考呼喊了出來，從而贏得了千千萬萬有良知的同胞的回應："拷上手銬 —— 不讓寫/釘上腳鐐 —— 不讓走/割斷喉管 —— 不讓喊/但是，我還有思想 —— /通過目光射出憤怒的箭//我向你們看一眼/你們就渾身打顫/我向你們看兩眼/就連心肺也紮穿//……"不僅如此，詩人還以思辨的充滿張力的筆觸揭示了烈士之死的不朽精神："我倒下了，我起來了/我停止呼吸，我說話了/我沒有死，我得到永生/和人民在一起，就得到永生 —— //人民將為我說話/人民將為我造像/人民將為我譜曲/人民將為我歌唱//……"

　　對人性的思索和追問，也是後期艾青詩歌的特色，尤其是針對文革時期人性的失落與扭曲。當然"人性"的黑暗、醜惡與人性的善良、美好從來都是並存共生的，不同時代各有側重而已，我國是這樣，別的國家也是這樣，艾青的詩作對此也有反映。《盆景》（1979）是反思文革人性遭到扭曲的代表性作品，在詩人筆下，人性恰如植物，但當其被有意栽培、放入某種特殊環境之中時，它看似"冬不受寒，夏不受熱/用紫檀和紅木的架子/更顯示它們地位的突出"，"其實它們都是不幸的產物/早已失去了自己的本色/受盡了壓制和委屈/生長的每個過程/都有鐵絲的纏繞和刀剪的折磨/任人擺佈，不能自由伸展"，其結果必然是"少的變老、老的變小/為了滿足人的好奇/標榜養花人的技巧/柔可繞指而加以歪曲/草木無言而橫加刀斧"，在結尾處，詩人忍不住發出如此沉痛的反思與詰問："或許這也是一種藝術/卻寫盡了對自由的譏嘲"。這首詩很容易讓我們聯想到文革期間那些被冠以"紅小兵"、"紅衛兵"的孩子們，他們被別有用心的人故意誤導，最純真、自由、善良的人性遭到扭曲，更為可悲的是，這種扭曲是在全民擁護的狀態下發生的，這就更加值得我們去反省與思考。

《古羅馬的大鬥技場》（1979）是詩人參觀羅馬古跡之後所作。詩作用鬥蛐蛐遊戲開頭，用比擬的方式暗示出大鬥技場中所發生過的殘酷與慘烈的廝殺，奴隸同蛐蛐一樣，是供人消遣娛樂的對象；緊接著描寫了鬥技場的外貌，但在這座宏偉的建築裏，卻進行著最卑劣、最血腥的娛樂活動：奴隸、戰俘們彼此互相殘殺，"無辜的手"殺死"無辜的人"，而長著"牛頭馬面"受雇於人的"打手"，雖不直接去殺人，卻比劊子手更陰沉；而最令人痛恨的則是經營這大鬥技場從血泊中謀取暴利的奴隸主，當然還有那些"從流血的遊戲中得到快感/從死亡的掙紮中引起笑聲"的貴族、陪臣與宮妃們；終於，奴隸們"為了改變自己的命運"發起了反抗，"把那些拿別人生命作賭注的人/釘死在恥辱柱上"。但詩歌並未到此結束，而是進一步發出令人深思的警示：

......

奴隸社會最殘忍的一幕已經過去
不義的殺戮已消失在歷史的煙霧裏
但它卻在人類的良心上留下可恥的記憶

　　而且向我們批示一條真理：
　　血債遲早都要用血來償還；
　　以別人的生命作為賭注的
　　就不可能得到光彩的下場。

　　說起來多少有些荒唐──
　　在當今的世界上
　　依然有人保留了奴隸主的思想，
　　他們把全人類都看作奴役的對象
　　整個地球是一個最大的鬥技場。

　　此外，艾青後期詩歌仍然一如既往地展示了他的人文情懷和國際視野。美國學者羅伯特・C・弗蘭德將艾青與聶魯達、希克梅特並列，稱這“三位詩人的共同之處就在於他們的詩代表了億萬人的心願，暴君懼怕這些具有雄鷹的膽略的歌唱家；卻又無法用鐵窗來禁錮他們的歌聲。”[83]弗蘭德還指出：“在這為人類解放而進行的共同鬥爭中”，“這一時代的偉大詩人們都具有一些共同的特點”，而其中的第一點就是“他們的詩都表達了被壓迫者和已獲得自由的人們要傾吐的心聲……他們筆下的形象和比喻，差不多都是全球通用的，因此各國人民都能從中獲得溫暖和鼓勵。”[84]

　　詩集《歸來的歌》（1980）收錄了幾首艾青出使他國之後所寫的詩作。《死亡的紀念碑》（1979）是關於慕尼克達豪集中營

83　〔美〕羅伯特・C・弗蘭德：《從沉默中走出來──評現代詩人艾青》，載海濤、金漢編《中國當代文學研究資料叢書·艾青專集》，江蘇人民出版社，1982年版，第37頁。

84　同上。

的一首詩。詩人以一連串設問開頭："這是一個葡萄架？/這是一些藤蔓？/這是一堆廢鐵？/這是一些破爛？"但緊接著，詩人就做出了否定的回答："都不是，都不是/請你仔細看一看"。在第二節中，詩人以駭人聽聞的形象展示了當年發生在這座集中營裏的悲慘景象：

> 這是一些掛在鐵絲網上的屍體
>
> 一個個都瘦骨嶙峋
>
> 伸出了無援的手
>
> 發出了絕望的叫喊
>
> 抗議和控訴
>
> 像拉響了的汽笛
>
> 尖利地震響在藍天下
>
> 震響在每個人的耳邊

這些詩行，表達了作者深沉、博大的人文情懷，但更值得我們注意的還是結尾的那四行，它使這首詩的主題獲得了昇華："這些聲音/越過了時間的堅壁/一直通向未來的世紀/永遠 —— 永遠……"。顯然，詩人是在提醒人們，千萬不要忘記歷史，否則這樣的慘劇還會發生。這對剛剛從文革中走出來的中華民族，同樣具有莫大的警示作用。

艾青曾說："怎樣才能把'詩人'和'寫詩的人'來劃分呢？前者是忠實於自己的體驗的，不寫自己所曾感受的悲歡以外的東西（卻不是專寫個人的悲歡）；而後者呢，則只是在寫著分行的句子而已。"[85]閱讀艾青的詩作，我們發現他並不是單純地只寫個人的悲歡，他忠於自己的體驗，同時又自覺地站到人民的

---

85 艾青：《詩論》，人民文學出版社，1957年版，第154頁。

一邊。他的"人民"又不單指"中國人民",是包含全世界一切受苦受難的人民在內的。這是艾青詩歌創作的出發點,也是其最終的歸宿,也是其詩歌"公共性"的明顯表現。

(二)後期詩歌的"個人性"

當再次回歸到讀者視線裏時,艾青已年近古稀,此時他的心境已與早年大不相同。儘管還有《光的讚歌》這樣以"光明"為意象的詩,但詩人更多的作品則是偏向於哲思,帶有濃厚的理性與思辨色彩,句式、語言也越趣凝練。

《山核桃》(1979)只有短短六句,卻蘊含了豐富的內容:

> 一個個像是銅鑄的
> 上面刻滿了甲骨文
> 也像是黃楊木雕刻
> 冷瓏透剔、變化無窮
> 不知是天和地的對話
> 還是風雨雷電的檄文

前三行選用"銅鑄的""甲骨文""黃楊木雕刻"等三個極其生動的意象來描繪山核桃的外形,而且每個意象各有不同的內涵:"銅鑄的"事物帶有剛毅色彩,"甲骨文"是長埋地下多年後出土的極具研究價值的文物,"黃楊木雕刻"則充滿了藝術美,能供人欣賞並帶給人美的享受,這就將山核桃多層面的豐富內涵與價值揭示了出來。但這種外觀的"玲瓏透剔"、生命紋理的"變化無窮",卻是天地對話、風雨激蕩、雷電轟鳴的結果。如果結合詩人的經歷,我們還能產生新的認識:"山核桃"的遭遇就是以詩人為代表的一代人在沉寂歲月裏的遭遇,這樣的遭遇卻使他們的生命變得更加厚重:只有在經歷種種大磨難、大碰撞、大動盪之後，才能煥發出老而彌堅的可貴精神。詩歌滲透著詩人的情感與沉思，雖有無奈，但更多的卻是寬容與豁達。這樣的作品，在剛剛走出文革陰影的新時期的中國是少見的，它將艾青的個人風格鮮明地呈現出來。《歸來的歌》中的許多詩作都是如此，既反思歷史也批判歷史，詩人既以一個歷史受害者的身份進行事實的回顧並對其非理性、非法性給予審視與譴責，同時又能擺脫身份的拘囿，用質樸的語言、形式顯示一位元老人在飽經滄桑後對人情世態的洞察，詩人的生命也因此顯得格外厚重。

艾青曾極力強調"形象思維"在詩歌創作中的重要性，他說："形象思維的方法，是詩、也是一切文學創作的基本方法。……詩只有借助形象思維的方法才能產生持久的魅力。"[86]其實，形象思維仍然還是一個較為抽象的概念，我們不妨從情感、象徵、"散文美"幾個方面來理解艾青詩歌所體現的鮮明的個人性特徵。情感之豐富對艾青詩歌來說，幾乎無需多言，而象徵與散文美卻還得略加分析。

艾青自認為他的作品是現實主義的，但不可否認的是，他的不少作品都具有濃鬱的象徵色彩。很多詩的標題是雖然關於某一事物的，如早期的《太陽》《煤的對話》《手推車》，後期的《魚化石》《盆景》《虎斑貝》等等，但實際上，這些詩作都不僅僅是在寫景狀物，其中蘊含著豐富甚至複雜的思想與情感。正如我們已經分析的那樣，《盆景》中以"不平衡"為審美標準的"怪相畸形"的植物正是被強行扭曲了的人性的象徵；詩人呼籲順應花木的天性，讓它們"自由伸展發育正常/在天空下心情舒暢/接受大自然的愛撫/散發出各自的芬芳"，也象徵著對自由、自然、

---

86 艾青：《我對詩的要求》，《詩論》，人民文學出版社，1980年版，第6-7頁。

美好人性的呼喚；詩中盆景的生長環境、過程和狀態，也可以說是動亂年代的隱喻式寫照。《魚化石》（1978）、《虎斑貝》（1979）既是詩人個體經歷的寓言，也是無辜蒙冤的一代人的縮影：遭受冤屈後重獲自由，飽經磨難卻並未被打倒，歸來之後仍能積極面對新的生活。

艾青堅持做人民的詩人，但他的詩中很少華麗的矯飾和空洞說教，而是"採用鮮活的有流動感和彈力的語言與語調寫詩"[87]，這種風格也就是艾青一直提倡與追求的"散文美"。詩人自己說："強調'散文美'，就是為了把詩人從矯揉造作、華而不實的風氣中擺脫出來，主張以現代的日常所用的鮮活的口語，表達自己所生活的時代 —— 賦予詩以新的生機。"[88]這種自覺的美學追求，使得艾青的詩作自始至終保持著鮮明的個人性。

新時期的艾青創作了許多哲理性的詩歌，這些詩沒有拗口的語句或晦澀的詞語，而是一如既往的樸實易懂。如《回聲》，全詩四節八句，富有情趣。對回聲這一日常生活中很常見的事物，詩人沒有寫它的傳遞過程和狀態，而是將其擬人化，將聲音的"去"和"返"比作兩人的對話，"你喊她，她喊你／你罵她，她罵你"，很簡單也很形象的描寫，最後一節"千萬不要和她吵架／最後一聲總是她的"，看似簡單得不能再簡單的一句話，卻有很深的人生體會，道出了處世的真相。詩人說"問題不在你寫什麼，而是在你怎樣寫，在你怎樣看世界，在你從怎樣的角度上看世界，在你以怎樣的姿態去擁抱世界……"[89]

---

87 牛漢、郭寶臣主編《名作欣賞·艾青》，中國和平出版社，1993 年版，第 5 頁。
88 艾青：《詩論·前言》，人民文學出版社，1980 年版。
89 參見牛漢、郭寶臣主編《名作欣賞·艾青》，中國和平出版社，1993 年版，第 429 頁。

　　艾青的詩正如艾青的人，即使歷經風霜，仍不失最初的真摯與樸實。如果說這就是艾青詩歌個人性的突出體現的話，我們也可以進一步地說，這也是中國新詩的公共性的集中體現。偉大的作家都有著大的情懷、大的視野。艾青多思，同時又有著強烈的愛國之情，所以他的情緒容易被觸動，哪怕是一草一木、日常用品……，都能引起他情感的波瀾，然後從小處上升到“大處” —— 國家、民族、人性、自由，走出了之前很多詩人“小處敏感，大處茫然”的局限與困境。艾青的很多詩歌，有著郭沫若那樣浪漫主義的才華與激情，但在內容上又不似郭詩那樣空洞與浮泛。從早期到後期，艾青的詩歌都體現了詩人超拔的想像力，這種想像力是具體可感的，是由微小事物所引發的，如《山核桃》、《雪落在中國的土地上》，沒有突兀，反而讓讀者能置身於詩人所描述的場景中，循著詩人想像的軌跡展開更多的聯想和體會。艾青不單是只為大概念上的“國家”歌唱，他的“國家”觀念是與人民緊密相連的，所以艾青的詩歌沒有距離感，它貼近每一個中國人，甚至是每一個有過相似經歷的世界人民。高行健曾在巴黎召開的中國文學國際討論會上評價說：“艾青的詩歌裏沒有政治口號，但他對於抗戰的觀念卻是很強的。用樸素的文字來反映真實的感情、個人的感受，這就成為艾青的詩。”[90]同樣的，我們也可以說：艾青的詩歌裏沒有強烈的關於愛國和自由的宣言口號，但他對於國家、人民、自由的觀念卻是很強的。正因為這樣，在艾青的詩歌中，“公共性”與“個人性”才如此完美地結合了起來。

90　高行健：《時代的號手 —— 在巴黎召開的抗戰時期中國文學國際討論會上的發言》，《詩探索》1980 年第 1 期。

第六節　何其芳詩歌的"公共性"轉向

一、"公共性"界說

公共性和個人性，這一對明顯帶有社會學性質的概念與詩歌創作"聯姻"過後，在文學範疇內也有了自己的一席之地。

個人性的概念無需贅言，它就是個人的"心的隱私"，它躲避公共世界，同時也躲避公共性本身，使自己免於被看見和聽見，而公共性是脫離了個人性之後的一片公共的領域，恰如"一線天"過後的大片開闊地。哈貝馬斯指出："公共性本身表現為一個獨立的領域，即公共領域，它和私人領域是相對立的。有些時候，公共領域說到底就是公眾輿論領域，它和公共權力機關直接相抗衡。"[91]由此可以看出，公共性是一種輿論的集合，是舞臺的中心，與個人領域和政治領域都保持者密切聯繫又都拉開著距離。哈貝馬斯又將公共性分為文學公共性和政治公共性兩種。趙勇在其文章《文學活動的轉型與文學公共性的消失》中對文學公共性作出如下定義："所謂文學公共性是指文學活動的成果進入到公共領域所形成的公共話題（輿論）。此種話題具有介入性、幹預性、批判性和明顯的政治訴求，並能引發公眾的廣泛共鳴和參與意識。"[92]而政治公共領域是從文學公共領域中產生出來

---

91 〔德〕哈貝馬斯：《公共領域的結構轉型》，曹衛東等譯，學林出版社，1999
　　年版，第2頁。
92 趙勇：《文學活動的轉型與文學公共性的消失》，《文藝研究》，2009年第1期。

的，它以公眾輿論為媒介對國家與社會的需求加以調節。由此可以看出，公共性（文學公共性、政治公共性）是個人意識的昇華、個人“聲音”的放大，儘管個人性和公共性都是人類生存的一種主觀模式，但它成為考量文學與時代關係的一個重要尺度。

　　詩歌作為一種內蘊豐厚、題材多樣的文學類型，其完全勝任了公共性和個人性的表達訴求，並將之與文學性完美融合為一體。個人性的東西是難於進入公共表現領域的，即使對個人而言是刻骨的痛也是容易被忘記的，正如漢娜·阿倫特所說“我們已知的最強烈的感受莫過於身體劇痛的體驗，並且這種感受也是一切感受中最具私人性質、最不可傳達的。或許它不僅是我們無法轉化為適於公共表現之相狀的唯一體驗，而且實際上還在相當大的程度上剝奪了我們對現實的感受，以至於我們忘記它比忘記任何其他東西都更快，也更容易。”[93]個人性的身體劇痛如此，個人性的情感思想也是如此，所以個人性要想長存，就要向公共性方向轉變。當然這並不是說個人性的不重要和私人關懷的無關痛癢，有些重大題材，例如愛和友誼就適合生長在私人領域裏。

　　詩歌，不僅是自我情感的表現，同時還和“史”一起承擔著對歷史的二重擔當。個人和社會現實都賦予其使命，其公共性和個人性的問題也就成為在不同時期、不同表現領域的問題，它可以是共時的關係也可以是歷時的關係。對個人、國家、民族而言，20 世紀的中國是風雲急劇變幻的中國，而 20 世紀的中國詩歌也在歷史風雲的大開大合中承載著個人和公共的命題。

93　漢娜·阿倫特：《公共領域和私人領域》，《文化與公共性》，北京三聯書店，1998 年版，第 82 頁。

二、“兩個時期”的何其芳

　　“文”的嬗變是在“人”的嬗變之後的，而“人”的嬗變是與時代的嬗變一致的（至少也緊隨其後）。何其芳，作為中國優秀新詩人的代表之一，其人生親歷了社會歷史的變遷，其詩歌印證了個人性向公共性的轉換。收入 1982 年人民文學社的《何其芳文集》的最早的詩歌是 1931 年的《預言》，直至 1937 年的《雲》，何其芳的詩歌風格有了一個明顯的轉向，從開始的畫著自己的夢到“夜歌”，作者擺脫了個人的憂鬱的情思開始了時代中公共的吶喊。

　　第一，個人的“畫夢”期。

　　梁漱溟先生說過：“中國文化之最大偏失，就在個人永不被發現這一點上。”在一個強調集體、國家、民族的文化環境裏，個人的微光從來都是很難照進公共領域之內，這也好，畢竟個人性也不求聚光燈的關注，同時還為個人的愛、友誼、悲歡等情感留下了一席表現之地。何其芳早期的個人性的創作就有“說我是害著病，我不回一聲否/說是一種刻骨的相思，戀中的症候/但是誰的一角輕揚的裙衣/我鬱鬱的夢魂日夜縈繫？”（《秋天（一）》）、“我飲著不幸的愛情給我的苦淚/日夜等待著熟悉的夢來覆著我睡”（《慨歎》）這樣的個人愛戀；有“你有珍珠似的少女的淚/長流著沒有名字的悲傷/你有美麗得使你憂愁的日子/你有更美麗的夭亡”（《花環》）這樣的悼亡；也有“草野在蟋蟀聲中更寥闊了/溪水因枯涸見石更清瀏了/牛背上的笛聲何處去了/那滿流著夏夜的香與熱的笛孔？”的自然風景（《秋天（二）》），如此等等，都是那個時候何其芳自身的感受，是他的

發自內心的聲音 ── 個人的聲音。

　　1933 年，何其芳在劇本《夏夜》中通過自傳性質的主人公其辛生講了這樣一段話：“人生如一條車道似的，沿途應該有適宜的車站。比如第一站是溫暖的家庭；第二站是良好的學校教育；第三站是友誼與愛情；第四站是事業；最後一站是偉大的休息。在這條道上，缺少了某站或者排列顛倒了都是不幸的。……（我）缺少了一些而又排列顛倒了一些。”[94]何其芳的這種“列車月臺”似的人生觀是打開其早期精神世界的鑰匙。何其芳的“人生列車”前三站的情感基調是憂鬱、迷茫、苦悶，這是他的個人主義時期，是他的“價值無根”期。

　　為了更好的把握何其芳早期的精神世界，需要採用“雙重證據法”將他對人生的解讀和對詩文的解讀聯繫起來。何其芳出生在一個守舊的封建家庭，有五個妹妹，一個弟弟，是家裏的長子，父親對他非常兇狠，經常暴打他，鮮能感到家的溫暖；他六歲時進入私塾學習，乏味的私塾生活使他的生活過得很暗淡，而 1931 年又因高中畢業證作假問題被清華開除而流落夔府會館大半年，學校教育的經歷也是歷盡波折；在 1932 年他經歷了一場刻骨的愛情，但結局是悲慘的，“愛情，這響著溫柔的，幸福的聲音的，在現實裏並不完全美好。對於一個小小的幻想家，他更幾乎是一陣猛烈的搖撼，一陣打擊。我像一隻受了傷的獸，哭泣著而且帶著憤怒，因為我想不出他有什麼意義（直到後來我把人間的不幸的根源找了出來，我才知道在不合理的社會裏難於有圓滿的愛情）。”[95]這樣，何其芳的人生列車就開過了前三個人生月臺

94　何其芳：《夏夜》，《何其芳全集》（第 1 卷），河北人民出版社，2000 年版，第 179 頁。
95　何其芳：《一個平常的故事》，《何其芳全集》（第 2 卷），河北人民出版社，2000 年版，第 78 頁。

—— 不適宜的月臺。孤獨憂鬱的人關閉了與外界交流的窗戶，打開了探索內心世界的門，這時的人是多愁善感的、耽於夢幻的，羅振亞對《預言》中寫夢的詩作了統計："《預言》的 34 首詩寫夢者竟達 19 首，出現了 28 個夢字。"夢得再深的人也有醒來的時候，個人的船再牢固在時代的浪潮裏也只是一葉扁舟。

第二，公共的"夜歌"期。

1935 年至 1936 年間，何其芳開始了自我的嬗變，開始從純粹的個人主義轉向人道主義的方向。1935 年夏，何其芳大學畢業，開始在天津南開中學任教，1936 年到山東萊陽鄉村師範學校任教，告別了象牙塔的大學校園，展現在何其芳的眼前的是黑暗和醜惡的現實生活，他的思想發生了初步但深刻的變化，"（在萊陽）我才找到我的'精神上的新大陸'，我才非常清楚地肯定地有了這樣一個結論：第一步：我感到人間充滿了不幸。第二步：我斷定人的不幸多半是人的手造成的。第三步：我相信能夠用人的手去把這些不幸毀掉。……我開始從人群得到溫暖。"這一年，他寫下了基於自己還鄉經歷的《還鄉雜記》，他寫下了"我再不歌唱愛情，像夏天的蟬歌唱太陽"、"在長長的送葬行列間／我埋葬我自己／像播種著神話裏巨蟒的牙齒／等它們生長出一群甲士／來互相攻殺／一直到最後剩下最強的"（《送葬》），何其芳的"送葬"，不僅是要埋葬過去憂鬱的自我，而且更要埋葬這黑暗的時代。"現實的鞭子終於會打來的，而一個人最要緊的是誠實，就是當無情的鞭子打到背上的時候應當從夢裏驚醒起來，看清他從哪里來的，並憤怒的勇敢的開始反抗。"從"夢"與"愛情的歌聲"裏驚醒的何其芳開始為現實的戰鬥而歌唱，1937 年的《雲》："我情願有一個茅草的屋頂／不愛雲，不愛月／也不愛星星"，這"個人的茅草的屋頂"明顯具有"安得廣廈千萬間，大庇天下寒士俱歡顏"的"杜甫精神"。覺醒的人是不滿沉睡者的，抗戰爆發後他不滿"沉睡不醒的"成都——"這兒有著享樂、懶惰的風氣/和羅馬衰亡時代一樣講究的美食/而且因為汙穢、陳腐、罪惡/把它無所不包的肚子裝飽/它在陽光燦爛的早晨還在睡覺。"（《成都，讓我把你搖醒》）開始去往不僅清醒而且已經在戰鬥著的延安，這是何其芳人生列車的第四站——事業的開端。在延安，雖然開始還是有《夜歌》那種對小資產階級知識份子的心靈歷程和新舊思想衝突的表現，但很快寫下了《北中國在燃燒》、《革命——向舊世界進軍》、《讓我們的呼喊更尖銳一些》、《生活是多麼寬廣》、《我把我當作一個兵士》等慷慨激昂的革命似吶喊的詩篇。何其芳已經把自己徹底地改造成了一個脫離個人性的小資產階級詩人而成為一個與時代洪流同進退，把握著革命脈搏，為社會、人民和新的生活而歌唱的公共詩人。

三、公共性轉向的原因

　　何其芳個人的轉變，詩歌的個人性到公共性轉變的原因是多樣的，大致如下：

　　第一，自律因素。

　　首先是生活範圍的擴大。

　　早年的何其芳因為精神迷茫而得綽號"大海茫茫"，大海茫茫總要有一個航行的方向，精神迷茫表明他在尋求著一種精神，只是暫時還未尋到而已，何其芳那時的詩歌寫愛情、寫自然風景、寫莫名的憂愁都是因其不溫暖的家庭、狹窄的交際、閉鎖的大學生活這些原因造成的，與社會、人群脫節的自我園地只能栽種夢幻的花，"我時常用寂寞這個字眼，我太熟悉它所代表的那種意味、那些境界和那些東西了,從我有記憶的時候到現在。我懷疑我幼時是一個啞子,我似乎就從來沒有和誰談過一次話,連童話裏的的小孩子們的那種對動物、對草木的談話都沒有。"但 1935年夏天從北京大學畢業後,他輾轉了天津、山東萊陽、萬縣、成都等地,豐富的社會經歷和工作實踐逐漸打開他封閉的自戀的世界,精神空間拓展至全社會。"從此我要以我所能運用的文字為武器去鬥爭,如列蒙托夫的詩句所說的,讓我的歌聲變成鞭錘","從此我要嘰嘰喳喳發議論"。戴望舒在《詩論零箚》中說:"愚劣的人削足適履,比較聰明的人選擇較合腳的鞋子,但是智者卻為自己制最合自己腳的鞋子。"不得不承認個人生活範圍的擴大,經歷的豐富對詩人性格以及創作風格的改變起著重要的作用。

其次是創傷記憶 —— 民族苦難意識的擔當。

所謂 "民族苦難意識",是指對民族苦難的認知與所持的態度。"個人性"時期的何其芳有著經常被挨打的童年、不幸的愛戀,這些都是他自己個人的 "苦味黃連",但當他步入社會,遊歷於華北、西南時,他見證的是全民族的苦難、全社會的創傷。

中華民族是歷史悠久的民族,同時也是多災多難的民族,近代的現代化都是因外國的堅船利炮而被迫開始的,30 年代的中國,外有日寇的侵略,內有 "攘外必先安內" 的內戰,滿目瘡痍,這一切受傷殘的是 "國體",同時受傷害的還有個人的 "國家感"、"民族感":"國之不存,人將焉附?" 無論是一個人或一個民族,對於 20 世紀中如此巨大的 '創傷記憶',如果不以文字像碑銘一樣的銘記,於是就註定這個人或這個民族會一再重複自己的創傷命運。"生命是兩難的。沒有 '過去' 與 '將來',現實的我就在 '遺忘' 和 '虛無' 中湮滅了";然而只有 '過去'或'將來',現時的我又被'無聊'與'焦慮'瓦解了。"[96]
真正的意識是在克服"不再"與"尚未"中執著"現在"的意識,所以民族創傷的記憶和現實苦難的國殤不容許任何人再迷戀於自己的小我,而全身心投入到現實的鬥爭中來。

再次是卡裏斯馬精神崇拜。

馬克斯·韋伯把歷史上的統治歸納為三種類型:傳統型、法理型和卡裏斯馬型。卡裏斯馬意指天賦的個人魅力和特殊的個人品質,具有這種特質的人被認為是高居於一切人之上並被無條件崇拜的"天將降大任於斯人"的偉人。顯然,在何其芳的眼裏毛澤東就是這樣的一個人,從他1938年到達延安後寫的《延安之歌》到其去死前寫的《毛澤東之歌》,都貫穿著他對毛澤東的崇敬,究其原因,也許是何其芳童年父親鏡像的缺失,使他尋找另一種父親鏡像來彌補,毛澤東取得了其父親鏡像,並成為其精神人格的鏡像,並轉化為"卡裏斯馬型"權力崇拜。[97]

第二,他律因素。主要就是延安文藝政策的吸引。

抗戰爆發後,知識份子也面臨著一次"站隊"的選擇,少數人跟隨了蘇汶的"第三種人"、梁實秋的"抗戰無關論",與現實拉開距離,但絕大多數人都選擇了進步的革命的作家群體,何其芳就是其中之一。何其芳之所以到了延安後寫作風格有了一大變,除了自己進步的思想有關外,還與延安的文藝政策密切相關。延安歷來重視知識份子的作用,在1942年毛澤東的《在延安文藝座談會上的講話》發表之前就已經有了《中央關於宣傳教育工作的指示》(1939年5月17日)、《大量吸收知識份子》(1939

---

96 張志揚:《創傷記憶 —— 中國現代哲學的門檻》,上海三聯書店,1999年版,第79頁。
97 趙思運:《何其芳人格解碼》,河北大學出版社,2010年版,第79頁。

年 12 月 1 日）、《中央關於發展文化運動的指示》（1940 年 9
月 10 日）、《抗戰以來中華民族的新文化運動與今後任務》等文
藝政策，這些政策的共有特點在於：認為文化工作對黨的事業具
有巨大意義，重視知識份子的作用；對知識份子具有很強的包容
性，不反共的資產階級知識份子和小資產階級知識份子都在其團
結範圍之類；對作家寫作的內容限制較少，對作家的生活習慣和
工作方式比較寬容等，延安像一塊磁石吸引著淪陷區、國統區、
解放區的青年奔赴而去。1942 年毛澤東《在延安文藝會談上的講
話》發表後，要求文藝為革命服務、為工農兵服務，雖限制了創
作的天地，但對於已經徹底改造好了的何其芳而言，並不是一件
束縛的枷鎖，反而更歡快的投身於這項事業。

　　顯然，何其芳自我嬗變完成之後，想僅憑一己之力讓自己的
聲音轉化為公共輿論還不現實，還要有媒體的仲介和廣大的受
眾。詩歌刊物和報紙如同 18 世紀歐洲的沙龍以及後起的咖啡館，
不再是一個場所，而是一個公共意志表達的媒介，是其詩歌公共
性得以顯現的載體。延安的報紙刊物有《解放日報》、《詩刊》、
《工作》、《文藝突擊》、《文藝抗爭》等，都為何其芳詩歌公
共性的發揮創造了良好的外部條件。而魯迅藝術學院（魯藝）、
陝甘寧邊區藝術幹部學校（邊藝）、部隊藝術學校（部藝）、烽
火劇團學生隊、西北文藝工作團等培養和教育的廣大進步知識份
子、邊區學生成為了其詩歌的忠實受眾，經過二次傳播後，邊區
的普通百姓、戰士也成為其公共性詩歌的消費者，上呼下應，形
成一種良好的詩歌生態迴圈。

　　詩歌的公共性和個人性，作為一對概念，雖然是後來才提出
的，但它的影子在中外詩壇都能在很古老的詩中發現。如何正確
處理新詩的個人性和公共性的關係上的詩歌精神重建，依然是我

們當今面臨的尚未解決的問題之一，特別是在這樣一個公共災害頻發、群體事件突出的時代，詩歌應該如何既介入時代同時又保持必要的距離，在個人性和公共性之間尋找某種平衡。

第七節　穆旦詩歌的“公共性”
與“個人性”

　　穆旦（1918-1977）是九葉詩派中最有影響力的詩人，但他卻沒能逃脫生前寂寞死後熱鬧的境遇，直到 1980 年代他才開始受到重視。穆旦詩歌所傳達的思想和情感都是極其複雜的，然而，正是這種複雜性給予了這些作品無可替代的詩歌史地位，也正是這種複雜成就了作為詩人的穆旦。陳敬容認為，中國新詩史上存在著兩個“傳統”：“一個盡唱的是‘愛呀、玫瑰呀、眼淚呀，’一個盡吼的是‘憤怒呀、熱血呀、光明呀，’結果是前者走出了人生，後者走出了藝術。”[98]穆旦的複雜性就在於把陳敬容所謂的“人生”與“藝術”兩相結合了起來。我們知道，藝術創作不可避免地帶有創作者的主觀情思與自我體驗的痕跡，但是穆旦卻在他的詩歌中將生活提升到一種哲理化的高度，強調描繪生活和表達情感的特殊性和普遍性，使詩歌實現了從個人性向公共性的轉化，並且將這二者融為一體，創建了屬於穆旦的獨特詩歌話語體系。

　　唐曉渡認為：“如何定義‘公共詩人’或‘詩歌的公共性’

---

98 默弓（陳敬容）：《真誠的聲音》，《詩創造》第 12 期，1948 年 6 月，第 27 頁。

是一個很複雜的問題。”“極端地說，無論某一公共問題怎樣尖銳和緊迫，犧牲詩美和個人風格都未必是一個詩人不得不付出的代價，因為他完全可以採取其他方式；反過來，一首即便是具有充分公共性的好詩，其中也必定有無法以公共方式解讀的、類似隱私那樣的語言成分。”[99]在穆旦的詩歌中，“我”的言說、理性的思辨色彩以及獨特的受難意識等方面都存在著唐曉渡所說的複雜性，但是其中包括的歷史性和民族性的特點以及他通過詩歌中所傳達的種種矛盾使得他的詩歌達到了智性化的高度，也因此一定程度地消彌了自我個人的痕跡，表達了人類所共通的真理與情感。

一、“我”的言說

　　1975 年 9 月 9 日，在致郭保衛的信中穆旦說：“我是特別主張要寫出有時代意義的內容。問題是，首先要把自我擴充到時代那麼大，然後再寫自我，這樣寫出的作品就成了時代的作品。這作品和恩格斯所批評的‘時代的傳聲筒’不同，因為它是具體的，有血肉的了。”[100]我想這裏說的其實就是公共性與個人性的握手言和，在穆旦的詩歌作品裏，明顯地顯露出生存困境與自我超拔相互糾纏與搏鬥的兩難抉擇，但是仔細分析過後，我們會恍然大悟地發現，表面上的矛盾與衝突其實充滿著藝術上的融洽與和諧。

　　創作於 1940 年的《我》就是這樣的一首詩作：

　　　　從子宮割裂，失去了溫暖，

99　唐曉渡：《詩・精神自治・公共性》，《渤海大學學報》，2007 年第 5 期。
100　《穆旦詩文集》（二），人民文學出版社，2007 年版，第 188 頁。

是殘缺的部分渴望著救援，
永遠是自己，鎖在荒野裏，

從靜止的夢離開了群體，
痛感到時流，沒有什麼抓住，
不斷的回憶帶不回自己，

遇見部分時在一起哭喊，
是初戀的狂喜，想沖出樊籬，
伸出雙手來抱住自己

幻化的形象，是更深的絕望，
永遠是自己，鎖在荒野裏，
仇恨著母親給分出了夢境。"[101]

　　在這首詩中，題目為"我"，整首詩沒有一個"我"字出現，卻時時展現著"我"的分裂和懷疑、絕望和仇恨，"我"是殘缺的部分渴望著救援，是個體離開群體之後的無助之人，這是現代的"我"，在時間和空間之中失去了中心，自我在發問，不相信任何虛幻的希望，傳達了找不到自我的生存困境，永遠承受著矛盾，永遠苦苦地找尋。就像鄭敏所說："它扭曲，多節，內涵幾乎要突破文字，滿載到幾乎超載。正是藝術的協調。"[102]在自我的矛盾與糾結當中，我們看到詩人忠於自己的內心，他不回避，真誠面對，以敏銳的眼光洞見世界的真實，發出的聲音是由

---

101 《穆旦詩文集》（一），人民文學出版社，2007 年版，第 38 頁。
102 鄭敏：《詩人與矛盾》，杜運燮等編《一個民族已經起來》，江蘇人民出版社，1987 年版，第 33 頁。

代表詩人自我的這個主體發出，展現的是自我的矛盾與糾結。有學者把穆旦《讚美》一詩中 "我要以帶血的手和你們一一擁抱/因為一個民族已經起來。" "為了他（泥土）我要擁抱每一個人，/為了他我失去了擁抱的安慰" 等詩行解釋為："不但是字面的矛盾語，也揭示了穆旦的內心矛盾：外在世界是混亂帶血的，但卻是唯一可觸可感的具狀真實，他不得不愛，然而他同時也意識到這種擁抱不是最終的安慰和解脫。"[103]的確，雖然這首詩中有孤獨與絕望，但我們也隱約看到了詩人的內省與自信，正是這種交織著對生命體驗的感悟、對歷史浮沉與人類命運的不可把捉的彷徨之間的困惑與矛盾，才使得他的詩歌突出了生存本質，獲得了一種清醒而深刻的力量，我們才在穆旦詩歌的獨特複雜中感受到了共性與個性的完美融合。

　　早在 1946 年，王佐良就曾指出："穆旦的真正的謎卻是：他一方面最善於表達中國知識份子的受折磨而又折磨人的心情，另一方面他的最好的品質卻全然是非中國的。"[104]詩人具有極其明顯的現代西方的自我意識，他對於生命充滿了好奇，認真探索大自然和個體存在的意義，而他所有的品質又使他深入思考現代人類生存的困境。在《防空洞裏的抒情詩》（1939）中，第一節前面七行都以 "他" 的眼光來敘寫，但隨後筆鋒一轉："我想起大街上瘋狂的跑著的人們，/那些個殘酷的，為死亡恫嚇的人們，/像是蜂蛹的昆蟲，向我們的洞裏擠。"[105]從 "我" 的內心世界，

103　李焯雄：《欲望的暗室和習慣的硬殼 —— 略論穆旦戰時詩作的風格》，杜運燮、周與良等編《豐富和豐富的痛苦 —— 穆旦逝世 20 周年紀念文集》，北京師範大學出版社，1997 年版，第 50 頁。

104　王佐良：《一個中國詩人》，《穆旦詩集（1939～1945）（附錄）》，人民文學出版社，2001 年版，第 122 頁。

105　孫玉石主編：《中國現代詩導讀（穆旦卷）》，北京大學出版社，2007 年版，第 22 頁。

看到了戰爭異化下的人們的生存狀況，"他"的事不關己與
"我"的擔憂痛苦形成鮮明對比，體現了詩人難能可貴的高度自
省。穆旦詩歌中的"我"一次次逼迫著他進行自我探索，進而在
探求個體生命價值的過程中獲得意義，雖然是非中國的，但是也
受時代與歷史的限制，使得他的詩歌傳達了對民族、時代和生命
存在的思考，雖然處於特殊的年代，但是依然發出自己獨特的鏗
鏘之聲。而我們從中獲得的感觸則更多的是共性與個性的微妙關
係，也即公共性與個人性之間的複雜關聯。

二、理性的思辨精神

穆旦的一生都伴隨著苦難，但是他卻從來沒有屈服，沒來沒
有放棄對人生價值、生存困境的理性思考與追問，使他的詩歌帶
有很強的理性思辨色彩。穆旦是一位反抗傳統、自覺面對矛盾、
關注現代生活的詩人，從 40 年代開始對西方現代主義詩歌的非個
人化原則和崇尚智力的風尚有深刻反思，提出了讓感情滲透智力
的"新的抒情"詩歌主張，他的詩歌，智性與情感的結合中有一
種沉雄聰慧而動人心弦的情愫，無論是民族的、個人的，是痛苦
的、歡樂的，還是靜穆的、熱烈的。

> 污泥裏的豬夢見生了翅膀，
> 從天降生的渴望著飛揚，
> 當他醒來時悲痛地呼喊。
>
> 胸裏燃燒了卻不能起床，
> 跳蚤，耗子，在他的身上粘著：
> 你愛我嗎？我愛你，他說。

八小時工作，挖成一顆空殼，
蕩在塵網裏，害怕把絲弄斷，
蜘蛛嗅過了，知道沒有用處。

他的安慰是求學時的朋友，
三月的花園怎麼樣盛開，
通信連起了一大片荒原。

那裏看出了變形的枉然，
開始學習著在地上走步，
一切是無邊的，無邊的遲緩。

在這首《還原作用》（1940）中，"污泥裏的豬" 生存得非常艱難與痛苦，它以 "渴望著飛揚" 的夢想方式來尋求解脫，結果卻是 "醒來時悲痛地呼喊"，從夢想與想像中回到現實；現實的殘酷與解脫的無效讓我們體會到失落、憤怒、矛盾等心靈的掙紮。在第二段中以問答的方式來展示異化這個體驗過程，使 "愛" 沒有了浪漫的意味，更凸顯了現實世界的非詩性特質。第三段的 "八小時工作" 是現代生活的一個標誌，是在體驗的基礎上對異化現實世界的理性反思，同時也寄寓了詩人的理想，即人類實現向深沉厚重的人性的回歸。這首詩中所體現的詩人的態度是複雜含混的，可以理解為作者是在還原自我，他坦然面對自己內心的掙紮，將希望寄託于完善的理想國的建立，最後，他選擇了面對自我，將自己的個性與詩歌融為一體，反叛傳統，對現代人的內心體驗進行了細緻入微的刻畫。

穆旦曾對孫志鳴說："詩歌是詩人心靈對生活的最真誠的反

映。如果你把它變成了敲門磚，就無異於用才能毀了自己。因為你失掉了人格……無論到了什麼時候，在任何環境中，都要耐得住寂寞……"[106] 正因為穆旦把自己的人格融入他的詩歌創作中，所以他從未失掉他的人格，他把個人的獨特品質通過創作技巧表達於詩歌中，智性、血性、詩性和諧應和，為我們再造了一個豐富而緊張的宇宙，即便是對自我如此隱晦地表達，我們依然可以看到他從未離開過中國現實的土壤，體驗到他自我感受中更為本質的世界，其探索和深切的反抗性才智，為我們捧出了一顆在苦難中瀝血的詩心。他"明確地把危機普遍化，從更寬廣的人類範圍來理解特定的種族或民族所蒙受的苦難，把那個經驗連接上其他人的苦難。"[107] 這是他公共性與個人性完美融合的主要體現，我們不妨視之為一種理性的思辨精神。

穆旦生活在一個特殊的年代，他的詩歌帶有明顯而深刻的時代情感，但是他的大多數詩作並不是直接表現時代，而是從自我心靈的搏鬥中開掘隱秘的思想情感，把抽象與具象相結合，介入理性的成分和創作方法的獨特，使他的詩歌具有了大時代下的個人色彩。《詩八首》就是這樣的代表作之一。穆旦說："我的那首《詩八首》，那是寫在我二十三四歲的時候，那裏也充滿愛情的絕望之感。"[108]

這首詩不僅是自我愛情的寫照，同時把個人的愛置於一個更大的範疇，用他的整個生命體驗向我們展示了永恆的愛情讚歌。

---

106 孫志鳴：《一顆至真至誠的心 —— 回憶穆旦的教誨》，杜運燮、周與良等編《豐富和豐富的痛苦 —— 穆旦逝世 20 周年紀念文集》，北京師範大學出版社，1997 年版，第 215 頁。

107 〔美〕愛德華·W·薩義德：《知識份子論》，單德興譯，三聯書店 2002 年版，第 41 頁。

108 《穆旦詩文集》（二），人民文學出版社，2007 年版，第 186 頁。

我們看不到一般愛情詩的纏綿與熱烈，也沒有太多的對顧戀與相思的描寫，而是以他特有的超越生活層面以上的清醒的智性，對自身的也是人類的戀愛情感及其整體過程，進行了理性的分析和大強度的客觀化處理，這不能離開詩人對愛情的獨特感悟。穆旦揭示了愛情歷程中相愛與"隔膜"、"相同"與"陌生"、情感的"小野獸"與"理智"的"殿堂"等種種的矛盾，從泯滅與永恆、有限與無限的哲學層次上，對愛情給予審視、思考和認同，詩歌的結尾與其說是試圖對人生中的"二律背反"作出解釋，不如說是在更深的層次作出悖論式的解嘲，這些都充分顯示了他是一位元思辨性極強的詩人。他的思辨性使得穆旦不同於同時期的民族性詩人，他的詩歌帶有他自己更多的理性思考，在當時的特定年代，詩人無疑又具有強烈的民族認同感。這些讓他的個人性與公共性在那樣一個特定的年代全部都凸顯出來，也正因為這樣，穆旦的詩歌才具有多種解讀的可能性。

三、獨特的受難意識

　　穆旦詩歌開創了中國詩歌傳統的新內涵，帶著"悲愴的'受難品格'"[109]，穆旦抗戰時期的詩歌是他對人生與生命苦難體驗的發掘與反思，凝結著詩人的痛苦的智慧。他的詩歌所傳達出來的豐富而複雜的民族情緒、對民族未來命運的希望與隱憂是建立在他內心矛盾的情感之中的，他將自己在戰爭年代中所經受的種種苦難，上升為"人與戰爭""生命與戰爭"等形而上的問題上。

　　讓我們來看發表於 1942 年 5 月 4 日的《出發》：

---

109 李方《悲愴的"受難品格"》，杜運燮、周與良等編《豐富和豐富的痛苦 —— 穆旦逝世 20 周年紀念文集》，北京師範大學出版社，1997 年版，第 60 頁。

告訴我們和平又必須殺戮，
而那可厭的我們先得去歡喜。
知道了"人"不夠，我們再學習
蹂躪它的方法，排成機械的陣式，
蠕動著像一群野獸，

告訴我們這是新的美。因為
我們吻過的已經失去了自由；
好的日子去了，可是接近未來，
給我們失望和希望，給我們死，
因為那死的製造必需摧毀。

給我們善感的心靈又要它歌唱
僵硬的聲音。個人的哀喜
被大量製造又該被蔑視
被否定，被僵化，是人生底意義；
在你的計畫裏有毒害的一環，

就把我們囚進現在，呵上帝！
在犬牙的甬道中讓我們反復
行進，讓我們相信你句句的絮亂
是一個真理。而我們是皈依的，
你給我們豐富，和豐富的痛苦。[110]

本詩寫於 1942 年 2 月，那正是抗戰的關鍵時期，除了表達

---

110 《穆旦詩文集》（一），第 85-86 頁。

知識份子的愛國良知和熱情外，還隱藏著詩人深沉的複雜心緒。正因為這首詩寫於這樣一次嚴峻的人生歷練即將開始的重要時機，它必然在詩人對現實家國的憂患和對個體靈魂的探詢之間搭起一座橋樑，充分體現個人性與公共性的完美結合。

詩的第一句就提出了兩個悖論式的命題：“和平與殺戮”、“可厭與歡喜”兩對反義詞被強力扭結在一起，產生巨大的斷裂和張力，這裏的“它”和“人”都是抽象的概念，在某種程度上指的是人的動物性，而“蹂躪”一詞使人讀起來有一種危機感和分裂感，指自身的一種自我否定與顛覆，傳達著對於戰爭和殺戮的無奈，同時又暗示著人性的醜陋與自我殘殺的可能。“告訴我們這是新的美。因為 / 我們吻過的已經失去了自由； / 好的日子去了，可是接近未來， / 給我們失望和希望，給我們死， / 因為那死的製造必須摧毀。”詩歌中的詞語矛盾又對稱，在語義上衝擊著我們，王佐良指出，穆旦的成就“是屬於文字的”，“那些不靈活的中國字在他的手裏給揉著，操縱著，它們給暴露在新的嚴厲和新的氣候之前。他有許多人家所想不到的排列和組合。”[111] “新的美”既是意識形態的又是個人的，既是道德的又是審美的矛盾，但是這矛盾並不是我們自身的體驗，而仍然是那個潛在主體強加於我們的。“我們吻過的”愛著的東西可以是國家、人民、土地，也可以是個人的生命與自由。

這首詩歌是關於戰爭的，可是詩人對戰爭這一主題的態度卻是隱晦和複雜的，他不是單純的反對戰爭或擁護戰爭，而是通過構築一個外在的明確聲音來透視自我內心矛盾和分裂的感情。“個人的哀喜被大量製造又該被蔑視”似乎是在訴說詩人對個人

---

111 王佐良：《一個中國詩人》，《穆旦詩集（1939～1945）（附錄）》，人民文學出版社，2001 年版，第 120 頁。

情感與個性體驗遭受到外界的強大力量阻撓的不滿，對自己所謂的"人生的意義"產生懷疑，而"囚進現在"又表達了詩人對現實的接受與擔當，一切的質疑化為了"皈依"，審視了自己的個人體驗之後，辯證的情感讓他在現實中體現對歷史境遇的獨特思考：對於祖國、對於人民，經歷過戰爭也就意味著必將重新"出發"。

穆旦生活的時期是一個特殊的年代，他的詩歌風格有很大的轉變，總體來講，作為一位詩人與戰士的結合體，他從來就沒有放棄自己作為一個詩人、一位民族詩人的責任，也沒有否認自己對民族精神的不懈追求，但是我們從穆旦詩歌中讀到的卻並不是單純的民族性，他以他自己的別樣的現代精神成功地解讀了那個時代的民族的苦難與崛起。"本世紀（注：20世紀）中葉是中國新詩形勢嚴峻的時代。延綿不斷的戰爭和社會動盪催使詩歌成為契合現實需要而忽略甚至放棄抒情。民族和群體的利益使個性變得微不足道。詩人的獨特性追求與大時代的一致性召喚不由自主地構成了不可調和的矛盾，在這樣的氛圍裏詩人的堅持可能意味著苦難。"[112]這種矛盾也就是個人性與公共性不可調和的矛盾。而穆旦詩歌的獨特性就在於把這兩者進行了很好的融合。

四、結　語

漢娜·阿倫特曾經指出："太個人性則欺世，太非個人性則媚俗，妙在個人性與非個人性之間。"[113]用這句話用來形容穆旦前

112　謝冕：《一顆星亮在天邊——紀念穆旦》，《名作欣賞》，1997年第3期。
113　〔美〕漢娜·阿倫特：《人的條件》，上海人民出版社，1999年版，第232-233頁。

期的詩歌是再好不過的了。

　　中國自古以來就有關於"公"、"私"的論辯傳統。在西方，無論是古典共和主義抑或是新共和主義，大致都從群體生活的視角來定義公共性問題。阿倫特認為人類生活本質上是政治的，即人類生活在公共的世界中，行動著的人不是孑然獨立的，只能是群體的人；同時，追求有限生命之永恆價值的活動也只能是在群體中顯示出與眾不同而得到的承認。只有在公共領域的生活之中，才能顯現人的自由。[114]共和主義則著力強調公共對私人的限定性價值。哈貝馬斯將自由主義與共和主義簡單地安定在共同體與個體之間的張力之上，並極力凸顯公共領域的重大作用。[115]穆旦的詩歌無論從各個方面來說都體現了個人性與公共性的統一，這種意識或許是不自覺的，但是他確確實實做到了。正如謝冕所說："他（穆旦）的憂患不僅在於現實的際遇，他的憂患根源於人和世界的本身。"[116]穆旦的複雜之處正在於他能用各種強烈的個人經驗（個人性）來表達一種時代性的普世價值觀（公共性），並且能夠保持其經驗的獨特性，使他的詩歌走出自我宣洩的個人性走向具有普遍真理的公共性，使穆旦的詩歌上升到對生命價值與意義的追問，對人生苦難的終極關懷的高度。

第八節　食指詩歌的精神内涵及其影響

　　20世紀中國文學史從某個角度來說，就是作家與時代共生與

114　參見漢娜‧阿倫特《人的條件》，第42頁。
115　參見尤爾根‧哈貝馬斯《包容他者》，曹衛東譯，上海人民出版社，2002年版，第288頁。
116　謝冕：《一顆星亮在天邊——紀念穆旦》，《名作欣賞》，1997年第3期。

反抗的精神發展史。優秀作品在體現時代精神的同時更體現了精神上的獨立性。時代性與精神獨立性往往構成了優秀作家的精神層面的二律背反。因此，對於時代的反抗與掙紮，對於個性價值的追求，則成了我們考察那個時代作家的一個重要標準。而這種掙紮在這個時期又往往打上了時代的烙印，顯出不徹底性。在我們考察詩人食指的詩歌時，很明顯能感覺到這種特點。從 1965年開始寫海洋三部曲以來，食指共創作了一百多首詩歌，而尤以他在文革時期創作的詩歌影響最大，以致現在人們評價食指的詩歌地位時，往往以他文革時期的詩歌為依據。

　　大致而言，食指文革時期的詩歌可以分為以下三類：第一，以抒發個人情懷引起時代共鳴的詩歌。在這些詩歌裏，食指以自己獨特的話語對抗著虛假的社會，體現了對那個扭曲了的時代的控訴。這是食指詩歌精神的價值之所在，也是食指詩歌賴以成為經典的理由。第二，完全融入當時主流話語的詩歌。這些詩歌和文革大多數詩歌沒有什麼本質區別，可以說是應景之作。這些詩歌在食指詩集中佔有相當大的分量。第三，處於前兩者之間的詩歌。在這些詩歌中，作者用獨特的話語表達了當時的集體無意識，有藝術的獨特性和思想上的歸依性，體現了食指詩歌思想的複雜性。

一、掙紮與反抗：食指詩歌閃耀的火花

　　對於食指詩歌思想價值的探尋，必須在當時獨特的政治文化背景下進行。任何脫離時代單單抽出藝術審美來進行關照的做法，往往會忽視詩歌的時代內涵。20 世紀 60 至 70 年代，文學幾乎成了政治的傳聲筒。尤其在文革時期，文人的命運已經甚為堪憂，更遑論其創作。文學作品的獨立空間已經消失，真誠的抒情已經脫離了詩學的主題，虛假的頌歌充斥著文壇，虛假性和空洞性成為當時文學的致命傷。詩人們大多操持著集體無意識話語，整個文壇失語了。但是不可忽視的是，一些文學青年不甘於當時的虛假文風，開展地下文藝沙龍，以地下寫作的方式播種著繆斯的火種。這些不甘寂寞的文學青年並不能公開發表作品，但他們深信真正的力量來自作品本身，來自他們真摯的情感和創作激情。當時的地下沙龍有張郎郎的太陽縱隊，趙一凡的地下沙龍，牟敦白的文藝沙龍等等，食指詩歌的創作和傳播與這些地下沙龍有密切的關係。[117]

在當時的特殊情況下，很多知青對於當時社會壓抑的氛圍感到無奈，而詩歌便成了發洩情感的最方便的管道。食指的《這是四點零八分的北京》（1968）恰恰表達的是這種離別無奈而又傷感的愁緒：

> 這是四點零八分的北京/一片手的海浪翻動/這是四點零八分的北京/一聲尖屬的汽笛長鳴//北京車站高大的建築/突然一陣劇烈地抖動/我吃驚地望著窗外/不知發生什麼事情//我的心驟然一陣疼痛,一定是/媽媽綴扣子的針線穿透了心胸/這時,我的心變成了一隻風箏/風箏的線繩就在媽媽的手中//線繩繃得太緊了,就要扯斷了/我不得不把頭探出車廂的窗櫺/直到這時,直到這個時候/我才明白發生了什麼事情//……。[118]

作者抓住車站送別的感傷畫面，真切地表達了依依不捨的情感。"北京"既是實指知青的出發地，也隱喻了當時的意識形態。知青的流放有一種遠離主流、走向邊緣的深層命運，每個人都無

---

117 楊鍵：《文化大革命中的地下文學》，朝華出版社，1993 年版，第 83-94 頁。
118 《食指的詩》，人民文學出版社，2000 年版，第 47 頁。

力擺脫。"一陣疼痛",既指分手的悲痛,也指知青無力擺脫這道枷鎖的心痛。與"媽媽"的依依不捨也暗含著對於政權疏離的無奈。"綴扣子的針線穿透了心胸"極為形象地表達了作者的傷痛。而作者在此所運用的意象"綴扣子的針線"極富生活化,表現了詩歌話語從"公共空間"到"個人話語"的過渡,也為後來"白洋澱"派的私人話語寫作提供了基礎。作者在這首詩歌裏所表達的感情是真誠的,既是詩人的真實情感,也表達了一代知青的共同心聲,因此在知青們中間傳抄流傳引起共鳴也就不足為怪了。

在食指的另一首被廣為傳誦的詩歌《相信未來》(1968)裏,我們可以看到作者的理想主義和浪漫主義的思想:

> "當蜘蛛網無情地查封了我的爐臺/當灰爐的餘煙歎息著貧困的悲哀/我依然固執地鋪平失望的灰燼/用美麗的雪花寫下:相信未來……我堅信人們對於我們的脊骨/那無數次的探索,迷途,失敗和成功/一定會給予熱情客觀,公正的評定,/是的,我焦急地等待著他們的評定。//朋友,堅定地相信未來吧,/相信不屈不撓的努力,/相信戰勝死亡的年青,/相信未來,熱愛生命。" [119]

當無數詩人為虛假的文壇高唱頌歌時,當無數知青在為生活困苦時,作者卻祭起相信未來的理想主義大旗。這首詩從頭到尾洋溢著樂觀的氣息,強調了作者對於理想的堅守。而這種樂觀和堅守都是當時文壇所缺失的。但是我們可以從詩歌的前兩句看出作者隱藏的深深的悲哀。在當時瘋狂的時代,一個詩人用自己的筆寫下真實的感觸和堅實的信仰,本身就值得我們尊敬。這首詩表達了一位有良知的詩人的責任心,表達了一種對於光明未來的

---

119 同上,第10-11頁。

渴望。可以毫不誇張地說，這首詩歌像一盞路燈，照耀著不甘寂
寞踽踽而行的文人們。儘管詩人的目光還很單純，筆法也不是很
成熟，但是他很率直地表達了很多人想說又不敢說的話，代表了
一個時代真實的聲音，也是對虛假現實的不滿和反叛。

　　食指的詩歌是當時特定的歷史條件下的獨特反映，從他的
《相信未來》和《這是四點零八分的北京》，我們可以看出他的
"代時代言說"的性質，可以說他的詩歌傳達的個人感受也是時
代的共鳴。真正體現食指個人思想的是他寫於 1978 年的《瘋狗》。
在這首詩裏，作者寫道：

　　　　"受夠無情的戲弄之後，/我不再把自己當人看，/仿佛我
　　　　成了一條瘋狗，/漫無目的地遊蕩人間。//我還不是一條瘋
　　　　狗，/不必為饑寒去冒險，/為此我希望成條瘋狗，/更深刻
　　　　地體驗生存的艱難。//我還不如一條瘋狗！/狗急它能跳出牆
　　　　院，/而我只能默默地忍受，/我比瘋狗有更多的辛酸。//假
　　　　如我真的成條瘋狗/就能掙脫這無形的鎖鏈，/那麼我將毫
　　　　不遲疑地/放棄所謂神聖的人權。"[120]

　　此時的作者已經患過精神分裂症，他這時的感受也是最為獨
特的。整個詩句已經不復早年的美麗和舒緩，全詩給人一種扭曲、
壓迫之感，控訴了那段苦難的生活。"默默地忍受/我比瘋狗更多
的辛酸"真實地道出生活苦難的無可逃避，只有默默地忍受。此
時作者詩歌裏已經不復《這是四點零八分的北京》的悲傷和《相
信未來》的純淨和執著，呈現的是複雜的情感和憤怒的控訴，詩
人的反抗和絕望達到極點。筆者認為這才真正屬於食指的語言，
一種獨特的精神歷程。壓迫、掙紮、困惑、無奈、憤怒、控訴，

---

120 同上，第 88 頁。

種種情感積壓在一起，像火山一樣爆發，讀者感覺到的是情感的燃燒。在一種非常態思維下，作者的才華得到完美的展現。

二、順從與歌頌：另一個被人忽視的食指

在寫下不少膾炙人口的好詩的同時，食指也寫下了大量的緊跟時代主題的詩歌。當然我們不可否認作者的情感和那個時代的大多數人的情感一樣真誠，只是時過境遷後，我們重新打量文學史，才會對這些詩歌的思想價值產生質疑。

食指在《我們這一代》（1970）裏寫道："……從農村，把我們鍛煉成鋼鐵的勞動/到前線，使用我們這批鋼材的戰爭/啊，我們這一身響錚錚的鋼筋鐵骨/正是在這革命的熔爐中高溫煉成……"。在這裏下放的知青不再有離愁別緒，而是充滿著革命浪漫主義的豪情壯志。"毛澤東的旗幟/正在標誌著/共產主義道路/第三個里程//啊，肩負沉重 ── /我們都還年青/因為我們這一代/必將驕傲地看到 ── //毛澤東的旗幟/高高飄揚在/共產主義大廈/更高的一層//……" [121]

作者的所有情感都是那個時代要求的體現，被貼上了歷史的標籤。作者描寫的是知青在下放勞動過程中的豪情壯志，當時的情境賦予了作者滿懷豪情，我們無法否認作者當時情感的真實性。

但是，當我們抽離了歷史現場回到文學史上去打量時，我們會發現原來真實的情感可以在歷史的變遷中變得蒼白乏味，經過了歷史的過濾所有的豪言壯語都是如此的虛假空洞和索然寡味。詩歌脫離了個人真實情感就只能是應景之作。同樣的毛病也出現

---

121 同上，第56-58頁。

在《勝利者的詩章》（1968）這首詩裏："……//當我們高舉起緊握的右手/目光撕扯著夜空中烏黑的雲網/仰望著烏雲間光輝閃爍的北斗/尋找著毛主席親手指點的方向//……"。作者敘寫了新中國建設者的豪情"'在由勝利者書寫的歷史上/要留下我們那不朽光輝的詩章'"。作者堅信"只要革命的火種永遠不熄/溫暖將時刻留在火熱的胸膛"。作品屢屢出現的"光芒"、"朝陽"、"紅旗"等等閃耀的意象已經離我們的生活很遙遠了，它們代表著"毛主席親手指點的方向"。我們通過這些詩篇看到的是建設者對於領袖的歌頌，對於新時期的嚮往。整部詩篇充滿著宏大的敍事景象和狂放的革命豪情，單純而又令人感動。這樣的詩歌還很多，比如《給朋友》，《楊家川》，《南京長江大橋》，《架設兵之歌》，《紅旗渠組歌》等等。

作為夜鶯的詩人是沒有什麼獨立精神的，在食指為我們寫下反抗者的感人之詩時，我們又當如何看待這些"應景之作"？回到文學場時，我們發現這些詩歌和當時的時代精神是共鳴的。作者敘寫的是歷史的真實，雖然經過時間的過濾這些真實顯得過分荒謬。但是上述詩歌在順從時代主題時仍然不乏真誠，我們仍然能夠在這些激情噴發的岩漿般的詩句裏感受到一顆活跳跳的心。這是和那些無視現實苦難的大部分詩作的精神指涉大相徑庭的。

但是，沒有了抗爭和苦難的抒寫，沒有了對於時代的批判與懷疑，即便是真誠的歌頌也可能被誤讀為虛假的讚歌。詩人的職責不是為亂世粉飾太平，而是像夜晚的貓頭鷹，去提醒人們所面臨的黑暗，這也是一個知識份子的必備良知。

食指某些詩歌的歌頌雖然是自己心底的真誠吟唱，但畢竟是附和而不是反叛當時時代的文化氛圍的。這些歌頌的詩歌在思想上並無新鮮之處，體現的是時代的大眾口音而不是特立獨行的詩人意志。經過歷史的淘汰這些詩歌除了提供當時真實的場景之外很難找出超越時代的橫亙人類千古的精神。這是時代的悲哀，更是詩歌的悲哀。

三、飽含淚水的吟唱：食指詩歌的精神指涉及其影響

　　食指畢竟是當時時代所造就的詩人，他的詩歌或者充滿著知青的激情或者傾訴了知青的痛苦，都是當時情感的真實展現。他的詩歌也體現了掙紮與順從相糾纏的悖論。作者的掙紮與順從的矛盾性可以在《魚兒三部曲》（1967）中得以體現。作者在長詩《魚兒三部曲》裏，描寫了一條在冷漠的冰層下痛苦的魚兒追逐陽光，最後跳躍出水面，最終卻落在冰塊上凍死的悲劇。

　　　……//一束淡淡的陽光投到水裏/含淚撫摸著魚兒帶血的雙鰭/"孩子啊，這是今年最後的一面/下次相會怕要到明年的春季"//魚兒迎著陽光愉快地歡躍著/不時露出水面自由地呼吸/鮮紅的血液溶進緩緩的流水/頓時舞作疆場上飄動的紅旗//……[122]

　　"陽光"在這裏充當了上帝的角色，"含淚"體現了"陽光"帶有一種憐憫，充滿著人情味。

　　　……//魚兒臨死前在冰塊上拼命地掙紮著/太陽急切地在雲層後收起了光芒/是他不忍心看到她的孩子/年輕的魚兒竟是如此下場//魚兒卻充滿獻身的欲望/"太陽，我是你的兒子/快快抽出你的利劍啊/我願與冰塊一同消亡//……"[123]

　　從中可以看出"魚兒"為了追尋"陽光"而不惜"獻身"

122　同上，第13-14頁。
123　同上，第18頁。

的精神,以及"陽光"對於"魚兒"的愛惜與痛惜。"魚兒"對於冰層的反抗是無力的、悲劇性的。只能祈求"陽光"抽出利劍,劈開冰層。如果我們結合當時時代特徵來看,"魚兒"不正是隱喻當時下放在農村的知青嗎?由於無力反抗現實,只能渴求"陽光"。"陽光"正隱喻毛主席。

在《我們這一代》和《勝利者的詩章》裏,對毛主席的無尚崇拜已現端倪。"我是熱愛黨,熱愛祖國,熱愛毛主席的(即陽光的形象)。"[124]在這首詩裏,我們可以看到作者對於社會的反抗和掙紮,但是這種反抗和掙紮與渴求得到歸順的妥協糾纏在一起,反映了作者的思想複雜性。這種思想不是食指所獨有的,可以說是整個社會的一種情緒,食指只是用詩歌表達出來而已。"食指是矛盾的,他一方面對時代有著失望和迷惘,偶爾也流露出一些反叛的情緒,另一方面他對領袖(毛主席)、祖國、黨有著深深的眷戀和信仰,而且常常滿懷激情,真誠地歌頌"[125]

食指詩歌的反抗帶有很大的時代性,"但值得注意的是,食指身上這種極其鮮明、自覺的'時代'特徵,與當時時代暴風驟雨式的性格恰恰是合拍的。它雖然以逆向的思維表現了對時代形象的懷疑和質問,但卻情不自禁地陷入'時代主題'的歷史怪圈。因此,當時代生活由'非常態'逐步轉入'常態'的階段時,食指詩歌創作與時代脫節的現象勢必就會愈益明顯,它的有效性受到了懷疑……由於作者始終擺脫不了為時代'立言'的寫作身份,不可能真正進入 80 年代標榜個性解放的文學氛圍,很難想像

---

124 食指:《〈四點零八分的北京〉和〈魚兒三部曲〉寫作點滴》,《詩探索》,1994 年第 2 期。
125 李潤霞:《從潛流到激流——中國當代"新詩潮"研究(1966-1986)》,博士學位論文,武漢大學,2001 年,第 72 頁。

他的創作還會對社會產生實質性的影響。"[126]這種與 1980 年代中國社會生活的"公共性"、"普適性"發生脫節的現象恰恰是食指詩歌的缺失之處。依賴於某一時代的影響而得以流傳的詩歌，一旦失去那個特定的時代環境，讓人發生共鳴與認可是很困難的。郭沫若的《百花齊放》如此，浩然的《豔陽天》如此，食指的部分頌詩也是如此。

而食指的優秀之作恰恰表現在對時代性的反思方面。在《這是四點零八分的北京》裏有對知青命運的思考和對知青運動合理性的懷疑，在《相信未來》裏，作者對於理想的堅守和對於光明的渴望已經超越了那個時代，現在對於我們仍有很大的警示作用。而《瘋狗》是食指反抗社會最為決絕的一篇，他的絕望與堅強共同體現在詩歌中，用扭曲了的形式體現對於扭曲時代的控訴。

作為"文革中新詩運動的第一人"（楊鍵語），食指的詩歌影響了後來的白洋澱派和朦朧詩的寫作。食指給當時的文壇帶來了一種新的獨立批判的精神向度，儘管他的詩歌精神是矛盾而又複雜的。"食指的詩歌在當時跳出了文革文學虛假浮誇的標語口號模式，充滿著對抗主流意識形態的激情，使詩不再是政治的附庸，而是力爭實現其獨立性，並因此散發出藝術的光彩和極大的感染力。可以說，食指詩歌中包含的這種詩歌思想，在當時是極具革命性的。正是在這個意義上，比'白洋澱詩群'成員寫作略早的食指，成為他們的啟蒙者與引導者。"[127]北島就說過，他是看了食指的詩歌後才開始寫詩的。

食指的影響主要是精神層面的。文革時期，在他以前，從來

---

126 程光煒：《中國當代詩歌史》，中國人民大學出版社，2003 年版，第 249 頁。
127 李憲瑜：《中國新詩發展的一個重要環節 —— "白洋澱" 詩群研究》，《北京大學學報》，1999 年第 2 期。

沒有一個地下詩人像他那樣影響了整整一代人，說他是文革地下寫作的先驅者和精神啟蒙者毫不過分。食指所思考的不僅僅是個人的命運，更是民族和國家的命運，他所擔當的是民族受難的啟蒙者和殉道者的重擔。後來的"白洋澱"派和"朦朧詩"正是在這個精神層面繼續前進的，只是走得更加決絕，語言更加個人化。他們在藝術上的超越並不能否認其精神上的繼承性。

　　食指詩歌的反抗、掙紮與順從、頌揚構成了他的兩極寫作現象，當我們回頭再探究那個歷史語境下的詩歌時，感覺到在扭曲的時代要掙紮是何其艱難，反抗是何等痛苦。食指精神的決絕和掙紮、迷茫與混沌、順從與謳歌互相交錯，本身就是極為寶貴的精神財富。時至今日，食指的創作仍然能夠促使我們思考詩歌"個人性"與"公共性"之間複雜微妙的關係。

第九節　顧城詩歌中"無我"的形式

　　顧城是虔敬通神的，用自己的生命乃至靈魂在修行，因此他吐放出來的詩行澄明發光，深具靈性，並在形式上實現了某種和諧。他一直在追求與上帝對話，不斷地吸取靈感，並釋放出可以自足的形式。對於詩人來說，"形式不是靈魂的道路，而是它留下的腳印"[128]，這是悟道之言。因此，我們要讀顧城的詩，必定要通其靈魂。用他自己的話來講，就是"神會而得意"。

一、"無我"：顧城生命哲學的內核

---

128 顧城：《顧城哲思錄》，重慶出版社，2012年版，第65頁。

在顧城的訪談、散文以及各類資料中，讀者會接觸到
"無"、"我"、"神"、"道"、"無我"、"靈魂"、"生
命"、"自然"、"形式"這些辭彙，它們都與顧城的精神世界
聯繫緊密。特別是其中的"無"，更是顧城後期詩歌的關鍵字。
正是借助"無我"，顧城才將自身的局限打破，進入到更廣闊的
宇宙世界。正因其豐富、超越自我的意志，進入自然無礙的狀態，
其詩也因此神秘而清澈，和諧且多元。

　　首先，顧城有著強烈的自我意識與存在感，他將自己的這種
"我"的變化分成幾個階段：自然的我（1969-1974）、文化的我
（1977-1982）、反文化的我（1982-1986），直至最後放棄對"我"
的尋求，進入"無我"狀態（1986-1993），"開始做一種自然的
詩歌"，充滿先驗的意味。落實到詩歌中，顧城說："現在我放
棄了追求任何藝術風格。我不再設想一種高於自身人格的完美的
語言境界。我甚至不再想這是否是藝術。有一次我在給朋友的信
中寫道：我好像知道了一點兒。真的話都是非常簡單的，像用海
水做成的籃子。"[129]此次訪談的時間是 1992 年 12 月 19 日，但對
顧城來說，他被先驗擊中，至少可以追溯到 1983 年讀惠特曼："他
像造物者一樣驅動著它們，在其外又在其中，只要他願意，隨時
能從繁雜的物象中走出來，從法規中走出來，向物化的生命顯示
彼岸"，"他直接到達了本體，到達了那種'哲學不願超過、也
不能超過的境界'"。隨後，他認為大詩人應當具備的條件之一
就是："他無所知又全知，他無所求又盡求。"[130]

　　其中，被多次提及的"無"，可以說是顧城哲學認知高度的
一個表徵。其來自老子《道德經》："無名天地之始，有名萬物

129　張穗子：《無目的的我 —— 顧城訪談錄》，詩生活網站。
130　蘇舜：《詩話錄》，詩生活網站。

之母。故常無欲,以觀其妙。常有欲,以觀其徼。此兩者,同出
而異名,同謂之玄,玄之又玄,眾妙之門。"這裏的"無"並非
通常意義上的"沒有",而是"與'有'同出而異名的'常
無',是不舍其'有'的蘊含一切的母體之無。"[131]在先驗世界
中,都存在一個本體。這個概念在西方表述為"神",中國概括
為"道"。而"無"與"有"都統一於道。顯然,顧城深解其理:
當我們在面對一件事情時,以"有形"達不到"無形",而那個
"無形"卻又是實質──你達不到它,可是呢,所有的"有形"
都是由它顯映出來的,同時又在回歸它的過程中消失於它。[132]這
裏,他觸到了一對重要的概念:有形之形與無形之形。

　　無形之形,即理式,可理解為幾乎無所指,又幾乎無所不指。
而有形之形,則包括詩人、藝術家的創造──言詞的藝術技巧(修
辭格)之外,還涉及一切與內容對舉著的寫作形式,諸如佈局謀
篇、結構安排、語言風格以及敘事方式的策劃與建構。一般說來,
對於專注乞靈於上天的詩人來說,這裏"無"決定著"有",
"有"承載著"無"。而衡量辭章是否對應理式的標準,即自然
[133]。而自然也正是顧城後期所崇尚的寫作狀態。

　　顧城多次比較中西方哲學,認為在"有""無"問題上,西
方喜歡化無為有,做形而上的探求;東方卻習慣化有為無,不是
解決問題而是取消問題。後一方法順應哲學本性,防止了所有的
悖論,以取消規則而保持了精神的純粹。[134]西方的神靈像太陽一
樣強烈。其精神核心,是以"實有"為形態。而中國傳統中的

131　王乾坤:《文學的承諾》,北京三聯書店,2005年版,第73頁。
132　《顧城哲思錄》,第181頁。
133　王乾坤:《敬畏語言》,《詩書畫》,2013年第4期,第108-109頁。
134　《顧城哲思錄》,第101頁。

"神"則是一個虛無,是一個太極或者無限的事情。[135]從各類資料上看,顧城更傾向於後者。但落實到具體詩歌中,還需進一步討論。無論如何, "無我"可以看做是顧城生命哲學的內核,是其一種理解世界的自然狀態。

既然如此,那麼我們怎樣談論顧城在這種狀態下的寫作比較合適?應該說這種自由的狀態顯然豐富了顧城的生命體驗,使得詩人得以釋放自己,能夠隨時抽離自我局限,進而徹底地觀測宇宙的奧秘。這種體驗的豐富性,除了一般意義上的夢境、死亡之外,還應包括如詩人在受訪中所說的對不同物象的進入與走出,如同惠特曼那樣: "神對我來說是一種光,是一種潔淨的感覺,是一種潔淨的心境。鬼對於我來說是我在現實生活中的一個化身、一個旅行。人對於我來說是一種名稱,也是一種概念。……世界說我是人就是說我具備了人的形體。但這個形體並不是全部的我。我還能感覺到其他的生活。如果只遵循一種方式生活是非常單調的,光做人也非常單調,不合我的心性。"[136]可以說,神與鬼是完全區別於人的主體形象,而這裏的人也已不是現實生活中的個體 —— 包括詩人自己,而是作為一個整體的觀測對象而存在的。所以,解讀顧城詩歌中的這三類主體,有助於我們理解他的這種無我寫作。

不過問題來了:詩人深知, "用一種限定的、習慣的形式,表達無限的全新的體悟,本身就是悖論。"[137]顧城反覆強調,他後期寫詩已是人與靈的事,而非人與人的事。 "使用語言"和"面

---

135 《顧城哲思錄》,第 91-92 頁。
136 張穗子:《無目的的我 —— 顧城訪談錄》。其實,詩人在此三類物象之外,還提到了昆蟲。
137 顧城:《沒有目的的"我" —— 自然哲學綱要》,《睡眠是條大河》,江蘇文藝出版社,2012 年版,第 186 頁。

對語言"這類提法對他已是沒有意義的,"語言於我是自生的,像樹葉一樣"。[138]既然如此,我們能做的,就是在詩歌文本內部探討形式本身的自我圓滿。因其形式的自然,必定可以預料在敍述、結構、意象、節奏、音節以及詞語等方面,生長出嶄新並和諧的枝葉。

二、無我形式中的神

首先,我們來觸摸顧城對神的感知。這條線索,會告知我們顧城在精神之路上的行走軌跡以及所突顯出的與之相應的形式。

以 1983 年為界,在顧城的早期詩作中,如《我是一個任性的孩子》(1981 年 3 月)[139],詩人就已接近這道窄門:"我想畫下早晨/畫下露水/所能看見的微笑/畫下所有最年輕的/沒有痛苦的愛情",意象之間的關係是理性的,清晰可見。之所以說"接近",是因為那時還有"我"的存在 ── 一個任性理想,卻柔弱無助的形象:"我還想畫下未來/我沒見過她,也不可能"。這首詩的聲音是商量的,遲緩的,輕微的,語言是淺近的,直白的,內在和諧的。而同年 6 月創作的《我要成為太陽》(第 704-706 頁)則仍受限於物象,尚未完成對"我"的超越。

而從 1983 年開始,無論從立意還是修辭、語氣上,顧城的詩作都趨於和緩輕盈,不斷追尋"神"的存在。如《我坐在天堂的臺階上》(1983 年 7 月)[140]:"我坐在天堂的臺階上/想吃點鹽

---

138 《顧城哲思錄》,第 61-62 頁。
139 《顧城詩全集》(上卷),江蘇文藝出版社,2010 年版,第 674-677 頁。
140 《顧城詩全集》(下卷),江蘇文藝出版社,2010 年版,第 52 頁。此後所引顧城詩都出自於此,只在正文中標注頁碼。

//你想吃什麼，上帝/你是哪國人/天藍色的鬍子"。此後，這類主題的出現次數不斷加大，光與火焰也自然地多了起來："它空無一人，每扇門都將被打開/直到水手艙浮起清涼的火焰"（《方舟》1984 年 3 月。第 109 頁。）；"我所有的夢，都是從水裏來的"（《來源》，1984 年 6 月。第 126-127 頁。）；"在屋頂下等你/神往你的光輝/唯這光輝/使人呆望而不黯淡"（《屋頂》，1986年 3 月。第 258 頁。），"第一個上帝/是蠟燭做的/它一誕生/就照亮了一頓晚餐"（《潛泳》，1986 年 7 月。第 291 頁。）。可以看出，眾多意象都集中在"光" —— "神"的統攝之下。

直到 1989 年 1 月，顧城創作了頗可注意的《我轉動手指》。這這首詩中，詩人用四節十九行記錄了他對神的體驗，形式上十分圓滿：

> 我轉動手指，使海水變成
> 強大的四肢
> 生命不過是種顏色
> 火的微粒始終存在
>
> 白天的船
> 所有愛過的聲響
> 我知道我的腳步
> 略略壓迫大地
> 我手上聚集潮氣
> 即將開始寂靜的蜂群
>
> 我不斷重複
> 讓手給我屋子

　　讓秋天的草也來造屋頂
　　地下的黑暗溫暖而恬適
　　我的呼吸長出葉子
　　我的手化為泥土

　　我已被放置千年之久
　　慢慢感知內在的宇宙
　　而搬石頭不過是藉口

　　敍述的主體"我"依舊是存在的，但這個"我"已非肉體凡胎，而是一個力量無限的造物主形象，但也是一個實體的狀態。他左右著敍述者的靈魂，迫使詩歌緩緩流出，並自行排列成行。值得注意的是，神並不掩飾自己是"愛過"的，而這個形象多少讓人想起亞裏斯多德的觀念：作為永恆本體的欲望與理性，它們致物於動而自己不動。[141]因此在本詩中，這最初力量的施法者的形象，並非是大而化之的"原型" —— "我的呼吸長出葉子/我的手化為泥土" —— 雖然神秘，但卻是可以接近的，甚至是值得親近的："我已被放置千年之久/慢慢感知內在的宇宙/而搬石頭不過是藉口"。全詩語氣通徹深沉，平和內斂但結尾的"藉口"有如原動力，不僅與"愛"呼應，而且對前面的超然形象，也是一種消解。

　　就這首詩的結構而言，在這四節中，前三節"還原"神的日常生活，而最後一節回憶反省，將所有的力量聚焦於飽含個人情緒與意圖的"藉口"，而把痛苦與喜悅對置，從而完成了在"無

141　〔古希臘〕亞裏斯多德：《形而上學》，吳壽彭譯，商務印書館，1996 年，第 246-247 頁。當然，此類形象也見之於 1988 年 3 月的《神說》：灰塵"它們在好幾個地方/找我"。不過該詩單純光潔，毫無雜念。

我"狀態下對神的體悟。"內在宇宙"則猶如一個中心點，將全詩的秩序感照亮：在宇宙面前任何事物都渺小微觀，都被穿透，即便是能力超然的神也要在這種"無"的狀態下工作。這首詩表達了作者對世界的來源的看法，即使是這"實體"的"神"[142]，也要歸於寂靜。在敘述的安排上呈現出一個倒圓錐的形態。

　　從全詩的音節上看，第一節的前兩行"手指"與"四肢"這兩類器官名稱巧妙地押韻。結尾的"存在"與次節"白天"銜接，起到了一個很好的過渡。兩種自然意象"大地"與"潮氣"押韻。第三節首行的"重複"與尾行的"泥土"，中間的"屋子"與"葉子"加重了秩序感，並在末節三行"久"、"宇宙"、"藉口"全部押韻結束，從鬆散到嚴整，與全詩的內在精神一致。

三、無我形式中的鬼

　　至於趨於無形的鬼，則是詩人的另外一種體驗。顧城曾說："人可以在與鬼不保持距離的狀態下來寫鬼詩。這就是說，完全進入鬼的狀態，排除了人的生氣，作為鬼來寫詩。這種寫詩的狀態使人接近死亡。……我作為鬼，創作了《後海》、《紫竹院》等詩。"[143]對於這類"接近死亡"的物象，會在詩中有著怎樣的形象，倒是令人好奇的。

　　《後海》（1991 年 7 月）與《紫竹院》（1991 年 8 月）都

---

142 本詩中神的形象，可能屬於古希臘神靈與猶太教-基督教上帝二者的矛盾混合。因為前者只是致力於安排早已存在的質料，並非如後者那樣創造世界的質料。參見 H.Benson:*Essays on the Philosophy of Socrates*, New York:Oxford University Press,1900.轉引自〔美〕約翰·E.彼得曼：《柏拉圖》，胡自信譯，中華書局，2002 年，第 104 頁注 20。

143 張穗子：《無目的的我 —— 顧城訪談錄》。

來自於詩人 1991 年 4 月至 1993 年 3 月間的組詩《城》。這組詩都是以北京的各地名為題,卻是詩人在德國對夢回故鄉的描述。他小時的很多記憶都已不再 —— 漸歸於無,而他也只能在夢中重溫記憶中的有。作者因為相信靈魂的存在,而認為"死了的人並沒有消失","鬼溶解在空氣、黃昏、燈光和所有人的身上。一切並非到此為止。我在柏林獲得了我的北京"[144] —— 在這裏,一般意義上的"無"的人,進而轉變為可以無處不在的"鬼"而獲得更加自由的形式。為鬼發聲,顯然是在記憶與現實之外另一種有無的轉換,這無疑是漢語現當代詩歌中的新題材。

在《紫竹院》(第 732 頁)中,詩歌顯示出深深的疏離跳躍、冰冷壓抑的氛圍 —— 作為鬼的語言,這是可以預料的:"在水裏走回城/電視藍藍的/(他們幹嗎不把這件事安排/好呢)"。從全詩最一開始就交代了"水"的意象。作為顧詩中鬼的行走介質,"水"在詩中顯得飄渺易逝,因此左右著敍述主體的的心情和語氣。但此意象的在後文的反覆出現,不停打斷正常的敍述,與邏輯糾纏在一起,形成了含混駁雜的效果。第二節:"今天是你的日子/在走廊裏幹活/是你弟弟的事/在黑暗裏吹笛子/是他的事/你快走了"。這一句句的囑咐,節奏明快,懷有深深的宿命感,仿佛在提醒:順從天命,各安其位。至此,我們似乎覺察到了此行詩的目的:第一節所說的"這件事",可能就是"今天是你的日子" —— 一個人即將死亡。因此接下來的催促就顯得合情合理:"你快走了 水沒有了","水沒有了/快要走了",至於"水拿不起來"則完全是"新鬼"的語言。此處全詩的最後一句:"影子碰我/影子說·你和別人在黑暗裏吹笛子"。在世俗的經驗中,

---

144 張穗子:《無目的的我 —— 顧城訪談錄》。

人們一般認為鬼是沒有影子的。但此處影子和鬼不僅同處，而且影子還作為獨立的存在與鬼進行身體接觸，繼而交談。交談的內容卻是"吹笛子"這種充滿藝術情趣的行為。聯繫前文，這件事上次發生在"他"身上，此次則是出現在"我"的身上。在短短的五節十六行中，"你"出現了六次，"水"出現了四次，"事"、"快走了"出現了三次，"影子"、"黑暗裏吹笛子"各出現了兩次，重複之高，令各種聲音在在全詩內回環往復，互相碰撞，產生了自然的"複調"戲劇化效果。而"吹笛子"這件事本身也令全詩有了人世的情趣追求。

《後海》（第 712-713 頁）創作于《紫竹院》之前，開闢了顧城對於死亡的體驗，不過由於該詩在敍述上豐富完整，因此後置討論：

　　他們看你
　　他們沒穿衣服
　　你不覺得太久
　　你也沒穿衣服
　　我說晚上還有節目

　　我把手放在衣服下麵
　　我的刀少了一把
　　我不相信能這樣離開
　　刀太短
　　我讓你風一樣在前邊快走

　　看人的時候最苦惱的是時機
　　她追上來

幹嗎

她是在樓道裏被我看住

女孩子是不能看的

昨天看了四個

兩個在臥室　兩個在她身邊

你把刀給她看

說　你要死了

她笑　說你有幾個娃娃

沿著水你要回去

票一毛一張

站起來　你

他們要占座位

你一個人想車站的風景

　　全詩共五節,卻有四類人稱,並且反復交叉:"你"(10次)、"我"(5次)、"她"(4次)、"他們"(3次),敍述線索複雜。"我"一副前輩的口吻,語氣平穩,無所謂的樣子。第一節在介紹對方——"你"——看似一位新鬼,和"他們"(雖輩分沒"我"高,但可能已有資歷)一樣,都"沒穿衣服",並滿足地透露自己"晚上還有節目"。第二節繼續說自己,有意無意地暗示"我"的高鬼一等——是穿衣服的:"我把手放在衣服下麵/我的刀少了一把","刀太短"。"刀"的出現,預示著後面的不祥,令人隱隱擔憂。"我讓你風一樣在前邊快走",也在暗示著時不待鬼。第三、四節,應該是在同行的過程中的講述,也可以解為一種經驗的傳授,同時也是回憶的開始:"看人的時候最苦惱的是時機"。"看"這個詞頗為晦澀,如果發第一聲的話,在這裏似乎可理解為迷惑人的法力。"苦惱"是本詩最明顯的情感辭彙,有豐富的反諷意味。接下來是個重要的回憶:昨天,"我"看了四個人,被女孩"她"發現了 —— "追上來",發問:"幹嗎"。這是用一種很日常的交談語氣在質問,並且是人與鬼的直接溝通。鬼去看人,卻反被人看見。這裏的"她"的形象就很值的回味:她被"看住"(按照"她身邊"這一細節,事情可能發生在她的家中)後,卻追了上去,毫不害怕。在女孩眼前行動,並被迫與她糾纏,這應該就是"我"所說的"時機"不對。此時故事中出現了"你",原來這是對此前行動的總結。無奈之下,這位新鬼還是表現得很強硬:"把刀給她看/說　你要死了"。但她笑著的回答顯然是擊潰了鬼的心理:"你有幾個娃娃"。整個事件的結果沒有交代,但可以想像,兩位鬼士面對這位做了母親的"她"的質問,很可能是悻悻離開。這二位鬼可能被觸及了有關"愛"的回憶,想起了自己生前的母親或孩子。毫無疑問,這裏也形成了一種向四周湧動的張力。

　　第五節又講述了返程的經驗,有來有回,完整。不過奇異的是,除了"沿著水"的方式,"票一毛一張"、"他們要占座"都是人間的經驗。這兩句充滿世俗觀感的話,飽含著擁擠感與喧嘩聲,可以想像出是仍帶有某種強烈的等級次序意味 —— 即使成為鬼也無法逃離。這來自陽間的煙火氣,很快就摻入到整首詩的氛圍裏,令其變得含混複雜熱鬧戲謔起來。而在這其中,全詩以獨特的一句結束了鬼魅、神秘、血腥並略帶嘈雜聲的敍述:"你一個人想車站的風景",給讀者留下一副孤獨憂鬱的詩人形象 —— 用詩人的觀點來看,從人變成鬼,並不能影響其存在。

　　兩首詩的語言都是呈現出淺白得近乎簡單的。敍述在清晰與迷混之間搖擺不定，夾雜著多重線索，串聯著各種記憶，回蕩著不同的稱呼與聲音。從整體上看，其形式對鬼的世界的映射是相對準確的，是跳躍、神秘、非理性的。但敍述的落點，卻都是從鬼的氛圍回到實在的情緒，實現了從無到有。

四、無我形式中的人

而當顧城在 "無我" 的狀態下關照人時，詩中的人已非自我，而是成了一種概念。應該說，這更能考察顧城這種無我寫作的境界。這樣他就可以更加自由、從容地觀察世界，甚至人類自身，更能看出他對存在的態度。

詩人在此類詩歌中，習慣於以人為參照，思考宇宙本身的秩序，如《陽光下的人》（1987 年 9 月。第 364 頁。）："陽光下的人/沒有眼淚/陽光下的人/不會哭/陽光下的人/只默坐著/被影子支著/陽光下的人到遠處去/地/開到高處/陽光下的人就這樣跟帳篷走了/沒有動/也沒有說話"。這裏只是總結性地描述 "陽光下的人"，並不做過多評論。而人也一副無聲無息，被動接受命運的形象，缺乏生命力的牽引。而正是這樣的視角，反而突出了人們腳下的 "開到高處" 的土地，它成了承載並推動人類命運的主導力量，正如顧城提及過的 "土地現象"。在這個運動序列中，人只是其中一環，可稱得上是參照物，但絕非中心。這種寫法在《就是這樣的人》（1989 年 9 月。第 536 頁。）中也同樣如此："就是這樣的人/一次次長成樹/就是這樣的人/手臂揮動匯成星辰"。顯然，顧城將人放置於宇宙與時間之中，關注的是整個宇宙系統的匀衡運動與自然流動。不過顧城也並未將人自身的靈光完全泯滅掉，他對這樣的宇宙規律的態度是謙卑而神秘："到陽

光裏去/海有條尾巴//我們要學的事情挺多"（《人兒》，1991 年
5 月。第 691 頁。）。詩人在強調人們通過後天學習以追憶起舊
有知識的重要性時，一句口語化的"挺多"，原始而粗壯。

顧城也會用更加精細的筆法寫人與自然的交流，寫近乎夢境
中人的現實命運以及宇宙的運轉。比如《但丁》（1988 年 8 月。
第 441-442 頁。）中就借大詩人之"名"，去窺測某種關乎歷史
記憶的秘密："為了不再暴露/但丁被篡改了脾氣/一颳風　就想家
可惜/屋子外　月亮亮　可惜"，以一種調侃並頑皮的語氣敍述著真
實的但丁不在場時發生的一切，是那麼和諧優美："蛐蛐叫得安
靜極了/海灣裏潛伏著帶魚"。最後一節的首句"這就是住著但丁
的屋子"，則使用了特別的句子結構"住著但丁"，而非通常意
義的"但丁住著的"或"但丁住過的"。這樣一動，就將本是主
語的"但丁"，就變成了賓語，成為動詞的接受者。而下麵的才
是敍述的重點："一棵樹跌到天裏去了/記憶歷經歪曲還是記
憶"，用自然對比人為，照射出人類預設行為的後果。

此外，在《復習》（1991 年 7 月。第 719-720 頁。）中，顧
城使用了獨特的意象編織法為我們"考證"歷史，提示我們人類
經歷過的困境：

> 沒有上帝
>
> 我們就向歷史呼救
>
> 換了好幾種語氣
>
> 把詩也做成一種梯子
>
> 可以上下奔跑
>
> 丟掉鑰匙的時候
>
> 經爬公寓的一處窗子
>
> 我們過於努力

> 結果爬進一鍋湯裏
>
> 這湯煮得太久
>
> 已看不見任何東西

　　比起前面幾首，這首詩更注重對人類整體經驗的感受。全詩的語調輕快戲謔，以類似漫畫的方式俯視人間眾生——"我們"。開篇一句"沒有上帝"，直接點破了人類精神的最大困境。接下來，詩歌就描繪了人類各種奔波勞碌的洋相："換了好幾種語氣""向歷史呼救"。"換"暗示幾經波折後的磨難與絕望。此處的"歷史"，可以理解為集體的共同經驗。歷史有如人類祖先存下的銀行本金，但後代只有在危難之際才想起去提取其中的利息。"把詩也做成一種梯子/可以上下奔跑"，此時詩歌也成為了擺脫困境的工具，可在其他語境中，"詩"與"梯子"（雅各夢見天梯）也多是具有神性的象徵，但此時人們只能在它們上面"奔跑"，這是多麼慌張的一個狀態。"丟掉鑰匙的時候/經爬公寓的一處窗子"，鑰匙很平常，但有隱喻背景，《聖經》中信徒可以借助鑰匙進入天國。不過"沒有上帝"的我們只好去爬。全詩在此略作停頓，為前面的描述作結。結尾的四句饒有意味：因為"我們過於努力"——帶有強烈的目的性，而爬進一鍋湯裏。作為食物，湯對苦苦追求安身立命之所的人們來說，是莫大的諷刺。最後兩句對人們的歸宿作了總結："已看不見任何東西"，終究還是化為無。

　　這首詩以更加無牽無掛的語言呈現出了人類自身的缺陷與本性。由於從敍述之初就缺失了"上帝"這一本源，只有歷史，因此"詩"、"梯子"、"鑰匙"、"公寓"和"湯"被編織進了歷史的文本之中，形成了反諷鮮豔的花紋。

　　總體說來，顧城對神、鬼以及人的體悟都帶有深深的秩序感與宿命感。寫作者並不預設目的的"無我"狀態，而一切的規則與奧秘，都純粹是自生自滅。因此，詩人專注於在抽離自我的狀態下，從不同的方向進入自然，去接近"道"。通過前文的分析我們發現：無論是在工作中流露出"愛"的神，還是既有死亡氣息，又有人情味的鬼，抑或奔跑於茫茫大地的"人兒"，都是宇宙自然的一分子，都各居其職，自給自足。

就形式而言，本文所論詩歌顯現出來的排列組合，都與其各自的物象主體相匹配。結構安排、敍述方式、意象、用詞、節奏、韻腳等方面，都各有適當的歸宿，在一個整體內各自呼應對立，形成一種張力。比如，在描述神時的圓錐敍述結構與逐漸嚴整的韻律格式；在為鬼代言時，語言的重複，詞語的斷裂，敍述線索的錯綜複雜以及意象的陰冷；在反觀人類集體經驗時的新鮮意象、簡單原始的用詞以及反常態的句子結構，都很好地適應了"無我"狀態下對神、鬼、人的超驗性體悟。換句話說，詩人不僅觸及了本體，更將其釋放為自然的詩歌形式。從有到無，又從無到有，完成了有形之形與無形之形的自然溝通。

第十節 芒克詩歌的"公共性"與"個人性"

文革時期的芒克，與多多、根子並稱為"白洋澱詩群"的"三劍客"，之後他又是著名刊物《今天》的創始人之一，為朦朧詩從地下到浮出歷史地表做出重要貢獻，八九十年代他仍然積極參與"倖存者詩人俱樂部"和編輯《現代漢詩》。勇敢、瀟灑，熱愛生活、追求自由，遠離功利和世俗，無時無刻不流露出生命中最真摯的情感和最本真的需求，聲稱一輩子的最愛只有三樣：

酒、女人和詩歌，這些就是芒克給身邊的很多朋友留下的印象。
可以說，這樣的芒克註定了一生都會與詩歌有著千絲萬縷的聯
繫。從 70 年代初開始創作詩歌起，芒克著有詩集《心事》、《陽
光中的向日葵》、《芒克詩選》、《今天是哪一天》等。芒克的
詩既有著浪漫主義的抒情風格，又不乏對現實社會的嚴肅拷問與
普遍的懷疑精神；既表現了孤獨、渺茫、苦悶等個人情緒，也有
對時間、死亡等普遍性的宏大問題的嚴肅思考。芒克用個性化的
語言訴說著一代人的集體記憶，他的詩歌達到個人性與公共性的
和諧統一。但在較長一段時間，芒克的詩歌成就與他的詩名並不
對等，林莽曾在《芒克印象》一文中說，芒克"一直處於詩歌的
中心，一直處於文壇的邊緣。一直處於生活與愛的中心，一直處
於物質與家的邊緣。"[145]直到九十年代隨著"白洋澱詩群"的被
發現，芒克才逐漸被挖掘和重視。從文學史的邊緣化到經典化既
體現了經典的流動性，也說明經典化的尺度受各種複雜因素的影
響，而歷史語境的不同及時代變遷導致對詩歌有著不同的需求是
決定經典變動的主要因素。

一、個人性：生命本真情緒的自然表達

　　芒克一直被公認為是以生命最直接的感知面對詩歌和生活
的，相對於多多的理性，他偏感性，他自己也曾說哲學是多多的
事跟他無關。多多在《被埋葬的中國詩人》中也曾回憶道："芒
克是個自然詩人，……芒克正是這個大自然之子，打球、打架、
流浪，他詩中的'我'是從不穿衣服的、肉感的、野性的，他所

---

145 林莽：《芒克印象》，芒克《瞧！這些人》，時代文藝出版社，2003 年版，
　　第 190 頁。

要表達的不是結論而是迷失。"[146]芒克的詩歌始終堅持個人化的寫作立場，注重瞬間感覺的把握與靈感的頓悟，表達了特殊的時代語境下個人對人的存在與靈魂的獨特感悟。

　　相對于其他知青上山下鄉被迫去到一個邊遠蠻荒的地方，芒克來到自然環境優美、充滿詩情畫意的河北白洋澱多少帶有一定的主動性，這可以說是一次肉體和精神的雙重流浪。路也在《白洋澱詩群的漂泊感和放逐感》中曾說，"流浪意味著逃避壓抑、意味著奔向自由、意味著浪漫，可以使心靈保持自由的靈光，並且在異地不斷地發現美，保持生命激情，豐富寫作儲備。"[147]芒克曾在 1973 年和畫家彭剛組成"先鋒派"去南方流浪，除了深切體會到生活的拮据帶來的尷尬處境外，也在行走中萌發了生活在別處的激情與創作靈感，因此 1973 年也是芒克"白洋澱時期"創作最豐的一年。當然，流浪到一個陌生的地方也難免產生一種遠離故土的漂泊感和對未來命運不可把握的迷茫感。這一時期的芒克詩歌既有對大自然的熱情歌頌、對農村簡樸生活的溫情表達，如"我很想對你說：/讓我們並排走吧。"[148]芒克訴說的對象不是戀人，而是飄逸流動、自由不羈的"風"，還有大家"面對面地坐著，/面對面地沉默，/遍地是窩棚和火堆，/遍地是散發著泥土味的男人的雙腿"[149]的露宿生活的溫馨；也有關於充滿情欲的愛戀的大膽而浪漫的表白，這完全不同於傳統內斂而含蓄的愛情表達，如《心事》中"我要從胸膛裏/給你掏出親切的致意。/我要向你拋去多情的眼神！""即使你穿上天的衣裳，/我也要解開那

---

146 多多：《被埋葬的中國詩人》，廖亦武編《沉淪的聖殿 —— 中國 20 世紀 70 年代地下詩歌》，新疆青少年出版社，1999 年版，第 199 頁。
147 路也：《白洋澱詩群的漂泊感和放逐感》，《當代小說》，2007 年第 11 期。
148 洪子誠、程光煒編《朦朧詩新編》，長江文藝出版社，2009 年版，第 54 頁。
149 同上，第 55 頁。

些星星的紐扣。"[150]多麼直接、赤裸的表白！芒克詩歌中還有遠離故土的漂泊感和被時代放逐的空虛感。如《天空》："日子像囚徒一樣被放逐。/沒有人來問我，/沒有人來寬恕我。//我始終暴露著，/只是把恥辱用唾沫蓋住。"[151]《城市》："夜深了，/風還在街上/像個迷路的孩子/東奔西撞。" "這城市痛苦得東倒西歪，/在黑夜中顯得蒼白。"[152]這不僅僅是芒克個人情緒的抒發，而是城市裏長期被忽略、被遺忘、潛藏在內心深處的孤獨感的刻畫，是那一代人青春與荒涼、理想與失望的集體記憶的傳達。

當然，在政治高壓的特殊時代，詩人也表達了對時代的強烈不滿和反抗的憤怒情緒。"太陽"是芒克詩歌中的核心意象，但和當時主流詩歌中"太陽"象徵光明的前途和美好的未來不同，芒克筆下的"太陽"有著血淋淋的反叛性和赤裸裸的野性之美。如《太陽落了》："你的眼睛被遮住了，/你低沉，憤怒的聲音/在陰森森的黑暗中衝撞：/放開我！//太陽落了。/黑夜爬了上來，/放肆地掠奪。/這田野將要毀滅，/人/將不知道往哪兒去了。"[153]詩人為我們塑造了一個反抗者形象，但正如唐曉渡在《芒克：一個人和他的詩》中所說，" '放開我' 儘管義正詞嚴，儘管 '衝撞' 一詞使之輻射著肉搏的野蠻熱力，但它顯然既不是一個鬥士的聲音，也沒有構成全詩的基調。"[154]因此這一時期的反抗更多是一種青春期的叛逆、憂鬱和飽滿鮮活的生命力的釋放，而"太陽"這一意象雖以下落的姿態存在，與主流文化宣稱光明的永不

150　同上，第 57、58 頁。

151　同上，第 47 頁。

152　同上，第 60 頁。

153　芒克：《芒克詩選》，中國文聯出版公司，1989 年版，第 20 頁。

154　唐曉渡：《芒克：一個人和他的詩》，《唐曉渡詩學論集》，中國社會科學出版社，2001 年版，第 183 頁。

逝去不符，具有一定的反叛性，但它畢竟還是作為"黑夜"的對立面出現，而 80 年代芒克詩歌中的"太陽"意象具有更徹底的反叛性和反諷性。如：

《群猿》："傳說，我們本是遠古的灰塵/因某日蒼天之子太陽酒醉/錯入自己胞妹大地的閨房/並誤認那剛剛浴後的裸女為妻/而後兄妹亂倫，使天大怒/所以，蒼天才把大地賜給了小/小的我們/並且，還賦予我們生命/讓我們去選擇形體和容貌/讓我們有了血肉之軀和不斷繁殖/的能力/而太陽則受火刑，未死，後被罰/做火夫。"[155]

《把眼睛閉上》："把眼睛閉上/把自己埋葬/這樣你就不會再看到/太陽那朵鮮紅的花/是怎樣被掐下來/被扔在地上/又是怎樣被黑夜/惡狠狠地踩上一腳。"[156]

芒克筆下的"太陽"已不再具備高貴的意志，而在詩人荒誕冷酷的想像力下解構和顛覆了。這是一種對個體獨立的精神存在及"個人的話語方式"的堅持，其意義在於擺脫主流話語形態對詩人殘忍的壓迫與桎梏，探尋語言的豐富性、多樣性，允許多種聲音的存在，防止被單一的歷史決定論一概抹平的危險。

如果說芒克青春期的詩風即使有憂鬱、憤恨但更多是明朗、清澈的話，那麼步入中年後的芒克詩歌卻沉澱著深不見底的孤獨、空虛、百無聊賴。這也是現代人在金錢至上、物欲橫流的時代普遍的生存體驗。在《沒有時間的時間》中，"是我落進自己的網裏/是我在自己的網裏掙紮/我是我的獵物"[157]"我不再痛苦，也不再幸福/我不再會為了我的幸福而痛苦/我即將結束/把一

155　芒克：《芒克詩選》，中國文聯出版公司，1989 年版，第 142 頁。
156　同上，第 107 頁。
157　芒克：《今天是哪一天》，作家出版社，2001 年版，第 121 頁。

切拋棄/我現在已被我揮霍乾淨"[158]，詩中的"我"沒有知覺和情感，沒有思想和理智，沒有欲望也失去希望，個體生命喪失主體性，變成一個"平面人"。"是時間在無情地撕毀她的美貌/是牆壁在懸垂著蒼白的乳房/是語言得到了滿足/是影子有血有肉//當溫柔漸漸冷卻/情愛便化為灰燼/你還讓我跟你說什麼/我們彼此誰也不在乎缺少誰/我們都只是對方的另一個"（《人性依舊》）[159]，情欲消逝後的孤獨油然而生，剛剛同床共枕的情人只不過是生命中的一個過客，轉眼便是陌生人，這種人與人之間的不信任、不尊重導致一種致命的隔膜。

但芒克本是性情中人，他對自由、灑脫生活的追求永不改變。就如同他在詩中所說"你曾一度長滿新芽/你曾一度枝葉茂盛/你曾一度滿身枯葉/又被大風一掃而光/你的一生如同起伏的浪濤/你不是居於浪峰之上/便是落於浪穀之中/但你一直是自己最忠實的守護者/你也將永遠是你的愛人"[160]，時代和生活的確帶給我們很大的變化，但我們生命中那些最真摯樸實的情感卻是永遠不會消逝的，所以芒克能"完好無損地活到現在"[161]。

二、公共性：人道主義精神與對時間、死亡的哲性思考

西川曾在《芒克的"人民性"》一文中提出，芒克的"人民性"，或稱"民間性"，一方面體現在他的性格和為人處世上，他總是與下層群眾保持一種巨大的吸引力和親和力；另一方面體

---

158 同上，第 176 頁。
159 同上，第 21、22 頁。
160 同上，第 158、159 頁。
161 吳虹飛、陳琛：《詩人芒克：我完好無損地活到現在》，《名作欣賞》，2011年第 31 期。

現在天然、靈動、平易的詩歌風格上，"他從未陷入過 T.S.艾略特、瓦雷裏的修辭陷阱，所以他的詩從不拒人於千里之外。他似乎從未為風格發過愁，從未為'影響的焦慮'發過愁。……他既不反智，也不主智；他主的是情，同時使用文學語言。"[162]正是由於性格上的"人民性"決定了芒克詩歌風格的"民間性"，主要體現為芒克詩歌中人道主義精神的無處不在及其對時間、死亡等人生重大問題的嚴肅思考。

偉大的詩人除了要有"恨"的態度，對黑暗的社會現實保持憤怒、憎恨的正義精神；也要有"愛"的態度，即對世間萬物的同情和尊重。關切弱者、不幸的人們，並渴望幫助他們擺脫苦難、獲得拯救的人道主義精神在芒克詩歌中從始至終地流露著。如《天空》："天空，天空！/把你的疾病/從共和國的土地掃除乾淨。"[163]《十月的獻詩》："但願我和你懷著同樣的心情/去把道路上的黑暗清除乾淨。"[164]如果說這一時期的表達還有一定的浪漫主義成分的話，那後期的詩歌則有著更深沉、博大的愛。如《給孩子們》："我既不是太陽，做你們的母親/把你們抱在懷裏，請你們喝我的/奶/也不是大地，能夠手拖著/白天與黑夜的盤子，把一個個/美好的日子給你們端來/我不過是一個普普通通的人/但雖然是這樣，我還是想/就把我給你們吧！就讓我/做你們腳下的土壤！我寧願/讓你們生長在我的身上，我寧願/讓你們用有力的根莖去掏空我的/心"[165]，詩中的"我"有基督耶穌般的奉獻精神和

162 西川：《芒克的"人民性"》，見芒克：《瞧！這些人》，時代文藝出版社，2003 年版，第 197、198 頁。
163 洪子誠、程光煒編《朦朧詩新編》，長江文藝出版社，2009 年版，第 47、48 頁。
164 同上，第 56 頁。
165 芒克：《芒克詩選》，中國文聯出版公司，1989 年，第 104 頁。

博愛精神，通過自己的受難去救贖大眾。再如《鄰居》："晚上，她的男人/又喝了酒從外面歸來/那男人滿臉怒氣/搖搖晃晃地走進院子/只見寧靜的月光/被嚇得紛紛起身逃避/這真好比是/一頭野獸/突然闖進了民宅/而月光就好似/一群赤裸的男男女女/……/她只是催著孩子趕快睡下/她似乎只求今晚能平平安安"[166]這首詩雖為我們留下一個開放式的結局，但我們不難想像出一個即使遭受醉酒丈夫的暴力卻只有默默承受、不敢反抗並對孩子、家庭依然辛勤付出的普通婦女形象，體現了詩人對"被侮辱與被損害的"下層人們不幸生活的憐憫與同情。

　　芒克自認為是個感性的、缺乏深度的人，但這並不妨礙他常常能從感覺中昇華理性，尤其是步入中年後的成熟、客觀、冷靜、理性使他後期的詩歌無法繞開對時間、死亡等宏大命題的積極探尋。

　　時間具有一種神秘莫測的力量，掌控著天下的萬事萬物，我們每個人都有著對時間的獨特感知。時間是偉大的也是恐怖的，因為時間既會模糊一個人的記憶，也會讓一個人的記憶曆久彌新。我們一般認為時間有"過去"、"現在"、"未來"三個維度，而人類特有的這樣一種時間的流逝感並不是客觀存在的，而是主觀的心理感受。芒克的《今天是哪一天》詩集中到處充斥著對時間哲學的思考。既有體驗生存的焦灼與企圖控制時間的虛妄，如長詩《沒有時間的時間》："我醒後，想到時間/想到我們是在時間的深處/想到我們也是時間/我們就像海水在漆黑的海洋裏一樣/我們是時間中的時間/我們是飄動的時間/但不知飄向何方/我已不能辨別/我們所在的位置/也不能辨別方向/我們是飄動的時間/所有的方向都是一個方向/所有的方向都是我們的去向/我們

---

166 同上，第 96 頁。

向前/也是在後退/我們的運動/也是靜止/我們就像是沙粒/在無邊的荒漠上/我們是時間中的時間"[167]，這首詩通過兩個生動形象的比喻，即大海裏的海水和沙漠裏的沙粒，表達了人類在無邊無際的空間裏迷失方向、不知所措的渺小與卑微及置身於時間之流中無法把握自身主體性而漸漸歸入虛無的普遍感受；也有暫時忘記時間，渴望記錄生命中一閃而過的微光的時刻，如《距離明天還要一年》："距離明天還有一年/明天，那是一個地點/一年，也並不是什麼時間/人與天地同生/人與日月同行/人與萬物同為一體/你是自己同樣也是別人"[168]，表達了詩人渴望擺脫時間和空間對人的壓迫與奴役，渴望與天地萬物親密無間，渴望聆聽和感悟天命，以抵禦在這個貧乏的時代非本真的存在，達到一種本真的、詩意的存在境界。

死亡是人生永恆的伴侶，個體生命的有限性使我們任何一個人都無法不面對死亡，只有真正具有死亡意識的人才能更好地把握生命的意義。人活到一定的年歲，就越能傾聽到時間"就像個屠夫，在暗地裏不停地磨刀子的聲音"[169]，也越能感受到死亡之神的日漸逼近。芒克的詩歌既表現了死亡的不可逆轉性與荒誕性，如"我們在災難面前/誰又敢肯定/自己就會倖免/我們畢竟是不能抗拒一切的/也許你這次會平安無事/也許我這次會安然無恙/但這個世上天災人禍總是不斷/我們都可能是倖存者/也都可能是遇難者/死亡對於我們/同樣不留情面"[170]，我們總是被命運那神秘而無形的大手掐住喉嚨，死亡的偶然性與必然性消解了人類為追

---

167 芒克：《今天是哪一天》，作家出版社，2001 年版，第 134、135、136 頁。
168 同上，第 60 頁。
169 洪子誠、程光煒編《朦朧詩新編》，長江文藝出版社，2009 年版，第 75 頁。
170 芒克：《今天是哪一天》，作家出版社，2001 年版，第 145、146 頁。

求幸福付出的艱辛努力；也表達了反對漠視死亡、提倡直面死亡的人生哲學，如“我不願像死一樣的活著而不死/我不需要不死”[171]，詩人不想做“死的活人”，渴望健全的人格和有意義的人生，通過反面的表達彰顯正面的意義，這是一種向死而生的人生態度。另外，詩人希望通過主動地選擇死亡而超越死亡，如“我是自己在焚燒自己/我是在自己把自己燒光/我死於自己的手裏一點也不哀傷/看，我現在的形體/將化作一縷輕煙冉冉上升/那是我在抬著自己/那是我在為自己送葬/我是我的棺材/我也是我的死者/我在飄著/我漸漸地飄散/我終於消失/從此，我不會再死”[172]，表達了詩人寧願去死也不願苟活的人生抉擇，追求即使肉體死亡精神也要永恆的生命意識。

三、結語：從邊緣化到經典化

芒克詩歌在內容上有著其豐富性與多樣性，在形式上也是如此：既有悖論、反諷等現代主義詩歌技巧，又不乏關注社會現實與具體經驗的敘事性成分。如：“人在高處/不由地要向下看/而下麵的人卻在昂著頭/人離人近了/會覺得人越發生疏/人遠離了人/反而越覺得親近”（《人在高處》）[173]，“你不知不覺/知覺已失去知覺/懷著惡意的善/懷著善意的惡/你的開始便已意味著終結”（《一念之差》）[174]，在這裏，“遠”與“近”，“生疏”與“親近”，“善”與“惡”，“開始”與“終結”這些矛盾衝突的詞

171　同上，第150頁。
172　同上，第141、142頁。
173　同上，第41頁。
174　同上，第47頁。

語綜合在一起，表達了現代人支離破碎、複雜糾結的心理體驗，也因為違背我們日常的生活體驗而造成一種"陌生化"的效果。芒克後期詩歌中大量運用悖論和反諷，為我們刻畫了一個個矛盾衝突、分裂對立的靈魂，它已不僅僅是一種修辭手法，而是作為現代人的生存方式體現了現代社會的"荒原"本質及技術時代產生的分裂感和孤獨感。

步入中年的芒克一改青春期抒發個人主觀感情的浪漫情調，而選擇新的言說方式體驗與青春情感一樣強烈的並同其年齡相稱的"新情感"，這種言說方式即敍事性的介入，這種敍述方式可以更好地呈現並提升現實。如《死的活人》："他質問：鬼是你這樣的嗎/我不解：鬼是什麼樣/他大喝：鬼當然是鬼的樣子了/我還是不解：鬼的樣子是什麼樣/……你們現在是死而復活/你們全都是死的活人/導演說完立即開拍/我突然聽到台下空無一人的坐席上/竟響起一片掌聲和喝彩"[175]，這首詩敍述了"我"在演戲過程中扮演"鬼"而不像"鬼"，從而惹惱了導演，並產生了上述對話的一個場面，導演卻無意中道出了現代人普遍的生存困境，即肉體活著精神卻早已死去。在詩歌中運用對話敍事是對以往抒情性的突破和反撥，在這裏，芒克以"觀察者"的身份從"近處"而不是從"遠處"面對這個物質世界，並發現新的構成詩篇的材料。[176]

文革後的中國詩壇逐漸從"紅色主流文化"疏離進入個人化的詩歌寫作空間，但這一時期的詩歌仍具有強烈的現實參與意識和文化自省意識，詩人大多扮演的是代言人的角色，訴說的是

---

175 芒克：《今天是哪一天》，作家出版社，2001年版，第11、12頁。
176 張曙光：《寫作：意識與方法 —— 關於九十年代詩歌的對話》，孫文波等編《語言：形式的命名》，人民文學出版社，1999年版，第363頁。

一代人的呼聲。這時期芒克的詩歌雖也有對社會現實的反映，但多通過抽象、變形轉化為心理體驗，相對於同時期的北島，芒克的詩歌個人性更多，而政治性較少。所以這時期的芒克沒有被主流詩歌圈所接受，也就逐漸被文學史邊緣化了。20 世紀 90 年代以來當代詩歌由"外"向"內"轉變退回到私人空間，這時期的詩歌主流是"歷史的個人化"，即完全以個人的生命體驗來應對社會現實的變遷。在這樣提倡個人化的詩歌潮流下，芒克才會重新被發現，並被文學史經典化。

艾略特、海德格爾、榮格等現代哲學家們普遍表達了對技術世界的批判與對現代人孤獨、空虛的生存處境的焦慮，他們一致把期待的目光轉向詩性拯救，希望詩人肩負起對抗機械奴役乃至拯救人類精神的責任。與此同時，他們又明確否認詩人的主體性，要求詩人放棄自我，完全聽從於傳統、天命、集體無意識的召喚。正是這樣一種悖論反映了現代詩人的尷尬處境。但詩歌的公共性與個人性並不是二元對立、截然分開的，真正偉大的詩歌必須在個體獨特的生命感悟與人類共同的情感訴求及時代精神中找到平衡點，並以此達到文學的至境。早在 1947 年袁可嘉在《"人的文學"與"人民的文學"》一文中就提出這樣精闢的論斷："在服役於人民的原則下我們必須堅持人的立場、生命的立場；在不歧視政治的作用下我們必須堅持文學的立場，藝術的立場。"[177]芒克的詩歌具有可貴的個人性，他能在環境不允許的情況下聽從自己良知與內心的召喚進行詩歌創作，同時他對下層群眾的同情、對現實世界的詰問及對人的存在、靈魂歸宿的質詢始終貫穿於其詩歌創作的始終；他既追求現代主義詩歌創作技巧，也能抓住時

---

177 同上，第41頁。

代變遷及個人境遇的改變選擇新的言說方式以更好地表現現實人生。正是在詩歌的個人性與公共性相融為一的和諧中，芒克的詩歌將不會被時代的喧囂所淹沒，在文學史上也將獲得它應有的地位。

第二章　流派篇

第一節　創造社詩人的生命體驗與革命情懷

　　以郭沫若、穆木天（1900-1971）為代表的創造社詩人的詩歌創作，大都經歷了詩風轉換的過程，由重表現自我到書寫社會現實，實現了"個人自我"向"民族國家自我"的轉化，在凸顯鮮明的個人性的同時，又充分體現了時代與社會的公共性特徵。

　　談及"公共性"問題首先必須瞭解"公共領域"，哈貝馬斯在《公共領域的結構轉型》中提出這個術語，在他看來，"公共領域是自主自律的個體通過主體間的理性、平等、公開的交往形成公共意見的領域。"[1]文學公共領域雖然區別於資產階級的政治公共領域，卻為資產階級政治公共領域準備了具有自律性和批判性的公眾。就"公共性"和"個人性"的關係而言，普遍認為二者是一種對立的存在。而陶東風則指出："私人經驗的描寫豐富了讀者對於人性的認識，培育了他們的主體性，因此也為這些人進入公共領域準備了條件。"[2]看到了二者相輔相成的一面。

　　在本節中，我們認為，"公共性"與"個人性"是對立統一

---

1 轉引自陶東風《論文學公共領域與文學的公共性》，《文藝爭鳴》，2009 年第 5 期。
2 同上。

的。就其對立一面而言，“公共性”是大眾的，普遍的，與公眾息息相關的，而“個人性”則是個體的，特殊的，更多的是與一己之身相關。就其統一一面而言，“公共性”的形成離不開“個人性”，每種共同的社會觀念或價值傾向都必然包括無數具有差異性的個體的價值觀念，特別是那些普世性的價值，其個體性特徵往往更加明顯，如平等、自由、獨立等等，莫不如此；再則，“個人性”往往能夠促成“公共性”的形成，公共事件的發生會觸發和刺激到個體的生命體驗，當無數的個體性生命體驗在公共領域經過理性、平等與民主的對話達成共識，便成為了當時公共領域的共同價值取向，從而具備了公共性，“公共性”表現和反映出社會的大多數“個人性”的價值需求。具體到詩歌領域，詩歌的公共性則是強調詩歌書寫和表現人文關懷、民族苦難、獨立自由等等，而對個體的生存際遇、生命體驗等的觀照和書寫無疑有助於公共性的建構和表現。本節我們以穆木天為例對創造社詩歌的公共性問題予以探討。

一、生命體驗

創造社崛起於“五四”時期，“五四”是狂飆突進的時代，是大膽破壞、徹底毀滅、破舊立新的時代，人的主體性得到空前的張揚，個性解放、獨立自主自由成為時代的主潮流，這種公共的價值取向和時代要求表現在詩歌中則要求表現自我、凸顯人的個性與生命意識的覺醒。換句話說就是，通過個體的生命體驗表現時代的公共性特徵。

穆木天，創造社後期的代表人物，在“五四”新文化運動的影響下走出國門，前往日本求學的的青年留學生，在求學的歲月中，他擺脫了家庭、社會和封建思想文化的束縛，在異域文化背景下形成了自己獨特的生命體驗和人生感受，具體表現在“美化人生，情化自然”和“異國情腸”兩個方面。

（一）“美化人生，情化自然”

穆木天曾說：“詩的世界是潛在意識的世界。詩是要有大的暗示能。詩的世界固在平常的生活中，但在平常生活的深處。詩是要暗示出人的內在生命的秘密。”[3]“我要深汲到最纖纖的潛在意識，聽最深邃的最遠的不死的而永遠死的音樂。詩的內在生命的反射，一般人找不著不可知的遠的世界，深的大的最高生命。”[4]這樣的表達，雖然很歐化，也頗為神秘與晦澀，但說他強調了詩歌書寫個體內在、真實的生命體驗，大致不會相差太遠。“五四”的浪潮使他意識到自我存在於世界上的獨特的價值和意義，他在詩歌中呈現出一個對人生充滿美好嚮往的生命形象，他歌詠自然，歌唱愛情，歌頌生命。

穆木天的第一部詩集《旅心》主要是留學日本時期的創作。這時候的穆木天較多的保留著孩子似的“童心”，如《心欲》其一：

　　　我願作一個小孩子，

　　　濯足江邊的沙汀，

　　　用一片歡愉的高笑，消盡胸中的幽情。

　　　我願作一個小孩子，

---

3 穆木天：《譚詩 ── 寄郭沫若的一封信》，蔡清富、穆立立選編《穆木天詩文集》，時代文藝出版社，1985 年版，第 263 頁。

4 同上。

泗在木排旁的水中，
憑幾回的游泳，
洗盡胸中的幽情。

我願作一個小孩子，
撐小舟順江流東行，
吸滿腹的江風，
刷盡胸中的幽情。[5]

　　詩人如同孩子般稚氣純真，感受著大自然的美好，嚮往著自由，這是一個有了自我意識的生命體對自然、對世界、對未來的憧憬和嚮往。詩人在詩歌中常把對美好人生的嚮往和對大自然的喜愛結合在一起表現，如《雨後》一詩：

穿上你的輕飄的木屐　　披上你的輕軟的外衣
趁著細雨濛濛　　我們到濕潤的田裏

我們要聽翠綠的野草上水珠兒低語
我們要聽鵝黃的稻波上微風的足跡

我們要聽白茸茸的薄的雲紗輕輕飛起
我們要聽纖纖的水溝彎曲曲的歌曲

……[6]

　　很明顯，詩人筆下的自然不再是單純的自然，是他"內生命"孕育之後的大自然，詩歌的韻律便是自然的旋律，生命的節

5 蔡清富、穆立立選編《穆木天詩文集》，時代文藝出版社，1985 年版，第 22 頁。
6 同上，第 29 頁。

奏，人生和自然相結合，美化了人生，情化了自然。

在詩歌中，穆木天對生命自由與新生的嚮往、對大自然的禮贊等，正是 "五四" 時期現代人普遍擁有的一種生命體驗和感受，呼喚新生，呼喚個性，呼喚自由。此外，破除了封建思想和封建禮教的束縛，人們在要求個性解放的同時也要追求自由的愛情。

詩人的詩作中多次出現 "妹妹" 這個詞，這個 "妹妹" 也許是他自己暗戀又失戀的某個少女，也許僅僅是他想像出的愛情投射的對象，但確實是他傾注了情感與心血所塑造的一個形象。[7] 且看寫於 1924 年 10 月 11 日的《淚滴》：

> 我聽見你的真珠的淚滴
> 滴滴在你的薔薇色的頰上
> 在蕭蕭的白楊的銀色蔭裏
> 周圍罩著薄薄的朦朧的月光
>
> 我聽見你的水晶的淚滴
> 滴滴在你的鵝白的絹上
> 濾在徐徐地吹過的夜風
> 對著射出湖面的光芒
>
> 我聽見你白露的淚滴
> 滴滴在綠絨般的草茵
> 你的象牙雕成的兩隻素足
> 在灰綠上映著黑沉沉的陰暈

---

7 關於 "妹妹" 的原型，可以參看穆木天《我的詩歌創作之回顧 —— 詩集〈流亡者之歌〉代序》，《穆木天詩文集》，第 213-224 頁。

我聽見有深谷的杜鵑細囀

我聽見湖中的蘆葦低語

我聽見有草蟲鳴唧唧

但他們都是為你這幾點淚滴

啊　妹妹　你的淚滴苦如黃芪

啊　妹妹　你的淚滴甜如甘蜜

你的淚滴是最美的新酒

啊　妹妹　我最愛吃

湖水旁邊

朦朧月裏

白楊蔭下

我聽見了世界上最美的伊的淚滴[8]

全詩將甜蜜、苦澀、憂傷、歡樂等各種微妙的情感細緻、含蓄地表達了出來。"妹妹"的淚滴是真（珍）珠的淚滴，是水晶的淚滴，是白露的淚滴，是最美的新酒，是世上最美的淚滴，的確令人回味無窮。此外還有《水聲》（1925.3）中的"妹妹"，《〈旅心〉集獻詩》中的"妹妹"，《落花》（1925.9）中的"妹妹"。這些"妹妹"就是一切美好的代名詞，當然也可以是情愛的象徵。詩人在《我願作一點小小的微光》中坦陳自己對愛的真誠、執著甚至是卑微："我不願作炫耀的太陽/我不願作銀白的月亮/我願作照在伊人的頭上/一點小小的微光//我願照伊人孤獨/我願照伊人悲傷/因為我愛伊人/沒有親戚　朋友　家鄉"[9]只因我愛

---

8 同上，第24-25頁。
9 穆立立：《穆木天詩選》，人民文學出版社，1987年版，第7頁。

你，所以甘心做你頭上的小小的微光，不奢求其他，只願照著你的孤獨與悲傷。　這與詩人徐志摩的詩歌《偏見》有異曲同工之妙："一生至少該有一次/為了某個人而忘了自己/不求有結果/不求同行/不求曾經擁有/甚至不求你愛我/只求在我最美的年華裏/遇到你。"

詩人或許真是將情感投注在某個具體的對象身上，但更大的可能是因為在那個崇尚解放一切的年代中，詩人是以對愛情坦率的告白與追求去表達對封建禮教的挑戰和反叛。如此說來，穆木天和徐志摩都用自己的詩歌表現出了當時整個社會的一種 "公共性" 的愛情觀和價值取向。

穆木天的 "美化人生，情化自然" 的詩歌創作風格，正是他在日本留學期間受日本的自然山水、民俗文化等的浸染和陶醉而形成的，是他的真實的生命體驗，是對 "五四" 時期的生命意識、個性解放等公共性潮流的一種表現和呼應。

（二）"異國的情腸"

留學日本期間，穆木天對日本的山水，風俗，文化等都有強烈的心靈感應，他深吸著 "異國的薰香"，想像著 "民族的色彩"，看著異國的風景和人事便生出了 "異國的情腸"。詩人自己在《譚詩 —— 寄（郭）沫若的一封信》中寫道："我們很像作表現敗墟的詩歌 —— 那是異國的薰香，同時又是自我的反映 —— 要給中國人啟示無限的世界。"[10]這也就是為什麼詩人筆下的日本都沾染了故國的氣息和色彩的原因。比如，《薄暮的鄉村》、

---

10 蔡清富、穆立立選編《穆木天詩文集》，第 265 頁。

《山村》兩首詩中描繪的村莊、草舍、院牆、余煙、白楊、牧童等物象和具體的生活場景，雖然是他在日本鄉間的生活感受，但這些景物與場景又仿佛來自詩人十分熟悉的故鄉與親人，都具有本民族的生活氣息和色彩，觸景生情抑或是移情于景，異國之景也便成為了故國之景的直接呈現。

詩人經常會想起故鄉，在"江雪"時節，會想起故國那座"肅慎的古城"；在"落花"時節，會想起"人生的故家"；在"北山坡上"時，會想起"甜蜜的家鄉"、"心欲的家鄉"；在"蒼白的鐘聲"裏，會想起"永遠的故鄉之鐘聲"……還有水聲、歌聲，無一不讓詩人感受到"異國的情腸"的煎熬。

除卻借景抒情，詩人更是直抒胸臆，直陳自己滿腔的思國懷鄉、希望祖國強大之情，如《心響》：

幾時能看見九曲黃河，

盤旋天際，

滾滾白浪？

幾時能看見萬裏浮沙，

無邊荒涼，滿目蒼涼

啊！廣大的故國！

人格的殿堂！

啊！憧憬的故鄉呀！

我對你，為什麼出現了異國的情腸？

飄零的幽魂，

幾時能含住你的乳房？

幾時我能擁在你的懷中？

啊！禹城！我的母親！
啊！神州！我的故鄉！

啊！死者的血炎！
啊！人心的叫響！
地心潛在猛火的燃騰！
啊！雲山蒼蒼！
啊！我對你為什麼作異國的情腸？

啊！幾時能看見你流露春光？
啊！幾時能看見你雜花怒放？
神州！禹城！朦朧的故鄉！
幾時人能認識你的燦爛的黃金的榮光？
啊！人格的殿堂！
我為什麼對你作異國的情腸？

啊！落霞的西方！
啊！無涯的雲鄉！[11]

　　詩人在詩中展現了一個異域漂泊的學子、遊子對祖國的深切的懷念，並熱切希望祖國強大的民族情感。同為創造社成員的鬱達夫，也曾留學日本，對於留學期間的生活和心境，在他的文章中也得到了很好的表現，在一定程度上也是兼具了既懷念祖國又對祖國的現狀深表不滿，並殷切期望祖國強大的思想情感，他最著名的小說《沉淪》就是這種情感的典型體現。可以說這種"異

---

11 《穆木天詩文集》，第 41-42 頁。

國的情腸"，正是那個時代創造社詩人的普遍心態。

創造社在早期以浪漫主義崛起於詩壇，他們的大膽的破壞與創造的風格，個性解放、表現自我的精神正好適應了那個狂飆突進的時代，因而能迅速展開並發展起來。當然，我們在看到以穆木天為代表的創造社詩人的詩歌創作符合時代潮流，即"個人性"與"公共性"相統一的一面的同時，也不應忽略二者還有矛盾、衝突的一面。

首先，這些符合"公共性"的情感和價值觀念都建基於詩人個體的生命體驗，其本意更在於"個人性"真實情感的表達，是自我意識覺醒後的個人化寫作，是詩人用個人話語傳達自身內在的生命體驗。如穆木天的詩歌《我願……》："我願奔著遠遠的點點的星散的蜿蜒的燈光，/獨獨的，寂寂的，慢走在海濱的灰白的道上，/我願飽嘗著淡淡消散的一口一口的芳腥的稻香，/我願靜靜地聽著刷在金沙的岸上一聲一聲的輕輕的打浪。//……我願熱熱的熱熱的奔著到遠遠的燈光而越奔越奔不上。"[12]第一人稱"我"是主體，是詩人自己，"願"是主觀願望，"我願"則是強調詩人自身的內在的個人性的生命體驗和願望需求，全詩一連展現十一個"我願"，更是出自詩人靈魂深處的情感表達，是個體的，特殊的，關乎自身的極具"個人性"的創作。但這種鮮明的個人性卻因其哀婉、憂傷而呼應著時代的某種情愫，也便由此相當程度地具有了公共性的特徵。

創造社區別於當時時代主流的一個具有"個體性"的特點是感傷主義，這是夢醒後無路可走的悲觀頹廢的情緒，與當時時代的革命主潮的確有些格格不入。穆木天也在詩歌中表現出了這

---

12 同上，第43-44頁。

種虛無和頹廢的生命體驗，如《雞鳴聲》（1926.4）："雞鳴聲/喚不起/真的/哀悲/我不知/哪裡是家/哪裡是國/哪裡是愛人/應向哪裡歸/啊　殘燈　頹廢//雞鳴聲/引不起/新的/酸情/我不知/哪裡是明/哪裡是暗/哪裡是朦朧/應奔哪裡行/啊　敗頹　殘燈。"[13]這是理想和現實極大的反差帶來的彷徨，是看不到希望的絕望，表現出對黑暗現實的不滿與控訴，在哀歎中帶著反抗。

二、革命情懷

　　五卅運動之後，革命形勢發生了極大的改變，嚴峻的國內形勢，促使新文學開始向左翼文學轉變和發展，"文學革命"演變為"革命文學"。在中國知識份子陷入極端苦悶和悲觀頹廢的時候，"革命"為新文學的發展提供了新的方向和可能，新文學作家開始更多地關注社會生活和時代現實，其創作也慢慢地趨於革命化和意識形態化，左翼思潮的發生，革命文學的宣導都似乎是一種歷史的必然結果。在這種大的時代環境和社會背景下，創造社詩人也順應整個時代的公共性潮流，轉變自身浪漫主義和感傷主義的個人性特徵，進而注重對革命現實的關注，他們擁有強烈的政治熱忱，擁抱革命現實，弱化文學性，強化政治性、社會性和革命性，如郭沫若，從《女神》到《恢復》，詩歌創作實現了由浪漫主義向現實主義的轉變。

　　又如穆木天，早年留學日本，隨後回國，大學任教，參加左聯，投身到左翼文學運動，組織中國詩歌會等等，這些人生經歷都和其詩歌創作息息相關。早先詩人醉心於象徵主義的詩歌創

---

13 同上，第59-60頁。

作，但是這種風格逐漸不能適應當時的社會現實，詩人在《我的文藝生活》（1930）認為："我的已往的文藝生活，完全是一場幻滅"，"詩我是再也不作了，因為那種詩，無論形式怎麼好，是如何的有音樂性，有藝術性，在這個時代，結果，不過把青年的光陰給浪費些。實在，已往，中國太多精神浪費的事了。"[14]於是，在"目睹著東北農村之破產，又經驗著'九‧一八'的亡國的痛恨"，穆木天"感到了詩人的社會的任務。"並且認識到"在此國難期間，可恥的是玩風弄月的詩人！詩人是應當用他的聲音，號召民眾，走向民族解放之路。詩人要用歌謠，用敍事詩，去喚起民眾之反對帝國主義的熱情的。"[15]"現在，民族解放運動的陣線，是越發的擴大化了。民族的存亡，已更到了千鈞一髮的危機了。在這種客觀的形勢之下，詩人的任務，是要一天比一天地重大起來了。真正的偉大的詩人，必須是全民族的代言人，必須是全民族的感情的代達者。他是詩歌，必須是民族的怒吼。他的詩歌必須是民族解放的進行曲。"[16]有了這樣的認識，穆木天的詩歌內容與風格發生了巨大的轉變，具體表現在"苦難的抒寫"和"勝利的喜悅"兩個方面。

（一）苦難的抒寫

改變了著重抒寫個人生命體驗的創作傾向，穆木天注重"國民生命"和"個人生命"的交響，著力描寫國民的生存現狀和生命體驗。穆木天在《我的詩歌創作之回顧 —— 詩集〈流亡者之歌〉代序》中寫："我總熱望著，象杜甫反映了唐代的社會生活似的，

---

14 穆木天：《我的文藝生活》，《穆木天詩文集》，第 199、200 頁。
15 穆木天：《我與文學》，《穆木天詩文集》，第 241-242 頁。
16 穆木天：《目前新詩運動的展開問題》，《穆木天詩文集》，第 356-357 頁。

把東北這幾年來的民間的艱難困苦的情形，在詩裏，高唱出來。由現在起，自己勉勵起來。"[17]而詩集命名為《流亡者之歌》也主要是突顯其為"帝國主義壓迫下的血淚的產物"。因而，詩人在描繪"國民生命"時就主要刻畫內憂外患中國人民的苦難生存，注重苦難的抒寫。詩集《流亡者之歌》的基本主題就是揭露並批判日本帝國主義的掠奪和屠殺，同情東北勞動人民的悲慘遭遇，呼喚並讚揚人們的反抗精神。就詩集中的《掃射》一詩而言，詩人用帶恨的帶淚的筆觸真實地記錄了那件令世人震驚的血案：日本帝國主義侵略者以照相為名欺騙數千名手無寸鐵的民眾，將他們槍殺，並謊稱為"皇軍大敗義勇軍，斃匪五六千人"，"可是屠殺善良的百姓的事實終被世界大眾知曉，/這種消息從一個村莊，從一個苦人傳到下一個苦人。//這一種消息更加強了反日義勇軍，/這一種消息更增加了大眾對帝國主義的仇恨，/因為每個農民每個工人都有同樣被掃射的命運，/只有為那些被屠殺的報仇才能把那種命運刈草除根。//……"[18]無獨有偶，《守堤者》一詩中，人們"狂叫著：守堤！守堤！哀呼著！狂叫著！/在鞭一般的槍聲中，一個一個的倒下！//……//啊！是有多少老人！啊！是有多少孩提，/用他們的鮮血，灌溉了那座河堤！/……"[19]又是一場血淋淋的屠殺。詩人用大量的筆墨來抒寫日本帝國主義在中國的土地上犯下的滔天罪惡，和諧寧靜的土地變得餓殍遍野、民不聊生。

面對苦難，面對侵略，詩人將個人情緒和民族情緒相結合，熱忱地呼喚革命，呼喚反抗，如在《寫給東北的青年朋友們》、

---

17 穆木天：《我的詩歌創作之回顧 —— 詩集〈流亡者之歌〉代序》，《穆木天詩文集》，第214頁。

18 《穆木天詩選》，第96-97頁。

19 同上，第112-113頁。

《又到了這灰白的黎明》等詩作中，詩人以"朋友"為傾訴對象，讓"朋友"認清這血的事實，呼喚著"朋友"起來反抗，"朋友，這森林大野裏才有藝術的懷胎，/朋友，這殖民地的矛盾裏才有真正的革命情懷。/朋友，低下頭看這被壓迫的民眾。/朋友，培成革命的意識，寫盡他們的悲哀。"[20]"朋友，只要我們努力，我們抗爭，/朋友，那時我們要造成為人類的永遠的勞動。"[21]

（二）勝利的喜悦

詩人在詩歌中忠實地記錄革命實況，表現出自己"客觀的真實性的崇高強烈的感情"，也真實地傳達了那個時代人們普遍的情緒體驗。

在革命如火如荼的向前發展的時候，穆木天不惜筆墨地對於革命予以極大的禮贊，如《全民族的生命展開了 —— 黃浦江空軍抗戰禮贊》、《武漢禮贊》等，詩人大力稱頌全民族抗戰，熱情地期待著勝利；在革命陷入僵局，進入最壓抑的階段，穆木天對於"祖國的光明的前途，始終抱著堅定的信念"，他在《我並不悲觀》中寫道："……//我永遠不會悲觀，/我也永遠不會消極；/我感到了空前的煩躁，/也許正是因為我懷著熱烈的憧憬！/……"[22]

在革命終於取得勝利的時候，詩人不禁狂喜不已，《在自由的天地中歡呼吧！》更是熱情地展現自己及公眾對於革命勝利的喜悦，對於美好未來的憧憬：

> 我們在自由的天地中走來走去，

---

20 同上，第70頁。
21 同上，第72頁。
22 同上，第280頁。

我們自由地呼吸。

新中國的遠景在我們的眼前，

偉大的世紀已經開始！

全中國，

全世界，

勞動人民

所期待的日子

終於到來了！

……[23]

　　民族危亡、國家災難這種公共性事件觸發了詩人更加深沉的生命體驗和情感感受，讓詩人一改象徵主義的詩歌創作風格，提出要“拋棄，拋棄，/那形式主義的空虛”，要做“我們的詩”，而“我們的詩，要顏色濃厚，/是龐大的民族生活的圖畫；/我們的詩，要聲音宏壯，/是民族的憎恨和民族的歡喜。//……/我們的詩，要是浪漫的，自由的！/要是民族的樂府，大眾的歌謠；/奔放的民族熱情，自由的民族史詩。//……”[24]於是，詩人抒寫苦難，詛咒侵略，呼喚反抗，並對革命抱有必勝的信心，這正是當時革命形勢下，人們大眾所普遍具有的反帝愛國的心理。

　　時代和社會對詩人及詩歌所要求的是社會責任，集體認同等，要求詩人成為時代或民族的“代言人”，但詩人的創作在表現社會關懷一面的時候，也往往具有相對自由的個人追求。穆木天的詩歌創作在後期主要是表現革命和抗戰的主題，以適應時代

23 同上，第310頁。
24 同上，第123-124頁。

的主潮，但就在抗戰期間，詩人的創作，如詩集《新的旅途》，是他在西南地區生活和情感的寫照，是極具個人性的創作，詩歌立足於自我，增強了自我的人生感觸。比如《月夜渡湘江》、《寄慧》等作品，仍然反映了抗戰的時代背景，但卻不再是對歷史現象的簡單描述或摹寫，更多的是對自己心靈的觀照。詩歌在這個時候就是他的生活，是他這個人本身，這也表明穆木天詩歌創作中"個人性"與"社會性"、"公共性"之關係具有繁複多樣的面向與容貌。

三、結　語

詩人公木曾在悼念穆木天的文章中說："詩人木天的一生，笑對坎坷，勤奮寫作，以生命為詩，並以詩為生命。從早期醉心象徵主義……發展到二十年代後期有意識地向現實主義轉化，'顯出作者與人民的聯繫'，直到三十年代初，更承擔了左翼文學運動中詩歌方面的任務，成為中國詩歌會的帶頭人……從起點到邁步前進，一直與歷史主線相結合。"[25]公木在文章中直接論說了穆木天詩歌創作的風格的轉向問題，並指明了創作轉變與"歷史主線"的相輔相成，這正表明穆木天詩歌創作的所具有的"公共性"與"個人性"的統一性特徵。

同樣，以穆木天為代表的創造社詩人在進行詩歌創作時，他們大都經歷了從浪漫主義、感傷主義到現實主義的轉變，由注重表現生命體驗到積極抒寫革命情懷，雖然這個轉換順應了時代潮流，具有重要的價值和意義，但我們也應該看到，"由於創造社

---

25 公木：《序》，索榮昌、黃湛、陳方競編選《穆木天研究論文集》，時代文藝出版社，1990 年版，第 1 頁。

的思維和創作的轉換過於殷切、急迫，就必然出現主觀思想的實際水準與主觀要求之間的矛盾差距，創作的審美習慣定勢與現實功利取向之間的矛盾差距。”26由此看來，對於創造社詩人的詩歌創作，我們還是應該具體問題具體分析並給予具體評價。

第二節　新月詩派的平民意識

　　新月詩派是中國二三十年代出現的一個重要的詩歌流派，習慣被稱為新月派中的詩人群。新月詩派的活動時間，主要是由徐志摩主編的《晨報副刊·詩鐫》正式創刊的一九二六年四月到《新月》終刊的一九三三年六月。徐志摩、聞一多和饒孟侃三個人是新月詩派的中堅力量，還有陳夢家、林徽因、邵洵美、朱湘、孫大雨、方瑋德、卞之琳等其他詩人。他們堅持“純詩”立場，“主張本質的醇正，技巧的周密和格律的謹嚴”，力圖捍衛詩歌的獨立品格，向來被稱為“格律派”。在文學思潮基本傾向是革命文學和左翼文學的年代，與革命文學作家的詩歌相比，新月派詩歌似乎是與時代、革命、人民大眾脫節的。但是細讀發現，新月派詩歌並不是只局限於個人的愛情、精神貴族式的孤芳自賞和書齋中的自我陶醉，其中也不乏具有進步、積極意義的詩篇。新月派詩歌不僅具有浪漫主義情懷，也具有濃郁的平民意識，其人道主義關懷的光芒至今仍熠熠生輝。

---

26 龍泉明：《對於一種社會成規的革命——創造社詩歌創作綜論》，《西南師範大學學報》，1998 年第 4 期。

一、對下層民眾的深情觀照

有學者認為，"所謂文學公共性是指文學活動的成果進入到公共領域所形成的公共話題（輿論）。此種話題具有介入性、幹預性、批判性和明顯的政治訴求，並能引發公眾的廣泛共鳴和參與意識"。[27]此外，"'公共性'應該成為一種爭取平等權利的戰鬥的呼喚。"[28]由此可見，詩歌的公共性在內容上存在兩個向度：政治訴求和人道主義關懷。這種政治訴求和人道主義關懷在新月派詩歌中就體現為平民意識。

所謂平民意識，指的是站在平民立場，關注平民生活，以平民化的視角去描摹現實，展望未來的意識，是人類良知的一種體現。這種意識不僅是詩人的一種創作意識，更表現為詩歌精神的內質。平民意識在激蕩混亂的"五四"歷史時期的表現形態無疑是伴隨著啟蒙意識的，底層民眾作為現代知識份子啟蒙的對象，是被"療救"的人。身處黑暗時代、革命時代的新月派詩人繼承古代詩歌憂國憂民、歌哭民生的文學傳統，在詩歌的苦難書寫中浸透著現實主義的戰鬥品格和批判精神，表現出質樸的平民情懷和高尚的公共關懷。

具體說來，新月派詩歌的平民意識表現在兩個方面。

首先是站在平民的立場，以人民為本位，滿懷對嚴酷社會現實的義憤和對平民階級的人道主義深情。聞一多是新月派的中堅力量。如果說出版於一九二三年的詩集《紅燭》的思想內容主要

---

27 趙勇：《文學活動的轉型與文學公共性的消失 —— 中國當代文學公共領域的反思》，《文藝研究》，2009 年第 1 期。
28 參見同上。

表現為一種進步的浪漫主義傾向，那麼一九二五年詩人自美回國之後，國內的混亂現狀和人民大眾所深受的苦難促使他把詩歌創作的筆觸轉向了人民大眾，成了一名民主的鼓手。他認為“詩人的主要天賦是‘愛’，愛他的祖國，愛他的人民”。[29]個人情感、愛國主義和下層人民生活三個方面是詩集《死水》主要的思想內容。聞一多為人民而歌，為建立一個光明的“咱們的中國”而吶喊，《死水》、《荒村》、《飛毛腿》、《罪過》等是這類詩作的代表。

著名詩篇《死水》寫於一九二六年春，詩人運用反諷的寫作手法，以醜為美，詛咒黑暗腐朽沒落的舊社會，痛斥禍國殃民的政府官僚：

> “這是一溝絕望的死水
> 清風吹不起半點漪淪
> 不如多扔些破銅爛鐵
> 爽性潑你的剩菜殘羹
> ⋯⋯
> 這裏斷不是美的所在
> 不如讓給醜惡來開墾
> 看它造出個什麼世界”[30]

面對破敗不堪的祖國，詩人的悲憤之情油然而生，他以筆為投槍為匕首，對當時黑暗的現實進行了不遺餘力的諷刺和批判。

《荒村》則揭露了軍閥製造戰禍，逼迫人民走上離鄉背井的道路，給農村帶來深重災難的滔天罪行，“蛤蟆蹲在甑上，水瓢裏開白蓮；/桌椅板凳在田裏堰裏飄著；/蜘蛛的繩橋從東屋往西屋牽？/門框裏嵌棺材，窗櫺裏鑲石塊！”詩人面對如此滿目荒涼

---

29 熊佛西：《悼聞一多先生》，《文藝復興》，1946 年第 1 期。
30 藍棣之編選《新月派詩選》，人民文學出版社，2002 年版，第 114 頁。

的悲慘景象，不禁大聲疾呼："天呀！這樣的村莊留不住他們；/
這樣一個桃源，瞧不見人煙！"[31]

　　新月派的另一個柱石徐志摩曾留學英美多年，在詩歌創作上
具有明顯的唯美主義傾向，他前期的詩作充分反映"我們要守候
一個馨香的嬰兒的出世"的民主政治理想。當他於一九二二年回
國時，"五四"運動正處於低潮階段，動盪混亂的社會現實使他
的政治理想碰了壁，他的詩歌創作開始有所改變，現實的世界不
時闖入到徐志摩的語言世界中來，他不再拘囿於個人的情愛體
驗，而是突破個人的情感世界，在詩中或詛咒當時的社會現實，
如《大帥 —— 戰歌之一》；或諷刺貧富不均的社會現狀，如《一
小幅的窮樂圖》。為了紀念在"三一八"慘案中死去的人們，他寫
下了《梅雪爭春》，雖然詩中所表現出來的悲哀是那樣含蓄，但是
仍然可以看到崇尚唯美主義的徐志摩面對黑暗現實的不滿怒火。

　　雖然朱湘沒有徐志摩那樣恣肆橫溢的天才，也沒有聞一多那
樣深沉的思想，但是他的詩歌自有一種秀麗的風神和嫻雅的氣
韻，別具一格。相較於詩集《夏天》，一九二七年出版的《草莽
集》在藝術上可說是達到了完美的境界。其中雖不免有《婚歌》、
《採蓮曲》一類表現細膩、倩婉輕妙之作，但也有歌頌革命、詛
咒黑暗的詩，如《熱情》、《哭孫中山》。雖然朱湘的詩歌風格
是恬淡平靜的，但在"五四"人文主義、周作人所提倡的平民文
學思想的影響下，作為文學研究會的早期成員之一的朱湘主張
"為人生"的文學觀，在詩學觀上有著明顯的現實主義傾向，他
的詩作多從人道主義的立場出發，關注民生疾苦，選取個人化的
題材來暴露"灰色的人生"。如《乞丐》中，乞丐不禁悲憤呼喊：

---

31 聞一多：《荒村》，《聞一多全集》，湖北人民出版社，1993 年版，第 156、
　　158 頁。

"來生為畜都莫歎命壞/只要不投胎重作乞丐",乞丐將命運的悲慘歸結為社會的黑暗,"有人在門外踏過中途/肩扛著半爿雪白肥豬"。[32]這種貧富不均的社會現實讓人想到杜甫筆下的"朱門酒肉臭,路有凍死骨"的場面。

　　其次,新月派詩人的平民意識表現為詩人們具有清醒而徹底的平等觀念,他們秉持無等級之別、無尊卑貴賤之分的人道主義精神,自覺地為下層群眾爭取平等的權利、義務、尊嚴和價值。《白俄老人》描寫了一個風燭殘年的白俄老人的生活慘像,陳夢家跳出種族膚色的偏見,以關心全人類疾苦的拳拳深情對異國的平民進行了溫愛關照。聞一多在一九二二年留學美國期間所寫的《洗衣歌》則描繪了美國資本主義社會的種族歧視和奴役中國僑胞的社會現實,字裏行間充滿對僑胞不幸遭遇的強烈不平和憤慨,詩人提出了一個發人深省的問題:

　　　"你說洗衣的買賣太下賤,

　　　　肯下賤的只有唐人不成!

　　　　你們的牧師他告訴我說:

　　　　耶穌的爸爸做木匠出身,

　　　　你信不信?你信不信?

　　　　胰子白水耍不出花頭來,

　　　　洗衣裳原比不上造兵艦。

　　　　我也說這有什麼大出息——

　　　　流一身血汗洗別人的汗?

　　　　你們肯幹?你們肯幹?"[33]

　　詩人深知中國勞動者需要的不是廉價的、虛無的同情,而是

32　夢晨編選《朱湘代表作》,華夏出版社,1998年版,第162頁。
33　藍棣之編選《新月派詩選》,第125頁。

實實在在的平等的權利和作為人的尊嚴。詩歌表達了詩人渴望階級平等的政治訴求和政治理想。

二、個人性與公共性的互相呼應

漢娜·阿倫特認為："公共領域是專供個人施展個性的。這是一個人證明自己的真實的和不可替代的價值的唯一場所。"[34]而哈貝馬斯又指出："私人領域當中同樣包含著真正意義上的公共領域；因為它是由私人組成的公共領域。"[35]可見，在公共領域裏，個人性與公共性相容共生。雖然漢娜·阿倫特所謂的"公共領域"指的是政治公共領域，但由於政治公共領域由文學公共領域引申出來，所以在文學公共領域中，這兩個原則同樣存在。

20世紀二三十年代可以說是中國最黑暗的時代，軍閥混戰，民不聊生，面對殘酷的社會現實，新月派詩人們不再躲在象牙塔里抒發個人的私語，而是在詩中揭露現實，表達對勞苦大眾的公共關懷，同時，他們並沒有放棄在詩歌中傳達個人性的內心體驗。他們的詩歌既表現出抒情性、個人化特徵也有濃郁的平民意識，二者互相呼應，統一於詩歌作品中。

新月派詩人在詩歌中描摹恬淡、閒適的田園生活，這些詩歌因站在平民的立場、關注平民生活而具有明顯的平民意識，同時也隱含了詩人自我對平民式的生活理想的詩性嚮往，具有明顯的個人化精神特徵。沈從文一向以"鄉下人"自居，雖然住在城市

---

34 〔美〕漢娜·阿倫特：《公共領域和私人領域》，汪暉、陳燕穀主編《文化與公共性》，北京三聯書店，1998年版，第73頁。

35 〔德〕尤根·哈貝馬斯《公共領域的結構轉型》，曹衛東等譯，學林出版社，1999年版，第35頁。

卻很少關注城市風景，他的詩歌創作多用平民化的視角來燭照大千世界，他大量採用鄉村物象來寫鄉村風貌和生活情趣，從而將自己濃密的鄉村記憶傾注入詩作之中，在城市空間裏緬懷和想像鄉村風情，寄託烏托邦理想；在生存與寫作的文化錯位中表現對個體生命價值的思索，對現代文明的批判和拷問。鄉村傍晚的景觀在他筆下別有一番意趣：

> 一塊綢子，灰灰的天！
> 貼了小的'亮圓；──
> 白紙樣剪成的'亮圓'！
> 我們據了土堆，
> 頭上草蟲亂飛。
>
> 平林漠漠，前村模樣；
> 煙霧平平浮漾；──
> 不見一盞小燈，
> 遙開喚雞聲音。

── 《薄暮》[36]

詩人通過平民式的語言，站在農家人的視角觀賞初升的滿月，極具村野情味。

朱湘的詩歌《小河》、《春歌》、《採蓮曲》等因帶有田園牧歌式的韻味而具有別樣的詩美。詩人在對殘酷現實、悲苦民眾生活的理性觀照後轉而在詩中構築理想的"桃花源"，用充滿詩意的語言展現流轉不息的小河、春天歡快前進的奏鳴曲、伴著悠揚秧歌的春鳥的自然之美和生命之美，詩作既融入了詩人個人化

---

36 藍棣之編選《新月派詩選》，人民文學出版社，2002 年版，第 330-331 頁。

的美學追求，表達了對現實中難以實現的美好生活理想的深切企望，又體現了詩人對下層民眾的拳拳深情，從中可以感受到詩人那顆為人民而跳動的赤子之心。

在新月派詩歌中，愛情詩佔有很大的比例，如林徽因《你是人間的四月天 —— 一句愛的讚頌》、俞大綱《她那顆小小的心》、沈從文《我歡喜你》等。愛情是私密性的個人體驗，本身具有非常明顯的自我獨特性，這種自我獨特性體現在詩歌中就表現為新月派詩人對愛情有不同的親身體悟和表達方式，但從一個側面來看，他們的情愛書寫無不透視了日常生活中個體的真實的生命體驗，顯示了自身作為廣大平民中的一員的生存狀態。

"為了追求精神上的自由，敢於冒險，這也許就是詩人和知識份子的共同命運吧。"[37]徐志摩作為最為崇尚自由的詩人，他一生的理想追求都表現為對一個美婦人的追求，他從啟蒙式、理性化的情思蔭蔽中走出來，在《我等候你》、《月夜聽琴》、《起造一座牆》等詩中盡情展現世俗生活中一個男人真實的情愛體驗，真摯自然、沒有粉飾和矯情，作品沒有流於粗俗的性愛肉體快感，而是超越庸常的情愛言說，融入極具人類普遍性的痛感的生命體驗和豐富的生命質感，詩人在表達個人化的情緒體驗的同時也充滿了人性的終極關懷。

此外，有些愛情詩也從一個側面反映了"五四"時期覺醒的知識份子對個性解放、婚姻自由的熱烈追求。傳統道德文化由封建等級制度衍生而來，與封建等級觀念相伴相生。可見，愛情詩中體現的對傳統道德文化、僵死道德觀念的反叛恰恰是對平民意識的張揚。如在《笑解煩惱結（送幼儀）》中，徐志摩大膽反叛、

---

37 唐曉渡、金泰昌：《對話：詩·精神自治·公共性》，《江漢大學學報》，2007年第 1 期。

抨擊封建包辦婚姻，認為它"把人道靈魂磨成粉屑"，[38]只有消除了這種煩惱，才能出現人間好風景。被朱湘譽為"神品"的《"你指著太陽起誓"》以愛情為主線，傳達詩人對自身生命存在狀態的袒露、思考和體悟。"只是你要說什麼海枯，什麼石爛……/那便笑得死。這一口氣的功夫/還不夠我陶醉的？還說什麼'永久'？"[39]聞一多是清醒而痛苦的，他無力反抗家庭對自身婚姻的安排，愛情的不圓滿使詩人只能自我安慰：人生是短暫的，愛情更是短暫的。聞一多在詩中批判舊道德，要求人性解放，在希望與絕望的痛苦糾結中高聲吶喊出自己心底最真實的聲音。

三、新月詩派平民意識產生的原因

新月派詩歌中表現出濃鬱的、具有文學公共性的平民意識，其中也可以看到詩人個人情緒體驗的影子。而這種平民意識作為特定歷史時期的伴生物，它的產生並不是偶然的，而有著諸多的原因，具體說來，有以下幾點：

首先，"由於媒體的參與，現代文學已不是只限于文本與作家的'純文學'，既有精英知識份子的精神特徵，還有廣泛的平民意識"。[40]在20世紀二十年代，中國的報業呈現出如火如荼的發展趨勢，出版發行新刊物，辦報紙副刊、成立文學沙龍成為時代的新風尚。現代報紙刊物作為傳播新思想的載體，作為現代知識份子提出公共意見的平臺，始終參與著現代文學的建構。哈貝

---

38 《徐志摩詩歌全集》，武漢出版社，2010年版，第328頁。
39 藍棣之編選《新月派詩選》，人民文學出版社，2002年版，第112頁。
40 葉紅：《生成與走勢：新月詩派研究》（博士論文），東北師範大學，2010年。

馬斯就這樣認為，"所謂'公共領域'，我們首先意指我們的社會生活的一個領域，在這個領域中，像公共意見這樣的事物能夠形成"，"報紙和期刊、廣播和電視就是這種公共領域的媒介"。[41]由此可知，一方面，報刊這一大眾輿論空間是形成公共意見的平臺；另一方面，報刊作為公共輿論空間必然具有平等、民主、自由的性質。

新月詩派於一九二六年正式形成，它以時斷時續的方式存在著，它的形成、存在、中止、繼續、結束無不是和三個刊物（《詩鐫》、《新月》、《詩刊》）的創辦、發行、維持、終止息息相關，可以說刊物的存在與否決定著新月詩派的生死存亡。不管新月詩派的詩學觀是怎樣的，由具有平等、民主、自由性質的刊物營造出的公共輿論空間所生髮出來的平民意識，作為一種"集體無意識"必然始終伴隨、並影響著新月派詩人的詩歌創作。

其次，正如哈貝馬斯指出的那樣："城市裏最突出的是一種文學公共領域，其機制體現為咖啡館、沙龍以及宴會等。"[42]而沙龍、宴會等"首先是文學批評中心，其次是政治批評中心"。[43]新月就習慣以"聚餐會"、"俱樂部"的形式交流思想，其主要組織者是徐志摩。由於新月派詩人大多曾留學歐美，這種聚會顯然具有西方文化沙龍的性質，帶有濃重的西方文化沙龍的氣息。在這個公眾輿論空間和言說平臺裏，在公開批評的交談和不同的思想交流碰撞中，新月派詩人討論時事，關注民生，這種超越個人恩怨情仇、鄉愁離別所表現出來的公共關懷中必然含有一種平

---

41 〔德〕尤根·哈貝馬斯：《公共領域》，汪暉、陳燕穀主編《文化與公共性》，
　　第125頁。
42 同上，第136頁。
43 同上，第139頁。

民化價值觀和人生觀傾向。

再者，新月派詩人絕大部分是 "親歐美派"，早年受過歐風美雨的薰陶和浸潤，對歐美文化具有較強的認同感。他們大多信仰自由主義，在政治上既反對國民黨的專制獨裁，又反對共產黨的武裝革命，提倡人權、民主、平等；主張從根本上改造傳統文化思想，取其精華去其糟粕，而不主張全盤西化。這種自由主義思想對新月詩派詩學觀的形成具有直接的影響，也促成了他們的詩歌作品帶有平民化的傾向性。

值得注意的是，上世紀二十年代至三十年代，社會黑暗腐朽、軍閥混戰、民不聊生，現實的灰暗陰影不斷地闖入詩人們的精神家園、情感世界，甚至在一定程度上，現實決定了詩歌的底色。儘管有的詩人（如陳夢家）試圖跳出汙濁破敗的現實世界而追求唯美主義的藝術創作，但終究無法擺脫社會現實的制約和影響。從根本上說，現實世界影響了新月派詩人的心理結構、人生態度、價值判斷和情感立場，悲憫情懷和現實憂慮成為他們詩歌創作的總體精神指向和文學價值追求。

四、結　語

可以說，平民意識作為詩歌思想意蘊的一個內核，作為詩歌的精神內質，傳達出的是詩人對底層民眾悲慘遭遇的溫愛之心，對勞苦大眾生存境況的悲憫之情，既熔鑄了詩人具有公共性傾向的高尚道德情懷和人文關懷，也隱含了詩人極具個人性的情緒體驗、生命體驗和平民化的生活理想。

時隔大半個世紀，我們依然可以從新月詩歌中感受到詩人們對正義、對愛情、對自由、對理想的執著追求。他們的詩歌因為

具有情致而獲得永恆的魅力，這種情致是對下層民眾的溫情、對
生命的熱情、對理想的激情，還有生死之情、離別之情。新月派
詩人們大多是選擇走平民化道路的具有先進思想的現代知識份
子，他們燃燒、犧牲自己以照亮別人，為了多數人謀求平等、尊
嚴和利益而不懈追求和為之奮鬥。他們對國家對人民無私奉獻，
他們擁有寬廣的胸襟和崇高的精神境界。他們以生命殉了自己的
理想，“最偉大的一首詩，也便是這一死”。

第三節　左翼詩歌抒情主體的交替與變更

　　談論 20 世紀 20 年代末到 30 年代初由來自太陽社、後期創
造社和中國詩歌會等左翼文學團體的眾多詩人所創作的左翼詩歌，
我們不能不關注到它們的抒情主體，這不僅因為抒情主體的獨特
性是左翼詩歌區別於其他詩歌流派的非常顯著的標誌，還因為我
們從中可能挖掘到左翼詩歌情感抒發的原初起點、詩意言說的具
體方式以及意義的最終指向等諸多詩學內涵。左翼詩歌的抒情主
體並不是一成不變的，而是“我”、“我們”等主體形態的交替
與變更。不過，在這兩種抒情主體之中，更為常見、出現頻率更
高佔據篇幅更大的自然是“我們”，“我們”作為抒情主體在左
翼詩歌中的頻繁登場，顯然是與左翼作家特定的人生理想、審美
趣味密切相關。分析左翼詩歌抒情主體的突出表現形態，對於我
們明晰洞察左翼作家的精神世界，真切觸摸那個特定時代的風雲
變幻，準確理解此類詩歌的藝術特徵來說，都是頗有意義的。同
時,借助分析，我們還可以對目下詩壇過低評價左翼詩歌的思想傾
向作出一定的糾偏，對左翼詩歌所具有的社會意義和文學價值進

行真實的歷史還原。當然，這也能夠讓我們從抒情主體之“小我”與“大我”的變奏中加深對新詩“個人性”與“公共性”之關係問題的認識與理解。

一、抒情主體的遷移

中國詩歌會重要詩人柳倩的《救亡歌》寫道：“我們是民族解放的戰士/我們是保衛祖國的看守/我們要驅逐帝國主義的力量,/用大拳打倒漢奸和走狗！”拋開詩歌自身的審美質素不論，這首詩起碼向我們傳遞了這樣的資訊：左翼詩歌產生於一個特定的歷史年代，民族存亡的嚴重危機將許多詩人保家衛國的巨大熱情紛紛點燃，他們借用詩歌的形式將自我飽漲的愛國情緒和無限的戰鬥力量書寫出來。以“我們”為主要抒情主體的左翼詩歌總是充滿了血的吶喊和火的激情，閱讀這樣的詩篇,我們往往會為左翼詩人們鐵骨錚錚、頂天立地的“硬漢子”性情以及自始至終都滿懷著的革命豪氣與勇力所深深打動。

事實上，由於人生理想和詩學觀念上的差異，不少左翼詩人的精神面貌是前後有別的，其詩歌創作在抒情主體的使用上也都呈現出大致相同的遷移軌跡。這種遷移軌跡體現在，詩人前期基本上是以“我”為詩歌抒情的主體，到了後期，詩歌抒情主體則變換成了“我們”。穆木天就是其中一個非常典型的例子。作為初期象徵派的重要詩人，穆木天早年一度追求著“純詩”創作的審美理想，他聲稱：“我們要求的是純粹詩歌（the Pure Poetry），我們要住的是詩的世界，我們要求的是詩與散文的清楚的分界。我們要求純粹的詩的感興（Inspiration）。”在此基礎上，他強調詩歌是對詩人內在心靈的折射，“一個有統一性的詩，是一個統

一性的心情的反映，是內生活的真實的象徵"。 "一首詩是一個
先驗狀態的持續的律動"。並主張詩歌表達必須借助暗示來實
現， "詩的世界是潛在意識的世界。詩是要有大的暗示能。詩的
世界觀固在平常的生活中，但在平常生活的深處。詩是要暗示出
人的內生命的深秘。詩是要暗示的，詩最忌說明的。說明是散文
的世界裡的東西。詩的背後要有大的哲學，但詩不能哲學。"[44]在
"純詩"理想的支配之下，穆木天早期的詩歌，如《蒼白的鐘聲》
《落花》《雨絲》等，充分利用形式與意象的暗示功能，將心靈
深處飄渺恍惚的情緒描畫出來。為了準確表達一種極具個性化的
思想情感和生命籲求，這些詩歌都毫無二致地採用了 "我"來作
為抒情主體。如《落花》： "我願意透著寂靜的朦朧薄淡的浮紗/
細聽著浙浙的細雨寂寂的在簷上激打/遙對著遠遠吹來的空虛中
的噓歎的聲音/意識著一片一片的墜下的輕輕的白色的落花"，以
輕緩纖徐的節奏來傳達綿長徘側的情感，將自我在歲月之中的輕
愁和淡哀流溢出來。這種極為個人化的生命體驗，也許只有以
"我"為抒情主體才能表達得最準確和充分。

　　到了 20 世紀三〇年代，在左翼文學思潮的影響之下，穆木
天的詩學觀念發生了較大的變化，開始明確強調詩歌與現實的密
切關係，他指出： "文學是社會的表現，詩歌是文學中的一個分
野，自然，也是不能例外。真實的文學，須是現實之真實的反映;
自然，真實的詩歌，也須是現實之真實的反映了。"[45]在這種現
實主義創作原則指導下，穆木天的詩歌也產生了新變，由以前那
種著意描寫淒婉迷茫的個人意緒的象徵主義轉化為展現激情澎湃

---

44 穆木天：《譚詩 ── 寄沫若的一封信》，《創造月刊》第 1 卷第 1 期，1926 年
　　3 月 16 日。
45 穆木天：《詩歌與現實》，《現代》第 5 卷第 2 期，1934 年 6 月。

的集體主義意識和大無畏戰鬥精神的現實主義。

　　詩風的變化也帶來了抒情主體的自動遷移,早期詩歌中的
"我"被"我們"所取代。比如《我們要唱新的詩歌》:

　　　我們要唱新的詩歌,

　　　歌頌這新世紀。

　　　朋友們!偉大的新世紀,

　　　現在已經開始。

這直白淺近的吶喊式詩句,與當時的時代情緒形成強烈的共振,
現實主義色彩極其鮮明。顯而易見,"我"與"我們"作為不同
的抒情主體,對於詩歌表達來說所具有的意義是不一樣的,彼此
之間也存在著一定的緊張和矛盾關係,"'我'與'我們'分別
對應著兩種不同的言說方式,它們之間的緊張關係顯示了新詩中
兩種詩學觀念和話語形態的衝突,即個體話語和集體話語的衝
突。"[46]為了服從集體利益的需要,左翼詩人都選擇了以"我們"
替代"我"來表情達意,這樣做給詩人造成的不利影響在於,它
很可能會導致詩人創作個性的淡化甚至消失,不過,左翼詩人們
聽從救國救民的真理呼喚,只為發出自己有力的聲音,應和民族
振興的時代腳步,並不去考慮因此可能帶來的審美缺失。在左翼
詩人中,殷夫的詩歌創作生涯很短,但其詩風變化卻相當顯著。
早期詩歌充滿了私語化特色,體現出情感的細膩與溫馨。這一時期
的詩歌創作,多以"我"為抒情主人公出現,即使有時抒情主體
選擇的是"我們",其實也與後期的紅色書寫大相徑庭例如《宣
詞》:"我們,一對友人/相互地依偎於黑暗中心;一對無告的
小山羊,/互以熱摯的情熱慰問。/純潔的愛顧之花/舒展於我倆的底

---

46 張桃洲:《現代漢語的詩性空間——中國新詩話語研究》,北京大學出版社2005
　　年版,第7頁。

層。"一眼就能看出,這首詩中的"我們"由二人世界組成,是"我"和"你"的簡單相加,顯現著清晰的數量特徵,因而具有明確的可分拆性。這自然就有了"霞彩向我們眨眼,/我在你瞳人中看見/── 我要吻你玫瑰色的眼圈,/這次你再不要躲閃"(《星兒》)等由合而分,從"我們"到"我""你"的人稱建構模式。殷夫後期的詩歌創作,作為抒情主體的"我們"明顯成了集體性的稱述語,是一個籠統的概數和龐大的群體而無法拆分。後期詩歌中即使偶爾用到"我",如《血字》:"我是一個叛亂的開始,/我也是歷史的長子,/我是海燕,/我是時代的尖刺。"這裡的"我"實際上就是換成集體稱謂"我們",其意義也並不會有多大的變化和損失。朱自清在談論朗誦詩與大眾化問題時曾指出:"過去的新詩有一點還跟舊詩一樣,就是出發點主要的是個人,所以只可以'娛獨坐',不可以'悅眾耳',就是只能訴諸自己或一些朋友,不能訴諸群眾。"[47]以此來觀照左翼詩人的文學創作,我們可以說,他們詩歌中的抒情主體由"我"向"我們"的主動遷移,體現的正是由"娛獨坐"到"悅眾耳"的詩學觀念轉變。

二、集體主義的歌者

1928 年 3 月,創造社刊物《流沙》在上海正式創刊,發刊詞上有這樣的語句:"讀者諸君,你們在我們這裡或者不能發現你們愛看的風花雪月的小說,不能聽見你們愛聽的情人的戀歌 ──而所有的只是粗暴的叫喊!但你聽,霹靂一聲的春雷何曾有什麼節奏?卷地而來的狂風何曾有什麼音階?我們所處的時代是暴風

---

47 朱自清:《論朗誦詩》,《論雅俗共賞》,北京出版社 2005 年版,第 48 頁。

驟雨的時代,我們的文學就應該是暴風驟雨的文學。”[48]這段話用“粗暴的叫喊”、“暴風驟雨的文學”等來概述左翼文學的基本特徵,可謂簡明扼要。作為暴風驟雨的文學中一種最富活力的表現形態,左翼詩歌顯然不是花前月下的溫情如許的獨吟,而是風狂雨暴中的一種粗獷而高亢的大合唱。

　　沉浸在時代主旋律中的左翼詩歌,正是以雄渾有力的集體大合唱形式,加人到社會的進行曲中,成為那個特定歷史階段振聾發饋的樂章。在眾多左翼詩歌奏響的恢弘樂章裡,我們能發現一些大致相同的思想內涵與精神特質。

　　這首先表現在詩人們對團結意識的突出和強調。蒲風的(農夫阿三)從一個農民的苦難寫起,寫到大夥團結起來的前景:

> 假如我們團結起來呵!
>
> 假如我們團結起來呵!
>
> 拿起鋤來
>
> 翻過天來翻過地!

在深重的苦難和強大的壓迫之下,改變現實、翻天覆地成了貧苦者最大的心願,也是他們團結起來的內在動力。殷夫的《我們的詩》寫道:

> 在幽暗的油燈光中,
>
> 我們是無窮的多——合著影。
>
> 我們共同地呼吸著臭氣,
>
> 我們共同的享有一顆大的心。

　　無論是“合著影”還是“大的心”,都描畫了無產者團結以後所具有的令人欣悅的群體生命圖景。錢理群在論述中國詩歌會

---

48 《前言》,《流沙》創刊號,1928 年 3 月。

的主體意識時曾指出："中國詩歌會強調'詩的意識形態化'，這自然大大加強了詩的理性色彩與主觀性； 但作為詩歌的'主體'的，卻並非詩人自己，而是奉行戰鬥集體主義的群體（革命隊伍及領導者革命政黨），因此必定要強調'自我'在'集體'，'小我'在'大我'中的融合。"[49]這段話可以看作是對作為左翼詩歌抒情主體的"我們"所具有的"意識形態" 特色進行的高度理論概括，而"'自我'在'集體'，'小我'在'大我'中的融合"所體現出的那種團結合作的集體主義精神，正是左翼詩歌要表達的重要主題。

其次，許多左翼詩歌都寫出了無產者對於舊的不公道社會的極力反抗。王亞平的《塘沽鹽歌》採用了歌謠體的形式："我們是：/啃窩頭，/穿破襖。/……夏日裡，/曬屁股；/冬日裡，/受風寒；/這樣這樣又這樣，/生活永遠沒改變。/沒改變，/那怨誰？/大家索性不打鹽！不打鹽！試試看！/看看鹽主怎麼辦！/看看鹽主怎麼？"詩歌透露了受盡窮寒的采鹽工試圖不再"打鹽"的反抗情緒。詩中的"我們"、"大家"都是複數性的主體形式，在性質上是一致的。洪紹秉的《遙遠的太陽和星星》將下層人的反抗意念大膽袒露出來："我們收了可恥的眼淚，/挺起腰，越過罪惡的橋，/在正義的光圈中，/燃起真理的火焰；/用我們堅強的血流，/換取自由的麵包。"語氣鏗然，擲地有聲。對於被剝削被壓迫被奴役許久的無產者來說，只有勇敢的鬥爭、反抗才能見出血性，才能贏得屬於自己的自由領地與生存空間。左翼詩歌以"我們"為抒情主體，對反抗主題進行了詩意的傳達。

---

49 錢理群、吳福輝、溫儒敏：《中國現代文學三十年》，北京大學出版社 1998 年版，第 273 頁。

　　第三，在左翼詩歌之中，我們還能讀到一種感人肺腑的戰鬥激情。長篇故事詩集《六月流火》是蒲風的代表作，詩歌這樣來表現革命者對敵人公開宣戰的內容："滾開，滾開吧!/你們的穢足不要踏上我們的淨土！/我們執著槍，/我們也執著原始的鳥銑，/我們的刀鋒不怕不露光芒，/我們的梭鏢不怕已有黃硝，/我們的木棍不怕沒有大炮粗，/我們的武器不怕只夠個別/跟你們的生命打賭。"雖然武器不如敵人先進，但戰鬥力絲毫不比他們差，因為正義和勇敢在革命者這一邊。溫流的《青紗帳》也洋溢著戰鬥者的豪情壯志："青紗帳，/新的青紗帳！/咱們鋼的城牆！/守住咱們的田地，/守住咱們的家鄉；/咱們要用血，用肉，/讓它長得堅固，久長，/它，新的青紗帳，/永久不會倒下，/永久伴著咱們衝鋒，打仗！/一直到咱們把敵人趕個精光！"詩歌抒情主體以"咱們"來替代"我們"，更具有口語色彩和地域風味，與"青紗帳"這一特定的植物構成和諧統一，顯示出抗戰的激情在祖國大地處處生長和蔓延。不難看出，左翼詩人的詩歌不是個人情感的詠歎調，而是歷史舞臺上的男高音。他們之所以"用咆哮來代替吟唱"（丁非《歌者聲》），是為了作為時代的代言者發出屬於集體、屬於民族的共同心聲，"在他們的作品裡，我們只看見'我們'而很少看見這個'我'來,他們是集體主義的歌者。" 50

　　左翼詩人確乎是集體主義的歌者，他們的歌聲雄渾、燎亮、鏗鏘，不僅在當時，就是在今天，也是充滿了理想光照和感人魅力的。

---

50 蔣光慈：《十月革命與俄羅斯文學》，《蔣光慈文集》第 4 卷上海文藝出版社，1988 年版，第 124 頁。

三、 “別一世界” 的藝術

　　很長時間以來，人們對左翼詩歌的審美價值和文學史地位給予了不太公正的評判，尤其是對詩歌中大量存在的標語化、口號化的意義符碼甚為垢病。必須承認，作為特定歷史時代的文學，左翼詩歌的確存在著粗糙、幼稚、過於直白等毛病，但正如魯迅先生所指出的那樣，對於象《孩兒塔》這樣的左翼作品來說，“一切所謂圓熟簡練，靜穆幽遠之作，都無須來作比方，因為這詩屬於別一世界。”[51]這種詩歌，以“我們”為抒情主體，運用富於戰鬥性的筆觸和近乎粗暴的言辭，正是“順應了歷史的要求”，從而在那個特定的年代“發揮了巨大的戰鬥作用，召喚了一批又一批的群眾投人到時代的洪流。”[52]所以，左翼詩歌有屬於自己的創作邏輯和審美合法勝，它沒有必要在“圓熟簡練，靜穆幽遠”上與其他詩歌一較短長。在認識左翼詩歌對於中國新詩的獨特貢獻上，我覺得有兩點是值得充分肯定的。

　　一方面，左翼詩歌在新詩如何書寫集體情緒、表達時代心聲上所作出的探索是非常有意義的。在談到如何正確認識和理解穆木天創作的左翼詩歌時，其子穆立立曾撰文指出，我們應該將“父親的吶喊詩理解為在特定的歷史條件下為了表達那種強烈的、爆炸式的情感而在詩歌藝術形式上的一種探索。”[53]如果把穆立立這段話看作是對其父詩歌的文學價值所做的一種辯護，我覺得他

---

51 魯迅：《白莽作<孩兒塔>序》，《魯迅全集》第 6 卷，人民文學出版社 1981
　　年版，第 494 頁。
52 陽翰生：《兩個女性·小序》,花山文藝出版社，1986 年版。
53 穆立立：《關於吶喊式的詩》，《吉林師範學院學報》，1988 年第 2 期。

說的是完全有道理的。事實上，在我看來，左翼詩歌的文學史意義有相當一部分就體現在它的探索性上。中國新詩誕生以來經歷了近百年的發展歷程，從胡適的《嘗試集》到 21 世紀的今天，近百年來的中國新詩一直處於嘗試和摸索之中，並沒有形成一種成熟的表現形態和統一的審美尺規。所以，無論新月派、"現代"派，還是九葉詩派、朦朧詩派，都應該看作新詩創作在某一方面的探索和實踐，這些流派中儘管出現了不少藝術品質上乘的詩歌作品，但並沒有改變中國新詩整體不夠成熟、缺乏光照史冊的不朽之作這一嚴酷的事實。左翼詩歌（還包括同一類型的七月詩派以及當代"打工詩歌"）也是新詩在一個領域的探求與摸索，它提交的文學文本所體現出"的成功的經驗與失敗的教訓，同樣為後來者提供了有益的詩學啟示。應該說，在中國這個有著重視群體、強調合作的悠久人文傳統的國度裡，像左翼詩歌這樣突出"我們"的抒情主體地位，對團結、反抗、戰鬥等主題作重點書寫的藝術范型是永遠都具有存在價值的。因此，我們必須正確估價左翼詩歌在中國新詩發展中的探索意義和詩學價值。

　　另一方面，左翼詩歌在新詩如何走向大眾方面所作的努力也是值得肯定的。中國新詩要大眾化還是小眾化的問題在詩學界一直是爭論不休的，這也直接影響到了新詩審美評判的模糊與混亂。在我看來，大眾化也好，小眾化也好，其實都是新詩內在的基本屬性，它們分別適用於相異的文化語境和受眾對象，發揮著不同的教育與審美作用。換句話說，中國新詩既有貴族性的一面，也有平民性的一面，二者猶如一枚硬幣的兩面，共同存在於新詩的肌體之中，並不是水火不容的，因此我們沒必要將二者對立起來加以評述。從小眾化層面而言，新詩如何表現個性化的生命體驗、描繪內在心靈的隱秘就成了藝術表達的關鍵，這個時候的抒情主體一般都會選擇"我"。從大眾化角度來說，新詩要書寫出集體的情緒、反映群眾心聲、感染大多數人等就成了創作中最重要的目標，為了實現這個目標，這個時候的抒情主體一般都會選擇"我們"。對於前者，新月派、"現代"派、九葉詩派、朦朧詩派、第三代詩人等都有過許多成功的探索和實踐；對於後者，太陽社、後期創造社、中國詩歌會、七月詩派、"十七年"中的政治抒情詩以及當今的"打工詩歌"都作了相當有成效的嘗試。中國新詩，正是在小眾化與大眾化或者說貴族性與平民性兩條線路上雙向並進，不斷發展的。在新詩的大眾化方面，20 世紀 20 年代末到 30 年代初異常活躍的左翼詩歌進行的藝術實踐尤其值得稱道。

　　他們明確主張"我們要使我們的詩歌成為大眾歌調，我們自己也成為大眾的一個"[54]，紛紛從文學的象牙之塔中走出來，主動將詩歌抒情主人公由以前的"我"變成了後來的"我們"，以便走近大眾、融人歷史和時代。左翼詩歌在文學大眾化上做出的成功嘗試也對後來的解放區文學創作產生了非常積極的影響。1942 年，毛澤東在延安文藝座談會上發表講話時，對"大眾化"進行了準確的詮釋，他指出："什麼是大眾化呢？就是我們的文藝工作者的思想感情和工農兵大眾的思想感情打成一片。"[55]在這裡，我們似乎發現了毛澤東對此前出現的左翼詩歌在文學大眾化上的成功嘗試作出的首肯與闡發。

---

54 《〈新詩歌〉發刊詞》，《新詩歌》第 1 卷創刊號，1933 年 2 月 1 日。
55 毛澤東：《在延安文藝座談會上的講話》，《毛澤東選集》（第 3 卷），人民文學出版社 1991 年版，第 851 頁。

第四節 七月詩派的 "國族想像"

一、"公共性"、"個人性" 與 "國族想像"

較長一段時間以來,文藝界對文學 "公共性" 的看法應該說是有所誤解的,尤其在一些具有 "文革" 記憶的學者心目中,"公共性" 這個詞會讓他們下意識地聯想到極 "左" 年代發生在文藝界的種種異常情況,諸如各種借學術名義進行的群體運動、政治運動以及大躍進時期的新民歌運動, "文革" 時期的樣板戲,等等。在這樣的視域中,文學的 "公共性" 與文學的自主性、審美性、個人性等就 "順理成章" "自然而然" 地對立起來,似乎宣導文學的 "公共性" 就會犧牲掉文學的自主性、審美性、個人性。因此,在文學界,重新研究與言說 "公共性",都有可能被視為是一種歷史性的 "倒退"。這樣的理解不能不說是一種遺憾。

正如前面章節早已指出的那樣,談及 "公共性",就不能不提及哈貝馬斯(Jürgen Habermas)所著的《公共領域的結構轉型》。在這部書中,哈貝馬斯提到了一個與 "公共性" 相關的概念 —— "公共領域"。他這樣寫道:"公共性本身表現為一個獨立的領域,即公共領域,它和私人領域是相對立的。有些時候,公共領域說到底就是公眾輿論領域,它和公共權力機關直接相抗衡。"[56]作為一個描述性術語,哈貝馬斯用它特指 18 世紀西歐(主要是

---

56 〔德〕哈貝馬斯:《公共領域的結構轉型》,曹衛東等譯,學林出版社,1999年版,第2頁。

英、法、德三國）出現的歷史現象。"他在論述資產階級公共領域的建構時認為，文學公共領域是資產階級公共領域的前身和雛形。資產階級公共領域由有主體性的、由法律保障的自律個體（私人）組成，他們從事的活動乃是對公共事務進行政治討論，運用的討論的方式則是理性而公開的批判。"[57]也就是說私人作主體通過在對話領域即公共領域間理性的交往來干涉公共權力。理所當然地，這樣也就引出了與"公共性"相對應的詞語——"個人性"。"個人性"追求個人的生命體驗與審美享受，表現的是自由與個性，但是，這樣的"個人化"也必然不會是脫離了"公共性"的"純個人"的自由表達。從哈貝馬斯的理論中我們不難看出表現在"公共領域"的"公共性"以及隱藏在"公共領域"之下的"個人性"的和諧統一。

値得注意的是，這樣的闡釋為"文學公共性"、"新詩公共性"的論述提供了直接的思想啟迪，為文學批評與研究催生出了新的學術空間。但與此同時，我們也不得不承認，哈貝馬斯的理論畢竟是與詩學理論或文學理論並不相同的知識與話語體系，在借用其理論闡釋文學、詩歌之時，還需我們在恰當的話語系統中將其成功轉化，實現更高層次的理論整合與突進，進一步明辨詩學層面上的"公共性"與"個人性"的關係，促成二者達成相互促進、彼此共建的平衡關係，這是當前文學批評與創作界共同面臨的理論挑戰。

這裏，我們暫時拋開"公共性"與"個人性"的關係問題，將注意力轉移到一個哈貝馬斯較少談及，但也是近年來學術界探討較為熱烈的"國族想像"問題。從某種意義上說，我國數千年

57　陶東風：《論文學公共領域與文學的公共性》，《文藝爭鳴》，2009 年第 5 期。

來的歷史就是一個多民族不斷融合的歷史，但在這一過程中，民族衝突與國家主權的更替之間也存在著紛繁複雜的糾葛，尤其是近代以來，各帝國主義列強對我國的欺凌逐漸激化了滿漢之間的民族矛盾，而創建新的國家 —— 所謂 "革命" 與塑造新的國民 —— 所謂 "啟蒙" 成了幾代知識份子不斷奮鬥的理想與言說的主題。康有為、章太炎、譚嗣同、梁啟超、魯迅、胡適、陳獨秀、李大釗等通過各種既相同又相異的話語方式，對新國家、新國民進行了一系列的想像性建構。這種民族、國家之想像性建構的熱情是如此充沛與強烈，以至於學術研究領域也受到感染，比如晚清以降對邊疆歷史與地理的研究、對上古歷史與神話的考索等，都或多或少地滲透進國族想像的因素。比如，有學者就指出： "聞一多的《伏羲考》追溯了中華文化的源頭，探討了中華民族形成的基礎。從某種程度上說，他的神話研究作為 '國族想像' 的一部分，從屬於中國作為一個現代民族國家的自我建構過程。" [58]思想論辯、學術研究如此，文學創作更是自覺地將 "國族想像" 作為主要內容之一，無論是正面召喚，還是反面批判，其共同的目標與效果就是創造出一個期待中的國族想像共同體。當然， "國族想像" 毫無疑問屬於 "公共性" 範疇，但中國現當代作家，無論是小說家、還是詩人，他們都將一己之個體經驗或多或少地融入到這種想像之中，正因為如此，現當代中國文學中的國族想像才呈現出豐富多彩的面貌與特徵。而本節所要探討的 "七月詩派" 的國族想像，就正是這豐富多彩中最為重要的組成部分。

---

58 陳均編注：《速讀中國現當代文學大師與名家叢書・聞一多卷》，藍天出版社，2003 年版，第 220 頁。

二、七月詩派“國族想像”的“公共性”與“個人性”

　　“七月詩派”成立於 20 世紀 30 年代，活躍在抗日戰爭和解放戰爭時期，是現代中國文學史上的十分重要的一個詩歌流派。它以胡風（1902-1985）的文學理論為中堅，以《七月》、《希望》為陣地，其主要成員包括艾青、田間、胡風、魯藜、S·M、鄒荻帆、冀汸、孫鈿、彭燕郊、賀敬之、蘇金傘、天藍、莊勇、白莎、綠原、牛漢等當時一批有著熱血激情的年輕詩人。他們“多是在抗日戰爭爆發後出現在讀者面前的，是在中國的現實生活空前激蕩而又空前廣闊中在笑，在哭，在罵，在唱的……”[59]他們紮根現實的泥土，高唱理想的歌謠，緊跟時代步伐，反映人民的訴求。透過他們詩歌中所表露的人民大眾及詩人個體關於遠離戰火與苦難，建設新的民族與國家，追求幸福生活的美好憧憬與熱烈想往，我們可以看到“七月詩派”頗具規模與個性的“國族想像”。當然，作為一個流派，詩人們的創作各有特色，不盡相同，在此，我們主要以胡風的詩歌創作為例，對“七月詩派”“國族想像”之“公共性”特徵與詩人藝術追求之“個人性”的關係進行一番力所能及的探究。

　　較長時間以來，胡風主要以理論家的身份受到學術界的關注和研究，對其詩歌創作相對文言並未引起足夠的重視。但是，作為“七月詩派”的中堅人物，其詩歌成就不容忽視。胡風也多次表達過“首先，我是一個詩人”的自我評價，但由於時代的拘囿以及眾所周知的原因，其詩歌未能得到很好的闡釋與傳播，這不

---

59 周良沛：《七月詩選·序》，《七月詩選》，四川人民出版社，1984 年版，第26 頁。

能不說是個遺憾。不過，這倒成為我們主要以胡風的詩歌創作為例探討“七月詩派”之“國族想像”的一個較為的充分理由。

　　20 世紀三四十年代中華大地被戰爭的烏雲所籠罩，抗戰救亡幾乎是當時文學的唯一主題。而“七月詩派”之得名的重要緣由是因為有胡風創辦與主編的文藝刊物《七月》，而這一刊名正是與其誕生的時代背景──“七七事變”的爆發密切相關。[60]在中華民族面臨生死存亡的危難時刻，七月派作為現實主義風格極為凸顯的詩歌流派，其“國族想像”中自然而然帶有鮮明的時代特徵或者說“公共性”印記，於是歌頌光明、超越苦難，渴求國家民族及個人命運的新生必然成為其大書特書的主題。

　　當然，“七月詩派”的國族想像與訴求同詩人胡風個人政治生命的展開同樣具有密切的關聯。詩人與政治參與者雙重身份的重疊，預示著胡風詩歌的國家──民族想像與同時代的其他詩人相比，有其獨特性：既不同于艾青式的憂鬱，即對祖國深重災難的反覆傾訴，又不同於九葉詩派現代主義話語下的中國書寫，即將個人生命體驗熔鑄到宏大時代主題的情感訴說。而且，胡風國族想像的音符，並未因為新中國宏闊交響樂的奏響而休止，而是隨著詩人創作生命的持續而繼續鳴響，而且還在想像中不斷探究與反思。這種獨特性的具體表現，我們同樣可以從“公共性”與“個人性”兩個維度展開描述與闡釋。

（一）“公共性”表徵

　　第一，對於光明的讚美與追求。

60　《七月》雜誌 1937 年 9 月創刊於上海，出版 3 期後停刊，1937 年 10 月遷至武漢復刊，改週刊為半月刊，其後幾經波折，至 1941 年 9 月停刊。七月發表有雜文、劇本等文體，但成就與影響最大的還是詩歌。參見楊義等著《中國新文學圖志》（下），人民文學出版社，1996 年版，第 504-513 頁。

　　胡風創的《為祖國而歌》（1937.8）作為最早的抗戰頌歌之一，被時代和讀者深深記憶。在 1943 年桂林南天出版社出版的同名詩集的“題記”（作於 1939.5）中，詩人曾用這樣的語言記錄自己激昂悲憤的心情：“戰爭一爆發，我就被捲進了一種非常激動的情緒裏面，在血火的大潮中間，祖國兒女們底悲壯的行為，使我流感激的淚水，但也是祖國兒女們底卑污的行為，使我流悲憤的淚水。於是，我底暗啞了多年的咽喉突然地叫了出來。”[61]在這個僅收錄了 5 首詩的集子裏，詩人由衷地抒發了他的高昂、沉鬱的激憤之情。面對受難的祖國，詩人沒有絕望，而是向祖國的兒女們發出強烈的呼籲：

在黑暗裏　在重壓底下　在侮辱中

苦痛著　呻吟著　掙紮著

是我底受難的祖國！

……

祖國啊

你底兒女們

　　歌唱在你底大地上面

　　戰鬥在你底大地上面

　　喋血在你底大地上

……[62]

　　在詩人心中，為了讓“我底受難的祖國”從苦痛、呻吟與掙紮的黑暗中走出，走向“朝陽似地/綠草似地/生活含笑”的“明

---

61 胡風：《為祖國而歌·題記》，綠原、牛漢編《胡風詩全編》，浙江文藝出版社，1992 年版，第 53 頁。

62 胡風：《為祖國而歌》，《胡風詩全編》，第 54 頁。

天"，祖國的兒女們就必須要去歌唱、去戰鬥、去喋血。而他自己，即便是"……拿著一把刀/或者一枝槍/在叢山茂林中出沒的時候吧"也"依然要盡情地歌唱/依然要傾聽兄弟們底赤城的歌唱——"。[63]

胡風詩中的光明感是特殊的，這樣的光明既不同於郭沫若式的洋溢著主觀與樂觀主義精神的來自太陽的耀眼光明，也不同於充滿憂鬱的苦難感與光明感交織的艾青式光明，而是脫胎於黑暗、經歷卓絕艱苦的戰鬥和鮮血洗禮的光明。這樣的光明是如此的直接並契合於苦難的中國，如此的撼動人心，讓人感到充滿行動的力與美：

> 為了抖掉苦痛和侮辱底重載
> 為了勝利
> 為了自由而幸福的明天
> 為了你啊，生我的　養我的　教給我什麼是
> 愛　什麼是恨的　使我在愛裏恨裏苦痛
> 的輾轉於苦痛裏但依然能夠給我希望給
> 我力量的
> 我底受難的祖國！[64]

當《中蘇互不侵犯條約》簽訂的消息"似閃電"般傳來時，胡風在興奮激動之餘寫下了這樣的詩句："向南京/我致送一個敬禮！/向莫斯科/我致送一個敬禮！"在這首題名《敬禮——祝中蘇互不侵犯條約》（1937.9）的詩裏，胡風對"國家"的想像具象化了：他渴望建立獨立自主的國家，渴求平等互助的國際關係，其中對"蘇維埃聯邦"的的熱情讚美即是發自心底的對未來中國

---

63 同上，第55頁。
64 同上，第56頁。

之新面貌的殷切期盼：

……

你底土地

你底工廠

你底天空

你底北極帶底冰塊

競開著生物底花朵

　　機械的花朵

　　新人類底花朵

……[65]

將對祖國新生的讚美與渴望推向極致是在組詩《時間開始了》裏："時間開始了！"詩人這樣激昂地宣告！這不單是詩人的呼喚，更是千千萬萬人的呼喊，所有苦難的時間都已一去不返，幸福的時間重新在人們心上跳動！這樣的情感是迸發的、激進的，是直覺式的，無需過多的理性推論與證明，激昂的情感表達已詮釋了沉浸在歡樂的海洋中的詩人的一切，人們的一切！

……

祖國啊

我的祖國

今天

在你新生的這神聖的時間

全地球都在向你敬禮

全宇宙都在向你祝賀

……[66]

---

65 胡風：《敬禮 —— 祝中蘇互不侵犯條約》，《胡風詩全編》，第 72 頁。
66 胡風：《時間開始了·歡樂頌》，《胡風詩全編》，第 83 頁。

　　詩人把自己的情感融入具有公共意味的 "國族想像" 這一詩歌主題裏，將人民群眾的建國祈望與追求通過具象的筆觸激情滿懷地表達出來，引起了普遍的共鳴：

　　……

　　祖國，祖國啊

　　我偉大的母親

　　你抱著這樣的心靈走過了苦難的長途

　　你捧著這樣的心靈迎接了歷史的黎明

　　黎明

　　像一個花苞

　　她吐著清麗的香味來了

　　黎明

　　像一個愛情

　　她亮著溫馨的微笑來了

　　祖國，祖國啊

　　黎明的處女的光波

　　照到了你的身上

　　你抬起了愁苦的頭

　　你心靈裏面的最敏感的神經

　　著火似地歡躍了起來

　　親愛的親愛的我的母親

　　你第一次露出了

　　混合著驚喜的忘我的笑意

　　……

　　中國解凍了

中國回春了

中國發芽了

中國開花了

中國結果了

中國！中國！

……[67]

第二，國家苦難的超越式書寫。

"七月詩派"誕生於苦難，自然有不少書寫苦難的詩篇。作為七月派的一員，胡風當然也不例外。但是，在胡風的詩篇裏，書寫苦難並不僅僅是為了表現苦難，而是為了到達希望的明天必須超越今天的苦難。如同守護來自黑暗的光明一樣，驅散黑暗是其耀眼的唯一生存之法。

詩人早期的作品裏，隨處可見的是來自苦難大地的詩人抒發自己的哀泣與迷茫："我從田間來，/抱著熱血滿腔 —— /叫我灑向何處呢，/對著無際的蒼茫？……"[68]；還有"在你底朝霞暮靄中，我曾幻想出了多少神秘的境地，"可是"今朝重見"，卻發現"混混的太陽躲在晨霧中，/北風兒凜冽，/你也慘然，/我也慘然"的"兒時的湖山"。[69]此外，胡風還表達了直面大屠殺、看到那被"血染紅"的"死者"所引起的巨大憤懣與無力拯救的悲哀之情。儘管詩人有著憤然與悲痛書寫，但這樣惆悵的苦難言說在詩人看來是缺乏行動力的："詩集《野花與箭》，只記錄了一點找路中的知識份子的苦悶感情，其中通過苦痛的愛國主義到人

---

67 胡風：《時間開始了·光榮贊》，《胡風詩全編》，第 102-103、105 頁。

68 胡風：《我從田間來》，《胡風詩全編》，第 10 頁。

69 胡風：《兒時的湖山》，《胡風詩全編》，第 5 頁。

民性的愛國主義，以至於對集體主義同志愛的嚮往……"[70]，在
"忍受著面色底痙攣和呼吸底喘促/以及茫茫的亞細亞的黑夜/如
暴風雨下的樹群"的時代裏，個人無法逃離國家的苦難，於是他
開始預想以一個時代鼓手的身份去呼喚祖國的兒女們"為祖國而
歌"，在歌唱與戰鬥中去超越苦難：

　……

　　我們年青的筆也要追隨著《我們底行進》，
　　直到仇敵底子彈打得我們血花飛濺的時刻
　　直到力盡聲枯　在行進中間倒斃了的時刻
　　直到也許我們苦痛於自己底歌聲不能和祖國
　　底脈搏　新生的祖國兒女們底脈搏和諧
　　地跳躍　像你似地把一粒槍子打進自己
　　底腦袋裏的時刻……[71]

這樣的苦難書寫是獨特的，是屬於胡風自己的，在同時代的
表達中，既不同于艾青《大堰河，我的保姆》、《手推車》等作
品中那種哀婉深情、極具代表性與濃縮性的苦難表現，也不同於
九葉詩派隱藏在現代主義外衣下的愛國熱情的抒發以及對社會病
態全景式的批判。胡風詩歌中的國家苦難，是慘烈的、是嘔血的，
是極具激情與戰鬥力的現實主義的呼喊與表達。在《給怯懦者們》
中，胡風化用魯迅先生小說中眉間尺和黑色人英勇復仇的故事，
以希望喚醒面對"被辱的/祖國上/仇人虎集/仇人虎踞"尚且"吝
嗇著/力量/收藏著/手腳"、"怯懦得狼心似的""我的兄弟/祖國

---

70 胡風：《我的小傳》（1979.10），《胡風晚年作品選》，灕江出版社，1987年
　　版，第215頁。
71 胡風：《血誓——獻給祖國的年青歌手們》，《胡風詩全編》，第59-60頁。

的兒女……"。[72]全詩反復使用"追著""跳著""撲""搏擊"這些激烈的動詞,用以表達呼喚民眾奮起反抗、不屈戰鬥的決心。這樣的苦難書寫遠遠超越了苦難自身,個人的激情在集體戰鬥的理想與行動中得到了昇華。在《時間開始了·光榮贊》中,詩人對經歷時代戰火的洗禮,用自身頑強的毅力與戰鬥精神"走到""勝利的大旗下"的三位女性共產黨員所發出的崇高禮贊,更具有濃縮時代的象徵性,因為她們便是超越苦難、享受重生喜悅的整個中華民族的代表與象徵,詩人的"國族想像"也由此獲得具體而生動的展現。

(二) "個人性"表徵

對於自己的出身,胡風是這樣介紹的:"父親初為做豆腐的手工小販,母親是雇農孤女,童養媳。"[73]胡風就是降生在這樣一個貧苦的家庭。同中國千千萬萬個貧苦家庭的孩子一樣,幼年的胡風牧過牛,拾過草,直至十一歲才入學接受較為正規的學堂教育。青年時代的胡風,受到時代的感召,心系國家,積極投身到偉大的革命運動中。

作為抒寫時代的詩人,胡風大量描繪國家與人民的災難與苦痛,並借此抒發自己的悲哀與憤激,而對於自身及家人的苦難,雖有涉及但分量卻較少(當然不包括舊體詩作,尤其是《獄中詩草》系列),而且大多具有濃厚的主觀色彩。《野花與箭》(1937)是較多吐露自我心聲的早期作品的彙集,其中《我從田間來》(1925)雖有一定的寫實成分,但整體上仍然是在抒發自己憂鬱、迷惘的主觀心情:

---

72 胡風:《給怯懦者們》,《胡風詩全編》,第 61-66 頁。
73 胡風:《我的小傳》,《胡風晚年作品選》,第 214 頁。

我從田間來，
蒙著滿臉的灰塵 ──
望望這喧囂的世界，
不自由地怯生生。

我從田間來，
穿著一身的老布衣 ──
在羅綺從中走過，
留下些兒泥土底氣味。

我從田間來，
心想再聽不見哀音 ──
才踏入這外邊的世界，
聲聲的苦叫刺痛了我底心。

我從田間來，
遠別了慈祥的笑臉 ──
身兒在這裏賓士，
心兒在那裏盤旋。

我從田間來，
帶著赤心一顆 ──
遇著新奇的事兒，
要印上花紋朵朵。

我從田間來，

抱著熱血滿腔 ──

叫我灑向何處呢？

對著無際的蒼茫？……[74]

其他如《悶》（1927）、《心兒病了》（1927）、《幻滅之歌》（1928）、《夕陽之歌》（1929）等都是主觀性極強的作品，甚至帶有相當程度的象徵與夢幻色彩。而題為《獻給大哥》（1927）的詩，雖然表達了對大哥從數百里之外來看我的興奮與感激，也對大哥的外貌與內心有所描繪，但更多的還是在抒發自己的空虛、苦悶之情："……//江風裏的黃昏，/清涼之感/將更使你底愛心沸騰？/而我給你帶去的空虛，/會更淒涼了你底陰影。//槳聲搖著帆影，/顫動在山水之間；/老人底顏色，/稚子底歡聲，/你依然尋得著你底迷戀。//我呢？/將披著滿身的黃沙，/抱著褪色的夢兒，/飄搖地，/隨著腳跟而流轉！//苟有一個深冬之夕，/風兒怒號，/雨兒奔騰，/在怪鳥的呼叫裏，/飛來了浩漫的歌聲，/那麼，聽吧，聽吧，/它就是我底鬼靈！/它就是我底鬼靈！"[75]而詩集中雖有題為《給妹妹》、《媽媽》的詩作，但卻並非自創，而是譯作，即便可以視之為借他人酒杯澆自己的憂愁，但畢竟胡風沒有為自己敬愛的母親、親愛的姐姐獻上一首完整的詩作。[76]此外，胡風也沒有明顯的愛情詩作，除了 1952 年寫給梅志的《我等著你》之外，再就是早年創作的《給 ── 》（1927）和《雖然不是愛人》（1927）中透露出幾分朦朧的、不確實的情愛之思。

詩人並不是不愛自己的親人（從詩人選取母親胡氏的姓氏合成的筆名"胡風"可看出），也並不是體味不到親人的苦痛掙紮，

---

74 胡風：《我從田間來》，《胡風詩全編》，第 9-10 頁。
75 胡風：《獻給大哥》，《胡風詩全編》，第 25-26 頁。
76 胡風在《時間開始了‧光榮贊》中有一長段對母親的讚歌。參見《胡風詩全編》，第 113-120 頁。

相反，胡風對母親的過早去世悲傷不已，對姐姐嫁人後所過的貧寒生活十分難過。但胡風所處的時代，讓他和幾乎所有的知識份子一樣，個人乃至於親人的苦難經歷無法同國家、民族的苦難相提並論，他們往往將大眾的苦難看得比自身的苦難更沉重，而將個人的苦難深深地熔鑄在民族苦難之中：

> ……
>
> 祖國啊
>
> 我受苦受難的母親
>
> 多少多少世紀了
>
> 每一個生命的誕生
>
> 你都在夢幻的笑容裏面陶醉過
>
> 每一件冤屈的遭受
>
> 你都在無助的仇恨裏輾轉過
>
> 每一次淒慘的死亡
>
> 你都在無告的悲痛裏面昏暈過
>
> 多少多少世紀了
>
> ……[77]

　　在《時間開始了·光榮贊》中，胡風對於自己"憑著什麼""讚美親愛的祖國偉大的人民"的疑問給出了這樣的回答："僅僅憑著/——我也是一個痛苦的女人的兒子"[78]。雖然詩人未曾寫出獻給母親的完整詩篇，但卻給了母親最至誠的愛意，將母親的苦難熔鑄到大眾的苦難中，同時也把對歷經苦難迎來幸福春天的三位女性的禮贊獻給受苦一生卻無緣新生活的母親，以這種方式紀念最親愛的母親："她受到的苦也許比你們許多人所受的小得

---

77 胡風：《時間開始了·光榮贊》，《胡風詩全編》，第 100 頁。
78 同上，第 113 頁。

多/她後來的家境比你們許多人要'好'得多/但她依然是勞苦了一生冤屈了一生的/她在夢裏也不會想到/生活還會有另一種過法/世界還會變成另一個樣子/人生裏面還有什麼不等於痛苦的幸福//但今天/你們嘗到了通過痛苦的幸福/你們看見了另一個樣子的世界/你們得到了另一種過法的生活/而且是用自己的力量改變過來的！/而且是用自己的力量創造出來的！/而且光榮地走到了這勝利的大旗！/多麼幸福……"[79]

如果說胡風對於親人苦難的書寫方式令人動容，那麼胡風書寫國家強加給自己的苦難就更值得同情。1955 年反右運動之後的二十多年裏，胡風及其家人一直飽受著非人的磨難，胡風本人還因無法承受過度的折磨而一度精神崩潰。正如綠原在詩中所說"今天，二十世紀/又一名哥倫布/告別了親人/告別了人民，甚至/告別了人類/"[80]向著遠方出發，只是這次被迫的航行裏只有無涯的遠方，卻很難看到到達的希望。儘管這樣，詩人在獄中仍未放棄寫詩，對於詩歌，詩人甚至這樣說"曾經滄海曾經火，只為香花只為詩"[81]，雖飽經災難，仍未對國家失掉信念："在這近四分之一世紀的隔絕生活中，精神世界經過了身外的天崩地陷，也經過了身內的火燒冰凍，但總是在被對黨的原則的信心引導下的感情勞動拯救了過來。"[82]儘管詩人不再用新詩的體式而是沿用舊體舊韻進行寫作，但詩人的表達卻褪去了早年詩歌的激情與宣洩，取而代之的是更為理性、更為成熟的話語。在突入其來的牢獄之災面前，詩人從未停止鬥爭，從未放棄對自由的嚮往與追求。

---

79 同上，第 119-120 頁。
80 綠原：《綠原自選詩》，人民文學出版社，1998 年版，第 230 頁。
81 胡風：《一九五六年春某日》（之三），《胡風詩全編》，第 324 頁。
82 胡風：《我的小傳》，《胡風晚年作品選》，第 218 頁。

詩人曾於 1956 年初至 1957 年春借用魯迅先生《慣于長夜過春時》原韻陸續吟唱出二十一首七律，除了表達對魯迅先生的敬佩與懷念，"知其不可而為之" 的堅決反抗精神也由此可見。除此以外，詩人還大量描寫了昔日家中溫馨的日常生活場景，藉以表達對親人的思念。從表面看是詩人自身個體情感的表達，但實際上這些情感契合了整個社會的祈願 —— 在那個紅色躁動的年代，黑白被顛倒，良知被泯滅，溫暖與安定正是民眾內心最樸實最簡單的願望。這樣的 "個人性" 的表達，既是個人苦難熔鑄於國家苦難的延續，又是超越個人苦難指向國家苦難的昇華。詩人自身超脫苦難的表現，也正是中華民族浴血重生的縮影。

三、結　語

概言之，文學的 "公共性" 與 "個人性" 是密不可分的。通過上文對胡風詩歌的具體分析，我們不難看出胡風詩歌中所凸顯的交融在 "國族想像" 中的 "公共性" 與 "個人性"。同時，以 "公共性" 與 "個人性" 為切入點，在二者同體共生、相反相存的特殊關係中去闡釋胡風的詩歌創作，讓我們更加深入地體味到胡風 "國族想像" 所蘊涵的廣博深邃的內涵與複雜熾烈的情感：既超越個人苦難，依偎著國家、愛戀著國家，又將個人融入國家，渴望與其同獲新生、邁向光明美好的未來。

"七月詩派" 成員眾多，其詩歌中 "國族想像" 的表達頗多相似卻也不盡相同，由於篇幅有限，在此不再一一贅述。

第五節 九葉詩派的審美訴求與社會批判

　　"九葉派"或"九葉詩派"是一個遲到了將近四十年的命名，其成型、成派的時間是 1940 年代，其詩歌風格大體屬於現代主義。眾所周知，1940 年代是中國現代歷史進程中的重要階段，前五年抗日戰爭進入最為艱苦的時期，而抗戰勝利不久，國共兩黨又展開長達數年的大規模內戰，整個民族都處在何去何從的關鍵時刻。照理說，生活在這一時期的詩人，更有可能寫出類似七月詩派那樣的現實主義作品，但讓我們也讓中國現代文學史頗感意外與驚奇的是，有一批詩人，如果要詳細統計的話，遠遠超出了"九葉"所指稱的那九位，他們創作出了現代主義或准現代主義詩風的詩作。當然，這一現象也能夠找到合理的解釋，畢竟在此之前的 1920-1930 年代，西方現代主義文學已經傳入我國，並出現了以李金華為代表的象徵主義、以戴望舒為代表的現代派詩歌創作，即便是抗戰全面爆發之後，中國與西方的文化交流也並未停止，西方最新近的文學思潮也照樣被中國學者與作家所知曉，這對中國現代主義文學的深入發展十分有利，九葉派就是在這樣的大背景下形成的。正因為有獨特的時代背景，九葉詩人不可能單純追求藝術技巧上的現代與創新，他們的作品必然地要反映社會生活，其結果就是在審美訴求與社會批判之間尋求某種平衡。儘管九葉詩人的風格各有不同，但在這一點上卻非常接近，這既是他們能夠成一個流派的重要前提，也是他們的作品能夠在文學史上擁有不可動搖的一席之地的根本原因。下面我們就以穆旦為例做一具體分析。

　　穆旦詩歌題材豐富，意象獨特，既抒發了個人的隱秘情感也反映了時代的特殊風貌，用藍棣之的話說："穆旦所創作的詩，確是與傳統的詩情詩意不一樣了，用新鮮的感覺與新穎的看法，來代替傳統詩詞的形式和語言，用清晰的形象感覺來代替中外浪漫主義那種模糊不清的詩意。"[83]瞭解穆旦詩歌中清晰的形象感覺的存在並理清其中表達出的肉體、思考、理想，以及三者的內在聯繫，有利於從整體上把握穆旦詩歌的獨特意蘊。

一、審美訴求：感官肉欲的擴張

　　穆旦（1918-1977）早年精力旺盛，具有詩人特有的不羈且生命充滿張力，在二十歲左右即寫下《合唱》、《不幸的人們》等富有高度民族意識與社會責任感的詩作，其中蘊含有刻骨幽深的救亡精神。這種精神在詩作中流露的同時，也在他的行為中得到貫徹。隨著閱歷的豐富和身體的成熟，其冷硬艱深的精神轉變得熱烈空曠，詩歌的思想內涵和生理感受都得到了大幅度的提升，完成了少年詩人向青年詩人的轉變，並開始形成穆旦詩歌特有的肉欲擴張化特徵。

　　在穆旦早年的經歷中，對他影響最大的莫過於從西南聯大離職從軍，參加遠征緬甸的戰役。用他自己的話說就是"校中教英文無成績，感覺不宜教書；想作詩人，學校生活太沉寂，沒有刺激，不如去軍隊體驗生活；想抗日。"[84]但穆旦所參加的戰鬥，由於將領指揮不當，戰事失利，其艱難困苦達到了不可言狀的地

---

83 藍棣之：《九葉派詩選·前言》，人民文學出版社，1992年2月，第8頁。

84 穆旦：《歷史思想自傳》，轉引自易彬《穆旦評傳》，南京大學出版社，2012年11月，第130頁。

步，殘酷慘烈遠遠超過一個富有浪漫主義愛國情懷的年輕詩人的想像。在緬甸潰敗的經歷對穆旦以後詩歌創作偏向肉欲與生命力的風格起了很大的促進作用，"原始森林內潮濕特甚，螞蟥、蚊蟲以及千奇百怪的小爬蟲到處皆是。螞蟥叮咬，破傷風病隨之而來，瘧疾、回歸熱及其他傳染病也大為流行。一個發高熱的人，一經昏迷不醒，加上螞蟥吸血，螞蟻侵蝕，大雨沖洗，數小時內就變為白骨。官兵死亡累累，沿途屍骨遍地，慘絕人寰。"[85]戰爭的可怖給他留下了深刻的印象，瀕臨死亡的經歷在生理上的表現是極大的感官刺激，血肉模糊屍橫遍野的場景一方面擴大了穆旦的生理忍受程度，另一方面也使他的感官越來越麻木。

這一特點疊加上穆旦內心的擴張衝動，使其詩歌充滿了強烈的原始生命力。王佐良 1946 年就指出："穆旦總給人那麼一點肉體的感覺，這感覺，所以存在是因為他不僅用頭腦思想，他還'用身體思想'。他的五官銳利如刀。"[86]戰爭的陰鬱將他外露的情感向內心壓抑，在不願提及的沉默中，形成一股更加容易迸發的本能力量，"闊大、豐富、雄健、有力，有我從來沒讀到過的陌生感或新鮮感"[87]。在這本能力量的作用下，穆旦的詩歌從溫度，觸感，張力等方面，組合出充滿肉欲的詩意，如惠特曼宣稱的："我是身體的詩人，我是靈魂的詩人。"[88]在這純粹的肉欲中展現出純淨的靈魂，以直觀的欲望激發出原始的美與情。這一特徵，

---

85 杜聿明：《中國遠征軍入緬對日作戰述略》，文聞編《我所親歷的印緬抗戰 —— 原國民黨將領口述抗戰回憶錄》，中國文史出版社，2005 年 1 月，第 37-38 頁。

86 王佐良：《一個中國詩人》，《穆旦詩集（1939-1945）》附錄，人民文學出版社，2001 年 1 月，第 122 頁。

87 唐湜：《憶詩人穆旦 —— 紀念穆旦逝世十周年》，杜運燮、袁可嘉、周與良編《一個民族已經起來 —— 懷念詩人、翻譯家穆旦》，江蘇人民出版社 1987 年 11 月，第 154 頁。

88 Peter B High: *An Outline of American Literature*. New York: Longman Inc.,1986.73.

在《詩八首》（1942）中的這些詩行："你底年齡裏的小小野獸，/它和春草一樣地呼吸，/它帶來你底顏色，芳香，豐滿，/它要你瘋狂在溫暖的黑暗裏。"[89]以及《雲》（1945）、《發現》（1947）等作品中都有體現。而作於1942年2月的《春》則表現得尤為突出：

> "綠色的火焰在草上搖曳，/它渴求著擁抱你，花朵。/一團花朵掙出了土地，/當暖風吹來煩惱，或者歡樂。/如果你是女郎，把臉仰起，/看你鮮紅的欲望多麼美麗。//藍天下，為關緊的世界迷惑著/是一株廿歲的燃燒的肉體，/一如那泥土做成的鳥底歌，/你們是火焰捲曲又捲曲。/呵，光，影，聲，色，現在已經赤裸，/痛苦著；等待伸入新的組合。"

象徵希望的綠色由熱情將其火焰般地點著，在風中"搖曳"，忽暗忽明的閃爍著，呈現出新生物所特有的不穩定與擴張性。而象徵著家族與習俗等束縛因素的土壤，養育同時也禁錮"花朵"的勢力，但卻阻礙不了"花朵"順應天性的歡樂般的生長；綻放的花朵恰似女郎仰起的臉龐，大膽地呈露鮮紅而美麗的欲望。在第二節詩中，"藍天"的廣博和"燃燒的肉體"一松一緊，模仿肌肉的張弛感，積蓄生理上力的感受，產生擠壓爆發出的"欲望"，像"泥土"一般孕育生命，像"鳥的歌"一樣輕盈無形且難以捉摸，由"女郎"與"花"合為"你們"，並最終火焰一樣捲曲又捲曲。當欲望完全地呈現後，就"赤裸"地拋開了具象載體，直接給人以"光"、"影"、"聲"、"色"的衝擊。在"肉欲"達到頂點時，"痛苦"將感官快感從個體中抽離，由"掙出"至"伸入"，由擴張到"組合"，由"美麗"的欲望戛然而止為

---

89 穆旦：《穆旦詩文集》（一），人民文學出版社，2007年9月，第78頁。本文所引穆旦詩歌皆出自此書，不再一一注明。

某種未定的思考。

在充斥著感官刺激的語言中，穆旦依靠徹底的感受表現出直面真切的美，在直面真切的美中傳遞終極的思考。將熱情的生命力溶於詩歌的詞句上，冷靜的思考寄寓在每個詩行裏。正如唐祈所說：“穆旦在藝術表現和形象內涵上，追求高遠的歷史視野和現代人的深沉的哲學反思。無論取材于自然或社會現象，他的詩的意象中都有許多生命的辯證的對立、衝擊和躍動，表現出現代人的思維方式。”[90]從本能的肉體之力傳遞到崇高的生命之力，再從生命之力抵達永恆的思考之力，用哲人的思考結合詩人的感受，寫出思想深邃且震撼人心的詩作。“穆旦詩的過半數，寫的是現實社會中的個人命運和個人感受，寫的是一個思想感情極度複雜的知識份子在現實社會中的感受，和殘酷黑暗的現實給一個敏感的心靈帶來的扭曲和這個過程中形成的智慧。”[91]

這種思考的能力和藝術創作力，在時事之混亂、個人命運之沉浮的誘發下，創造出意義嚴肅而風格獨特的穆旦詩歌。在國家遭遇戰亂，自身顛沛流離的境遇下，穆旦對個人生命和民族命運的思考也逐漸深刻。外界的嚴酷給他的作為個體的血肉之軀打下深深的烙印，而他又作為人類的一分子，在詩歌裏為人類遇到的問題尋找出路。這種肉欲與靈性的結合以及肉欲向靈性的過度與轉化中包含巨大的思考力量。在許多詩作中，他都不乏借助肉體感官刺激的力量推動思想的深化，如《野獸》（1937），由“……血的溝渠灌溉了/翻白的花”的肉體上的皮開肉綻，發展到“它抖身，它站立，它躍起”“如星的銳利的眼睛/射出那可怕的復仇的

90 唐祈：《現代傑出的詩人穆旦 —— 紀念詩人逝世十周年》，《一個民族已經起來》，江蘇人民出版社，1987年11月，第59頁。
91 藍棣之：《論穆旦詩的演變軌跡及其特徵》，《一個民族已經起來》，第65頁。

光芒"的精神上強有力的存在。這種源自肉體的強大思考力量，集中地被賦予在《我歌頌肉體》（1947）中：

　　"我歌頌肉體：因為它是岩石/在我們的不肯定中肯定的島嶼。//我歌頌那被壓迫的，和被蹂躪的，/有些人的吝嗇和有些人的浪費：/那神一樣高，和蛆一樣低的肉體。//我們從來沒有觸到它，/我們畏懼它而且給它封以一種律條，/但它原是自由的和那遠山的花一樣，豐富如同/蘊藏的煤一樣，把平凡的輪廓露在外面，/它原是一顆種子而不是我們的奴隸。//性別是我們給它的僵死的詛咒，/我們幻化了它的實體而後傷害它，/我們感到了和外面的不可知的聯繫/和一片大陸，卻又把它隔離。//那壓制著它的是它的敵人：思想，/（笛卡爾說：我想，所以我存在。）但什麼是思想它不過是穿破的衣裳越穿越薄弱/越褪色越不能保護它所要保護的，/自由而活潑的，是那肉體。//我歌頌肉體：因為它是大樹的根。/搖吧，繽紛的樹葉，這裏是你堅實的根基。//一切的事物令我困擾，/一切事物使我們相信而又不能相信，就要得到/而又不能得到，開始拋棄而又拋棄不開，/但肉體是我們已經得到的，這裏。/這裏是黑暗的憩息。//是在這塊岩石上，成立我們和世界的距離，/是在這個岩石上，自然寄託了它一點東西，/風雨和太陽，時間和空間，都由於它的大膽的/網羅而投進我們懷裏。//但是我們害怕它，歪曲它，幽禁它；/因為我們還沒有把它的生命認為是我們的生命，/還沒有把它的發展納入我們的歷史，/因為它的秘密遠在我們所有的語言之外。//我歌頌肉體：因為光明要從黑暗裏出來，/你沉默而豐富的剎那，美的真實，我的上帝。"

詩中將柔軟的肉體比喻為僵硬冰涼的"岩石"，流露出堅毅鎮靜之感。如果聯繫《詩八首》"我越過你大理石的理智底殿堂"中同樣為"石"的意象"大理石"，我們可以感受出這肉體不是單單的一攤細胞組織，而是蘊含著人的靈魂，人的智慧的軀體。"肯定的島嶼"坐落於靈長類動物無法生存的海洋之上，是人類唯一的依託，從物質決定意識的唯物史觀出發，表現了身體是人類存在的基礎。意象的選取與聯繫中體現出嚴謹的邏輯。"被壓迫的，和被蹂躪的，"將人從生物的層面提高到具有剝削與被剝削的社會層面，這是一種意義與價值的提升。"吝嗇"與它的產物私有制，"浪費"與造成它的基礎剝削，共同構成人類社會複雜的根源，將相同的肉體有差別地呈現為"神一樣高，和蛆一樣低"。從因為"畏懼它"而用各種思考的結果對它"封以一種律條"，到用由"性別"劃歸出的區分概念對肉體的豐富予以限制，無一不導致擁有無限可能的"種子"的僵死。用從肉體中抽象出的思想抑制肉體的自由，因感受到肉體強大的力量而對之提防。實則傷害的是"自由而活潑的"人性。海中的"島嶼"、"大樹的根"為人類的基礎與依靠。肉體對完整的人的意義，如人類的母體對於人類的意義，保護與產生。"風雨和太陽，時間和空間"關於生命的一切，都由它去感受。歌頌肉體，歌頌"美的真實"，歌頌人性，人的靈魂。這些都可以看作是對質樸的精神世界思考之後所給予的肯定。

二、社會批判：對美好世界的嚮往

國家陷於戰爭，人民生活艱難，穆旦本人滿懷報國熱情，多次從軍感受生存的嚴酷。又在為工作奔波的經歷中體驗到生活的苦惱。特殊的時代背景加之穆旦特殊的個人經歷，賦予了他懷有悲痛思考的深刻愛國情懷。“這種悲痛、幸福與自覺、負疚交織在一起的複雜心情，使穆旦的詩顯出了深度和厚度。他對祖國的讚歌，不是輕飄飄的，而是伴隨著深沉的痛苦的，是‘帶血’的歌。”[92]

　　穆旦的詩作《讚美》（1941），正是這樣一首 “帶血” 的歌。它值得我們在此予以全文抄錄，以便於我們重溫穆旦無比深沉的詩情與愛意：“走不盡的山巒的起伏，河流和草原，/數不盡的密密的村莊，雞鳴和狗吠，/接連在原是荒涼的亞洲的土地上，/在野草的茫茫中呼嘯著乾燥的風，/在低壓的暗雲下唱著單調的東流的水，/在憂鬱的森林裏有無數埋藏的年代/它們靜靜地和我擁抱：/說不盡的故事是說不盡的災難，沉默的/是愛情，是在天空飛翔的鷹群，/是乾枯的眼睛期待著泉湧的熱淚，/當不移的灰色的行列在遙遠的天際爬行；/我有太多的話語，太悠久的感情，/我要以荒涼的沙漠，坎坷的小路，騾子車，/我要以槽子船，漫山的野花，陰雨的天氣，/我要以一切擁抱你，你，/我到處看見的人民呵，/在恥辱裏生活的人民，佝僂的人民，/我要以帶血的手和你們一一擁抱，/因為一個民族已經起來。//一個農夫，他粗糙的身軀移動在田野中，/他是一個女人的孩子，許多孩子的父親，/多少朝代在他的身邊升起又降落了/而把希望和失望壓在他身上，/而他永遠無言地跟在犁後旋轉，/翻起同樣的泥土溶解過他祖先的，/是同樣的受難的形象凝固在路旁。/在大路上多少次愉快的歌聲流過去了，/多少次跟來的是臨到他的憂患；/在大路上人們演說，叫囂，歡快，/然而他沒有，他只放下了古代的鋤頭，

---

92 袁可嘉：《九葉集·序》，江蘇人民出版社，1981 年 7 月，第 6 頁。

/再一次相信名詞，溶進了大眾的愛，/堅定地，他看著自己溶進死亡裏，/而這樣的路是無限的悠長的/而他是不能夠流淚的，/他沒有流淚，因為一個民族已經起來。//在群山的包圍裏，在蔚藍的天空下，/在春天和秋天經過他家園的時候，/在幽深的穀裏隱著最含蓄的悲哀：/一個老婦期待著孩子，許多孩子期待著/饑餓，而又在饑餓裏忍耐，/在路旁仍是那聚集著黑暗的茅屋，/一樣的是不可知的恐懼，一樣的是/大自然中那侵蝕著生活的泥土，/而他走去了從不回頭詛咒。/為了他我要擁抱每一個人，/為了他我失去了擁抱的安慰，/因為他，我們是不能給以幸福的，/痛哭吧，讓我們在他的身上痛哭吧，/因為一個民族已經起來。//一樣的是這悠久的年代的風，/一樣的是從這傾圮的屋簷下散開的/無盡的呻吟和寒冷，/它歌唱在一片枯槁的樹頂上，/它吹過了荒蕪的沼澤，蘆葦和蟲鳴，/一樣的是這飛過的烏鴉的聲音/當我走過，站在路上踟躕，/我踟躕著為了多年恥辱的歷史/仍在這廣大的山河中等待，/等待著，我們無言的痛苦是太多了，/然而一個民族已經起來，/然而一個民族已經起來。"

"山巒的起伏，河流和草原"，"村莊雞鳴和犬吠"勾勒出祖國的遼闊與人民的眾多，在"野草的茫茫"的蒼涼中，"低壓的暗雲"的壓制下，"單調的東流的水"重複著的是"說不盡的故事。"重複著的改朝換代，重複著的剝削與被剝削，"興，百姓苦。亡，百姓苦。"這一封建歷史永恆的規律在穆旦詩中含蓄又坦然的流露。富有人性的光輝的"愛情"，在詩人口中只能沉默，如無法言語的鷹群俯瞰著一切。積蓄了"太多的話語，太悠久的感情。"奔騰匯流成對苦難中的人民的擁抱。在中華民族為農耕民族的大背景下，以"一個農人"象徵整個群體在整個時空中的歷程。"一個女人的孩子，許多孩子的父親，"繁衍勞作在這片土地上"永遠無言地跟在犁後旋轉"。在歷史革命的浪潮中，最後都以"臨到他的憂患"而結尾，"演說，叫囂，歡快"的不是他。他在歷史的兩千年中一次次地被利用，一次次地被欺騙，以"受難的形象凝固在"歷史發展的"路旁"。這一血淋淋的事實，由穆旦挖掘出並勇敢地面對。"穆旦是一個充滿對舊時代憤恨的詩人，他的詩以寫矛盾和壓抑痛苦為主。他的詩體現了第二次大戰期間人們對暴力的反抗精神，對黑暗腐敗的憤怒，和對未來帶著困惑的執著追求。"[93]在正視黑暗與腐敗後，不像古代詩人虛無的悲切，而是讚頌了人民再次義無反顧，"堅定"地投身於時代的洪流，突破性地投身的是真正屬於自己的事業。以眾多的重複，沉積的鬱結，逆向著爆發出的是空前質變了的"一個民族已經起來"。

以博大的胸懷描繪廣闊的景色，曠遠的感情，"群山"，"天空"隱著最含蓄的悲哀。而以"饑餓"，"忍耐"，"恐懼"，"黑暗"等產生煎熬感的辭彙，卻轉而給人以淨化，將多餘的較為漂浮的情感抽離，由激情冷卻為深邃的思考。將"他"的犧牲從盪氣迴腸的感情層面過度到沉靜的民族歷史意義層面。最終以"痛哭吧"釋放出由感情冷卻壓縮成的思考，在思考中更顯情感的厚重之力。像"風"一樣難以琢磨的人類發展規律，貫穿了歷史直到今天從"屋簷下散開"，仍舊是不變的悲涼的外部世界，但在程度上慢慢向著更有生命力的方向發展，從"沼澤"到"蘆葦"到"蟲鳴"到"烏鴉"。在一系列宏大辭彙的排列中，"多年恥辱的歷史""廣大的山河"形成了滿含沉痛的對比。"穆旦佳作的動人處卻正在這等歌中帶血的地方。本來無節制的悲痛往

---

93 鄭敏：《詩人與矛盾》，《一個民族已經起來》，江蘇人民出版社，1987年11月，第30頁。

往淪為感傷，有損雄健之風，但穆旦沒有這樣，他在每個詩段結尾處都以‘一個民族已經起來’的宏大呼聲壓住了詩篇的陣腳，使它顯得悲中有壯，沉痛中有力量。”[94]時代痛苦的變革，人在痛苦的時代中痛苦地掙紮，頑強地抗爭。穆旦以融匯著思考之力的情感，將單純的愛國熱情定格為了具有永恆性質的愛國情懷。詩人雪萊曾經指出：“一個偉大的民族覺醒起來，要對思想和制度進行一番有益的改革，而詩便是最為可靠的先驅、夥伴和追隨者。……他們以無所不包、無所不入的精神，度量著人性的範圍，探測人性的秘奧，而他們自己對於人性的種種表現，也許最感到由衷的震驚；因為這與其說是他們的精神，毋寧說是時代的精神。詩人們是祭司，對不可領會的靈感加以解釋；是鏡子，反映未來向現在所投射的巨影；是言辭，表現他們自己。”[95]穆旦用一個詩人的渺小身軀承擔起對整個民族、整個國家之覺醒與崛起的沉思，用個體生命壓抑著那隨時都會爆發出的熱烈並以之來撞擊民族在千年歷史中沉澱下的漠然與悲痛，將自身的精神融入時代的精神，將短暫的個體情感經由思考凝定成不朽的愛國情懷。謝冕曾經指出：“讀穆旦的詩使我們置身現世，感受到真切生活的一切情味，他的詩不是遠離人間煙火的‘純詩’，他的詩是豐滿的肉體，肉體裏奔騰著熱血，跳動著脈搏。”[96]這的確是抓住了穆旦詩歌給人最突出的感覺。

　　穆旦往往使用具有一定閱讀障礙的艱深的詞句和別樣的意

94 袁可嘉：《詩人穆旦的位置 —— 紀念穆旦逝世十周年》，《一個民族已經起來》，江蘇人民出版社,1987 年 11 月，第 12-13 頁。

95 〔英〕雪萊：《詩辯》，伍蠡甫主編《西方文論選》（下卷），上海譯文出版社，1979 年 11 月，第 56-57 頁。

96 謝冕：《一顆星亮在天邊 —— 紀念穆旦》，《穆旦詩全集》，中國文學出版社,1996 年 8 月，第 14-15 頁。

象，以直觀的感受給讀者以強大的力的衝擊，用肉體的痛苦與對這種痛苦的壓抑帶給人冷峻的思考，用曠達的思考喚醒人高尚的情懷，將苦難的承受與美的追求兩相結合，對社會的思考與對個體的重視相互聯繫，以不屈的力量給肉體、心靈、理想以解放。如此一來，穆旦的詩歌以極具個性的風格，表達出博大而深刻的主題，兼具生命力的昂揚、歷史性的思考、人道主義的關懷與愛國主義的情操。這些因素在穆旦詩歌中各自呈現並相容相生，形成一個綜合體，轉而又使每層意義都更為深刻與堅實。

穆旦詩歌如此，其他九葉詩人也同樣堅持在審美訴求與社會批判中尋求平衡與統一。惟其如此，他們的作品才能既介入現實又超越現實，達到了將個人性與公共性兩相結合的高超境界，在中國新詩發展史上擁有不可撼動的歷史地位。

第六節　新民歌"公眾性"的凸顯與"公共性"的缺失

一、"新民歌"運動的發生

"新民歌"運動是新中國以來較大的一場詩歌運動，儘管國內學者分別從不同的角度對它做過許多論述，但我們仍然希望能另闢蹊徑，從"公共性"視點切入，作出一番新的闡釋。

不過，在進行分析之前，我們首先要弄清什麼是"公共性"，同時一個與公共性極其相似的名詞"公眾性"也是我們必須予以辨析的。"公眾"與"個人"相對，所以"公眾性"很顯然指的就是不具備或者說缺乏"個人性"的內涵，而"公共性"

則更為複雜一些。就國內學界而言，有的學者認為文學的 "公共性" 已經消失，而重建又特別的困難，有的學者認為文學的 "公共性" 在於作品對公共領域的介入，有的學者認為文學的 "公共性" 不僅在於其對公共領域的介入與關注，而更在於其對公共領域介入之時，是否具有富於個性的表達以及這種表達是否融入個體的生命體驗。甚至有的學者直接定義說："文學的 '公共性' 是指文學具有這樣一種性質，即代表個人在文學公共領域發聲、文學活動成為公共輿論的一部分，以達到對公共權力進行干涉或抗衡的目的。"[97]筆者認為，文學的 "公共性" 與 "公眾性" 最大的區別就在於 "公眾性" 是缺乏個人性內涵的，而 "公共性" 恰恰是極富個人性內涵的，並且這種個人性一方面是由於作家發自內心的真情實感而形成，另一方面還必須指向公共領域，發揮介入與批判功能。

有了以上這樣一些基本的認識，我們再回到 "新民歌" 問題上來。"新民歌" 運動之所以受到較多的關注與論述，就在於其具備話題性。這種話題性首先來源於它自身的悖論性。民歌既能真實的反映人民的生活，同時又能表達生活於其中的人的最真實的情感，但 "新民歌" 的創作卻是對這一最基本的詩歌創作規律的背反。其次是因為 "新民歌" 運動聲勢浩大，波及範圍極廣。規模浩大的詩歌運動的出現主要是來源於統治者個人意志的強行介入，這在詩歌的發展史上也是極為罕見的現象。這兩點使 "新民歌" 運動備受關注，也使其作品表現出鮮明特質：既缺乏真實的情感，又受到政治與意識形態的強力干擾，這就決定了 "新民歌" 運動中創造的作品或多或少的會存在 "公眾性" 凸顯 "公共

---

97 向天淵、趙玲：《論當代詩歌的公共性重建：以於堅詩歌為例》，《長沙理工大學學報》，2013 年第 3 期。

性" 缺失的問題。

　　對一個事物進行評價，不能僅僅止步於對該事物現狀的把握，同時還應該探尋該事物是如何形成的，只有追根溯源才能客觀地對其進行評價。同樣對 "新民歌" 運動及 "新民歌" 創作的評價，我們也不能僅僅站在當下的角度來審視並注意到它的某些局限性。而更應該探討， "新民歌" 運動作為一個聲勢浩大的詩歌運動，何以會在詩壇只是曇花一現，並被後世所詬病。有鑒於此，我們將從促使 "新民歌" 運動發生的主要原因的分析和對 "新民歌" 創作的代表性作品《紅旗歌謠》中部分詩歌的解讀來展示 "新民歌" 的主要內容特徵。

　　"新民歌" 運動始於 1958 年。1958 年 3 月，中共中央召開醞釀 "大躍進" 的成都會議，3 月 22 日，毛澤東在會上講了下面一段話：

> "請各位同志負個責，回去搜集一點民歌。各個階層都有許多民歌，搞幾個試點，每人發三五張紙，謝謝民歌。……中國詩的出路，第一是民歌，第二是古典。在這個基礎上，兩者結合產生出新詩來，形式是民族的，內容應當是現實主義和浪漫主義的對立統一。太現實了，就不能寫詩了。"[98]

　　這段話對中國當代文藝的影響可謂十分重大，它不僅促成了 "新民歌" 運動，還催生了 "兩結合" 的創作方法。

　　在緊隨其後的漢口會議上，毛澤東又提到新民歌。他說："各省搞民歌，下次開會，各省至少要搞一百多首。大中小學生，發動他們寫，每人發三張紙，沒有任務，軍隊也要寫，從士兵中搜集。"[99]

---

98 轉引自陳晉《文人毛澤東》，上海人民出版社，1997 年版，第 448 頁。
99 陳晉《文人毛澤東》，第 450 頁。

　　此後，全國聞風而動，各級黨委都開展了聲勢浩大的民歌搜集運動。1958 年 4 月 21 日《人民日報》發表郭沫若《關於大規模收集民歌問題答〈民間文學〉編輯部問》。同年 5 月，在中共八大二次會議上，周揚代表文藝界作《新民歌開闢了詩歌的新道路》的發言，不僅引用 10 來首民歌，還讓人選出一百一十首大躍進民歌，彙編成《新民歌百首》作為發言的附件印發與會代表。毛澤東對此非常滿意，並讚揚了周揚，但又提出了："所有的同志一直到支部，都要努力搜集民歌，每個鄉出一集也好，全國有九萬個鄉，就出九萬個集子……"[100]的新任務。

　　從以上簡單的描述，我們可以看出"新民歌"運動發生的主要原因，首先是受"大躍進"的影響，"大躍進"使得人們在精神上極度狂熱和不理性，這一精神狀態必然會對當時的文化領域產生影響。其次是受毛澤東宣導的影響。沒有領導人的提倡，這一運動不可能在當時的情況下迅速發展起來。最後是文藝界以及下級部門對毛澤東提議的積極支援與配合，如果沒有他們的執行，再極力地提倡也只能成為空話。

二、"新民歌"公衆性的凸顯與公共性的缺失

　　下面我們再結合新民歌運動的具體原因對其內容做進一步的分析。

　　第一，"大躍進"運動對"新民歌"創作的影響。在當時，"大躍進"運動要求工農業產品的產量成倍、幾倍甚至幾十倍的增長。在工業大躍進上最顯著的表現就是鋼鐵產量的大躍進，比

100　同上，第 452 頁。

如，1958 年 8 月 31 日新華社發的中共中央政治局擴大會議新聞稿說："會議指出：工業的生產和建設必須首先保證重點，工業的中心問題是鋼鐵的生產和機械的生產，而機械生產的發展又決定於鋼鐵生產的發展。根據當前全國人民對於鋼鐵的巨大需要和對於鋼鐵生產的巨大努力，根據鋼鐵冶煉設備正在逐月增加和迅速投入生產的情況，鋼鐵生產的飛躍發展是必要的和可能的。按照今年 2 月第一屆全國人民代表大會第五次會議所通過的 1958 年國民經濟計劃，今年鋼產量是六百二十萬噸，比去年增產八十五萬噸，這個數字早已顯得不夠了。今年 5 月底，中央政治局擴大會議建議把今年的鋼產量增加到八百萬噸至八百五十萬噸。現在看來，這個數字仍然嫌低。會議經過討論，決定號召全黨和全國人民用最大的努力，為在 1958 年生產一千零七十萬噸鋼，即比 1957 年的產量五百三十五萬噸增加一倍以上而奮鬥。" [101]同樣據報導該會議還指出："1958 年農業生產的大躍進，將使糧食作物的總產量達到六千億斤至七千億斤，比 1957 年增產 60%至 90%，全國每人佔有糧食的平均數將達到一千斤左右；棉花將達到七千萬擔左右，比 1957 年增產一倍以上。" [102]上行下效，自此以後，生產產量的高指標風氣在全國範圍內刮起。比如，在農業方面，"河南省提出到 1959 年就要基本實現水利化，1962 年全省糧食總產量要達到 600 多億斤。廣東省提出，到 1962 年要實現全省糧食畝均年產 800 斤，到 1967 年實現畝均年產 1000 斤的目標，總產量由 218 億斤增至 480 億斤。" [103]諸如此類高指標在各

101　《中共中央政治局擴大會議號召全黨全民為生產一千零七十萬噸鋼而奮鬥》，《人民日報》，1958 年 9 月 1 日。
102　同上。
103　赫牧寰：《1958 年"新民歌運動"的文化反思》，碩士學位論文，東北師範大學，2006 年。

個省市的農業方面都有體現。

從這些冒進和浮誇中我們可以看到當時人們的一種精神狀態，無論現實生活是如何的艱苦，他們都"相信"可以實現這些不切實際的目標。即便是當時百姓還在忍饑挨餓，即便是對糧食年產能達到 1000 斤每畝的產量數還沒有實際的概念，即便是人云亦云，但我們足以看出當時人們的狂熱和非理性。這種狂熱和非理性狀態在"新民歌"諸多創作中均表現得較為明顯。新民歌代表作品《紅旗歌謠》的"編者的話"指出："這本民歌選集，。我國勞動人民在一九五八年以排山倒海之勢在各個戰線上做出了驚人的奇跡。勞動人民的這股幹勁，就在他們所創作的歌謠中得到了最真切、最生動的反映。新民歌是勞動群眾的自由創作，他們的真實情感的抒寫。"說"新民歌""是大躍進形勢下的一個產物"可謂千真萬確，至於是否"自由創作"、"真實情感的抒寫"，在今天倒是有重新思考與評價的必要。這裏，還是讓我們先看看幾首歌唱工業、農業大躍進的作品：

> 胡麻麻開花一色色蘭，
> 合作化的好處說不完。
> 種地要種壓青地，
> 合作化就是上天的梯。
> 大紅公雞抖翅膀叫，
> 合作化以後咱上民校。
> 石拐溝的大炭是黑金子，
> 合作化挖斷了窮根子。
> 山頭上唱曲溝底下響，

合作化的道路通天堂。"[104]

這首《合作化大路通天堂》被放在《紅旗歌謠》第二部分"農業大躍進之歌"（共一七二首）的最前面。其內容淺顯明白，認為走合作化道路將改變自身的生活和命運，對合作化道路所能產生的巨大影響滿懷期望並充滿信心。

再看工業大躍進之歌：

高高伸向白雲邊，

青煙縷縷飄藍天。

哪棵大樹有你高？

哪根天竹有你甜？

你是一隻鐵手臂，

高呼口號舉上天；

你是一隻大毛筆，

描畫祖國好春天。

——《煙囪》[105]

煉鐵爐，高又高，

青煙直上九重霄，

玉皇高叫受不住，

眾神熏得眼淚拋。

——《青煙直上九重霄》[106]

這兩首詩描寫的都是工業大躍進中極具代表性的大煉鋼鐵

104　郭沫若、周揚編：《紅旗歌謠》，紅旗雜誌社，1959年版，第69頁。

105　同上，第273頁。

106　同上，第307頁。

運動，從中，我們感受到當時人們對大煉鋼特的激情與狂熱。如果以今天的環保意識去讀這樣的作品，我們會發現其中充滿著調侃與反諷。

從以上這三首詩歌中，我們可以看到工業、農業的大躍進不僅為“新民歌”創作提供了題材，更重要的是將人們狂熱的激情毫無保留地注入到“新民歌”創作中。但是，我們不得不提出疑問：這些詩歌究竟有多少是詩人因受到“大躍進”的震撼而作的？與其說“詩人們”是受到“大躍進”的震撼之後自覺地進行創作，倒不如說他們的創作在本質上是和“大躍進”運動相似的。“詩人們”在創作中只是充當一個被動的角色，周遭狂熱和非理性的情感致使他們創作詩歌。在這種情況下，“詩人們”的“個人性”是無法得到突顯的，他們只是表面上介入了“新民歌”創作這一公共事件，實際上並沒有更多地融入個體的生命體驗。

第二，毛澤東的宣導促使“新民歌”運動迅速發展。前文提到毛澤東在成都會議、漢口會議上提出要搜集民歌、發展“新民歌”。表面上看是意在探索新詩的發展道路，其實毛澤東此舉還有更深層次的政治目的。在當時，毛澤東以鼓勵“新民歌”創作作為對新詩發展道路的探索，是有多方面原因的。

首先，民歌創作的主體主要是人民群眾，他們思想比較單純，更便於指引和駕馭，也更容易按照領袖和偉人的思想與意志進行創作。1950 年代末，全國獲得解放、三大改造基本結束、一五計畫提前超額完成，這些豐功偉績使得共產黨在人民群眾心中樹立起了高大良好的形象和至高的權威地位。人民群眾無論在情感上還是在理智上都會無一例外地傾向共產黨、接受其領導。而當時的領袖與偉人正是抓住了人民群眾翻身做主的幸福感和對共產黨的信服感，輕而易舉地發動一場一場的政治與經濟運動。

新民歌運動就是在這樣的背景下得以轟轟烈烈的開展起來。毛澤東宣稱作詩並非難事，強調不識字的勞動人民也能參與創作，意在打破群眾對詩歌可望不可及的"迷信"。這樣一來，人民群眾這種當家作主的願望不僅是在物質上，同樣在精神層面上也得到了極大地滿足。這種做法既極大地激發了普通群眾的創作激情，又讓他們對統治者心懷感激。

其次，毛澤東堅稱文藝要為政治服務、為工農兵服務。這就使得他提倡的文學樣式或多或少的會承擔起意識形態的宣傳功能。民歌短小簡潔、通俗易懂、易於傳誦的特點，正契合了下層群眾的審美期待，所以能更好地被他們所接受。如天鷹在《1958年中國民歌運動》中說："新民歌在各次運動中發揮重大作用，是因為民歌生動形象，短小簡潔，抓住中心，引人入勝，用它來解釋黨的政策，宣傳革命道理，能收到意外的效果。如宣傳人民公社的優越性時，有一幅壁畫，畫著人民公社的大道直通天堂，廣大社員高舉紅旗向天堂邁進，配上一首民歌說：'共產主義是天堂，人民公社是天梯。登上天梯上天堂，天堂幸福無限量。'這四句民歌把人民公社是將來農村由社會主義向共產主義過度的最好的組織形式，很清楚的說明瞭，所以群眾看後反映說：'看了這幅畫，讀了這首詩，心裏可亮堂了，比講多少遍還明白哩。'"[107]由於1957年的反右擴大化運動的開展，文藝界的很多人都被迫失語或者是不敢言說的境地。文藝不繁榮，也就更談不上為政治宣傳服務了。這些都是毛澤東提倡並發起新民歌運動的重要原因。

僅就以上兩個方面，我們已經看出，毛澤東當時提倡"新民歌"創作其實是把它作為一種政治宣傳的工具。如此強烈的政治

---

107 天鷹：《一九五八年中國民歌運動》，上海文藝出版社.1959年版，第37-38頁。

驅動，再加上共產黨的統一領導與部署，當時人們創作出來的新民歌就不可能不帶有濃厚的政治宣傳意味。新民歌的代表性作品集《紅旗歌謠》就鮮明地體現了這一特徵。正如有學者指出的那樣："中國從 1949 年到 1978 年期間就是以政治意識形態為話語中心的政治文化。"[108]

在這一階段，領導者個人的意志在很大程度上直接主導甚至是代替了群眾的意志。首先，在那個盲目崇拜偶像的年代，偉大領袖毛澤東的話對群眾來說就相當於是"聖旨"。所以當主席提倡"新民歌"時，舉國上下紛紛響應。這一點也體現在當時的新民歌中："太陽紅，太陽亮，/太陽的光芒萬萬丈，/我們如今倆太陽，/兩個太陽不一樣。/一個太陽駐北京，/一個太陽掛天上。/天上的太陽暖身上，/北京的太陽暖心房。"[109]"天有把，/我們舉得起，/地有環，/我們提得起。/毛主席叫我們做的事體，/你看哪項不勝利？"[110]在《紅旗歌謠》中，類似的詩作舉不勝舉，對領袖的崇拜達到了無以復加的地步，正好說明領袖的宣導對這一詩歌運動的發展完全能夠起到決定性的作用；另一方面，眾多的歌頌都把毛澤東比作"太陽"，恰恰說明這些"詩人"的個體性是多麼的缺乏，大多只是在迎合大眾的想像共同體甚至是意識形態的需要。其次，由於受到統治者思想意志的主導，《紅旗歌謠》中所選錄的作品幾乎都是一致的頌歌類型，使得民歌喪失了其真實反映現實生活以及譏諷批判現實的功能。比如："河水急，/江水慢，/還得我們說了算，/叫水走，/水就走，/叫水站，/水就站，/

108　赫牧寰：《1958 年"新民歌運動"的文化反思》，碩學位士論文，東北師範大學，2006 年。

109　《太陽的光芒萬萬丈》，郭沫若、周揚編《紅旗歌謠》，紅旗雜誌社，1959年版，第 19 頁。

110　《舉得起天提得起地》，同上，第 23 頁。

叫他高來不敢低,/叫他發電就發電。"[111] "久不見娘心想娘,/
回家見娘也平常。/睡到半夜心又急,/明日社裏要挑塘。"[112]這
樣的詩歌所傳達的不是真實的現實生活、也不是詩人內心的真實
情感,它們只是主流意識形態思想資訊的傳達,是一種虛假的口
號式的書寫,在定音定調的統一旋律的規範之下,人們群眾不可
能發出自己的聲音,只是在配合政治形勢進行一場全民大合唱。這
樣的詩歌只具有"公眾性"特徵而與"公共性"並無多少牽連。

第三,文藝界和各級部門對"新民歌"運動的支援和組織。
這對"新民歌"運動的發展產生了最直接的影響。在毛澤東提出
要搜集民歌後,作為當時黨和國家文化"旗手"的周揚,首先對
毛澤東的提議表示附和,在《新民歌開拓了新詩的新道路》的發
言中,他極力強調要全面進行"新民歌"的創作。還出現文學泰
斗郭沫若與王老九的賽詩,周揚與郭沫若編選《紅旗歌謠》,賀
敬之對"新民歌"做出極其樂觀和高度的評價,田漢作組詩《鋼
鐵頌》,還有的知識份子在編選民歌集的過程中對其加工潤色等
等,都表現出文藝界對這場運動的積極參與和推動。除去領導人
的宣導、知識界的參與附和外,各級領導幹部更是將搜集、創作
民歌當作政治任務來完成。所以他們紛紛採取層層下派任務的方
式,規定每個單位和組織應完成民歌創作的數量。比如:"甘肅
省產生作家的規劃是半年五百名,一年兩千名,三年一萬名,而
湖北省紅安縣一縣就爆出一千多名民間詩人。" "山西省的口號
是一年裏要產生三十萬個李有才,三十萬個郭蘭英。"[113] "呼和
浩特市決定三至五年內要生產五十萬噸鋼,搜集五十萬首民歌,

---

111 《我們說了算》,同上,第196頁。
112 《想娘》,同上,第147頁。
113 薛冰:《大躍進中的"新民歌運動"》,《讀書文摘》,2010年第2期。

內蒙古則要求在五年內搜集一千萬首民歌。"[114]這些任務的制定和口號的提出，使得人們不得不通過各種方式來加緊詩歌創作。許多沒有文化的人也參與創作，為的是完成這種大躍進式的任務。在這樣的情況下，許多創作出來的作品甚至都不是詩歌，但因為有對"大躍進"、領導人的歌頌而稱其為詩。可想而知，這樣的詩歌絕不會是"詩人"內心真實情感的自然流露。

　　除了為完成任務而濫竽充數的創作之外，還有一類作品是由人們自發組織的詩歌創作活動。如開闢詩歌創作園地，最有名的是北馬村的黑板詩以及田頭詩。此外還開展豐富多彩的活動，最有名的是賽詩會，另外還有民歌演唱會，聯唱會，詩歌展覽會，戰擂臺等。但這些創作形式在當時往往演變成畸形、怪異的現象。例如，賽詩本是一個促進詩歌發展的良好方式，但在當時，參與者大多出於一種不服輸的心理，以得到"大眾的認可"為最終目的。所以在賽詩時，往往一兩分鐘就做出一首詩，而人們往往認為那些更符合"大躍進"時的激進氣氛、歌頌得更多的詩就是好詩。參與者以此作為創作標準，絲毫不考慮作品是否是自己內心情感的真實表達。所以這些"詩人們"的創作往往沒有自己切身的生活與情感體驗，只是將自己的語言嵌套進事先確定的模型中而已。他們的作品所表現的內容、所傳達的情感都是迎合領導和大眾的意志，並不具有情感與精神的獨立性。這種缺乏"個人性"的生命體驗的所謂詩歌，當然也不可能具有"公共性"特徵。

　　從上面對"新民歌"運動發展原因的分析，我們發現"詩人們"的主體性在其創作中並沒有很好地體現出來，他們的創作從一開始就打上了政治烙印，政治意志始終凌駕於個人情感之上。

114　同上。

"詩人們"要麼完全服從政治需要，所作的詩歌都是政治運動或領導人意志的直接反映；要麼自覺不自覺地向政治靠近，在政治話語的陰影下進行大合唱創作，喪失了自己的聲音。這樣的缺乏個人生命體驗的詩歌，即便參與到"新民歌"創作這一公共領域之中，也只是凸顯了"公眾性"，"公共性"卻是極其缺乏的。

三、在反思中重建新詩的公共性

當初，毛澤東以為新詩尋找出路為由提議搜集民歌，但實際出現的卻是缺乏生機和內涵的"新民歌"。從前面對"新民歌"運動發生與發展的三個主要原因的分析中，我們已經看到強烈的政治意圖致使這類詩歌"公眾性"凸顯而"公共性"缺失。時至今日，新詩依舊存在諸多問題，很多學者仍然在尋找其發展的出路，關於"公共性"問題的探討在當下顯得尤為必要。隨著社會科技的發展，人與人之間產生了更多的疏離與不信任。很大一部分人包括詩人都生活在自己的小世界裏，以自我為中心，故很多新詩都專注於表達詩人一己的內心世界，而較少關注外在的廣闊天地。如此一來，詩歌創作就必然會出現"個人性"的極度張揚而"公共性"的相對缺失。其實，文學作為人類精神領域中的一部分，不僅是要解決自身的問題，更應該承擔相應的社會責任。它應該揭示社會歷史豐富的內涵，對人類的精神和人性體現出深刻的關懷，並且要在"意識領域內肩負著社會輿論的引導者和社會行為的示範者的重要使命。"[115]

針對新詩"公共性"的缺失，對其進行重建就顯得極為重

---

115 蔡清輝：《當代中國文學公共性的缺失與重構》，《中國藝術報》，2012 年第 12 期。

要。筆者認為重建新詩的"公共性"有以下幾點是應加以注意的。第一，從詩歌的內容來看。詩人的創作不能僅僅為私語性的表達，而應心系天下，將時代、社會和歷史融入到詩歌中。第二，從情感的投入來看。"詩緣情而發"，只有在外在事物觸發了內心的情感之時，才能寫出好的詩歌。真實情感的流露和表達是詩歌創作最重要的原則，所以應該將更多的對外在事物的個人體驗與情感融入到詩歌創作之中。第三，從詩歌的意義來看。詩歌作品應該介入社會公共事務，並對其進行幹預，在此基礎上發揮引導和啟迪民智的作用。所以詩人們更應該保持其話語的獨立性，不隨波逐流，亦不為權勢利祿所左右。堅持個人的主見，以獨特的姿態發出自己的聲音。總之，詩歌不能僅是私語性的，詩人們還應帶著自己的生命體驗，通過介入社會，來達到對社會領域中公共事務的幹預，使詩歌具有"公共性"。不然，就只能像"新民歌"一樣，不僅不能對社會發揮積極的作用，反而產生負面的影響，最後也就只能在詩歌歷史的舞臺上曇花一現。

第七節　朦朧詩派的懺悔意識

懺悔意識根源于基督教文化的"原罪"理論。懺悔是一種靈魂自律、道德自覺，是一種對自己生命意義的形而上的追求。在20 世紀 80 年代的轉折之際，中國當代詩人尤其是以北島為代表的朦朧詩派形成了濃鬱的懺悔意識，在"新啟蒙"和靈魂救贖上發揮著重要的作用。

關於朦朧詩和朦朧詩派在 1980 年代有很多的爭論。支持者認為以北島、舒婷、顧城、江河、楊煉為代表[116]的朦朧詩人的創作與共和國建國之後新時期之前，以政治抒情詩為代表的主流詩歌創作有明顯的異質性。從寫作手法和表達方式上，朦朧詩人摒棄了主流詩歌的直接抒情的方式，廣泛運用象徵、隱喻、誇張的修辭手法，因此抒寫更加內斂、含蓄；在題材上，國家和政治等帶有主流意識形態的內容被個人化和生活化的感受所取代，內容更加真實、細膩，讀者讀來更有介入感，寫出了那些清醒理智的人心中的吶喊。批評者則從現實主義文論出發認為這些詩歌的思想傾向是“反現實主義”的，與建國後主流文藝意識形態相背離，這種批評在 1983 年“清除精神污染”運動中達到高潮。時至今日，在多元化的文化環境下，朦朧詩派的探索和進步意義無疑值得人們的讚賞。下面我們就以北島為例，對朦朧詩的懺悔意識進行初步的分析與探討。

一、非“政治”視點下的北島

作為朦朧詩人中的重要成員，北島以自己的創作引領了新時期的新詩潮流，又用實際行動（他於 1978 年 12 月 23 日在北京創辦《今天》雜誌），為“文革”時期的地下詩人搭建了吐露心聲、探索新詩未來之路的平臺。在那個試圖反思和清算十年動亂、接續“五四”傳統進行“新啟蒙”的節點上，“北島的詩以其冷峻的懷疑主義和不妥協的批判精神，深刻的悲劇風格與荒誕感的扭結，精審的措辭和獨立的要點，既使思想上比較開朗的知識份

---

116 食指、多多等朦朧詩人身份是在上世紀 80 年代中期之後不斷的爭論中在各種版本的“朦朧詩選”中得以確認的。

子又使庸眾和權力主義者震驚。"[117]然而，較長時期以來，北島有意或無意地被青年人奉為心目中對抗主流政治意識形態、爭取個人自由與尊嚴的"英雄"。有批評家就曾指出："北島成為被不同時期的詩學家作為參照的存在。……十餘年匆匆而過，關於北島詩歌的接受狀況實際上並未得到明顯改變。無論是激賞北島者還是怨憤北島者，他們的關注點卻有極大的一致之處，即'政治'視點。"[118]

其實，北島本人在 1978 年秋就表明過自己的純藝術立場："所謂純，就是不直接涉及政治，當然不涉及是不可能的…政治畢竟是過眼雲煙，只有藝術才是永恆的。…應該紮紮實實多做些提高人民鑒賞力和加深對自由精神理解的工作。"[119]北島成長的時代具有與政治運動緊密聯繫的特點，他所談論的話題自然離不開相關的辭彙與語境。然而，他對於自身成長環境的理解不僅僅局限於對時代話語的抗爭與抵制上，更多的是提高大眾對於詩歌這一中國最為傳統、諸多文學形式中最具有文學意義的體裁的理解和鑒賞能力上，在於大眾撥除類似於"傷痕文學"那種抒寫"70 年代的基本模式"上。關於"70 年代基本模式"，許子東認為"它由覺醒、控訴、反思、告別、憧憬等幾個敍述要素和主題片語成，從屬於現代化這個宏大敍事。由於這個模式在很長時間上佔據了記憶抒寫和歷史敍事的支配地位，並發揮著類似福柯所言的'知識 —— 話語型'的功能，規範著關於 70 年代的各種書寫，致使大多數（如果不是全部的話）此類書寫體現出高度的統一性。不僅回憶的內容相似，而且書寫的立場、回望的姿態以及評價的

---

117 陳超：《打開詩的漂流瓶》，河北教育出版社，2003 年版，第 287 頁。
118 陳超：《北島論》，《文藝爭鳴》，2007 年第 8 期。
119 轉引自李潤霞《文革後民刊與新時期詩歌運動》，《新詩評論》2006 年第 1 期。

尺度,無不呈現出高度的相似性。" [120]於是,北島在反思 70 年代發生在中國大地的歷史,反思生命、人性和時間中注入了發自內心的懺悔情感,他的詩歌具有濃厚的懺悔情結。

　　作為時代的先鋒、詩歌的革新者,北島自然少不了與舊的時代決裂的詩歌,如他那首廣為傳唱的《回答》:

　　　"卑鄙是卑鄙者的通行證,/高尚是高尚者的墓誌銘,/看吧,在鍍金的天空中,/飄滿了死者彎曲的倒影。/冰川紀過去了,/為什麼到處都是冰凌?/好望角發現了,/為什麼死海裏千帆相競?/我來到這個世界上,/只帶著紙、繩索和身影,/為了在審判之前,宣讀那些被判決的聲音。/告訴你吧,世界/我─不─相─信!/縱使你腳下有一千名挑戰者,/那就把我算作第一千零一名/。我不相信天是藍的,/我不相信雷的回聲,/我不相信夢是假的,/我不相信死無報應/……"

　　這是北島寫給過去那個時期的挑戰書,異常的熱血與決絕。在靈與肉、夢與實的決鬥中,他依然守護自己的靈魂、堅持自己的夢想,"如果海洋註定要決堤,就讓所有苦水都注入我心中;如果陸地註定要上升,就讓人類重新選擇生存的峰頂。新的轉機和閃閃的星斗,正在綴滿沒有遮攔的天空。那是五千年的象形文字,那是未來人們凝視的眼神。" 很多人把這首詩作為解讀北島的鑰匙。事實上,如果北島只是單純的時代批判者,即從 "政治" 的觀點來品評他的話,那麼他的價值必會隨著時代逝去而凋謝。2003 年《北島詩歌集》由南海出版公司出版後,一印再印,一年的總發行量接近三萬,如此高的發行量近年來很難有能望其項背

120 轉引自陶東風《"七十年代" 的碎片化、審美化與去政治化 ── 評北島、李陀主編的〈七十年代〉》,《文藝研究》2010 年第 4 期。

的詩歌集。無論國內的讀者出於何種原因、何種立場選擇《北島詩歌集》，這都說明瞭時光的流逝並沒有抹去北島在讀者心中的記憶。北島的詩歌一定有其不同於同時代其他作品並帶有北島個人性的魅力。

二、北島詩作中的懺悔意識

上世紀 80 年代，反思"文革"、"新啟蒙"成為一種文化思潮，大量的文學作品出版，形成了全民族的閱讀活動。"由於主流的政治理念與民間的政治訴求具有一種同步性與同構性，作家與知識份子角色合二為一，文學批判公眾的大量出現等原因，種種文學活動均呈現出明顯的人文、社會與政治關懷，文學話題變成公共輿論，一個介入並幹預現實的文學公共領域開始成型。"[121]小說以盧新華的《傷痕》、劉心武的班主任為代表的"傷痕文學"、以及後來的"尋根文學"與朦朧派詩歌都進入到這種公共話語空間參與討論。

與尚不成熟的"傷痕文學"和回望民族傳統的"尋根文學"不同，朦朧詩派的詩歌有其獨特的個性。在表達方式和表達技巧上普遍運用隱喻、象徵、誇張的修辭技巧，呈現出感情敍述斷裂化、片段化的特點，在抒情上與傳統詩歌有質的區別，乍一讀來晦澀難懂，因而得名"朦朧詩"。同樣，詩歌內容的價值追求上與現代西方詩歌有相似之處，不再拘泥於民族與社會的宏大敍事，更強調理性以及人性自由的追求，對人著力探索。然而，理性的北島比他們多向前走了一步，他已經開始了對反思的反

---

121 趙勇：《文學活動轉型與文學公共性的消失 —— 中國當代文學公共領域的反思》，《文藝研究》，2009 年第 1 期。

思，在他的詩歌中流露出濃重的懺悔情結，主要表現在如下幾個方面。

（一）"暴力"的縱向體認

曾經的北島是一名戰士，在為自己爭取作為人的尊嚴。他在那首《結局或開始——給遇羅克烈士》中寫到：

"……我是人/我需要愛/我渴望在情人的眼睛裏/度過每個寧靜的黃昏/在搖籃的晃動中/等待著兒子第一聲呼喚/在草地和落葉上/在每一道真摯的目光上/我寫下了生活的詩/這普普通通的願望/如今成了做人的全部代價/一生中/我曾多次撒謊/卻始終誠實地遵守著一個兒時的諾言/因此，那與孩子的心不能相容的世界/再也沒有饒恕過我…"。

這首詩在《上海文學》1980 年 12 期發表時附有短文："這首詩初稿於 1975 年。我的幾位好朋友曾和遇羅克並肩戰鬥過，其中兩位朋友也身陷囹圄，達三年之久。這首詩記錄了在那悲憤的年代裏我們悲憤的抗議。"然而，北島此後對於"那悲憤的年代"的體認卻不止於此。

北島懺悔自己的過去，他認為自己是歷史的"同謀"，

"很多年過去了，雲母/在泥沙裏閃著光芒/又邪惡，又明亮/猶如蝮蛇眼睛中的太陽/手的叢林，一條條歧路出沒/那只年輕的鹿在哪兒/或許只有墓地改變這裏的/荒涼，組成了市鎮/自由不過是/獵人與獵物之間的距離/當我們回頭望去/在父輩們肖像的廣闊背景上/蝙蝠劃出的圓弧，和黃昏/一起消失/我們不是無辜的/早已和鏡子裏的歷史成為/同謀，等待那一天/在火山岩漿裏沉積下來/化作一股冷泉/重見黑暗。"（《同謀》）

　　過去的時代如雲母既明亮又邪惡，時光飛逝留下的只有墓地組成的集市。昔日所渴望的自由只存在獵人與獵物之間，那幾乎不存在的空間裏。被推翻的父輩已經成為歷史，詩人們看似是受時代迫害的無辜者，實質是也是歷史的同謀。

　　"在中國的歷史上，父與子的對抗關係由來已久。二十世紀以來，這一關係空前惡化。二十世紀的中國歷史，大體上可視為子輩對父輩反叛的歷史，但它同時也是歷史自身不斷將自己的兒子送上祭壇的歷史。"[122]魯迅認為，中國的歷史關係是家族關係，"歷史過程被描述為象徵著父親權力的文化歷史傳統對於子輩的吞噬過程"，而北島他們作為這種家族關係的子輩，之前所做的正是對"父輩"的反叛："我曾正步走過廣場/剃光腦袋/為了更好地尋找太陽/卻在瘋狂的季節/轉了向，隔著柵欄/會見那些表情冷漠的山羊/直到從鹽鹼地似的/白紙上看見理想/我弓起了脊背/自以為找到表達真理的唯一方式，如同燒烤著的魚夢見海洋/萬歲！我只他媽喊了一聲/鬍子就長出來/糾纏著，像無數個世紀/我不得不和歷史作戰/並用刀子與偶像們結成親眷，倒不是為了應付…"（《履歷》）。"太陽"在這裏所指的是主流的意識形態指向，"正步"、"廣場"、"剃光腦袋"都是那個時代的辭彙，是作者的曾經精神狀態。最初的"轉了向"看到了"理想"，"以為找到表達真理的唯一方式"，開始"和歷史作戰"。"…歷史是一片空白/是待續的家譜/故去的，才會得到確認…"（《空白》），歷史是現代人寫成的歷史，向下的"待續的家譜"由子輩確定，這是子輩對於父輩的復仇。

　　因而，北島意識到北島們所遭受的憤懣與他們的反叛本質上

122　張閎：《北島，或關於一代人的"成長小說"》，《當代作家評論》，1998年第6期。

並沒有不同，都是以"暴力"為底色的行動，是家族關係中一輩對另一輩的"吞噬過程"，只不多它們是以時間的縱向形式排列而已。他開始懺悔自己的過去，反思他們這一代身上所繼承的"暴力"因數："……那從蠅眼中分裂的世界/在爭論不休的書堆裏/我們安然平分了/倒賣每一顆星星的小錢/一夜之間，我賭輸了/腰帶，又赤條條地回到世上/點著無聲的煙捲/是給這午夜致命的一槍/當天地翻轉過來/我被倒掛在/一顆墩布似的老樹上/眺望。"（《履歷》）"在廣義的覺悟中，詩人又完成了另一層個人化的覺悟——格鬥式的賭博從沒有真正的勝者。而'赤條條回到世上'的個人的反思，才真正給了雙重意義上的'午夜'致命的批判與拒絕。"[123]就像作者自己開玩笑似地說的那樣："碰上熟人真頭疼/他們總喜歡提起過去/過去嘛，我和你/大夥都是爛魚。"（《青年詩人的肖像》）

（二）歷史虛無感與自由

北島在懺悔"暴力"的同時表達了非常濃重的歷史虛無感，這在 80 年代也是極富先鋒性與個人性色彩的特點。"…歷史是一片空白/是待續的家譜/故去的，才會得到確認……"（《空白》）向上的歷史是人為寫成的，因而對於單個人來說是無意義，是虛無的。

"……掛在鹿角上的鐘停了/生活是一次機會/僅僅一次/誰校對時間/誰就會突然衰老…"（《無題》），以時間為參照物，個體生命只是歷史長河的一瞬間。時間的長與生命的短，歷史對於個體是虛無。"那從袖口揪出的靈感/沒完沒了，你/日夜穿過在

---

123 陳超：《北島論》，《文藝爭鳴》，2007 年第 8 期。

長長的句子和/胡同裏，你/生下來就老了/儘管雄心依舊照舊沿著/禿頂的邊緣生長/摘下假牙，你/更像一個孩子/一轉身就把名字寫在/公共廁所的牆上…"(《青年詩人的肖像》)一個人的生命在四句話裏就已被時間走完，它留在歷史上的只有一個寫在公廁上的名字。

歷史是虛無的，追求自由即是消滅歷史幻滅感、重塑人生的意義。批評家一平曾指出："'自由'的概念有四個層次：政治(社會權利)，倫理，人之存在與絕對精神。比如'五四'時代，'自由'主要是倫理的，青年人挑戰父權，要求婚姻自由；現在中國人講'自由'是政治的，民眾挑戰國家，要求社會權利；而薩特講的'自由'則關於人的存在本質；莊子和佛教的'自由'屬於絕對精神。集權社會高度簡單化，將人存在的各層面壓縮為單一形態。…'自由的白玫瑰'(《黃昏，丁家灣》)是此四個層次的合一，是生命絕對的期望和要求 —— 神話。"但是到了"自由不過是/獵人與獵物之間的距離"(《同謀》)，"自由"則是對人的存在的一種反思。"或許只有墓地改變這裏的/荒涼，組成了市鎮"，北島看到了人存在的狀態：在歲月的長河裏，"墓地"成為人唯一的存在，此時人才是"自由"的。這時的北島認為"自由"是不可能的，自由只在爭取自由的路上。"這是一個悲觀的表述，但也還是肯定了人行為的意義 —— 人有爭取自由之必要。"[124]時過境遷，北島對"自由"的反思更加獨特，褪去了早期"自由"的全面與激昂，因與他的生活經歷有關，更有其獨特性。

124　一平：《孤獨之境 —— 讀北島的詩》，《詩探索》，2003 年第 3-4 輯。

（三）“石頭”意象蘊含的懺悔情結

　　“石頭”意象在北島的詩文中經常出現，因而非常重要。從“野山羊站立在懸崖上/拱橋自建成之日就已經衰老/在箭豬般叢生的年代裏/誰又能看清地平線/日日夜夜，風鈴/如文身的男人那樣/陰沉，聽不到祖先的語言/長夜默默地進入石頭/搬動石頭的願望是/山，在歷史課本中起伏”（《關於傳統》）到“在黎明的銅鏡中/呈現的是黎明/獵鷹聚攏唯一的焦點/颱風中心是寧靜的/歌手如雲的岸/只有凍成白玉的醫院，低吟/在黎明的銅鏡中/呈現的是黎明/水手從絕望的耐心裏/體驗到石頭的幸福/天空的幸福/珍藏著一顆小小沙礫的/蚌殼的幸福/在黎明的銅鏡中/呈現的是黎明/屋頂上的帆/沒有升起木紋/展開了大海的形態/我們隔著桌子相望/而最終要失去/我們之間這唯一的黎明”（《在黎明的銅鏡中》），我們可以看到“石頭”意象在北島那裏曾經代表永恆、不朽的意義，“石頭”在經歷了世事繁華、人間滄桑之後依然曆久彌新。它不僅是歷史的見證者，它還是祖先語言與歷史的記錄者、是黎明與幸福的收納盒。此時，北島以為“石頭”相對于人類史幸福的，人類應如“石頭”一般堅強與永恆，“石頭”帶有非常積極的人生意義追求。

　　然而，“貧困是一片空白/自由是一片空白/大理石雕像的眼眶裏/勝利是一片空白/黑鳥從地平線湧來/顯露了明天的點點壽斑/失望時一片空白/在朋友的杯底/背叛是一片空白/情人的照片上/厭惡是一片空白/那等待已久的信中/時間是一片空白/一群不祥的蒼蠅落滿/醫院的天花板/歷史是一片空白/是待續的家譜/故去的，才會得到確認”（《空白》）中，“石頭” —— 大理石 —— 被北島“掏空”，再沒有實質內涵並失去永恆的意義，因為“勝利是一片空白"。

由此我們可以看出，"石頭"的意義在北島那裏有一個轉變，"它起初有著堅固、沉重、不易朽爛的性質，這種性質使之成為紀念碑和塑像的最佳材料。一代人的'自我'形象被賦予了如此這般的品質。然而，這座雕像很快便與'石頭'融為一體了，並獲得'石頭'的全部性質；同時也體驗到了僵硬、冷漠和無生命的感受。而這一切，又恰恰是這一代人所要反叛的，是上一代人的形象的本質…北島一代人在與石頭般的歷史的搏鬥過程中，習得了'石頭'的品質。勝利者自身也'石化'。"[125]

因此，北島在前後寫"石頭"的過程中，意識到作為勝利方的他們與他們所要推翻的上一代人在最後並沒有本質的區別，"我們不是無辜的/早已和鏡子中的歷史成為同謀"(《同謀》)。這種對於人類"自我"的反思與懺悔無疑是深層次和深刻的，也是北島頗具獨特性的地方。

三、結 語

依據陶東風的觀點[126]，理想型的文學公共領域主要有四個基本條件：首先，文學公眾的參與；其次，存在一個由人的言說和行動建構呈現的意義空間；第三，存在獨立於國家權力領域的民間文學活動、文學機構、文字遊戲規則等；第四，文學公共領域的交往和溝通必須本著公正理性的精神進行。上世紀 80 年代初，國內剛剛從"文革"的陰影中走出來，新的文藝政策還沒有統

---

125 陳超：《北島論》，《文藝爭鳴》，2007 年第 8 期。
126 參見陶東風：《阿倫特式的公共領域概念及其對文學研究的啟示》，《四川大學學報》，2010 年第 1 期。

一，建國以來的文藝政策的執行以及文藝監管工作處於較為鬆懈的時期，輿論言說的空間和深度達到了一個高峰；一系列刊物復刊，大量作品出版；井噴式增長的讀者群；這些都直接促成了 1980 年代國內文學公共空間的形成。

在這個文學公共空間中，為 1940 年代開始的主流文藝觀阻斷的“五四”傳統重新提及，“反思”成為文學的主題，一些公共性的話題如：人的認知、理性精神、自由觀念等成為了討論的熱點，各主要文體如詩歌、小說等作家身兼知識份子的身份參與其中（具體在上文亦有說明）。北島式的懺悔所討論的“暴力”，歷史虛無感以及自由雖然比一般作家多走出了一步，但也是以上這些話題的延伸。如上文所述，“暴力”的認知是理性反思精神對整個時代深層次的新思考，是反思精神的高峰；歷史虛無感則是對人的存在在歷史維度上的認知；而北島對自由的漸進式的思考則是以自身的親身經驗所作出的蛻變。

1980 年代短暫存在的文學公共空間，為北島這一代人提供了展現時代和文學特色的舞臺，是建國後輿論與文學的高峰，是我們現在可資的經驗。90 年代後旅居國外的北島漢語詩歌風格的轉變、退守到對詩歌語言的鑽研以及國內文學存在的困境都說明瞭這一點。

第八節　第三代詩歌的“個人性”
與“公共性”

1980 年代繼具有“貴族與英雄”氣息的朦朧詩後，“第三代

詩歌"帶著"冰冷的生命體驗"[127]登上詩壇。"第三代詩人"在
1986 年《詩歌報》和《深圳青年報》共同舉辦的"現代主義詩歌
大展"中第一次群體亮相。大展集仲介紹了一百多名詩人以及具
有代表性的詩歌群體。由於"第三代詩歌"以時間為劃分標準，
並且詩歌群體眾多，又注重創作的獨立與自由，其詩歌創作的特
色也紛繁複雜。通常文學史將第三代詩歌的特點歸納為三點：第
一，相比朦朧詩敍述的"大我"，第三代詩歌更加傾向於"作為
個人深入到這個世界中去探索、體會、經驗"[128]；第二，反對崇
高，提倡平凡和真實，詩歌內容更加生活化；第三，反意象、反
修辭、反口語化。[129]從中我們可以看到"第三代詩歌"在創作方
向上具有一定的"先鋒精神"。文革時期文學功利性凸顯，而文
革後無論是"傷痕文學""反思文學"還是"朦朧詩"，都普遍
將對人生真諦的探尋置於宏大的歷史進程中，文學的社會功用價
值仍然是討論的焦點。當然這是時代所賦予作家們的特性，我們
無須妄加評判。1980 年代，西方現當代理論和作品開始湧入中國
的文化圈，文學創作中"寫什麼"的重要性削減，而"怎麼寫"、
"寫得怎麼樣"則受到越來越多的關注。"第三代詩人"在世俗
的人生中去尋求個體感性生命體驗，反應了 20 世紀 80 年代強調
個人性的文化氛圍。與此同時，借助西方詩歌的語言與創作模式
也是詩人們力圖去建立當代新詩典範的具體體現。但是，強調"個
人性"（個體性）且具有反叛精神的"第三代詩歌"不是單純的

---

127 徐敬亞：《歷史將收割一切》，《中國現代主義詩群大觀 1986-1988》，同濟
　　大學出版社，1988 年版，第 2 頁。
128 韓東：《"他們"藝術自釋》，《中國現代主義詩群大觀 1986-1988》，同濟
　　大學出版社，1988 年版，第 52 頁。
129 朱棟霖：《中國現代文學史 1917-1997（下冊）》，高等教育出版社，1998 年
　　版，第 140 頁-141 頁。

個人 "私語"。它通過 "個人性" 的言語，自覺或不自覺地反映出了現代人的生存狀態和困惑，並且經過時間的打磨，這些詩歌的內容依然活躍在我們今天的公共生活領域中，其詩歌內在的 "公共性" 也得以被世人接受，並將作為當代詩歌轉型的典範長久地在中國現當代文學中屹立不倒。

文學的 "公共性" 並不是單純地與 "私人特性" 對立，也不是單純地與公眾契合。[130]人們將個人閱讀和寫作中收穫到的涵蓋於世界之內的個人情感和認知在文學公共領域中自覺且有序地展現出來，讓世界充滿不同的聲音，擴展了私人領域的空間，深化了私人性的體驗和感悟。缺少了 "公共性"，文學難以被當代讀者所普遍接受，尤其是在當代的詩歌中，讀者很容易陷入語詞的謎團之中，而不能從閱讀中獲得個人經驗的昇華。然而，更重要的是 "個人性" 是建立 "公共性" 的一個必要因素，沒有 "個人性" 獨特的體驗，詩歌創作只能流俗或淪為政治宣傳語。真正的觸動人心的詩歌都是詩人個體生命體驗的結晶，這種體驗來自現實，是構成詩歌 "公共性" 的前提。下面我們以海子為例，對第三代詩人作品中的個人性與公共性問題進行分析與闡釋。

一、獨特的詩性追求

駱一禾評價海子說： "海子是我們祖國給世界文學貢獻的一位有世界眼光的詩人……他的價值會隨著時間而得到證明。" [131]的確，海子活著的時候艱難晦澀的詩歌讓他備受爭議，死後卻被

---

130 參見向天淵、趙玲《論當代詩歌公共性的重建》，《長沙理工大學學報》，2013年第 3 期。

131 崔衛平主編：《不死的海子》，中國文聯出版社，1993 年，第 18 頁。

推上了"神"高位。海子的詩句中沒有對社會現實的直接反映，沒有對時代問題的明確表達。他的詩就像梵古，畢卡索的繪畫一樣，充滿想像的扭曲卻會讓人在現實中獲得震撼。直到今天仍然有人熱愛他的詩，還在津津樂道地解讀他的詩歌，他的"面朝大海，春暖花開"被許多民眾所熟知。海子濃烈"個人性"生命體驗借助獨特的話語方式和死亡事件走入了人們生活的公共領域，在他的身上"個人性"正是建立其詩歌"公共性"的重要因素。

　　詩對於海子來說是尋找對實體的接觸，他"希望能夠找到對土地和河流 —— 這些巨大物質實體的觸摸方式"[132]。在"第三代詩人"中間這一認知是特別的。回歸海子的詩歌我們可以看到，詩中散佈著許多有關大地和天空的意象，如麥地、村莊、樹林、草原、河流、野花、泥土、太陽、月亮、雨水、風……大地與天空是原始力量的化身，承載萬物，剛強與溫柔並存。在海子看來自然是巨大的也是無聲的，即是美麗又是苦難，"詩人的任務僅僅是用自己的敏感力和生命之光把這黑乎乎的實體照亮，使他裸露於此。"[133]於是詩句成了接觸實體的觸角，在海子看來這實體不是簡單的物，而是隱藏在物背後的某種力量或氛圍。所以我們看到，詩人在麥地的情誼面前，感到無力償還，痛苦與灼傷；在五穀豐登的村莊之中感受到的是永恆的悲傷。

……

麥地

神秘的質問者啊

---

132 海子：《尋找對實體的接觸（〈河流〉原序）》，《海子詩全編》，作家出版社，2009 年版，第 1017 頁。
133 同上，第 1018 頁。

當我痛苦地站在你的面前
你不能說我一無所有
你不能說我兩手空空

麥地啊，人類的痛苦
是他放射的詩歌和光芒！

——《麥地與詩人》

村莊，在五穀豐盛的村莊，安頓下來
我順手摸到的東西越少越好！
珍惜黃昏的村莊，珍惜雨水的村莊
萬裏無雲如同我永恆的悲傷

——《村莊》

　　西川在一篇文章中指出：海子曾對他說，你們這些在城市裏生活的人想像農村時，總是想到“麥浪滾滾”，但你們從來沒有站在莊家收割完之後的田野上感受那種感覺。[134]在空闊的大地之中，在空無的天空之下，詩人將自己的情感基調定位痛苦和悲傷。他不去歌頌豐收的喜悅，不去描寫鄉村的恬適，所以不能單純的認為海子是田園詩人或鄉土詩人。海子對生活的感悟不是來源與表像的一瞥，而是源於個體對世界、對生命、對生活真誠且炙熱的體驗。用充滿原始力量的詞語暴露“實體”產生了巨大的衝突。

　　置身現實，奔波於生活之河兩岸的人們總相信幸福會隨後而來，人們焦慮、恐懼不幸的發生，於是在現實中我們更願意用美景去遮掩這些不幸，選擇緘默地生活，然而海子不能：

134　參見西川《海子詩歌的來源與成就》，《南方文壇》，2009 年第 4 期。

"回憶和遺忘都是久遠的。對著這塊千百年來始終沉默的天空，我們不回答，只生活。這是老老實實的、悠長的生活。……有時候真想問一聲：親人啊，你們是怎麼過來的，甚至甘願陪著你們一起陷入深深的沉默。但現在我不能。那些民間主題無數次在夢中凸現，為你們的生存作證，是他的義務，是詩的良心"。[135]

這樣的體驗使他註定要成為一個發聲的人。海子的詩歌暴露了沉默背後的隱秘的人性騷動，這是現代文學的審美性的一種體現。海子在詩中描寫原始粗糙的感性生命和風景，並用自己的詩歌去描繪生命和風景背後的靈魂。文明的外衣將我們裸露的部分一層層裹住，看似清醒而事實上卻陷入了另一種失明和盲目的狀態。詩人要撕開這層外衣去提高人類生存的真理性和真實性，真正的詩歌便是他的工具。一方面，海子從荷爾德林那裏懂得，"必須克服詩歌中對於修辭的追求，對於視覺和官能感覺的刺激，對於細節的瑣碎的描繪。"[136]另一方面，在中國當代詩歌創作中意識到，傳統順滑起伏的節拍和歌唱性差不多已經死掉，真正的詩歌要使意象與詠唱合一。而詩人自己"必須有力量把自己從大眾中解救出來，從散文中救出來"，"必須有孤軍奮戰的力量與勇氣"[137]。後期的海子逐漸返回"史詩""大詩"的創作，《太陽》則是他創作"史詩"理想的嘗試。海子認為"偉大的詩歌，不是感性的詩歌，也不是抒情的詩歌，不是原始材料的片段流動，而

135 海子：《民間主題（〈傳說〉原序）》，《海子詩全編》，作家出版社，2009年版，第1021頁。

136 海子：《我熱愛的詩人 —— 荷爾德林》，《海子詩全編》，作家出版社，2009年版，第1071頁。

137 海子：《動作〈太陽·斷頭篇〉代後記》，《海子詩全編》，作家出版社，2009年版，第1037頁。

是主體人類在某一瞬間突入自身的宏偉 —— 是主體人類在原始力量中的一次性詩運動。"[138]在史詩中"太陽"似乎是一個救世主的形象，它衝破虛無和荒涼，給予人類以拯救。駱一禾認為在詩歌取向上海子是獨自進取的，是先行者和創始人。[139]海子史詩中流露出強烈的絕望與虛無不是無病呻吟，也不是寫作技巧。獨特的生命體驗讓海子有太多話想要表達，語言無法完全指意的缺憾逼迫詩人去尋找極致的表達。

海子借助簡單的自然意象，透露出強烈的個人感悟並雖然是個人化的，但他對世界獨特的觀察視角使其詩歌具有巨大的開放空間。人們在文學公共領域中對話題或觀點的把握與思考存在著巨大的不同。於是不可避免地"一切文學作品都被閱讀它們的社會所'改寫'，即使僅僅是無意識地改寫"[140]。在海子的詩中我們可以體會到現代社會中人們精神的焦慮、可以體會到生存表像外人們的失語……有人說海子是生活的逃避者，但我想只有真正熱愛生命，熱愛詩歌，認真對待生活的人才能寫出如此神秘、複雜、豐富的經典作品。

二、"密語"中的普世情感

海子濃烈的個人體驗，必須要借助詩歌的語言才能表達，海子"密語"般的敍述是將其個人經驗帶入文學公共領域以及人們生活公共領域的重要媒介。

---

138 西川：《詩學：一份提綱》，《海子詩全編》，作家出版社，2009 年版，第1048 頁。
139 參見崔衛平主編《不死的海子》，中國文聯出版社，1999 年版，第 9 頁。
140 〔英〕特雷·伊格爾頓：《二十世紀西方文學理論》，伍曉明譯，北京大學出版社，2007 年版，第 12 頁。

　　俄國形式主義認為文學語言要具有"陌生化"的特質,海子的詩語就是這種陌生化後加密的語言。海子詩歌中沒有生僻的詞語和字眼,可依然晦澀難懂。然而無論是 80 年代,還是 90 年代,還是當下依舊有許多人癡迷於海子的詩歌。或許是"陌生化"和"晦澀"激發了人們的好奇心,並無意間詩人借用這一神秘感迫使讓讀者去努力向自己靠近。"密語"拉開了讀者和詩人的距離,也讓海子的作品經久不衰,還使它遠離媚俗和消遣的趣味。但是海子的詩不是曲高和寡,透過語言,我們依然可以發掘其中的普世情感,這也是海子詩歌由"個人性"建立"公共性"的重要表現。

　　第一,虛無之美。傳統詩歌中強調情景交融,但是在海子的詩歌中我們常常看到情景相悖的情況。比如:

故鄉的小木屋、筷子、一缸清水

和以後許許多多日子

許許多多告別

被你照耀

今天

我什麼也不說

讓別人去說

讓遙遠的江上船夫去說

有一盞燈

是河流幽幽的眼睛

閃亮著

這盞燈今夜睡在我的屋子裏

> 過完這個月，我們打開門
> 一些花開在高高的樹上
> 一些果結在深深的地裏
>
> ──《新娘》

　　這首詩出現了很多生活化的事物，故鄉、小木屋、筷子、清水、日子、燈盞……燈光照在屋內充滿溫馨安詳的氣氛，而"告別""不說""遙遠""幽幽"又讓我們感覺沉默和渺遠。詩歌題目"新娘"本是美好的新生活的代表，但是當"我們"開門迎接的時候，美好的"花"與"果"生長在無法觸碰的地方──樹上和地裏。美好的意象背後卻讓人讀出了不可控的虛無感。海子的詩來自平凡的日常生活，卻形成了異于普通感知的表達。翻看海子的詩歌我們會看到"幸福"在劈開"我的秋天"；微風吹來黃昏的麥田頃刻沉入黑暗；"五穀豐盛的村莊"卻有我"永恆的悲傷"；即使是溫暖也如"地血"……詩語前後的反差讓詩歌充滿張力。簡單的詞語脫離我們的日常感知，刺激著我們的神經。海子敏感的特質使他很容易被美所感染，我們容易看到美的外表，但詩人卻能看到美之後，隱藏在我們生活的細微瞬間的絕望和虛無。海子將這些隱秘的部分暴露到紙面上，帶給人們的是巨大的震撼力，在不同的時代提醒芸芸大眾深刻地感受生活。

　　第二，孤獨之美。現代社會不斷發展，人口不斷增加，人作為個體卻倍感孤獨，缺乏安全感。面對每日的資訊我們表示懷疑，渴望真誠的交流卻又渴望窺視他人的生活。我們開始用欲望來填補自我的缺失，卻無法填補內心的孤獨感。

> 孤獨是一隻魚筐
> 是魚筐中的泉水

放在泉水中

……

拉到岸上還是一隻魚筐

孤獨不可言說

——《在昌平的孤獨》

有時我孤獨一人坐在麥地為眾兄弟背誦中國的詩歌

沒有了眼睛也沒有了嘴唇

——《五月的麥地》

不能攜上路程

當眾人齊集河畔　高聲歌唱生活

我定會孤獨返回空無一人的山巒

——《晨雨時光》

你要把事業留給兄弟　留給戰友

你要把愛情留給姐妹　留給愛人

你要把孤獨留給海子　留給自己

——《為什麼你不生活在沙漠上》

　　海子的孤獨如水中的魚筐，無論在沉于水下還是飄於水面上，魚筐如孤獨依舊空蕩蕩，孤獨感不可言說。在《五月的麥地》中，詩人在第一節描繪了一幅熱烈的圖景：“全世界的兄弟們/在麥地裏擁抱”，他們“背誦各自的詩歌/要在麥地裏擁抱”。而第二節中詩人卻孤坐在麥地裏痛苦地訴說著。不可否認，海子的孤獨與其自身的氣質、現實中內外交困、愛情失意等等相關，但也正因為這樣海子所構建的群體烏托邦是具有普遍性的。詩人敏感的心性讓他的孤獨感擴大並且豐富：孤獨可以是不可言說的空洞、可以是看不見聽不到的熱情。

　　另外，孤獨在海子的幻象世界裏不僅僅存在於“此刻”的群體中，它也流淌於“歷史”之內所有的群體裏，海子的詩歌中歲月、村莊、土地、黑夜等都沾染了詩人的孤獨感。“唯一”、“只”“遠離”“躲開”等詞語頻頻出現在詩歌中。海子遠離人群，孤獨也包含了某些反叛的意味，或許海子想成為一位拯救世間的“王”，要“告訴這些在生活中感到無限歡樂的人們，他們早已在前年的洞中一面盾上鏽跡斑斑”。或許正是這種巨大欲望讓海子產生了無助感，於是海子在紙上寫到：一塊孤獨的石頭坐滿整個天空/沒有任何淚水使我變成花朵/沒有任何國王使我變成王座⋯[141]

　　崔衛平在《海子、王小波與現代性》中寫到：“什麼是詩歌中的天才？詩歌中的天才就是將自己的命運，與時代的命運恰當地聯繫在一起的人，就是通過對自己命運的洞察瞭解時代名譽和危機的那種人，就像卡夫卡說自己 ── 他本人的弱點恰恰與時代的弱點結合在一起。”[142]不同於傳統反應現實的詩歌，海子表現的是個人的真誠體驗，但同為進化中城市的一員，他的體驗也必然帶著現實中的普世情感。它源自熾熱的內心，源自生活，源自思考，源自我們每個個體。正因此海子私人的“密語”才能沖出文學界被普通群體所接受認可，並成為中國當代詩歌的一種創作典範。

141　海子，《海子的詩》，人民文學出版社，1995年，第208頁。
142　崔衛平：《海子、王小波與現代性》，《當代作家評論》，2006年第2期。

三、結語：不死的海子

在哈貝馬斯的理論中，公共領域是一個對話交流空間，在他看來文學公共領域是政治公共領域的前提。海子 1989 年 3 月 26 日臥軌自殺，死亡事件後海子的關注度大大提高，讓他在文壇中凸顯出來，並讓更多的群眾認識了他。此後很多人開始寫文章紀念海子，並引起了一些關於中國詩歌發展，人類精神……問題的討論。"詩人之死"使海子的詩有效地進入公眾生活公共領域。

海子死後的第十年，謝冕在《不死的海子》序言中寫道："他已經成為一個詩歌時代的象徵：他的詩歌理想，他營造的獨特的系列意象，他對中國詩歌的創造性貢獻 —— 他把古典精神和現代精神、本土文化和外來文化、鄉土中國和都市文明做了成功的融合，以及他的敬業精神、他對於詩歌的虔誠和敬恍"。[143]這些都贏得了人們久遠的懷念。我們無意將海子的成就稱讚到如此程度，但我們確實要看到海子的詩對於中國當代詩壇的影響。1980 年代後期，"第三代詩歌"的反叛精神是其先鋒性的重要體現，有時候追求簡單明白的語言，生活化的內容，失去詩歌的語言美，失去了內涵。1990 年代之後，詩歌群體迅速解散，大批詩人遠離了詩歌，下海經商或進入政府機構做起官員。另一方面，民間寫作直接反映社會景象得到了群眾的推崇，真正包含生命體驗的詩人已經少之又少。這是時代發展的必然，但也體現了詩人理想的破滅，"詩意的棲居"正在慢慢逝去。習慣了將社會問題直接表現出來，但是除了那些規律性的，觀念性的東西之外，那些真正

---

143 崔衛平主編《不死的海子》，中國文聯出版社，1993 年版，第 2 頁。

屬於個人的東西才在詩歌的共鳴中起著決定性作用。海子短暫的一生堅持了詩人最單純、最根本的"烏托邦"。今天,詩壇上很難再出現第二個海子,他獨特的詩歌被青年人模仿,卻再也不能真正與"實體"進行接觸。

　　2008年大地震後,地震詩歌引發了人們對詩歌"公共性"的討論,有人會說今天的詩歌已經疏離了生活,事實上,創作者只有深入到個人生活細節中,才會有真正的詩歌。只有當"個人性"達到某種高度時,作家才會有創作的靈感和動機。海子的詩歌正是由高度"個人性"去創建"公共性"的。獨特的視角讓他對生活表像之外的世界更為關注。海子描繪村莊、大地和天空裏的黑暗、孤獨與虛無,所有的感官都源於他所真正經歷的生活。"海子完全沉浸在無所拘束的生命本能的欲求和體驗中"[144],所以其"密語"中傳達的普世情感也更值得我們去體味,發現。此外,海子的詩性追求,以及詩歌語言、形式方面的個人特色為當代的詩壇提供了借鑒與參考。這些都是海子詩歌"公共性"的體現。

　　當然,海子並不能完全代表"第三代詩人",有關"第三代詩歌"的"公共性"與"個人性"問題還有待我們繼續探究。

第九節　"知識份子寫作"批判精神的流失與培育

　　20世紀80年代末90年代初,新詩的"知識份子寫作"概念出現,詩歌寫作開始轉向更加自覺而穩妥的內在批判,即主要針對文學的內在脈絡進行生髮,更加注重秩序和責任,更加關注知

144　崔衛平主編《不死的海子》,中國文聯出版社,1993年,第209頁。

識份子在當下的歷史語境中寫作的可能性。"知識份子寫作"是一個更加重視個人對時代的自覺承擔，對詩歌路向的自覺修正，對詩歌寫作的複雜詩藝更加苦心孤詣探索的群體，是 80、90 年代，乃至新世紀以來詩歌寫作最為重要的部分之一。西川的詩歌寫作及詩學追求，大體反映了知識份子寫作的整體風貌，早期詩歌重視神秘體驗，具有古典主義式的追求；至 1992 年的《致敬》以來，詩風發生較大的變化，充滿智性冥思的句群寫作具有強大的思想張力；新世紀以來，隨著盤峰論爭對相關詩學命題的探討，西川之前對生活細節和口語寫作的警惕有所修正，表現出更大的豐富性。在知識份子寫作群體中，西川的詩歌在表像上與現實保持距離，符合知識份子在現代社會轉型時期的文化症候，但在現實批判逐漸弱化的語境中，他的詩仍然表現出相對自覺的批判意識。我們就以西川為例對"知識份子寫作"的批判精神進行描述與探討。

一、"知識份子寫作"批判精神的流變

"知識份子寫作"在"朦朧詩"和"第三代詩"的兩極發展中尋求詩歌的秩序和責任，探索詩歌的另一可能，它是深入現實又在另一層面製造現實、深入語言又在另一向度創造語言的詩歌，時代因素深刻地影響著它的批判精神的力度和指向。若要對知識份子寫作的譜系進行系統梳理，首先要提到的則是早期的《傾向》和《南方詩志》，在這兩本民刊周圍，團結了大部分後來被命名為知識份子寫作的最為重要的詩人，如西川、王家新、歐陽江河、陳東東、翟永明、鐘鳴、張棗、蕭開愚等。尤其是《傾向》，"《傾向》的詩作者們所宣導的知識份子精神，更多地體現在他們的使命感與責任感上……雖然使命感與責任感並不是知識份子

精神的全部,但這二者無疑至關重要;對於詩人來說,這二者又是首先針對詩歌本身的。因此,《傾向》的詩作者們事實上是把他們的知識份子精神上升為一種詩歌精神了。"[145]這種知識份子式的使命感和責任感所造就的詩歌精神並非無的放矢,而是有所針對。這種針對性首先不是指向現實,而是瞄準詩歌內部,也即詩歌本身的發展的。具體而言,則是對朦朧詩的過度意識形態化和第二代詩歌的過度口語化的反撥。因此,西川後來回顧他所提出的 "詩歌精神" 和 "知識份子" 概念時闡明瞭他的針對性:"一方面是希望對於當時業已氾濫成災的平民詩歌進行校正,另一方面也是希望表明自己對於服務於意識形態的正統文學和以反抗的姿態依附於意識形態的朦朧詩的態度。"[146]這幾乎成為知識份子寫作詩人內部的共識,同時也是其 1990 年代詩歌寫作的一個重要方向。"九十年代詩人所做的恰好是對 '兩種詩歌態度' 的糾偏工作:一種是服務於意識形態或以反抗的姿態依附於意識形態的態度;另一種是雖然疏離了意識、但同時也疏離了知識份子精神的崇尚市井口語的寫作態度。"[147]由此可見,知識份子寫作從提出之初,便已埋下了與後來的 "民間寫作" 之間論爭的分歧,雖然這只是其前期的詩學主張。

當然,知識份子寫作的批判性也並不只是針對文學的內部,它還有更大的外延和更多的指向,這是敏感於時代的變遷並努力做出調整的一群詩人。正如西川對知識份子的定位,"一個知識份子意味著你必須有你的道德立場,你必須有你的獨立性,你應

---

145 洪子誠:《中國當代新詩史》,北京大學出版社,2010 年版,第 304 頁注釋四。
146 西川:《答鮑夏蘭、盧梭四問》,轉引自洪子誠《中國當代新詩史》第 304 注釋二。
147 程光煒:《不知所終的旅行》,《山花》,1997 年第 11 期。

該是一個有批判色彩的人。而且無論你用什麼媒介，你應該向別人宣講這個世界上最重要的事情，或者你發現了哪些問題。"[148]只是隨著時代的變遷，知識份子角色和身份都處在某種尷尬之中。在所有的文明形態中，政治和經濟因素發揮著必然的影響，尤其是在 80、90 年代，從事詩歌寫作的每一個人都會感受到這兩個因素對寫作所施加的壓力和刺激。

1980 年代末的政治事件的發生，使知識份子遽然陷入困境，不僅是身份、文化、生存、還有寫作的困境，歷史判斷似乎一下子從連續性過度到斷裂性，此前的寫作並不能為之後的寫作提供依據以佐證其價值，反而是一種消解，寫作的基石淪陷之後面臨著重新尋找的迫力，以實現寫作的有效性。正如王家新自己所說，"如何使我們的寫作成為一種與時代的巨大要求相稱的承擔，如何重獲一種面對現實、處理現實的能力和品格，這是我們在今天不得不考慮的問題。"[149]在現實語境中，那些不能明言的事物唯有借助其他事物隱喻地表達，從而與現實構成一種互文性關係。王家新比較早地找到了俄羅斯經驗，俄羅斯的早期現實與中國類似，而俄羅斯的知識份子在集權時代的抗爭和承擔也為中國詩歌提供一種敍述的維度。在比較為人所熟知的《帕斯捷爾納克》一詩中，王家新寫到對不能說出的命運的秘密，"只是承受、承受，讓筆下的刻痕加深/為了獲得，而放棄/為了生，你要求自己去死，徹底地死"，他在心中，"呼喊那些高貴的名字/ 那些放逐、犧牲、見證，那些/ 在彌撒曲的震顫中相逢的靈魂/ 那些死亡中的閃耀，和我的// 自己的土地！"表面上看這是向帕斯捷爾納克致

---

148 西川：《深淺：西川詩文錄》，中國和平出版社，2006 年版，第 263 頁。
149 王家新：《闡釋之外：當代詩學的一種話語分析》，《文學評論》，1997 年第 2 期。

敬的文本,但任何一個對當時語境有所感知的人,都會體會到其間的中國意味。這也是王家新對 90 年代詩歌寫作的一個基本判斷,"90 年代詩歌是一種不是在封閉中而是在互文關係中顯示出中國詩歌的具體性、差異性和文化身份的寫作,是一種置身於一個更大的語境而又始終關於中國、關於我們自身現實的寫作",這種形式的寫作,"實質上是一種向我們自身的現實和命運'致敬'的文本","言說我們在那一、二年所沉痛經歷的一切。"[150]這是間接的現實批判的詩學,也是承擔的詩學。

在知識份子寫作群體中,歐陽江河較早對知識份子寫作做出理論闡述:"我所說的知識份子詩人有兩層意思,一是說明我們的寫作已經帶有工作的和專業的性質;二是說明我們的身份是典型的邊緣人身份,不僅在社會階層中、而且在知識份子階層中我們也是邊緣人,因為我們既不屬於行業化的'專家性'知識份子(specific intellectual),也不屬於'普遍性'知識份子(universal intellectual)。"[151]這裏面包含兩層意思,一是正視邊緣事實,即做業餘知識份子;二是工作性質,即專業的寫作態度。他較具思辨地把對中國現實政治和經濟的感受和思考在詩歌中加以表達,早期的史詩寫作契合尋根文學思潮,80、90 年代以來,他的《傍晚穿過廣場》是當時知識份子心靈處境的真實寫照,而《計劃經濟時代的愛情》、《咖啡館》等則顯示了市場經濟時代到來時詩人關注重心的偏移。從廣場走向咖啡館,從公共空間轉向私人空間,與此同時,詩歌的現實批判性趨於某種程度的流失,這是在

---

150 王家新:《知識份子寫作,或曰"獻給無限的少數人"》,《詩探索》,1999 年第 2 輯。
151 歐陽江河:《89 後國內詩歌寫作——本土氣質、中年特徵與知識份子身份》,《花城》,1994 年第 5 期。

時代的巨大壓力下，寫作所面臨的必然抉擇。寫作在時代的面前顯得不對稱，因為消費文化和大眾文化的興起並逐漸形成的壓倒性力量，進一步顯示出詩歌寫作的無力感。如果詩歌還要刻意地去迎合、粉飾，只會增加其間的虛假意味。那麼，在邊緣化的現實面前，如何重新獲得詩歌寫作的有效性並恢復詩歌的現實感，成為詩人們急切需要處理的詩學命題。

詩歌寫作自有其獨特規律和形態，在過度社會化、歷史化寫作的失重中，重新尋找一個基點，以支撐寫作的可能，是必然的選擇。因此，詩歌寫作在內容上，尋求與現實對稱的詩意營造；在形式上，重視詩歌的敘事性，並重新思考詩歌與歷史的關係，"詩歌既不是站在歷史的對立面，也不應當站在歷史的背面，詩的寫作不是政治行動，它竭力維護和追尋的是一種複雜的詩藝，並從中攫取寫作的歡樂。" [152] 詩歌是一門語言的藝術，詩歌的自足狀態首先是從語言開始的，"由'詩是社會生活的承載者'到'詩就是詩'的詩學觀念的變移，首先確定的是詩是對種族記憶的保存，詩人的職責不單是民族的良心，而主要是在這一工作中的對語言潛能的挖掘，正因為語言是詩歌能否成為詩歌的本質因素，所以，詩人的天職就在於尋求語言表現的可能性。他是為語言的最理想的存在而寫作的。換言之，詩人寫作最幸運的境遇不再是社會對他怎樣評價，這種評價與他實際命運有何關係，而應該是，對他個人而言是否寫出了最好的詩歌。" [153] 從語言的角度進入詩歌，並以此獲得一種表達上的複雜的詩藝，詩歌寫作的技術性由此得到重視。

---

152 程光煒：《不知所終的旅行 —— 九十年代詩歌綜論》，《山花》，1997 年第 11 期。
153 程光煒：《九十年代詩歌：另一意義的命名》，《山花》，1997 年第 3 期。

　　隨著資訊的發達，國外的詩歌資源也源源不斷地進入國內，詩人們可以獲得的資源逐日增加，加上翻譯語體的影響和對國外詩歌標準的參照，知識份子寫作在某種程度上表現出技藝性過重，而現實批判精神相對淡薄的情況，乃至於現實脫節，因此受到一些詩人的批評，"'知識份子寫作'的一個特點是，把常識性的、規律性的東西用詰屈聱牙的玄學語言昇華到理論、路線的高度，其實空洞無物。"[154]"以知識或知識份子寫作為代表的所謂'後朦朧'詩歌，打著'資源分享'和'與國際接軌'的旗，重蹈語言貴族化、技術化、翻譯語感化的舊轍，脫離當下的生存現實，一味在歐美詞根詩風中找靈感，挖資源，製造出一批又一批滿紙大詞虛氣洋腔、只見知識不見知識份子精神，只見技藝不知所云的文本，且很快演化為 1990 年代詩歌的主流導向，一時雲苫霧罩，唯此為大。"[155]這樣的評價多少有些簡單化，並與對 90 年代詩歌史的敘述話語有關，但也並非空虛來風。盤峰論爭之後，新世紀以來的詩歌寫作，無論是知識份子寫作還是民間寫作都重新校正詩歌的技術性和現實性，個人性和公共性，口語與書面語，日常性和文本性之間的關係，並希冀在多重參照中尋求平衡，由此可見，中國當代詩歌寫作正變得越來越厚重而博大，其批判精神也得到更加綜合而全面地考量。

二、西川詩歌的内在批判性

　　西川早期的詩歌存在海子詩歌的元素，大體而言，則是農業

---

154 於堅：《真相──關於"知識份子寫作"和新潮詩歌批評》，《北京文學》，
　　1999 年第 8 期。
155 沈奇：《何謂"知識份子寫作"》，《北京文學》，1999 年第 8 期。

文明思維裏的古典主義追求。海子的詩歌表現得尤其明顯，在當時的詩歌氛圍和社會環境中，這多少有點不合時宜。因為 1980 年代中後期，中國社會一個急切的內在需求是經濟的發展和物質的豐富，雖然當時未必真能有太多具體的表現，但潛在的力量催促著文學必須以一種更加有力的方式釋放。知識界更多的是對現代性的思考，詩歌界也是這樣。85 年左右或者更早，朦朧詩思潮在詩歌界內部基本式微，只是傳播的滯後性讓人們誤解它的時效性。1986 年中國現代詩群體大展，第三代詩人的集結和嶄露頭角已然標誌著另一種詩風的出世。

第三代詩人的詩歌意識和探索力度，即使是與國外的詩歌探索相比，也是毫無愧色的，這在 20 世紀的中國詩歌發展史上是絕無僅有的難得的一次。第三代詩歌的精神追求與解構主義哲學有著某種內在的一致性。在這種詩歌氛圍中，海子的詩歌寫作卻表現出向農業文明回歸的本能追求，一些特殊時代背景下的公社、穀倉、麥子、土地等屢屢被使用，使人感到一種後退到宗主制社會的願力。西川和海子、駱一禾保持著友好關係，他們類似的生活，對同一意象的好感和使用，自然而然有些借鑒和相互學習的成分。與海子相比，西川對自然的感受力和詩歌語言的抒寫稍弱，但對神秘事物的體驗和思辨力卻比海子要強。西川早期詩歌表現出濃烈的神秘體驗意味，如《起風》一詩描寫起風以前樹林的種種，但最後卻說到那裏在起風以後，由此凸顯體驗性質。他早期最廣為人知的《在哈爾蓋仰望星空》表達了一種對無法駕馭的神秘力量的感受，青草、馬群、風的存在都有著一種神秘，感覺到自己的物化，在群星的籠罩下顯得莊嚴而神秘，在巨大的神秘力量面前，小我"像一個領取聖餐的孩子/放大了膽子，但屏住呼吸"，充滿敬畏。一首直接取名為《體驗》的詩，簡練地表達了所體驗到的意緒：

　　火車轟隆隆地從鐵路橋上開過來
　　我走到橋下。我感到橋身在戰慄。

　　因為這裏是郊區，並且是在子夜
　　我想除了我，不會再有什麼人
　　打算從這橋下穿過。

　　這是非常個人、獨特、帶著神秘性的詩歌。這樣的詩歌產生在口語詩已經發軔的時候，其間意味耐人尋覓。西川不是那種會在自己的詩歌中直接表現意見的人，他要求詩歌更多的是藝術轉換的功能。從一種表面的批判進入內在批判，"他的詩歌並沒有發揚在 1976 年毛澤東逝世之後迅速出現的'朦朧詩'中典型的人道主義社會政治責任感和悲劇的英雄主義；同時，他也流露出對 80 年代早期以來挑戰'朦朧'詩人的'口語詩'那種世俗的、反神化的、消解神秘、冷嘲熱諷和玩世不恭的反感。他的詩歌部分就是在反撥這兩種潮流。"[156]西川更加重視語言的提煉和形式的古典式追求，這與當時意識形態化和他認為的世俗化寫作氛圍形成反差，在社會學、哲學層面的詩歌寫作面前，西川的內在批判性表現在回歸了文學寫作和詩歌寫作的向度，由此而進入一種"孤獨個人"的寫作境地，"孤獨個人在擺脫了傳統意識形態之後試圖重建他與世界的關係、他與歷史的關係、他與文化和思想的關係，甚至還包括他與他自己的關係。"[157]

　　1990 年代初，西川的詩歌創作和詩學觀念都發生了一個比較

---

156 〔荷蘭〕柯雷：《西川的〈致敬〉：社會變革之中的中國先鋒詩歌》，《詩探索》，2001 年第 1-2 輯。
157 西川：《答西班牙〈虛構〉雜誌四問》，《當代》，2001 年第 1 期。

大的轉變，這一方面緣於海子、駱一禾的相繼離世，對他的精神世界所構成的衝擊，他們未完成的詩學命題在西川這裏得到延續和發展；另一方面也是緣於閱歷的增長，所思所聞日益增多的結果，他對詩歌的形態有了一種全新的認識，正如他自己的夫子自道："從前我是一個關心技巧、關心詩歌的古典形式、關心詩歌語彙的純潔度的人。但穿過 1980 年代末、1990 年代初的歷史時間，我試著繞到上帝的身後，我試著繞到我自己的身後，我的價值觀和藝術觀都有了脫胎換骨的變化。到 1992 年，我已經不再關心我寫的是不是詩歌、或我寫出的東西能不能滿足讀者對於詩歌的預期。我把詩歌寫成了一個大雜燴，既非詩，也非話，也非抒情散文，甚至也非傳統意義上的散文詩。我把詩歌寫到了詩歌與哲學之間、詩歌與歷史之間、詩歌與宗教或反宗教之間。我對有關悖論和偽造的寓言發生了濃厚的興趣。"[158]這是針對他 1992 年創作的《致敬》以及稍後的《厄運》、《近景和遠景》、《鷹的話語》等詩而言的，尤其是《致敬》，"全詩基本上是由複遝的組合句群與箴言體短句交錯而成。組合句群鋪陳場景、展開玄想、集各種文體因素於一處；而短句則具有總結、宣喻的功能，時刻造成寓言性的空白和中斷。在組句與短句的交替中，詩行的推進不是依據某種內在的推論性線索，而是一種共時的、並置式的展現。"[159]西川 90 年代的詩歌特徵表現為智性冥思並由此而塑造的主體形象，在複遝的句群中，隱喻地展現他的思辨力。請看《巨獸》中的一節：

> 這比喻的巨獸走下山坡，採摘花朵，在河邊照見自己的面
> 影，內心疑惑這是誰；然後泅水渡河，登岸，回望河上霧

158　同上。
159　洪子誠：《在北大課堂讀詩》，長江文藝出版社，2002 年版，第 234-235 頁。

靄，無所發現亦無所理解；然後闖進城市，追蹤少女，得
到一塊肉，在屋簷下過夜，夢見一座村莊、一位伴侶；然
後夢遊五十裏，不知道害怕，在清晨的陽光裏醒來，發現
回到了早先出發的地點：還是那厚厚的一層樹葉，樹葉下
麵還藏著那把匕首 —— 有什麼事情要發生？

　　比喻的巨獸是不確定的，它那些看似確定的舉動其實也是不
確定的。是什麼讓詩人感受這一切並且寫出？一個身份不明的
人，黑衣人，"他代表著宇宙萬物、歷史、人類和我們個人身上
那股盲目的力量，那股死亡和生長的力量，那股歌唱和沉默的力
量。"[160]由冥思而神秘，由神秘而思辨，其間處處透露著思索的
力量，智慧的力量。是否能說這種智性冥思的詩便脫離社會現
實？其實不是。"詩人們並沒有從此放棄社會批評，但他們走向
更深層次，對於歷史、現實、文化乃至經濟作出內在的反應，試
圖從靈魂的角度來詮釋時代生活與個人的存在、處境。"[161]西川
所思考的社會和現實是多向度的、發散性的、開放的，同時也是
內轉的，關於靈魂的，他時常思考的不僅僅是詩歌的社會性，還
有更多的是"我"與"我"的關係，如《厄運·A00000》《鷹的
話語·關於黑暗房間裏的假因果真偶然》《近景和遠景·我》等詩所
寫，在"內在的我"與"外在的我"之間，在"附耳於牆的我"
與"另一個附耳於牆的我"之間，在"命運之我"與"多個生命
之我"之間，是"我"與"我"的看見、交流、建立關係又歸一
為"我"的過程。由此而彰顯西川的獨特而明確的詩觀。"西川
的詩歌顯然需要讀者積極的、富有想像力的、創造性參與，但他

---

160 西川：《大河拐大彎：一種探求可能性的詩歌思想》，北京大學出版社，2012
　　年版，的 176 頁。
161 同上，第 183 頁。

的明確詩觀幾乎很少涉及讀者，或是詩歌對讀者所產生的（修辭）效力，因此很難與實用類別扯上關係。他的詩觀可說是摹狀的，即相當重視獨立於詩歌之外的現實世界，其中包括由作為神界和文本仲介的鳥類和詩人所傳輸的神秘的靈感現象。然而，西川並不認為詩歌直接反映生活，他強調從生活到詩歌需要深刻的改造變形。因此，他輕視詩歌的真實性而迷戀於真實性的顛覆性，即經偽宗教、偽哲學、偽理性甚至偽真理（猜測）所實現的顛覆性。特別是從過去十年的詩觀變化來看，他似乎相信不確定性；這是一個直接產生於他的詩歌及詩評的悖論。西川質疑詩人自擬的重要性，但他的詩觀的表現性體現在：他把詩人描述成神明和煉金術士以及他注意到寫作作為一種時間長久、錯綜複雜的創作行為的方方面面。最後他的詩觀是對象化的，因為呈拱形分佈的詩觀重點關注詩歌，但我們需要再次重申：他注意的焦點是詩歌形成過程而不是詩歌的地位。"[162]

三、"知識份子寫作"批判精神的培育

"盤峰論爭"的一個直接後果是導致一部分讀者對知識份子寫作的誤解，以為他們只是追求複雜的詩藝而迷失在語言的迷宮裏，渴望與西方接軌成為西方精神的附庸而缺乏必要的獨立性，無視日常生活而導致對現實批判的削弱。事實並非如此，知識份子寫作的批判精神一直存在，即使在不同的詩人身上有著不同的表現和針對性，但對批判精神的自覺承擔的勇氣卻從未缺失。雖然受著當代政治、經濟、文化等因素的影響，批判的力度

162　〔荷蘭〕柯雷：《非字面意義：西川的明確詩觀》，《詩探索》，2003 年第 3-4 輯。

和指向產生了與此前相比不盡相同的風貌。但相較於意識形態化的寫作，知識份子寫作無疑顯得疏離，因此給人留下批判精神正在走向流失的印象。無論是外在的接受層面需要經過一般讀者的審視，還是在閱讀期待視野的催促下，知識份子寫作的批判精神都面臨重新培育的可能。

首先是對批判精神的重新理解。傳統的批判精神被認為是對現實的一種態度，只能在這一向度展開。比如批判現實主義即要求真實地再現典型環境中的典型人物，對整體社會發展及其規律有所洞察，對不合理的社會現狀提出批判，從而或配合現實改造，或預設現實改造的可能。更有甚者，批判精神被定義為對現實的不滿和反抗，因主體的行動力不同而產生一些孤絕的零餘者形象或大無畏的革命家形象。在特定的語境中，這種機械化、功利性的批判精神曾得到過度使用，也產生過效力，但從客觀上卻削弱了它的學理性。而現時的語境相對於以往任何時刻都要複雜，文學觀念的變化和發展，文學內涵和外延的變遷，以及網路資訊對人類觀念世界的影響，致使知識份子寫作的重新出發點首先是突破狹隘的觀念束縛以尋求更多的可能，從而豐富文學的現實指向。

其次是從現實批判轉向內在批判。詩歌與現實的關係一直都是詩歌寫作者所要思考的母題之一，這一問題在提供困惑的同時也提供了態度和方向。在寫作被現實政治和經濟捆綁的時候，韓東曾敏銳地察覺到其間的危險，指出需要擺脫政治動物、文化動物和歷史動物這三個世俗角色的宰製，因為"詩人要學會的也就是從實際事物和我們形成的生存關係（即功利關係）上面移開視線"，"詩人永遠像上帝那樣無中生有，熱愛虛幻的事物，面向無窮盡的未來和未知。"[163]這為第三代詩歌寫作提供了啟示和理論支撐，在後現代主義語境下的這種詩學觀念生髮了日常化寫作、口語寫作等命題，在中國當代詩學的建構過程中是有重要的意義和價值的，但隨著寫作的深入，這種主張受到了庸俗化的理解和應用，致使詩歌寫作缺乏必要的內涵、深度和互文性，缺乏必要的召喚結構，從而走向了極端化和粗鄙化。多年以後，西川對這一主張提出修正，他的批判精神表現在文學的內在理路方面。

　　日常性生活、地方性生活和身體性生活成為當代詩歌寫作的關注重心之一，也為我們介入當代藝術提供了一個必要的角度，但這種形態的生活同樣產生遮蔽和遺忘。日常性生活回避了歷史性生活，地方性生活擠開了普遍性生活，身體性生活佔據了形而上學的生活。這些生活形態是伴隨著消費主義，強行植入的一種精神狀態，從而產生對文化、歷史、政治的遺忘，"對於傳統文化的遺忘，對於孔孟之道的遺忘，以及我們自己隨著在政府主導之下的市場經濟的展開，對八〇年代（啟蒙主義）的遺忘"。[164]時尚化生活導致娛樂民主化，並最終會淡化政治民主化的焦慮，因此，西川認為，"超越消費主義可能是我們需要邁出的第一步。然後，讓我們也來試著想像一下世界究竟應該是什麼樣子。"[165]西川的觀察無疑融入了更多的批判精神，並且是內在批判的向度。如果把西川和韓東的觀點兩相對應，可以發現他們一以貫之的內在批判性。雖然彼此的針對性在相似或延續的向度上展開，但具體所指已經存在巨大差異，他們的理論訴求也是在不同的向度上

163　韓東：《三個世俗角色之後》，謝冕、唐曉渡主編《磁場與魔方》，北京師範大學出版社，1993 年版，第 206、207 頁。

164　西川：《大河拐大彎：一種探求可能性的詩歌思想》，第 127 頁。

165　西川：《我和我：西川集》，作家出版社，2013 年版，第 362 頁。

展開。

　　經過內在批判之路，西川在詩歌中融入了更多的思考。雖然在寫作思路上延續了思辨和冥想的特質，在詩歌形式方面也繼續堅持著句群寫作的自由形式，但在取材上，他的關注重心發生了一定程度的偏移，更多地轉向了對外界事物的關注和對日常生活的發掘。新世紀以來，他的詩歌創作表現出遊記色彩，僅從詩歌標題就可以看出，人物名字、地理名詞和時間標記出現的頻率日益增多，如《南疆筆記》、《訪北島於美國伊利諾州伯洛伊特小鎮。2002年9月》、《與芒克等同遊白洋澱集市有感。2004年7月》、《特拉克爾故居，奧地利薩爾茨堡。2009年7月》、《山頂的小教堂，山西汾陽附近》等等。透過這些具體的物象，從而獲致一種更加真實的現實感，值得一提的是，這種現實感並不一定就是現實本身，更多的還是經過了詩人思維的過濾和變形，並形成藝術的真實。他的《現實感》一詩，則是通過片段式的記憶、想像、語言遊戲而達到一種逼近現實的效果。西川對現實的重視，增強了詩歌的敍述性，如《一條遲寫了二十二年的新聞報導》：

　　　　"老去或死去的礦工們不知道，我當年知道點兒他們的私生活。/他們在巷道裏掘進，黑臉，大塊肌肉，肺裏吸滿金色的粉塵，領回人民幣自己的錢。/休息時他們傳遞臉盆裏的啤酒，灌下去，好像喝完啤酒就要輪到他們背誦豪言壯語。/北京什剎海邊上那些喝啤酒的小子們，沒有一個比他們豪邁。/但我知道，他們中間有人陽痿。/他們的老婆在地面上也許比他們更豪邁。"

　　這是一首回憶之詩。回憶二十二年前，他當記者的所見所聞，他經歷過礦工的苦難生活，但在有經驗的老同事的指導下，他們報導的是慶典、模範、先進事蹟和紅花，那是光鮮的表面。

而沒有話語權的礦工們，只能默默無聞地在歷史中消失，如果不被提及的話。他們毫無詩意可言，為了生存，像沒有存在過一般，連報導都顯得不合時宜。在年輕記者的關注點和最終要報導的內容之間存在一條鴻溝，一種衝突，這就是生活，意味深長。至此，全詩完成了災難深重般的嚴肅敍述，但作者在最後一句卻筆鋒一轉，"而且，對不起，我的筆墨直到今天才允許我寫出這件事，二十二年前聽來的。"在一種事實性敍述的後面，又指出整件事情的道聽塗説成分，急劇地消解了之前敍述的嚴肅性。使全詩表現出一種強烈的張力，這同時也證明瞭西川詩歌的豐富性，為讀者提供多種詮釋的可能。與遊記色彩相通的則是對古代書畫藝術的關注，尤其是與行旅有關的畫作，《題範寬巨障山水〈溪山行旅圖〉》《再題範寬〈溪山行旅圖〉》《題王希孟青綠山水長卷〈千里江山圖〉》等詩充分顯示了西川的博學和思辨，表現出更多的藝術審美因素。

批判精神的培育體現在對真理性的追求方面。每一個從事詩歌寫作的人都會對詩歌這一體裁有著自己獨特的理解，並且因為學識、智力或天賦等方面的原因，對自己的理解有著一種先天性和真理性的自信。隨著時間的推移，這種自信有可能加強也可能削弱。因此，除了真理性的追求之外，批判精神的培育還表現在對真理性的懷疑方面。在不同的時代和語境中，同樣的觀點可能會顯得不合時宜，詩歌的真理性存在著局部性和片面性。比如在寫作過度現實化和意識形態化的時候，提倡文學必要的獨立性，遵從文學的內在理路發展，無疑會更加接近文學的審美追求，而在文學氛圍過度務虛，乃至走向虛無的時候，重新強調文學的社會責任和道德意識，則可以為文學的存在和發展提供更為堅實的基礎。

以西川為代表的"知識份子寫作"群體，在寫作中一直秉承維護詩歌秩序和責任的精神追求，堅守著詩歌的批判精神。在不同的歷史語境中，這種批判精神似乎走向流失，但也在不同的形態中重新培育和建構。整體而言，"知識份子寫作"的批判精神除了社會歷史批判之外，更重要的是傾向於詩歌的內部批判，這種批判也不是凝固不變的，而是隨著詩歌寫作的不斷深入，其針對性也隨之發生改變。詩歌的批判精神充滿內在的自我辯駁，在自我反對和自我認肯中，不斷走向自我提升，由此表現"知識份子寫作"不斷探索和超越的意識，並進而彰顯當代詩歌旺盛的生命力。

第十節 "新紅顏寫作"的精神特質

一、新時期詩歌中女性情感體驗的復活

以朦朧詩為起端，歷經八十年代、九十年代和新世紀第一個十年，新時期以來的詩歌創作呈現出較為鮮明的階段性特徵，其中，女性詩歌寫作尤為突出。如果說五〇、六〇年代屬於調子高亢的頌歌時代和戰歌時代，女性詩歌根本沒有存身場所和出場機會的話，那麼，在 70 年代末 80 年代初，以舒婷、王小妮為代表的女性詩人借助朦朧詩的先鋒浪潮而順利登上詩歌舞臺，則標誌著女性詩歌重新在新詩的陣營裡找到了自己的位置，從而發出了屬於這個特定性別群體的藝術之聲。由於朦朧詩承載了反思歷史、啟蒙大眾的文化重責，舒婷、王小妮等創作的女性詩歌自然

也離不開當時時代的這一精神訴求，不論是《致橡樹》、《雙桅船》還是《我感到了陽光》，朦朧詩時期的女性詩歌都呈現著生命覺醒、文化啟蒙的精神跡象。可以說，舒婷、王小妮等詩人的詩歌，是站在女性生命視點上對啟蒙思想的生動演繹，她們詩歌中由此也或多或少地流溢出女性主體珍奇而鮮活的生命感覺和情感特質，細膩、深沉、婉麗、堅貞，等等，朦朧詩時期的女性詩歌所展露的這些精神內涵與男性詩歌的雄渾、厚重與大氣之間構成一種明晰的互補關係。從某種意義上說，舒婷、王小妮等女詩人在新時期的崛起，昭示著女性情感體驗在當代新詩創作中的復活。

繼朦朧詩之後而崛起於當代詩壇的第三代詩人群體中，女性詩人的詩歌作品則呈現出新的審美景觀。由於受到西方女權主義思想的深刻影響，這一時期女性詩歌的性別意識不斷彰顯，女性對於自我獨立地位的追求、對於女性身體意識的敞現和性別優勢的張揚，都在詩歌中有所體現。"我一向有著不同尋常的平靜/猶如盲者，因此我在白天看見黑夜"（翟永明：《女人·預感》），以翟永明的組詩《女人》為代表，第三代女性詩歌將潛藏於內在深處近乎本能的黑夜意識進行大量的書寫，這種黑夜意識的彰顯，恰似打開了女性身體內的某種暗箱，那種獨異的、私密的女性精神圖景、"內心私藏的激情、異教徒似的叛逆心理"（翟永明語）在詩行中呼之欲出。1987 年《人民文學》第 1、2 合期上刊載的伊蕾的組詩《獨身女人的臥室》，則將這一時期女性詩歌所具有的女權主義思想情緒推向極致。在這首詩裡，獨身女人對自我身體的由衷欣賞與讚歎，對舒適生活乃至兩性性愛的熱烈呼喚，無不流溢出現代女性追求個性解放、釋放欲望本能的生命態度。

　　1980 年代中後期，中國學界對西方現代主義思潮不遺餘力的引介仍是一種極為顯在的文化景觀，第三代女性詩歌對於黑夜意識和欲望本能的呈現，可以看作是女詩人對這股現代主義思潮學習和追摹的結果。不過，由於詩歌發表中必然遭遇的嚴格的審稿制度，女詩人們並沒有將這種較為先鋒的女權主義思想發揮到淋漓盡致的程度，除了翟永明、伊蕾等少數詩人走得稍遠之外，其他的女詩人在表達此方面內容時都顯得欲說還羞、"猶抱琵琶半遮面"。而伊蕾在發表《獨身女人的臥室》不久，即遭受到來自多方面的責難與批判，詩人被迫主動放棄那種先鋒性的藝術姿態和劍拔弩張的欲望傾瀉，大膽書寫女性意識的詩歌潮流由此迅速退潮，女性詩歌寫作中的前沿性藝術探索也隨之減緩。

　　儘管女性詩歌的先鋒探索在 1990 年代遠遠比不上此前那麼突出，但女詩人對於西方藝術觀念和西方詩歌技巧的學習始終沒有中斷，九〇年代中國詩界極為活躍的一些女詩人，諸如安琪、藍藍、娜夜、林雪等，她們的背後都站著一些來自西方的詩歌老師。以安琪為例，龐德、超現實主義詩人、杜拉斯等西方作家都對她的詩歌創作產生了直接和深遠的影響。藉於對超現實主義詩歌的習學，她的詩歌往往將許多意義相距甚遠的物象與事項強行捏合在一起，由此生成奇特的陌生化藝術效果並碰撞出神秘而繁複的詩意來；對於龐德的模仿與借鑒，使得她的詩歌尤其是長篇詩作呈現出駁雜、多序的精神情狀；杜拉斯對安琪的影響也是不言自明的，《像杜拉斯一樣生活》融貫著詩人對這位法國作家的欣賞、讚美乃至渴望擺脫和超越他的各種思想感情。由於對西方詩歌積極的學習、借鑒與模仿，九〇年代的女性詩歌一般有著較為明顯的"西化"傾向，無論是思想的呈現、句式的營構和情緒節奏的處理，都能窺見到西方詩歌的斑斑印痕。九〇年代女性詩歌

的西化傾向，某種程度上是當時詩歌創作與發表環境對詩人加以
規訓和引導的必然結果，這迫使詩人個體的精神圖式只能借助一
個較為曲折的孔道折射出來，與此同時，詩人原生態的生命經驗
和多樣化的情緒因數也由此而受到不同程度的打壓乃至遮蔽。

　　網路平臺的出現使新世紀的詩歌生態發生了極大的改變，女
性詩歌寫作呈現出新的藝術風貌。以往紙介媒體時代由於編輯部
審稿程式多、週期長、要求嚴，一首詩從創作到發表一般要經歷
短則幾月長則一兩年的時間，而且為了求得編輯的賞識以便作品
能見諸報刊，詩人們往往要費盡心思研究市面流行的詩歌文本，
仔細揣摩編輯們的意圖，在詩歌寫作上主動向刊物妥協，而自我
生命世界中某種真實的、鮮活的思想和情緒，因為與編輯和刊物
的審美眼光不太吻合，不得不暗自放棄。網路的出現使創作、發
表、評述等詩歌流程得到了全番的改寫，詩人可以隨意書寫自我
心聲，及時發表心情文字，絲毫不受傳統媒介系統的約束。2004
年之後，隨著詩歌博客的出現，詩人的寫作變得更加便利和自由。
博客是個性鮮明的私密空間，詩歌博客就是詩人創作和發表詩歌
作品的最為方便的數位化刊物。在詩歌博客時代，女性詩歌寫作
步入新的歷史階段，以往受到家庭角色、社會身份、交際場所等
多種條件限制的女性，無論是詩歌的寫作還是投稿發表都會遭遇
諸多不便，而今借助網路介面獲得了新的人生境界，她們可以足
不出戶就享受到許多現代化資源，網上閱讀，網上創作，網上發
表，女詩人們將詩歌博客變成施展藝術才華的極佳舞臺。與此同
時，消費文化語境下對讀圖行為的格外青睞，也是女性詩歌寫作
日趨繁盛的一大推助劑，女性詩人以男性難以匹敵的影像優勢而
成為網路讀者樂於前往的文學網站和不中斷點擊的閱讀目標，女
詩人的詩歌一經寫出，馬上就會有許多人來閱讀、評點、對話甚

至轉載，這對寫作者而言無疑會形成極大的心理衝擊與精神鼓勵，她們的創作欲望在這種積極的閱讀反應中必定會愈燃愈熾。受網路的自由化特徵和開放性氛圍的影響，詩歌博客時代的女性詩歌寫作最為真實地呈現了女性情感世界的方方面面，也最為豐富地展示了女性在詩歌藝術探險和審美呈現上的不拘一格，一個時代多維而生動的女性形象得以精彩地展示在我們面前。我們將博客時代的女性詩歌命名為"新紅顏寫作"，正是看重這個新的歷史時期女性詩歌寫作呈現出與八〇和九〇年代大為不同的審美面貌和文學格局。毋庸諱言，"新紅顏寫作"已然構成了當下較為顯在的詩歌現象，值得我們大力關注，並加以細緻研究和系統闡發。

二、"新紅顏寫作"的本真情懷

在"新紅顏寫作"的女性群體中，能夠納入觀照視野的詩人數量是非常多的，她們猶如群星一般在新世紀詩歌天幕熠熠閃爍，並以自己創作的具有不俗藝術品位元的詩歌作品，逐漸獲得了人們的認可和喜愛。在此我們擬從幾個具有代表性的詩人出來，從不同側面來描述"新紅顏寫作"的現實樣貌，呈現這一現象中所蘊含的某些詩學特徵。

在山城重慶，積聚著一群鍾情于詩神繆斯、不倦地讀詩寫詩的女性詩人，她們儼然構成了當代詩壇的"紅粉軍團"。這些女詩人包括金鈴子、西葉、沈利、梅依然、白月、宇舒、梅花落、重慶子衣、紅線女、憂傷櫻桃、尹小安、海煙、吳維等人，她們最初以"界限"這個國內開辦最早的詩歌論壇為交流平臺，在互聯網的虛擬空間中頻繁發表新作，相互切磋技藝，並通過網路與外界取得廣泛聯繫，詩歌的天地由此不斷打開。2004 年之後，這些詩人又相繼創建了自己的詩歌博客,在網路中開闢出有個性的私人空間,而今她們多以博客為陣地,勤奮地寫作,不停地更新,網路和博客將她們對詩歌的虔誠和熱望從容地承載下來。金鈴子可以說是重慶"紅粉軍團"的最典型代表,她接觸詩歌的時間並不算短,但真正的詩歌寫作是從 2005 年開始的。詩人回憶說:"05年 8 月 6 號的下午,我在百度裡輸入兩個字'詩歌',出現了一個網站,中國詩歌網。我當時非常驚訝,啊,還有這麼多人在寫詩。我仿佛一條即將乾枯的河水,一下子來到了大海。"[166]由此可見,網路成為了金鈴子詩歌創作迸發出前所未有的激情與能量的契機。從 2005 年到 2008 年,短短三年時間,金鈴子寫出了大量頗具分量的新詩作品,迅速實現了由起步時的稚嫩到三年後的漸臻成熟的轉變。2008 年秋,金鈴子榮幸地成為詩刊社第 24 屆青春詩會成員,《詩刊》對她的詩歌給予高度評價:"她的詩作常常有出人意料的神思,這體現出她敏銳的直覺,讓人看到她詩歌中的靈動之氣。她也有奇異的想像力,讓我們感受到一份新穎和獨特,而她的想像力來源於生活,也來源於她個體體驗的凝結。這也使她的詩細小,卻包含著尖銳,有時直擊我們心靈中,疼痛的一部分。" "她充滿活力與個性的表達,抒寫了現代都市女性的情懷和生活狀態,呈現出生命本真的律動。"[167]這樣的評語是對金鈴子詩歌的充分肯定,也意味著詩壇對詩人的認同和接納。而今,在網上讀詩寫詩已經成為金鈴子生活中必不可少的一部分,詩歌在她的生命中佔據著日益重要的位置,詩人說:"詩歌是有靈魂的,它也有精神性格,精神與自然的二合一成為美,美極了。

---

166 金鈴子:《我的詩路歷程》,金鈴子博客"金鈴子文集《奢華傾城》"。

167 金鈴子《在幸福的瀑布下》"推薦理由",唐力執筆,《詩刊》下半月 2008年第 12 期,第 95 頁。

我更願意把它看成一個人，他迷住了我。一切都很美好。"[168]可以
預見，那種對於詩歌的極端虔誠和無比熱愛，必將使金鈴子的創
作之路不斷向前延伸。

　　"1987 年讀師範時加入學校的文學社，開始寫詩歌和小小
說。詩歌投稿不中，倒是小小說還得過一個不錯的獎。這種愛好
持續到 1992 年，在一個荒涼偏僻的小鎮上工作兩年後，堅持不下
去了。首先是沒有人和我交流文字了，其次是這個地方連買一本
書都很難，投稿也困難了。自然而然就斷了寫的念頭，開始學打
麻將，開始談戀愛，開始世俗的一切，開始受傷。那時候再也沒
有奢想能回到文字場中來。只想努力去過一個女孩子應該過的生
活，戀愛，結婚，生孩子。1993 年遭受生活重創，年底第一次離
開家鄉，到了甘肅靖遠。1994 年回家鄉短暫停頓，1995 年再次離
鄉。從此正式開始了在西北的生活。如果生活穩定安逸，我也許
與詩歌絕緣了。2004 年學會了上網，看別人玩論壇，自己也很想
把多年的奔走訴之於文字。經歷了生活的很多打擊和磨礪，再次
寫作，感覺到了莊嚴和凝重。" [169]這是橫行胭脂應某刊之約而寫
的創作談中對自我生命歷程進行簡要追述的一段文字，從這段文
字中我們不難發現，網路對橫行胭脂的詩歌創作乃至生存勇氣起
到了某種激發和拯救的功效。橫行胭脂可以說是"新紅顏寫作"的
某個特定群體的代表，她們生活的道路並不平坦，經過了很多的
磨難、挫折甚至失敗，但借助網路平臺，她們找到了書寫自我、
與人溝通和交流的快捷路徑，生活中的坎坷並沒有摧折奮進的意
志，倒是培育了她們善解人意的心懷，借助詩歌這種分行的情感

---

168 金鈴子：《我的詩路歷程》，金鈴子博客"金鈴子文集《奢華傾城》"。
169 橫行胭脂：《發膚深情：關於詩歌的九點供詞》，橫行胭脂博客"祖國的灰姑
　　娘"。

文字，她們將心中的溫熱和慈愛默默傳遞給周圍的人們。對於橫行胭脂的評價，也許這樣的文字是可行的："橫行胭脂的許多詩歌呈顯的情緒底色與其說是光亮的、溫煦的，不如說是灰暗的、蒼涼的，這是詩人經受的坎坷的命運遭際而冶煉成的某種人生理解，她用分行的文字真誠地傳遞了自己略顯低調和頹然的心聲。但她懂得適可而止，並沒有把詩歌寫成向人乞憐的淚雨，寫成呼天搶地的吼聲，而是努力隱忍內心的悲愴，向讀者盡可能敞開富於溫暖、富於希望的一面。"[170]

　　邱華棟說，李成恩是"80後女詩人中的異數"[171]，這個概述一點也不誇張。在"新紅顏寫作"群體中，李成恩代表了新生力量所爆發出的藝術潛能。作為一個年輕的詩人，李成恩的詩歌寫作時間可想而知是不長的，但她憑藉《汴河，汴河》《春風中有良知》等兩部詩集的出版，憑藉對一個蘊含著豐厚歷史和文化意味的汴河等"地理符碼"的精彩刻寫，迅速獲得詩界同仁的認可，其詩作也在讀者中獲得廣泛的關注和好評，這在當代詩歌創作雖不算是特例但至少是一個奇跡。在"汴河"這一組詩章中，詩人以"汴河"為詩情展開的特定地域空間，採用鋪排的語勢和鏡頭剪輯的筆法，在歷史的追味與現實的采寫之中，將詩人的童年記憶和少年感知藝術地呈現出來。詩人視野開闊，想像力強，以一個小地域呈現可以推廣的空間意味和時代底蘊，李成恩的詩顯示出超越年齡的成熟與大氣。李成恩創建新浪博客的時間是2006年10月，從這個數位記號來看，詩人觸網寫詩的時間可謂

170　張德明：《城市地理、鄉村經驗與現代性情緒 —— 橫行胭脂詩歌臆讀》，未刊稿。

171　邱華棟：《"電影鏡頭語言詩人"李成恩：80後女詩人中的異數》，李成恩《汴河，汴河》，西苑出版社2008年版，第1頁。

短矣，不過，博客創建後，李成恩的詩歌創作無論是數量還是品質都明顯提升，最終借助"汴河"組章的撰寫而實現了從網路走向詩壇的嬗變。對於當代詩人而言，李成恩的意義是可以從很多方向加以言說的，當代詩人如何尋找創作的素材、開掘創作源泉、如何實現寫作與自我生命蹤跡的交匯，如何建構具有個性化意義的藝術圖式，等等，都可在李成恩的詩歌寫作中找到某種答案。李少君說："在大部分詩人雕琢于小技小藝的時候，她默默奔走于鄉間田野，村莊城鎮，餐風露宿，披星戴月，寫盡汴河兩岸的風土人情，民間疾苦。事實上，由於李成恩是出道不久，剛在網路上陸續貼出汴河系列詩歌之歌時，很長時間，人們還以為李成恩是一位男性。一位小女子而具大情懷，必有其特殊的成長歷史與生活背景，李成恩在其詩集最後的文章中也有所交代：皖北天空的照耀、汴河的陶冶、文化徽派的影響、在拍攝大量紀錄片時與底層民間的深入接觸、對古典英雄主義的推崇，當然，還有大時代的風氣與激情，個人獨特的詩歌追求與精神探索……這些，也許都是探解詩人心路歷程與創作源泉的密碼。"[172]這段評語為我們深入理解李成恩詩歌的藝術成因提供了諸多啟示。

　　在"新紅顏寫作"群體之中，我們還必須關注一個新近剛一出現就立馬令人眼前一亮的女詩人，她的名字叫施施然。根據她博客中的自我簡介，我們瞭解到，這位女詩人"身在今天的北方，心在民國的江南。四分之一旗人血統。美術專業畢業。寫詩，是為真實地活著。"從中可以發現，詩歌在詩人那裡已經不是隨意塗鴉的性情文字，而是有著不同尋常的意味，甚至成了"靈魂的出口"（施施然語）。如果根據她異常看重詩歌與生命間的重要

172　李少君對李成恩詩集《汴河，汴河》的評語，見"李成恩的博客"。

牽連這一點，而判斷她可能是一個習詩多年的女子，那就會犯主觀臆斷的錯誤。事實上，施施然真正開始詩歌寫作是 2009 年 11 月，距今也不過半年。半年內施施然就相繼寫出了《帶上我的名字去輪回》、《我常常走在民國的街道上》、《預謀一場兩千年後的私奔》、《印在書上的碼頭》等頗有藝術品質的詩歌作品，並相繼在《羊城晚報》《詩選刊》《山東文學》《天涯》《詩刊》等刊物上登載，不少詩作已為讀者所熟悉和喜愛，這種詩歌生產、發表與傳播的速度是非常迅猛的，在傳統紙介媒介時代簡直無法想見。施施然在當代詩壇的橫空出世，恍若一個令人難以相信的神話，而只有網路時代才能造就這樣的神話。譚延桐異常讚賞施施然的詩歌才華，他說：“站在最本質上的立場上來言說，施施然無疑是一位天才詩人。很多人寫了一輩子的詩，未必就有她的詩歌的修為和造詣。詩歌的修為和造詣，真的不是發狠或咬緊了牙就能夠得來的，這還要看一個人的骨血裡究竟有沒有詩人的基因和播撒詩歌的種子。施施然的詩歌基因和詩歌種子顯然是備足了的，要不她也不會從她的生命裡一掏就掏出許多的詩來，而且都是出手不凡、出奇制勝的好詩。”[173]譚延桐說的一點沒錯，必須承認施施然的詩歌才氣，如果沒有足夠的才氣，一個人要想在短時間內就創作出為數不少的精美詩歌幾乎是不可能的。但我們更應該強調當下的詩歌發表、閱讀、品評和互動的環境，博客時代自由活躍的詩歌氛圍，無疑給施施然詩歌的廣泛傳播而迅速得到讀者認可提供了最為便捷的通道。

---

[173] 譚延桐：《古典與現代的協奏——施施然詩歌整體考察》，見施施然博客。

三、“新紅顏寫作”的自在情態

憑藉互聯網的媒介優勢，借助博客空間的發表陣地，代表當下女性詩歌趨向的“新紅顏寫作”顯示出勃勃的生機與活力，她們正以群體性的詩歌力量，展示出女性在新的歷史語境下所迸發出的強大的創造才能，帶給我們應接不暇的美學驚喜，也引發了我們對中國新詩當下形態和未來走勢的重新思考。

“新紅顏寫作”由於邂逅自由寬鬆的創作與發表環境，她們的創作顯示出不拘一格的自由自在情態，一寫就是一大串，一寫就感覺收不住筆，感覺思如泉湧，不可遏止，是當下女性詩人所呈現的較為喜人的寫作狀態，對長詩、組詩的垂青是“新紅顏寫作”中顯露出來的比較普遍而突出的詩學現象。金鈴子“動筆於2007年10月10日晚上8點，稿畢於2007年11月5日”[174]的《越人歌》，即是一首由33章構成，總共371行的長詩，不到三周的時間寫出如此長篇巨制的詩作，沒有強烈的表達衝動、充沛的創作激情和良好的寫作狀態是萬難成功的。橫行胭脂以自己居住和生活的地理空間“秦嶺”為表述對象，在2008到2009年間，寫出了幾十首交織著各種情感的詩章，“秦嶺”組詩一定程度上成為顯現詩人生活狀態和經驗模式的代表性詩作，同時也構成詩人對過去零散創作的突破而向整體性創作躍升的一種標誌。李成恩除了寫出“汴河”系列詩歌之外，還以“孤山營”和“高樓鎮”為地域標記，連續創作了幾組詩歌，每一個地理名詞經過詩人的藝術刻畫，都閃爍出獨具情味的人生內涵和歷史印記來。施施然

174　金鈴子：《我的詩路歷程》，金鈴子博客“金鈴子文集《奢華傾城》”。

一出場就抓住"民國"這個時間符號來集中用墨，文化轉型時代的人文景象和情感色調最適合用古典與現代交融的筆致來表達，一種既懷戀過往又憧憬未來的複雜情緒在詩行間氤氳。因為有一個統一的時間符碼來統籌，施施然就能從容地寫來，一組組的詩行便紛紛出現在我們面前。

　　由於沒有受到外界過多的干預和擠壓，"新紅顏寫作"可以充分伸展詩人的藝術個性，將每個女性本然的生命狀態和情感底色全息曝光，女性詩人們由此呈現的藝術風格也就更為多種多樣，表達方式相當靈活和多變，中國新詩的自由本性在這裡畢現無遺。橫行胭脂的詩寫得自由而大膽，用詞有時很潑辣很出奇，內心的遼闊與現實生存的拮据在詩人身上構成了鮮明的反差，她用詩歌實現的是對當下的反抗，對有限生活的無限超越。"一朵瘦小的花推翻了冬天/最遙遠的枝頭落下一滴露水/一朵花，一滴水/被春天信任"（《暴動與溫柔》），花的淩寒怒放給人多少溫馨和驕傲的感覺，這悄然的暴動中蘊藏著無限的溫柔，這是詩人讚美人世中閃光的溫愛，渴望幸福美好生活的一種喻示。《風在夜裡偷偷地吹》中，詩人寫道："今夜風吹/吹沙礫裡的黃金/黃金在古道蒼涼/吹未來的河流/未來的河流丟失了宗教一般的安詳"，在詩裡，"沙礫裡的黃金"，"古道蒼涼"，"未來的河流"，"宗教一般的安詳"等短語，無不飽含著詩人的脈脈深情，是詩人對吹風之夜的感觸、想像與闡發。吹風之夜在詩人心頭彈奏出數不清的樂音，各種生命的滋味由此潮湧而來。金鈴子的心思細小而敏銳，對於外界的感知異常獨到和出奇，比如這樣的詩句"我一夜一夜地獨坐，我悄悄地想你/夜太靜了，我真怕弄出什麼響動來/怕我大叫一聲，把它們叫醒/沉睡的荒野，那荒野上的石楠//我這個被大地誘惑了的人/命裡註定需要忍受，我內心廢棄的那條小溪，源源的水聲/忍受那流經我嘴唇邊的，多餘的句子。”（《我一夜一夜地獨坐》），詩歌袒露的是靜默的力量，詩人將心思寄託於靜夜，用無聲來暗示大愛，語詞之間充滿了震懾人心的氣脈和韻味。而新近創作的《曲有誤》一詩更顯得性靈十足，情韻款款，“曲有誤啊，公瑾。來點風，懶懶地吹。/你左眼皮往上一揚的姿勢，腰掛寶劍，/雲收雨住。/我會悄悄的瞟上一眼。/八面埋伏，混著青巾白袍，虛紮營寨。//我愛，取我刀來，我要統兵三千。/我不能說出那些思念，/不能說出，我想你了。想那些被江水沖刷千年的苦啊，/在暗夜的江火中，口含銅弦。/我兩臂高高舉過頭頂，合上雙眼/我今偷生而來，乘著風月，放養馬匹。/只等一個宿醉未消的清晨，/直取西川。”這是一首巧妙傳達當代人愛情理想的優秀詩作，詩歌借傳統事典述說今人情懷，在古典的愛情悲歡中滲透當代女性的癡心一片，歷史和現實在情感這種永恆的生命主題中達成驚人的默契和溝通。李成恩從創作“汴河”詩章開始起步，她的詩歌顯示著時代的真實性與歷史縱深感的統一，《汴河，外婆》有這樣的詩句：“汴河，你是外婆的汴河，也是我的河流/外婆老了，我卻走了。汴河你收藏了我的身影/為何不挽留我的青春？我是汴河的遊子/我是汴河裡漂向下游的一截斷枝//只有在外婆明亮的雙眼裡，我哀傷的思念/才是明亮的。汴河沒有哀傷/汴河是明亮的汴河，像我依然健朗的外婆”，年逾八旬外婆是鄉村發展的見證，也是汴河悠久歷史的見證，詩歌以外婆為抒寫主體來驗證汴河的史跡，並將詩人對故鄉的憶念，對青春的緬懷，對親人的熱愛等情感都包容在詩行之中，簡潔的詩句將多重意蘊巧妙複加在一起，顯示出年輕詩人開合自如的藝術表達功力。施施然對詩歌的理解很獨到，她說：“我拒絕做一個沉浸在唯美意境裡的純粹的古典派，力求在吸收古典文化營養的同時更著重融入現代人的觀念和事物，以我自己的心靈做投射點向外輻射，試圖將古典文化瑰寶與現代意識、個性傳承等等融在一起，從而嘗試形成真正屬於自己的獨特的詩歌精神與風貌，表現當下卻穿越當下。"[175]基於這樣的詩學觀念，她的詩歌常常將帶有舊時代印記的審美意象和從傳統沿襲下來的江南情趣交疊組合在一起，從而顯示出別樣的情味，讀之令人口舌生津。《帶上我的名字去輪回》寫道："我要在你心上蓋個戳。這個戳/以骨頭做材料，以愛做刻筆/上面工工整整篆寫著我的名字/再蘸取生命的顏料，就是那/吻痕一樣的紅蓓蕾，重重地印在你的胸前/還要釉上赫卡式的咒語，作為最後一道工序/這樣，就算輪回到來生，並且/喝了孟婆湯，你的胸口也依然烙著我的痕跡/你會在時間的玫瑰裡，不停地找啊/找啊，像為你的左心房/尋找摯愛的右心室。倘若不小心/你被別家的小姐愛上了，只要/給她看看你前世帶來的施了咒語的名字/告訴她，你終要找到我，結為連理/她就會退還不屬於她的愛情"，在人世輪回的生命假定中，以愛的烙印為聚焦點，從而表達對天長地久的愛情的響往與渴求，構成了這首詩撩人心襟的表達意指。

網路平臺的寬鬆、自由、便捷優勢，加上互動性很強的詩歌交流氛圍，以及詩歌博客相對獨立的存在形式，都為"新紅顏寫作"的崛起創設了相當有利的文學環境，在這樣的文學環境下，女詩人的創作能量得以盡情釋放，獨異的藝術個性也各自形成。金鈴子的敏感而睿智，橫行胭脂的奇崛而溫愛，李成恩的開闊而大氣，施施然的典雅而純真，這些女詩人詩歌都形成了各自獨特的藝術風格，正是因為有眾多各具風格和特點的女性詩人和詩歌

---

175 《自由、性靈、超越，以一顆古典柔軟心，穿越而今當下 —— 施施然訪談錄》，見施施然博客。

文本的存在，"新紅顏寫作"在新世紀的文學天地裡，奏響渾厚而動人的詩歌樂章。

必須指出的是，由於受到日漸濃厚的消費文化的影響，也由於網路過於寬鬆和隨意的書寫氛圍，當下"新紅顏寫作"往往顯得有些匆忙，作品降生的速度過快，有些詩歌本來還需經過一段時間的沉澱和打磨後才可能將文字所能攜帶的審美內蘊淋漓地寫出，但一些女詩人為了追求詩歌創作的數量，為了使自己的博客能日見更新，為了讓讀者能持續地來此光顧流覽，她們往往會將一些並不完全成熟的詩作迅速掛到網上，這些倉促而就、未及細緻斟酌和刪改的詩歌作品常常會顯露出某種明顯的瑕疵，在意象的選用和語言調配上還有諸多不盡完美之處。同時，由於詩人沒有對寫作速度加以有效遏制，她們詩歌的雷同性與自我複製現象普遍存在，詩歌表達有時是在一種慣常的路徑上機械滑動，沒有在技巧的有效提升和人生領悟的不斷深化上做文章，這也使得當下的"新紅顏寫作"出現了一定程度的創作瓶頸，雖然具有一定審美價值的作品並不算少，但還缺乏堪稱經典、足以載入史冊的厚重之作。儘管如此，"新紅顏寫作"作為新世紀詩歌創作中的一種重要現象，體現了網路文化語境下尤其是博客時代女性借助現代傳媒手段提供的優勢而對自身觀察細膩、情感豐富等性別特長的有效發揮，它的前景仍是值得期待的。

第三章　現象篇

第一節　網路詩歌，拿什麼來拯救你？

　　1993 年至今，中國網路詩歌已經走過二十年風雨歷程。其表現也恰如一個懵懂且血氣方剛的少年，讓人愛恨交加：愛其率真、質樸、虎虎有生氣，恨其幼稚、放肆甚至粗鄙、墮落。這也意味著，未來十到二十年是中國網路詩歌發展的重要時期，關乎其詩性品格是向上抑或向下、崇高還是崇低、審美或者審醜的價值取向問題。設若順利度過這段躁動的青春期，中國網路詩歌將會迎來"而立"甚至"不惑"的成熟季節，否則，就只能走向純粹的遊戲與狂歡並由此墜入"娛樂至死"的荒誕境地。在這樣一個何去何從的十字路口，我們究竟靠什麼來引領中國網路詩歌做出恰切選擇，走出當下困境，並最終實現自我救贖，更加有效地利用網路這一新媒體，給中國新詩帶來應有的正面建樹呢？

　　這當然是一個複雜的問題，它至少可以從網路平臺的管理與優化、網路詩歌作者的行為約束與人格塑造、網路詩歌的詩體建設以及網路詩歌批評標準的確立等四個方面去進行思考與回答。我們知道，運用網路這一新媒體進行寫作、發表與傳播，是網路詩歌區別於紙質詩歌的關鍵所在，但網路平臺的建設、管理與優化卻首先是一個制度與技術問題，作為詩歌作者、讀者與批評者，我們往往只能被動地等待與適應它的改良與完善。而作者、詩體與批評標準才是我們能夠主動努力去掌控並對網路詩歌脫困與自救有所幫助的三個方面。有鑒於此，我們依次略作探討。

一、作者的行為約束與人格塑造

網路詩歌之所以屢遭詬病，主要原因就在於門檻太低，只要會上網、會發帖、會打字、會敲擊回車鍵，就可以成為網路詩人。往昔神聖的詩壇，如今成了可以隨意進出並且大放厥詞的“詩江湖”。在充滿暴戾之氣與不滿情緒的當今時代，一些偽詩人的“詩生活”往往只是搶眼球、逗樂子、發怨氣、耍無賴，進而發展成拉幫結派、好勇鬥狠，搞得網路詩壇烏煙瘴氣，讓人厭惡。而隨著“下半身”、“垃圾派”、“低詩潮”等網路詩派的走紅，低俗、粗鄙等負面形象被大肆渲染，導致那些真正優秀的網路詩歌與詩人被遮蔽與否定。更讓人無可奈何的現實卻是，網路已經成為大眾生活不可或缺的組成部分，網路詩歌也就成了詩歌不算唯一也是最為主要的生成與傳播方式。恰如發表過《屎的奉獻》、《我不得好死》、《我的垃圾人生》等作品的垃圾派詩人管黨生在《不真實》中所寫的那樣：“1986 年/我開始寫詩/2001 年開始上網/我至今不知道/自己是不是真正意義上的詩人/詩人又是什麼/在網上我罵人/是因為被人罵/我如今/已經離不開網路/我不知道沒有了網路/我還應該做什麼”。

既然無法將偽詩與偽詩人排拒、隔離在網路詩壇之外，那些期望淨化網路詩壇的真詩人就只好從約束自己做起，起碼得守住不粗制亂造、不同流合污的行為底線，要知道在網路上的任何不檢點，都會留下類似隨地大小便那樣的醜陋印痕，遲早會被暴露並因此而蒙羞。

　　我們都明白，詩歌高於歷史乃至哲學的地位以及詩人作為未被公開承認的世界與時代之"立法者"的聲譽，是經過漫長的論辯與抗爭才逐步獲取的，反之，要消解詩歌的精神能量、玷污詩人的清名令譽卻往往只在朝夕之間。不是嗎？曾經神聖的"詩人"稱謂，如今卻被用作"你是詩人！你全家都是詩人！"之類的嘲諷與惡搞了，這讓眾多詩歌愛好者和寫作者情何以堪！不用說，那些對後世精神發展與文明秩序起到引領與規範作用的偉大作品，比如《伊利亞特》、《神曲》、《離騷》等等，其作者無一例外都具有高尚的人格魅力與強大的精神力量，他們不僅能夠堅守個人的困頓，而且還能在諸神缺席、神性之光黯然失色的"貧乏時代"成為苦難的"見證者"與希望的"守靈人"。

　　為了塑造高尚人格，詩人尤其是網路詩人必須修煉自己的主體心性。用古人的話說，就是修心、養氣，所謂修自適、圓融之心，養正大、浩然之氣；用今人的話說就是"要努力把我們自己養成'美的靈魂'sehoeneseele，最高的藝術便是這'美的靈魂'的純真的表現。"（郭沫若《印象與表現》）用西方人的話說，就是詩人要有現實與人文關懷，要有宗教般的神聖的終極關懷。海德格爾講過，我們每個人（當然包括詩人）都"在世界中存在"，而且處於"被拋狀態"。儘管同樣被拋置在某個具體的歷史境遇之中，受到特定時空的制約，但不同的人、不同的詩人，其"選擇卻可以不同，比如是認同還是不認同？是屈從還是反叛？是沉淪還是超越？"（余虹《文學知識學》）由此也就劃分出兩種不同類型的詩人，一類追求向上、崇高與審美，一類趨於向下、崇低與審醜。毫無疑問，只有向上一類的詩人，才可能成為"超越的能在者"，才可能將自己的感喟、呼籲與理想熔鑄到作品之中，並由此實現詩歌興發感動的功能，激起廣大讀者積極、樂觀地承擔苦難、熱愛生命、追求理想。只有這樣的詩作，才有成為優秀乃至偉大詩歌的可能。只有這樣的詩人日漸增多，這樣的詩作日益豐富，網路詩壇才會逐步被淨化，網路詩歌也才可能脫胎換骨，以新的姿態展現在世人面前。

二、詩體的創新與發展

以白話為工具或載體的新詩，基本上割斷了與文言詩詞的形式聯繫，必須自創新體。經過數代詩人對形、聲、韻、律、行、節等各方面的艱辛探索，新詩大致形成了以自由詩為主，以格律體、新民歌、歌詞及其他種種自創體為輔的詩體大聯盟。但網路詩歌自誕生以來的二十年間，卻只出現了所謂 "口語詩"、"口水詩"、"第三極詩歌"（提倡 "神性寫作"）等少數理論與實踐。其中的 "口水詩" 等於就是廢話，沒有詩學價值可言。口語詩、第三極詩歌雖然產生了少數比較優秀的作品，但它們在格律聲韻、字詞行節等方面的探索，總體而言，仍未超越白話新詩所取得的成就。至於名目繁多的這體那體，諸如梨花體、羊羔體、魚鰭體、煙槍體、揪揪體、朱軍體、高鐵體、捐款體、烏青體等等，簡直就是口水詩、廢話詩的種種別名，以 "體" 相稱，純粹是為了嘲諷與挖苦，對網路詩體的建設而言，只能起到 "此體不通"、"請另尋他途" 的警示作用。

網路詩究竟與紙質詩有無實質性區別，在目前有肯定與否定兩派觀點。如果僅僅只是傳播方式的不同，網路詩歌也就無需自創新體，如果還有其他更為本質的差異，那就有創造新詩體的必要。從寬泛意義上的網路詩歌來講，它與紙質詩歌可以相互轉換，發表在紙質媒體上的詩作常常被轉帖到網上，首發在網上的作品也往往被紙質報刊、書籍轉載與收錄。但狹義的網路詩歌僅僅指在網上首發與傳播的作品，就此而言，它無需經過編輯的篩選與淘汰，大多數作者都是"話怎麼說詩就怎麼寫"，不會在意藝術上的錘煉與追求，"口語詩"勢必成為網路詩歌的主要類型。這種因發表、傳播方式之改變所引發的詩歌語言形式的變化，儘管不能說造成了網路詩歌與新詩的本質區別，但我們也不能對此種變化與差異視而不見，並由此抹殺網路詩歌詩體創新的潛在可能性。對此，我們不妨採取"寧可信其有，不可信其無"的寬容態度。

其實，新詩誕生之初，使用的也是所謂"引車賣漿之徒所操之語"，但在完成工具革命的任務之後，純粹的"白話"入詩便遭到了較為普遍的質疑與詬病，於是，提升白話的詩性素質、發掘現代漢語詩性潛能的理論與實踐也就隨之而興起。儘管新詩至今尚未創造出被大家普遍認可和廣泛實踐的定型性詩體，但還是產生了相當數量的經典作品，它們在形式上的多方探索，為新詩詩體的建設與完善提供了寶貴的經驗，其老練、成熟與稚嫩、青澀的初期白話詩相比，差距之大真不可以道裏計。

網路詩歌所普遍使用的"口語"，與新詩當年採用的"白話"應該說並無實質性差別。既然"白話"的詩性潛能得到了相當程度的發揮，"口語"在表現日常生活經驗、情感與思想時所具有的原生態、現場感、鮮活性等等優長，也應該具有轉化成一種嶄新的詩性話語的可能。就當下境況而言，網路詩歌的作者與批評者絕不能任由口語詩一路向下地發展下去，應該努力向上提升"口語"的"詩性"品格，在保持其鮮活性與現場感等優勢的同時，盡可能地賦予其凝練與彈性、增強其隱喻與象徵、豐富其情思與韻律，使其成為與新詩"白話"既相聯繫又有所區別、既彼此借鑒又互相競爭的適合於網路新媒體的詩歌語言。這當然是一個需要創作者與理論家拾階而上、跨越諸多門檻與障礙的艱難歷程，但也只有飽經孕育與分娩的痛苦，網路詩歌或者說口語詩歌新形式、新體裁才有可能呱呱墜地並茁壯成長。

三、批評標準的確立與完善

德國漢學家沃爾夫岡·顧彬的《沒有英雄的詩 —— 致王家新》中有這樣幾行："魚受到了警告/今天有詩人來釣魚/但他們沒有釣具和故鄉/在長城上他們任意/拋出詩行，隨後抱怨/此處無人上鉤/……//詩人總是孤注一擲/世界太昂貴/詩律太便宜/……"儘管有些令人費解，但對沒有準備卻肆意妄作的詩人給予調侃與批評的意味則是再明顯不過了。所謂"詩律太便宜"，無論是就"詩歌格律"還是"詩壇紀律"而言，都可謂準確地把握住了當代中國新詩尤其是網路詩歌創作的低門檻與無政府狀態。"低門檻"現象，我們已經有所討論，而"無政府狀態"的形成，則是因為缺乏評價標準與體系的緣故。毫無疑問，批評標準的確立與完善正是網路詩歌發展的當務之急。

我國是詩的國度，自古論詩都有好壞、真偽、高低、大小之分別，其評判標準雖有儒法道釋之分殊、李杜蘇黃之差異、往古來今之演變，但簡而言之，仍可用"言意之辨"予以概括。當然，這不僅僅是指"言盡意"與"言不盡意"的哲思辯駁，更主要的是指由此衍生出來的言、象、志、情、意、境、神等一系列詩學範疇，換做今天的術語，大體可以歸結為形式與內容及兩者之關係的探討。

自網路詩歌由繁盛趨於氾濫之後，理論界也不乏建立評價標準的呼籲，且出現了多種網路詩歌選本、年鑒與賞析之類的著作。但由於數量過於龐大，大到網站過萬個、年發表作品以百萬乃至千萬計的程度，任何編選者都無法做到全面、客觀地甄別出最為優秀的網路詩歌作品，推介、徵稿的結果也難免泥沙俱下，而且編選者的個人趣味及其與作者的親疏關係，都會造成一定幹擾，影響所選詩作的示範作用。如此看來，憑藉選本方式來確立相對穩定的評價體系並不具備太大的可行性。至於那些以傳統詩歌或者新詩的某些標準為參照而確立起來的批評原則，對於扭轉網路詩歌一路下滑的發展趨勢確乎有所幫助，但這樣一來，又很可能扼殺網路詩歌剛剛呈露的那片盎然生機，將其修剪成與紙質詩歌並無二致的模樣。

　　面對這個兩難困境，我們只得尋求某種相對折衷的辦法，那就是在大多數讀者能夠接受與認可的範圍內，創建與“抒情-意象-隱喻”詩歌傳統有所區別的新標準。這個標準既不能過寬，寬到與我們的詩歌審美習慣大相徑庭甚至背道而馳的地步，但也不能過窄，窄到阻礙網路詩歌鮮活、靈動、率真個性的發展。看來，要想在兩者之間達成平衡，首先還是得回到如何處理“網路”與“詩歌”之關係這一理論原點，從傳播學、語言學、詩學等多學科入手，結合實際創作，進行綜合探討，逐步形成一系列原則與規範。這自然是一個“知行合一”的過程。儘管我們都明白，知易行難，但按王陽明的說法，有了一念之“知”，也就意味著“行”的開始。既然已經形成了上述認識，我們何不樂觀地認為：網路詩歌評價標準的確立應該為期不遠了。王國維在《人間詞話》中講：“大家之作，其言情也必沁人心脾，其寫景也必豁人耳目，其辭脫口而出，無矯揉裝束之態。以其所見者真，所知者深也。詩詞皆然。持此以衡古今之作者，百不失一。”一百來年過去了，這個所謂"百不失一"的標準,對於網路詩歌而言,或許仍不失其巨大的參考價值?

第二節　網路詩歌與公民意識的培養

新世紀以來,隨著互聯網的日益普及,作為重要文學文體的詩歌也借助現代化的媒介技術與網路平臺並肩攜手,由此創生的"網路詩歌"隨即引起了詩歌圈子內外人士的極大關注。自 2003 年至今,對網路詩歌的研究與闡發,成為了詩學界一直以來的學術熱點,不少詩歌評論家從網路詩歌的界定、網路詩歌的基本特徵、網路對當代詩歌生存與發展的影響等不同層面對網路詩歌現象進行了深入探究,這些探究對於網路語境下中國新詩的基本狀況與未來走向做出了客觀分析與理性預測,對人們瞭解和認識新世紀詩歌起到了一定的指導作用。不過,近十年來有關網路詩歌的探討,主要是從文藝美學向度上所作出的學術反思,很少立足于其他向度,這在一定程度上限制了網路詩歌研究的進一步深化。基於此,我認為,立足於社會學向度,從公共空間和公民意識等層面來探索網路詩歌的社會效能,或許會得出一些新穎的學術發現。本文擬從社會學視角入手,探討網路詩歌與公民意識的關係,以期將網路詩歌的研究向前推進一步。

一、網路平臺與詩性言說的公共空間

西方學界對公共性、公共空間、公共領域等社會學範疇的研究和闡發由來已久,這些學術成果對我們今天重新認識網路平臺

的社會特性和文化意義是多有助益的。較早提出作為共同空間的
"公共領域"範式的是美國政治理論家漢娜·阿倫特,她認為,
"公共的"一詞就是世界本身,"共同生活在世界上,這從根本
上意味著,事物的世界處於共同擁有這個世界的人之間,就如同
一張桌子的四周周圍坐著許多人一樣;世界像每一個中間事物一
樣,都同時將人聯繫起來和分離開來","公共領域作為一個共
同的世界,將我們聚集在一起"[1]。也許在阿倫特看來,公共性是
世界本身的一種內在屬性,作為世界主體的人與這種公共性之間
形成了既相聯繫又相分類的悖論性狀態,這也就是說每個人都是
個人性和公共性的矛盾統一體。德國學者哈貝馬斯對"公共領
域"的闡釋則更進一步,他將"公共領域"界定為"首先意指我
們的社會生活的一個領域,在這個領域中,像公共意見這樣的事
物能夠形成",同時,"公共領域原則上向所有公民開放。公共
領域的一部分由各種對話構成,在這些對話中,作為私人的人們
來到一起,形成了公眾",而"當這個公眾達到較大規模時,這
種交往需要一定的傳播和影響的手段"[2],於是,報紙、期刊、廣
播、電視等就成了這種公共領域的重要媒介。哈貝馬斯有關公共
性和公共領域等範疇的詮釋,給我們理解網路平臺的公共性特質
提供了重要的理論支援。相比於報紙、期刊、廣播、電視等媒介,
網路媒介的空間更大,互動性最強,傳播速度也最迅捷,在網路
世界上,公眾更方便集結,公共意見更容易形成,影響力也更為
廣遠。也就是說,相比傳統的媒介,網路媒介擁有更為充分的"公

---

1 漢娜·阿倫特:《公共領域和私人領域》,汪暉、陳燕穀主編《文化與公共性》,
　北京三聯書店,1998年版,第83頁。
2 尤根·哈貝馬斯:《公共領域》,汪暉、陳燕穀主編《文化與公共性》,北京三
　聯書店,1998年版,第125頁。

共性”。

　　事實上，網路不只是一種媒介，更是一個可以無限載入的虛擬世界，是前景廣闊的“公共空間”，對於民眾的公共意識生長和形成來說，網路這一“公共空間”具有其他空間難以比擬的技術潛能和話語優勢。也有不少學者論及過“公共空間”的內涵，其中尤以英國學者查理斯·泰勒（Charles Taylor）的觀點最具代表性。他將公共空間劃分為兩種形態，即“主題性的公共空間”和“跨區域的公共空間”，其中前者是指區域性的集合，公眾們以共同關心的主題聚集在一起，那是一個有形的空間，比如沙龍、酒吧、廣場、街道、學校、社團等等。而後者則是包括報紙、雜誌、書籍和電子傳媒在內的公共傳媒，它們是一個無形的、想像性的輿論共同體，以共同的話題將分散在各地乃至全世界的陌生人結合為一個現代的公眾。[3]應該說，網路空間屬於泰勒所說的兩種公共空間形態中的後一種，這種空間可以容納整個世界最為廣大的人群。同時，由於網路具有話語平權優勢，網路上游走的民眾往往體現著匿名性特徵，這更保障了言論的自由和思想的開放，也就是確保了公共性的最大化程度，有學者曾這樣分析互聯網的這種空間特徵：“互聯網在一定意義上正在成為一個可以聚集各類人群、各種觀點，並提供彼此間溝通交流管道的公共性空間。互聯網之所以具有這樣的潛質，與它的技術特性是分不開的。與傳統媒介的線性傳播不同，互聯網利用網路技術形成的是類似於‘漁網’的網路結構。在這種結構中，任何一個結點在理論上都是均勢的，這一方面實現了‘去中心化’，另一方面也加快了各個結點之間的資訊互動。所以，傳統的線性結構或層級結構中

---

3 參見 Charles Taylor，*Modern Social Imaginaries*，Durham and London：Duke University Press，2004。

的 '權力' 勢必被打破並分流。"[4]這是非常有見地的。

　　網路詩歌是網路與詩歌的聯姻，這體現為兩層意思：一方面，中國詩歌借助互聯網的技術優勢而得以發展，在創作、發表、評論、傳播等方式上有了全新的改進；另一方面，網路平臺接納詩歌作為一種公共資訊，並憑藉詩歌本身的藝術特徵而增強了自身的審美底蘊。網路詩歌可以說是現代技術和傳統文學方式相互信賴、有機結合的產物，它的出現也在一定程度上將網路平臺打造成詩性言說的公共空間，在互聯網無限載入的比特世界裏，許許多多分行書寫的詩化文字不斷湧現而出，它們一方面傳達著詩人自我的心聲，另一方面也與其他線民們進行藝術的切磋和思想的交流，進而將網路世界的公共性效益充分彰顯。

　　也許有人會說，詩歌是一種非常私人化的文學形式，"抒寫自我"不就是詩歌的一種最根本屬性嗎？誠然，較之小說、散文、戲劇等文學文體，詩歌的個人化、私密化程度應該是最為強烈的，詩歌因為始終與詩人個體的生命感悟和心靈體驗息息相關，因此它無可否認地刻印著詩人自己的靈魂標記。但是，我們還應該看到，詩歌也是具有公共性的，並且，詩歌的私人性表達還必須建立在其深厚的公共性基礎上。詩評家唐曉渡曾經指出："詩人是幹什麼的呢？語言對媒體、對其他人來說可以是工具，但對詩人來說絕不是工具。它是你生命的延伸，是跟你一起生成的，是敞向未知的，面對的是那些還沒有被探察過的，或被遮蔽掉的人類經驗。這種公共性，是其他的途徑所不能抵達的。"[5]可以說，正

4　宮承波、範松楠：《網路文化公共性建設中的知識份子作為》，《山東社會科學》，2012 年第 8 期。

5　唐曉渡：《詩歌和公共生活》，《與沉默對刺 —— 當代詩歌對話訪談錄》，北京大學出版社，2012 年版，第 265 頁。

是這種公共性,才使得詩歌能夠與網路迅速地聯通、和諧地相處,相輔相成又相得益彰。由於網路與詩歌二者都具有公共性特徵,它們聯姻之後形成的網路詩歌,也就無可置疑地體現著"公共性"內涵。同時,網路詩歌從創作到發表,從閱讀到評論,整個過程都是網路民眾在網路平臺這個公共空間中進行的藝術活動,這種藝術活動,無形之中促進了整個社會的公民意識的培養與提升,這對社會的精神文明建設和發展來說是極為有利的。

二、網路詩歌創作與公民意識培養

作為詩性言說的公共空間,網路世界中的詩歌創作具有著許多超乎人們想像的社會效益和人文功能,在公民意識到培養與建構上,網路詩歌創作也體現出一定的作用,這是我們從社會學層面認識網路詩歌必須意識到的。

我們知道,網路空間有著平面媒體難以匹敵的技術優勢,在言說的自由性、便捷性、開放性等層面,傳統的紙媒都無法與網路相提並論。網路的這種技術優勢,對於詩歌創作起到了極大的促進作用,"充滿自由性、開放性、便捷性與可容性的網路世界,為詩人們敞開心扉、宣洩情緒創設了極為有利的技術環境,不少詩人在這裏頻繁出入,發帖回帖,通過詩歌與人們進行心靈的溝通、情感的交流和生命的對話"6。在我看來,當代詩人於網路平臺上進行的藝術創作,至少在三個方面有意無意地培養了自身的公民意識。

首先,自我修養的提升與完善。網路具有低門檻和快捷化的

---

6 張德明:《審美日常化:新世紀網路詩歌側論》,《東嶽論叢》,2011 年第 12 期。

發表優勢，因此，在網站、論壇、博客、微博等平臺上，詩人創作的分行文字是可以迅速發表，及時得到傳播，並立時受到關注、點評、轉載的。這種高效率的發表與傳播情態，對詩人尤其是初次出道的詩寫者來說無疑是富有積極意義的。每個人的創作都希望受到別人的關注，都希望引起別人的注意，都希望得到別人的首肯，而網路詩歌可以在短時間達到這樣的效果，這種速效一定程度上刺激了詩人的創作"荷爾蒙"，調動了他們不斷表達的欲望與衝動，借助互聯網的技術護佑，詩人們持續地敲動鍵盤，讓許多流淌著詩意之美的文字從電腦螢幕走入互聯網的虛擬空間，在這種持之以恆的勤奮創作中，他們的審美能力得到有效增強，他們對世界和自我的認識也得以深化，自我修養因此在不斷提升並逐步完善。個人自我修養的提高，某種程度上也意味著公民意識的提高，因為公民意識既包含社會意識也包含個人意識，它是個人修養與社會責任的辯證統一，也就是說，只有充分發育的具有主體性的個體，才能真正擔負起重要的社會使命，而社會責任的承擔和社會義務的履踐，也只有那些主體性最突出的個體才能完全勝任。從這個角度上說，網路詩歌創作增強了詩人的語言表達能力、藝術審美能力和觀察、認識世界與自我的能力，使他們的自我修養得到有效提升，也因此培養了他們的公民意識。

其次，現實參與意識的強化。詩歌創作是一種藝術表達，它是詩人"情動於中而形於言"的結果，因此，詩人創作的每一首詩都是具有一定的意義和意味的，都是他們對某種情感與思想的分行表述。在網路世界中，詩人的藝術創作雖然不排除有少數純屬文字遊戲之作，但大多數還是體現著詩人們對於宇宙人生的觀照、對於現實問題的思考、對於社會現狀的描摹與感喟的。眾所周知，每當社會上出現轟動的政治事件，出現重大的社會問題，往往都是網路詩歌創作最活躍、最繁盛的時候。新世紀以來，在中國大地上出現過不少受人關注的事件和引人思考的問題，這些事件和問題一經出現，立刻會有人用詩歌的形式在網路上對之加以反應。比如前些年出現的奶粉事件，摻了三聚氰胺的奶粉在市場上行銷，給中國人的身體和生命帶來極大傷害，這樣的事件被曝光後，立時引起了廣大民眾的普遍不滿，一些網名還用詩歌的形式來揭露和抨擊這種不良行為。例如當時出現的題為《最美的青春》的短詩就是這類網路詩歌中的一首，該詩第一節寫道："當喝著知名廠商毒奶粉長大，/當慶倖自己身體沒有得結石，/我依然固執地認為這是意外，/用暗自僥倖寫下：相信未來！"不難發現，這首詩是仿擬食指的《相信未來》而創作的，儘管在藝術成色上並不算高，但詩歌寫作者反思社會、思考問題、嘲諷和抨擊醜惡現象的內在意願還是異常鮮明的。而 2003 年的非典、2008年汶川地震、2010 年玉樹地震等重大災難降臨到中國大地上時，以它們為題材創作出的網路詩歌更是數不勝數，這都生動地折射出中國詩人的社會關注意識和現實參與意識。在對重大歷史事件和社會問題的回饋上，網路的方便快捷和詩歌的短小精悍、表情集中等迅速達成強烈的共振，對現實作出回應的網路詩歌由此在一時間鋪天蓋地便是可想而知的事了。不言而喻，網路詩歌的屢起波瀾、屢掀高潮，既是中國公民良知和責任的明確展示，也是公民現實參與意識強化的結果。

第三，適應現代技術意識的增強。當上世紀 90 年代末期互聯網初次進入中國時，很多詩人都對這種現代技術保持一種近而遠之的情感態度。在他們看來，詩歌應該是安靜的事業，而互聯網顯得太喧嘩，這與詩歌創作有點格格不入；詩歌創作應該是高雅的東西，是少數人的事情，在互聯網上進行詩歌創作，仿佛把詩歌創作大眾化和通俗化了，這有悖詩歌的藝術本質。誠然，現代技術確實有它與文學藝術相違逆的地方，有意識地與現代技術保持一定距離，這體現著詩人們對藝術的某種敬畏之情，因此這樣的姿態是無可厚非的。不過，現代技術並非一無是處，對於人類來說，所有的現代技術都是一柄雙刃劍，都體現出既有利又有弊的兩面性。我們只有理性地對待它，利用它的優勢而力避它的劣勢，才是更為科學和穩妥的態度。隨著網路技術的發展和普及，詩人與網路的關係也在不斷改善，經過一段時間的磨合之後，許多詩人逐漸適應了網路環境，他們開始借助網站、論壇、博客和微博等來發表詩歌與詩論，讓自我的身影，堂而皇之地出現在網路詩歌的舞臺上。據筆者所知，當代不少優秀的詩人都在網路上建有自己的博客，有些詩人甚至還有自己的論壇和網站，更多的詩人則利用當下時興的微博來進行詩歌活動，發表詩作與詩論，進行詩歌交流和資訊傳遞，這些都體現出當代詩人對現代技術的適應意識的明顯增強。事實上，儘快適應現代技術的意識，也是現代社會裏公民意識的一種重要組成成分，因為只有充分利用現代化的技術手段，公民實現社會責任和義務的可能性才能得到極大提高，社會文明發展也因此得以提速。

三、網路詩歌論爭與公民意識彰顯

網路是一個可以無限載入的虛擬世界，同時又具有面具化和匿名性等特質，這無疑給詩歌創作者提供了極大寬廣的言說空間，在這個空間裏，各路詩家可以大展手腳，在創作、評論、爭鳴等文學環節進行充分互動。新世紀以來，與網路詩歌極為繁盛相對應，網路詩歌論爭也異常火爆，這種論爭並不只是人們針對詩歌而作出的美學論辯，更多的是以詩歌為起點而對諸多社會問題的回應和反思，可以說直接彰顯著當代中國公民的社會意識。

　　近十年來網路空間上出現的圍繞詩歌現象和詩學問題的爭議異常多，有關於詩歌命名的論爭，如針對"中間代"、"70後"、"下半身寫作"、"新歸來詩群"、"新紅顏寫作"等詩學術語而產生的爭議，有關於詩歌潮流和現象的論爭，如對口水化現象（"梨花體"、"羊羔體"、"烏青體"）的討伐，對詩歌選本的批評，對各種詩歌獎項的非議等等。這些爭論表面看來是詩歌內部的審美探討，究其實質，不難發現是以詩歌問題的爭論為基礎和前提，廣泛觸及了當下中國的社會實際與現實問題，在線民參與探討和論爭的過程中，許多社會問題都被悄然涉及，線民的略帶情緒化和偏見性的發言、跟帖、回復等，無不折射著他們對當下中國存在的社會現象與問題的思考和態度。

　　以關於"梨花體"和"羊羔體"的爭論為例。"梨花體"事件出現於 2006 年前後，事件前後都與網路糾纏在一起，因此可以看作典型的網路詩歌論爭案例。事件主角是河北詩人趙麗華，時任《詩選刊》編輯部主任，中國作家協會會員，魯迅文學獎評委。事件發端於 2006 年 9 月，當時，趙麗華即興創作了一組短小的詩歌，先是張貼於自己的個人主頁上，沒想這組詩隨即被國內不少大型網路論壇相繼轉載，並引發了大量的仿製與激烈的爭議。趙麗華的這組詩口語化傾向嚴重，幾近於大白話，比如《我愛你的寂寞如同你愛我的孤獨》："趙又霖和劉又源/一個是我侄子/七歲半/一個是我外甥/五歲/現在他們兩個出去玩了"，《一個人來到田納西》："毫無疑問/我做的餡餅/是全天下/最好吃的"，等等。當時，人們將趙麗華的這類詩取名為"梨花體"，既是取"梨花"的諧音"麗華"來暗自嘲諷，同時也暗藏著以梨花之白來比附趙詩之直白的寓意。在 2006 年到 2007 年間，圍繞"梨花體"，人們展開了激烈的論辯，許多作家、詩人和詩歌愛好者都參與進來，其中還包括韓寒、伊沙、沈浩波、楊黎等知名文人。不少人一方面對趙麗華的這些直白化、口水化的詩歌加以討伐，指責其審美貧弱，不具詩歌資格，另一方面還將批評矛頭指向了趙麗華的"國家級女詩人"、詩歌刊物"編輯部主任"等身份標籤上，對其詩歌發表上的特權進行了某種揭批。如網名為"寒山石"的一位詩歌評論者曾指出，"趙麗華現象"背後暗藏的是詩歌界由來已久的"權力壟斷的話語霸權"情勢，他認為："網路詩歌和主流詩壇的對峙和衝突是當下詩歌一個不爭的事實。這可以從一些網友不時痛斥《詩刊》、《星星》等權威詩刊'墮落'和一些'老面孔'把持詩歌主流媒體中略見一斑。的卻，在詩歌日益邊緣化的狀態下，一些"官方陣地"已經萎縮成為少數人的'自留地'，這種權力壟斷下的話語霸權和體制內所掌握的巨大資源，扼殺了眾多網路詩歌愛好者的發表欲，而激起了廣大詩歌愛好者的強烈不滿。我們僅從一個'國家級女詩人'頭銜，就可以看出在中國的特殊語境中名人與體制的共生關係。所謂的'國家級詩人'實質上不過是一種'行政配給'，它的評價標準並非詩歌水準，而是權力意志。"[7]這段話雖然不乏偏激之處，但它反映的是線民透過詩歌現象來思考現存社會問題的一種公民意識，網路平臺某種程度上也為這種公民意識的彰顯提供了技術上和倫理上的支援，這不能不說是網路詩歌論爭中潛存著的促進社會民主和文明的積極性力量的顯示。

　　"羊羔體"事件的出現與"梨花體"有些類似，其導火索仍

---

7 寒山石《對當下詩壇的集體審判 —— 從"趙麗華現象"說開來》，《詩歌報論壇》（http://www.shigebao.com）2006.10.24.

舊是一些直白、口水化的詩歌文本。2010 年 10 月 19 日，第五屆
“魯迅文學獎”獲獎名單公佈,武漢市紀委書記車延高的詩集《嚮
往溫暖》獲得詩歌類獎項。結果公佈後，在他的博客上發表的幾
首舊作《徐帆》和《劉亦菲》等被網友翻出,在微薄上廣泛傳播,
人們痛批這樣的詩不是詩，更像是在寫作中不停按下回車鍵的成
品,並將其命名為“羊羔體”,與詩人趙麗華的“梨花體”並稱。
將當下新詩戲稱為“回車鍵藝術”,這是 80 後作家韓寒批評趙麗
華的“梨花體”時的調侃之語,而今被廣大線民普遍用來評判車
延高的這些口語詩歌,這反映著網路詩歌論爭對公民意識的引
導。一些線民甚至還戲言,“回車鍵裏出官詩”的時代已經到來。
其實,車延高創作的《徐帆》《劉亦菲》二詩,只能算他的探索
之作,並不能代表他真實的創作水準,也沒有收入他的詩集中,
但線民為什麼抓緊他的詩歌大做文章呢？在對車延高的批評中,
更多的人並不把矛頭指向他的詩人身份,而是針對著他擔任“武
漢市紀委書記”這一官職的名片,有關“羊羔體”的網路爭論表
露的是人們對“官員寫詩”這一現象的某種質疑,一方面表達對
文學評獎公正性和權威性的責難,另一方面表達對現存體制和權
勢格局的不滿。據學者王珂調查,在車延高的博文《2010 年 10
月 21 日》後的 800 個跟帖和閻延文的“倒車”博文《作家閻延文:
“羊羔體”獲魯迅文學獎很正常》的 776 個跟帖中,關注“詩人
車延高”及關心詩歌前途的“詩學評論”太少,關注“官員車延
高”及官員寫詩是否“合理”、獲獎是否“合法”的“政治學評
論”太多。對此,王珂還滿懷擔憂地指出,在這些署名評論或者
匿名評論中,我們都能夠明顯感覺到知識、權力和倫理的獨自存

在和相互支撐的巨大力量，感受到詩歌以外的"力量"對詩歌的威脅。[8]而在我看來，王珂的擔憂其實是多餘的，線民的這些熱議不僅不必大驚小怪，而且還應引起高度關注並加以大力肯定，它其實說明瞭網路詩歌論爭中蘊含的民主氛圍，顯示著當代國人強烈而鮮活的公民意識。在社會化程度異常發達的現代社會裏，作為一種社會意識形態的詩歌絕不只是供少數人孤芳自賞的玩物，而是與整個社會密切關聯在一起的，借助網路詩歌論爭而輻射到對社會問題的探尋與求思，這是再正常不過的事情，某種意義上也正是人類文明邁向新的臺階的一種昭示。

四、地震詩潮與網路詩歌的公眾參與

西元 2008 年 5 月 12 日 14 時 28 分，這是中國人永遠無法忘記的歷史一刻。這一刻，一場特大地震在四川汶川發生，數以萬計無辜的人們瞬間被奪去了生命，幾十萬人遭遇了傷殘，幾百萬人流離失所，到處是瓦礫，到處是呼救，祖國西南地區的這塊邊遠縣城被百年難遇的災難所洗劫。幾乎在同一刻，中國詩人略顯麻木的神經被驀然驚醒，一行行蘸著淚水和深情的文字從互聯網的空間紛紛出場，它們將國人對於災區人的悲憫、同情、聲援與大愛書寫出來，這就是在"5·12"地震發生後，中國大地上出現的地震詩潮。

地震詩潮的形成不是偶然的。從客觀上說，汶川地震的發生給災區人民造成的巨大損失，令國人驚愕，令詩人難安，他們要用詩的形式寄予哀思、支援災民抗擊災難重建家園，地震發生的

---

8 王珂：《新詩的困境 —— 以"梨花體"事件和"羊羔體"事件為中心的考察》，《探索與爭鳴》，2011 年第 1 期。

殘酷事實給了地震詩歌大量湧現的現實契機；從主觀上說，悲天憫人，"一方有難，八方支援"等，是中國詩人由來已久的思想傳統，面對災難，他們都有如鯁在喉不得不發的表達衝動，都希望自己創作的詩歌能在這個災難的歲月發出哪怕是極為微小的聲音，用以傳遞內心的大愛，給遠方的災民們以精神的援助和心靈的鼓舞。更重要的是，地震詩歌能在短時間迅速形成風潮，是因為它借助了網路的力量，網路這個發表方便傳播迅疾的現代媒體，為地震詩歌的大量湧現、迅速提供了技術上的保障。甚至可以說，網路促進了人們對於公眾事業的普遍參與，以地震為題材的網路詩歌是新世紀以來詩人們所具有的公民意識的最集中體現。

在汶川地震發生之後，到底有多少人加入了地震詩歌寫作者的行列，到底有多少首以地震為題材的詩歌誕生出來，恐怕沒有誰能說清楚。地震詩歌的作者人數之多、詩作數量之多，完全可以與中國詩歌史上任何一次詩歌熱潮或運動相媲美。據瞭解，汶川地震詩歌收藏家姜紅偉收藏的汶川地震詩歌有 3 萬首。其實，汶川地震詩歌的實際數量要遠遠超過薑紅偉所統計出的這個數。儘管為了及時傳遞心中的大愛，聲援災區人民抗擊災難，不少地震詩歌都是應制之作，藝術內涵不夠豐厚，但這些略顯粗糙的詩歌傳遞出來的心聲是真誠的，是飽含溫熱的，因此也是能給人以鼓舞和振奮的，它們代表了民眾對於公眾事業的積極配合和踴躍參與，其公民意識是顯在的。與此同時，一些地震詩歌，比如網路上傳誦甚廣的《孩子，快抓緊媽媽的手》、《媽媽，別哭，我去了天堂》、《媽媽，我走了你就看花》等，無論在結構的安排、意象的調配還是在文字的組織上，都達到了較高水準，是具有一定審美價值的。由網路詩人蘇善生創作的《孩子，快抓緊媽媽的手》前兩節這樣寫道：

孩子　快/快抓緊媽媽的手/去天堂的路　太黑了/媽媽怕你碰
了頭/快　抓緊媽媽的手　讓媽媽陪你走
媽媽　我怕/天堂的路　太黑/我看不見你的手/自從倒塌的牆
把陽光奪走/我再也看不見　你柔情的眸

不難發現，這首詩採用的是對話體的形式，通過母子（女）
二人在災難突降時的親切對話，寫出了骨肉的深情，散發著溫馨
的人性光芒，也從一個側面對殘酷的災難進行了詛咒。詩中沒有
撕心裂肺的怒吼，沒有呼天搶地的淚哭，有的是飽含著關切與愛
憐的話語，有的是令人可親的人間氣息和生命留戀。這樣的地震
詩一經在網路上出現，必定會喚起普遍的共鳴，並在人們心頭產
生持久的震顫之力。

借助網路平臺而如潮降生的地震詩歌，某種程度上是文學公
共性特徵的一種直觀折射。什麼是文學公共性呢？學者趙勇這樣
解釋道：“所謂文學公共性是指文學活動的成果進入到公共領域
所形成的公共話題（輿論）。此種話題具有介入性、幹預性、批
判性和明顯的政治訴求，並能引發公眾的廣泛共鳴和參與意識。”
[9]網路上大量出現的地震詩歌，是人們以地震為藝術素材而進行的
創作活動的成果，這些詩歌在網路這個公共空間的集結，顯然形
成了一個為眾人矚目的公共話題和輿論。當“地震”這樣嚴肅的
話題被詩人以詩歌的形式而演繹出來的時候，也就“具有介入
性、幹預性、批判性和明顯的政治訴求”，地震詩歌很快“引發
了公眾的廣泛共鳴和參與意識”也就在情理之中了。

---

9 趙勇：《文學活動的轉型與文學公共性的消失 —— 中國當代文學公共領域的反
　思》，《文藝研究》，2009 年第 1 期。

第三節　草根詩歌的"公共性"
與"個人性"

　　"草根"在漢語中本是一個植物學術語,將其用於翻譯英文grassroots(本義為"鄉村的"、"地區的")之後,其含義逐漸引申為"平民的"、"民間的"、"群眾的"等。而在被借用到社會學以及人類學、管理學之後,其內涵更是隱喻性地指稱那些經濟收入、生活水準以及社會地位相對低下的人群。近三十年來,隨著經濟高速發展,我國的社會結構發生了重大的轉型與裂變,其層級劃分的標準由此前政治性的階級、出身等轉變為實用性的金錢、職業等,其結果就是尚處於為衣食住行等基本生存權益而奮鬥的"'草根'階層"之數量急劇膨脹。這些被稱作"弱勢群體"的人所引發的種種社會問題受到各級政府、民間社團以及知識份子越來越多的關注與重視。在這樣的背景下,表現底層民眾之生活與抗爭、情感與思想的草根文學(或稱"底層文學"、"底層寫作"等)、草根詩歌(或稱"底層詩歌"、"打工詩歌"等)受到評論與學術界的普遍青睞,以至於最近幾年,對草根文學、底層書寫的研究呈"異軍突起"之勢,相關論著已經超過六百篇(部)[10]。大體而言,這些成果主要圍繞社會正義、苦難表達、民間立場以及貧困、漂泊、鄉愁、疼痛、異化等關鍵字語展開論述,相對重視草根文學的反思性、批判性、人文性、介入性特徵,

---

10 其中探討打工詩歌、底層詩歌以及詩歌草根性問題的論文將近一百五十篇(部)。

而對其個性化的藝術追求尚缺乏足夠的闡釋與引導。本文無力對草根文學作整體上的藝術評判，只是打算對其一個類別 —— 草根詩歌 —— 的公共性與個人性之關係問題略作辨析。

一、草根詩人底層生活的自我表達

所謂詩歌的公共性是指詩歌關注或表達公眾生活與公共事件，通過凸顯人文關懷、啟蒙精神、苦難意識、底層關注、悲憫情懷、國族想像等，使詩歌成為公共輿論的組成部分，和其他公共話語一起構成相對獨立的公共空間，以達到監督、批判甚至抗衡政府公共權力的目的。不過，具有公共性特徵的詩歌作品與集體抒情式的公眾詩歌有著本質的區別，它必須回歸個人，以個人性的情感體驗和藝術表達為前提。也就是說，詩歌的公共性與個人性並不是彼此否定的對立關係，而是相互促成的共建關係。能否以及如何處理好這對關係，是所有詩歌創作都無法回避的精神和藝術難題，包括草根詩歌在內的底層寫作尤其如此。我們首先來看兩首比較有影響的草根詩歌作品。

第一首詩的標題是《命運是條被炒的魚》，發表於《詩選刊》2002 年第 9 期，其作者是 1992 年高中畢業後以農民工身份進入東莞市打工並從事打工詩歌寫作與評論的柳冬嫵（1973～）。全詩如下：

> 是一條魚/臉的鱗片/在時間的水裏遊來浮去/躥出水面捕食陽光/但生命的鰭葉/畢竟長不出鳥的羽翼/鳥類也不怎麼知道它的心情//是一條魚/它總是小心翼翼在水中乞討自由/用鰓呼吸/卻無法溶入一片水域/玻璃缸裏/所有的方向都不存在/水就是網網就是水//是一條魚/掙紮在最後的浪花和

泡沫裏/目光盯著天空/是一種哀傷/一種反抗/一種歎息/它的天涯/只是別人的咫尺/它的拼命掙紮/不敵別人的吹灰之力//是一條魚/從水裏來/到鍋裏去/誰的胃液不停地翻湧/在魚膽裏體會到/屬於一條魚的痛苦/和最終的結局

　　詩的題目讓人很自然地聯想到“被老闆炒魷魚”，詩中這條隨時都有可能被炒的“魚”也就成了“打工者”（俗稱“農民工”）的隱喻，“玻璃缸”又何嘗不是現代都市的象徵，不能理解魚類心情的“鳥類”當然是指與農民工頗多隔膜的“城裏人”了。詩歌文本藉此構成一個涵義豐富的隱喻場。魚在玻璃缸裏遊來浮去、乞討自由，但沒有方向的時光之水卻像網一樣困住魚對自由的嚮往與希望，儘管拼命掙紮，魚的最終結局只能是從水裏到鍋裏，難逃被烹炒、被吞食的命運。而那個從“魚膽”之苦味裏品嘗到“屬於一條魚的痛苦/和最終的結局”的“誰”，究竟該如何確定其身份、評判其行為？則引起讀者更多的反思與聯繫。詩中散發出的疼痛、荒謬與無可奈何之感，如果沒有真實的經驗與切身的體會，是不可能被表達得如此讓人刻骨銘心、難以釋懷的。或許這首詩在藝術上仍有不夠完善的地方，但總體而言，它在詩歌社會使命與藝術使命之間達成了某種平衡，在相當高的程度上實現了詩歌公共性與個人性的有機統一，算是打工詩歌中的上乘之作了。

　　第二首是何真宗（1973～）的代表作《紀念碑》：

在南方/在一棟棟拔地而起的摩天大廈的縫隙裏/我不止一次/從媒體上看到/類似的新聞——/某年某月某日某時某分/某地某街某處正在封頂的大廈/一個外省民工“不幸”/從樓頂摔下/一根或數根大拇指粗的鋼筋　從其/大腿　臀部斜插進肌體/穿肉而過/命根險遭不測……/經搶救/有的奇

跡生還　有的/永遠停止了呼吸　停止了工作//這可是我的
打工親兄弟呀/拋家舍親/風餐露宿/抽劣質香煙/病了/喝一
碗薑湯/背著鋪蓋卷四海為家/向一切需要力量的地方湧動
的兄弟/汗水/卻相當廉價/夢/卻又又十分沉重//這就是我的
打工兄弟/常常用自己的夢/裝飾別人的夢/別人的夢/恰好
成了/他的紀念碑

　　這首詩最初發表於《創業者》2002 年第 9 期，2005 年獲得
團中央、全國青聯"首屆全國鯤鵬文學獎"詩歌類唯一一等獎，
十數家大型媒體對此事件予以報導，使它產生了廣泛的社會反
響，並引起東莞市人大、政協"兩會"的高度關注，提出改善外
來務工人員權益的相關提案。僅此而言，我們就可以充分肯定此
詩的公共性特徵與功能，其反思性、批判性十分明顯。但從詩歌
藝術的角度看，該詩除了標題所具有的震撼性以及結尾幾行因受
卞之琳《斷章》的啟示而頗具思辨色彩之外，其餘部分更多地屬
於描述性的敘事表達，尚未充分轉換成意象化、含蓄化、抒情化
的詩性話語。出生於重慶萬州的何真宗也是 1992 年高中畢業後南
下東莞打工，飽嘗外來務工人員的酸甜苦辣，我們沒有理由懷疑
他創作時的真情實感，詩中"這可是我的打工兄弟呀"的深情呼
喚也足以打動人心，但在如何將真實的體驗與情感轉換成審美
的、個性化的詩性表達上，或者說在直面苦難與審美超越之辯證
關係的處理上，本詩仍有相當大的提升空間。應該說這首《紀念
碑》在極力凸顯公共性功能的同時，並未充分彰顯出詩歌藝術的
個人性特徵與魅力，其社會使命的成功並不能成為我們忽視、原
諒其藝術使命不太成功的理由。

　　其實，在我看來，何真宗的其他一些作品，比如《沒有城市
戶口的蛙》、《土雞》等，比這首《紀念碑》更好，但由於《紀

念碑》受到主流意識形態的表彰，加之柯岩等知名作家、學者的欣賞，作者才視之為自己的代表作，甚至將其放在自選詩集《溫暖的城市》（2011）的最前邊。同樣，柳冬嫵也不可能所有的作品都寫得和《命運是條被炒的魚》一樣成功。他們兩人是眾多所謂"打工詩人"中的佼佼者，和另外一些在最近幾年聲名鵲起的底層詩歌寫作者，比如打工女詩人鄭小瓊、平民詩人王學忠一樣，並非每首詩都在時代與個人、批判與審美、思辨與情感、公共性與個人性之間尋找到某種藝術上的平衡，更遑論其他大量草根寫作者的詩歌作品了。

二、職業詩人對底層生活的替代表達

就在草根寫作自發湧現並受到頗多關注的同時，不少非底層的甚至知名的作家、詩人也開始進行底層寫作，比如遲子建的《踏著月光的行板》、殘雪的《民工團》、先鋒作家黑白的《事實真相》等幾部中篇小說都頗受好評，而伊沙的《中國底層》、江非的《時間簡史》、宋曉賢的《乘悶罐車回家》、盧衛平的《在水果街碰見一群蘋果》、林雪的《蹲著》等都曾被柳冬嫵視為打工詩歌中的名篇佳作。[11]僅就伊沙等幾位詩人來說，除了江非高中畢業參軍以外，其他都曾就讀高等院校，他們都有至少曾經有過一份比較穩定的工作，而且都是頗具影響力的詩人。的確，這裏舉出的幾首詩都有各自的特色，都可以細讀出若干的詩思與詩藝，但有一點仍然值得我們思考，那就是它們都在替底層表達，是一種旁觀式的書寫，詩人的寫作動機應該是出於對底層民眾、

11　參見柳冬嫵《從鄉村到城市的精神胎記：中國"打工詩歌"研究》，花城出版社，2006年12月。

草根群體非同一般的關愛與同情，作品中不僅透露出深深的哀婉與悲憫，還潛藏著某種懺悔與拯救意識，這或許是所謂精英階層在面對底層困苦時難以抑制的一種本能，當然也可以說是對中國古代知識份子"哀民生之多艱"的憂患精神傳統的繼承。且看伊沙的《中國底層》：

> 辮子應約來到公棚/他說："小保你有煙抽了？"//那盒煙也是偷來的/和棚頂上一把六四手槍//小保在床上坐著/他的腿在幹這件活兒逃跑時摔斷了//小保想賣了那槍/然後去醫院把自己當腿接上//辮子堅決不讓/"小保，這可是要掉腦袋的！"//小寶哭了/越哭越凶："看我可憐的！"//他說："我都兩天沒吃飯了/你忍心讓我的腿一直斷著？"//辮子也哭了/他一抹眼淚："看咱可憐的！"//辮子決定幫助小保賣槍/經他介紹把槍賣給一個姓董的//以上所述是震驚全國的/西安 12.1 槍殺大案的開始//這樣的夜晚別人都關心大案/我只關心辮子和小保//這些來自中國底層的孩子/讓我這人民的詩人受不了

這首詩的戲劇性很強，除了最後幾行詩人的自我表白之外，其餘都是辮子和小保（案件中偷槍的在一家餐館打工的 15 歲孩子馬小保）相約見面的場景，在看似冷靜的描述背後隱藏著詩人深深的同情與憐憫，而結尾的幾行不僅表達了對只關心大案不關心這些底層孩子之遭遇的"別人"的批判，也透露出自己作為"人民的詩人"卻無力幫助、拯救人民的自責與懺悔。詩人選取作為殺人大案之案底 —— 偷槍、賣槍 —— 過程中的一個細節，通過戲劇化的手法展現了底層民眾真實生活的一個場景，並運用自嘲與反諷，進一步將知識份子的人文關懷抒發了出來。顯然，這首詩是在替底層民眾發聲，其目的也可以說是引起療救的注意。我不

願意去做這樣的猜想：當年作為打工少年而偷槍、賣槍且險遭買槍殺人兇犯滅口的馬小保是否讀到這首詩？又是否能夠讀懂這樣的詩歌、體會到詩人的良苦用心？用詩歌表達對底層群體的悲憫與關愛，或許也只是知識份子自我感動、自我陶醉的一種方式？本詩的批判性與反思性是突出的，在藝術表達上也有一定的特色，但其對底層困難的書寫終因沒有切身體驗而顯得有所隔膜，整首詩智性有餘而情性卻略顯不足。

我們再看盧衛平的《在水果街碰見一群蘋果》：

> 它們肯定不是一棵樹上的/這足夠使它們團結/身子挨著身子相互取暖相互芬芳/它們不像榴槤自己臭不可聞/還長出一身惡刺防著別人/我老遠就看見它們在微笑/等我走進它們的臉都紅了/是鄉下少女那種低頭的紅/不像水蜜桃紅得輕佻/不像草莓紅得有一股子腥氣/它們是最乾淨最健康的水果/它們是善良的水果/它們當中最優秀的總是站在最顯眼的地方/接受城市的挑選/它們是蘋果中的幸運者驕傲者/有多少水果一生不曾進城/快過年了我從它們中挑幾個最想家的/帶回老家讓它們去看看/大雪紛飛中白髮蒼蒼的爹娘

這首詩構思是巧妙的，意象也很鮮明，"蘋果"與"少女"兩相重疊與轉換都顯得清新與自然，擺脫了類似寫法中常見的矯情與做作。不僅如此，詩人還對恰似"一群"蘋果般乾淨、健康、善良的來自各個村莊彙聚到城市中的打工少女們表達了由衷的欣賞與敬意。不過，也正是少女們的這份單純與善良，反而讓我們對她們被挑選進城市之後的命運感到某種隱憂，而結尾擬人化的聯想，更是讓人仿佛被紛飛的大雪與淡淡的哀愁所裹挾，忍不住發出唏噓感歎。整首詩建構起一個相對圓滿的小世界，這個世界的背景是具有隱喻性質的水果街，"我"在這裏碰見了一群蘋果。蘋果以"群"相稱，實際上暗喻一群鄉下少女。"我"與她們的相遇，說明"我"不是她們中的一份子，"我"對她們的讚賞、擔心，"我"挑選她們中的一部分並帶她們回家過年、看望父母，表明"我"具有某種能夠幫助她們的能力，至少是具有一種拯救她們的意識。

除了這兩首以外，宋曉賢的《乘悶罐車回家》也是相當感人且藝術上頗為成功的作品，儘管與前兩首略有不同，作為詩人化身的"我"也親身體驗了"乘悶罐車回家"的感受，但"我"畢竟不屬於那支善良得像牛群一樣的潰散已久的大軍，"我"是"我"，那支由一百多個男女組成的大軍是"他們"。詩人依然是以旁觀者的身份去表現底層生活的。讓我們把這首詩也抄錄下來：

臘月將近/我整好行裝，踏上旅程/乘悶罐車回家/跟隨一支潰散已久的大軍//平日裏我也曾自言自語/這一回終於住進/鐵皮屋頂/一米高處開著小窗/是小孩辦急事的地方/女孩呢，就只好發揮/忍耐的天性/男男女女擠滿一地/就好像/每個人心中都有位沙皇/就好像/他們正開往西伯利亞腹地//夜裏，一百個/夢境擠滿貨艙/向上升騰/列車也仿佛輕快了許多/向雪國飛奔/我無法入睡/獨自到窗前/把冬夜的星空和大地/仔細辨認/我知道，不久以前/一顆牛頭也曾在此處/張望過，說不出的苦悶/此科，它躺在誰家的廄欄裏/把一生所見咀嚼回想？//寒冷的日子/在我們的祖國/人民更加善良/像牛群一樣悶聲不語/連哭也哭得沒有聲響

這些非草根階層的詩人寫出的作品，究竟算不算草根文學或者草根寫作呢？這是一個仁者見仁、智者見智的問題。說是或不是，大概都能找到各自充分的理由。問題是我們應該如何看待這兩種詩歌，也就是說草根階層的自我表達與被表達，究竟哪一種

更符合詩歌與文學創作自身的規律？究竟哪一種更有可能達成社會使命與藝術使命或者說公共性與個人性更趨完美的結合呢？

三、草根詩人的身份困惑

上述這樣的疑問，實際上彰顯出"草根詩人"身份的某種困惑。它包含一體兩面的雙重內涵：一是草根怎樣自我表達的問題，二是詩人如何想像草根生活的問題。

就前者而言，得益於改革開放三十多年中國義務制教育水準的提高，一批具有較高文化與知識水準的農村青年與普通市民子弟獲得了自我表達的能力，這就是平民詩歌、打工詩歌、打工小說等所謂底層、草根寫作迅速崛起的重要前提。但問題是這批寫作者，隨著知名度的提高，大多擺脫了底層生活，轉而變成中產階級的一份子，這時，他們的創作也就開始去底層化、去草根化。他們的草根詩人身份就會受到質疑。這裏我們不妨向大家介紹打工詩歌研究者何軒博士向十餘位打工詩人發出的一份問卷調查，題為《底層為什麼要寫作詩歌？》。收回的問卷中選擇"自慰和寄託"、"吶喊和代言"、"圓文學夢"、"釋放和淨化"等選項的，分別是 72.7%、63.6%、63.6%、54.5%，而選擇"改變自我身份"的僅占 18.2%。不過，查看回答問卷的十來位詩人的簡歷，我們會發現他們中絕大多數都已不再是第一線的打工工人，轉而成為報刊、雜誌社編輯、作協或文藝家協會工作者，甚至文藝公司經理、事業單位文職人員、學校教師等。[12]正是在這樣的背景下，鄭小瓊在詩名遠播之後，卻仍然堅持在第一線打工的選

12 參見何軒編著《中國"打工詩歌"輯錄與評點》附錄一：底層為什麼要寫作詩歌？問卷調查，附錄二：詩人小傳，湖北人民出版社，2010 年 12 月版。

擇，才顯得格外引人注目。通過寫作，改善生存環境、提升社會
地位、改變自我身份，當然無可厚非，但從文學、詩歌的角度而
言，既然不再具有草根身份，草根的自我表達也就轉變成了"代
言"式的書寫。由此看來，"詩人"身份的逐步確立也就意味著
"草根"身份的日漸疏離，這似乎表明，"草根詩人"的稱謂本
身存在著某種內在的矛盾與張力。但從另一角度看，這種曾經滄
海的、來自底層又超越底層的"代言"式書寫，與自上而下、自
外而內的"代言"式寫作又是有所區別的，甚至可以說具有某種
本質上的差異。"草根"階層是否擁有自我表達並通過這種表達
獲得詩人身份的可能與合法性呢？這一方面取決於我們對"草
根"與"詩人"能否做出新的與時俱進的界定，另一方面也取決
於草根階層是否積極爭取自我表達的話語權力。

　　上述草根詩人身份困惑的第二方面內涵，即詩人如何想像草
根生活的問題，實際上與中國古代歷史悠久的"代言"傳統有
關。眾所周知，在我國文學史上，替底層民眾、替處於弱勢地位
的婦女"發聲"、表達他們所思、所想的詩詞創作有著悠久的傳
統，所謂"惟歌生民病"、"男子作閨音"等等。這種傳統在中
國現代文學、詩歌發展史上不僅得到延續，甚至還有新的發揚與
光大。[13]新文學的開創者魯迅、胡適等都曾創作有表達底層民眾
生活的作品，而相當可觀的鄉土小說、鄉土詩歌、市井文學創作，
也幾乎貫穿整個中國現當代文學發展史，加上來自國外眾多現實
主義與批判現實主義作品的譯介與影響，使得中國現當代文學已
經積澱下非常豐厚的底層敘事與苦難書寫的傳統，即使這一傳統
尚有諸多不盡如人意之處，比如苦難表達的失重，就是頗遭詬病

---

13 比如，夏志清就曾強調過"現代中國感時憂國的傳統"。

的一大問題。但話又得說回來，除了所謂新民歌以及部分少數民族文學具有真正民間自我抒寫的精神特質之外，其餘大多數作品都屬於代言性質的寫作，民間、底層、草根階層幾乎都是沉默的被表達者。這樣的寫作，難免有所隔膜，其對底層苦難的表達自然不能恰中肯綮，無法讓讀者產生深入骨髓的沉痛感與難以承受的厚重感。

四、結語：草根書寫的未來期許

面對這樣的文學事實，我們不必感到驚訝。雖然文學起源於民間，也必須紮根於底層才能茁壯成長，但我們約定俗成的所謂 "文學" 畢竟不能只是純粹的日常口語的複製與移植，它需要加工與提煉，文學家與詩人也就成為掌握某種專門技能的執業者，並由此獲得自我表達和替人表達的話語權力。

然而，時代畢竟不同了，教育的不斷普及、科技的飛速發展、傳播方式的日益豐富與便捷，使得文學、詩歌、作家、詩人等曾經擁有的神聖光環逐步被消解，只能被極少數人所感知、明瞭的神秘色彩也逐步被祛除。既然普通大眾都可以隨意進出小說、詩歌的園地，也就意味著開啟了某種前所未有的文學生產方式，其結果甚至有可能改變中國文學的演進方向與發展格局。這或許正是底層寫作引起普遍關注的一個重要原因。

如此說來，底層寫作、草根文學等，都包含底層 "自我發聲" 和非草根階層 "替代發聲" 兩種寫作方式。而這兩種方式的顯著特徵都是表現下層人民艱難的生存狀況與相對貧乏的精神境界，以便於引起更多的關懷與救助，當然也希望藉此喚起草根階層自我拯救的意識與行為。這樣的寫作先天就具有某種公共性特徵，但如何提升其藝術表達上獨具特色的個人性風格，將是自我表達與替代表達兩種寫作方式都必須面對的挑戰。不過，在我看來，公共性與個人性完滿結合的草根詩歌，主要還得寄望于草根人群自下而上的自我抒寫。

第四節 "草根性"詩歌的 "民間"價值取向

一、"草根性詩歌"概念的提出

1990 年代中後期以來，新詩創作呈現眾聲喧嘩的多元態勢，而 1999 年的盤峰論戰及其後續爭辯，更是促成了所謂"民間寫作"與"知識份子寫作"的嚴重分野，加之下半身詩歌、網路詩歌、打工詩潮、中間代詩群、新紅顏寫作等所引發的一系列爭吵，使得詩壇紛紛嚷嚷、熱鬧非凡。面對這種局面，評論界、學術界表現出悲觀與樂觀兩種截然不同的態度。在悲觀者看來，如此混亂的局面表明新詩已經失去昔日的榮光，需要通過"二次革命"進行詩體、精神與傳播方式的重建；樂觀者則認為，這樣的多元探索恰恰表明詩歌高潮即將到來，偉大詩人也會隨之而誕生。詩人、評論家李少君顯然屬於後者。基於新詩正在邁向其偉大時代的樂觀判斷，他明確地用"詩歌的草根性時代"來指稱 21 世紀以來的新詩創作。[14]

---

14 2003 年詩人杜馬蘭呼籲"回到詩歌的草根年代"，隨後李少君提出草根性寫作並積極實踐與反復闡述，形成一個較有影響的詩學話題。

　　不過，李少君的“草根”是一個寬泛性概念，與我們通常所說的草根階層之“草根”所具有的底層、民間、弱勢、鄉土等具象性內涵頗不相同，畢竟他曾明確指出：“‘草根性’並不是鄉土性，也不是民間性。”[15]他所謂的“草根性時代”更多地是一種象徵意義上的命名：“新詩走到這麼一個階段，產生這麼一些新的情況和現象，我個人稱之為‘草根性’：一種自由、自然、自發的詩歌寫作出現了，一種日常化的深入普通人生活和心靈深處的詩歌寫作出現了，一種由天空而來的詩歌終於接地氣了。”“如果說朦朧詩是當代詩歌的第一聲春雷，那麼，現在大地才真正覺醒，萬物萌發，競相爭豔，生機勃勃。”[16]“所謂‘草根性’，如果用一句話來概括，就是指一種自由、自發、自然的源於個人切身經驗感受的原創性寫作。”[17]除卻他特別強調的個人性、經驗性、原創性之外，草根性還包括本土化、中國性、民族性等多重內涵。如此寬泛的界定，讓我們體會到李少君涵括多種詩歌現象、溝通民間書寫與精英創作的詩學意圖，他主編的《21世紀詩歌精選》系列[18]可謂這種意圖的執著表現。

　　的確，草根性詩歌的勃勃生機，需要不同地域、不同類型的詩人共同培育與呵護。於是，實力派、地方性、網路、民刊（並非民間）等各種稱謂與類型的詩人都成為李少君關注的對象，他們的作品自然也是其構建草根性詩學的基點與材質。但誠如陳仲義所指出的那樣：“固然有時人們需要做較大的‘指向’而好包

15　李少君：《關於“草根性”詩歌問題的箚記》，《詩刊》2004年第12期。
16　李少君：《詩歌的草根性時代》，《長沙理工大學學報》（社會科學版），2011年第1期。
17　李少君：《草根性與新世紀詩歌》，《詩刊》，2009年7月上半月刊。
18　該系列已由長江文藝出版社推出“草根詩歌特輯”、“詩歌群落大展”、“新紅顏寫作詩歌檔案”等三輯，第四輯“每月好詩選”也即將出版。

容,但如果強調過頭,反而容易掩蓋它獨一無二的‘條碼’。與其做擴大性處理,不如回到更為嚴密的‘識別’標記上。換句話說,從草根的原始義源出發,環繞它的特指性,也就是不要輕易將草根固有和特有的底層、泥土、民間色彩祛除。”[19]本文無意也無力對草根性詩學問題進行全方位論述,只打算對草根性詩歌的民間價值取向與新詩小傳統之形成與發展的關係問題略作探討,試圖以此豐富草根性詩學的內涵,並為草根性詩歌創作提供一份參考。

二、草根性詩歌的現實民間性

在我看來,草根性詩歌精神內涵的基點就在於其“根”亦或“根系”,“草”只是勃勃生機的外在表現,其頑強、茁壯的生命力全賴內在“根系”的發達與壯碩。這一根系或許包括上文所謂個人性、經驗性、原創性、本土性、中華性等等,但其中最為粗壯的應該是如下緊密相關的兩“根”:一是底層之根,二是傳統之根,兩者在“民間性”上交集起來,形成“現實民間性”和“傳統民間性”的價值取向,並以此維繫草根性詩歌的健康成長。

之所以要強調草根性詩歌底層之根或者說現實民間性的價值取向,是為了凸顯其現實關懷,尤其是對底層也即民間的倫理關懷。毫無疑問,此一價值取向的確立與實現,既需要草根詩人群體的自我體驗與書寫,也需要知識份子詩人群體的民間想像與替代表達。

改革開放三十多年以來,隨著經濟高速發展,我國的社會結

---

19 陳仲義:《中國前沿詩歌聚焦》,中國社會科學出版社,2009年版,第206頁。

構發生了重大的轉型與裂變，其層級劃分的標準由此前意識形態性的階級、出身轉變為實用性的金錢、職業等，其結果就是尚處於為衣食住行等基本生存權益而奮鬥的“‘草根’階層”之數量急劇膨脹。這些被稱作“弱勢群體”的人所引發的種種社會問題受到各級政府、民間社團以及知識份子越來越多的關注與重視。在這樣的背景下，表現底層民眾之生活與抗爭、情感與思想的草根文學（或稱“底層文學”、“底層寫作”等）、草根詩歌（或稱“底層詩歌”、“打工詩歌”等）大量湧現。

如果我們從創作者的身份來考察，就會發現，當前草根詩歌的主體也即最具影響力的部分是底層詩人的自我書寫，其次才是知識份子或者說專業詩人的替代表達。前者由於是切身體驗的自然流露，產生了不少優秀的作品，後者更多地抒發了旁觀式的同情、憐憫與關懷，只能算是民間經驗的想像表現，即使處理得當，仍難免隔膜與疏離。為了獲得較為直觀的認識，我們不妨對比閱讀以下兩首詩作。

第一首詩的標題是《命運是條被炒的魚》，發表於《詩選刊》2002 年第 9 期，作者是 1992 年高中畢業後以農民工身份進入東莞市打工並從事打工詩歌寫作與評論的柳冬嫵（1973～）。全詩如下：

> 是一條魚/臉的鱗片/在時間的水裏遊來浮去/躍出水面捕食陽光/但生命的鰭葉/畢竟長不出鳥的羽翼/鳥類也不怎麼知道它的心情//是一條魚/它總是小心翼翼在水中乞討自由/用鰓呼吸/卻無法溶入一片水域/玻璃缸裏/所有的方向都不存在/水就是網網就是水//是一條魚/掙縈在最後的浪花和泡沫裏/目光盯著天空/是一種哀傷/一種反抗/一種歎息/它的天涯/只是別人的咫尺/它的拼命掙縈/不敵別人的吹灰之

力//是一條魚/從水裏來/到鍋裏去/誰的胃液不停地翻湧/在
魚膽裏體會到/屬於一條魚的痛苦/和最終的結局

詩的題目讓人很自然地聯想到"被老闆炒魷魚"，詩中這條
隨時都有可能被炒的"魚"也就成了"打工者"（俗稱"農民
工"）的隱喻，"玻璃缸"又何嘗不是現代都市的象徵呢？不能
理解魚類心情的"鳥類"當然是指與農民工頗多隔膜的"城裏
人"了。詩歌文本藉此構成一個涵義豐富的隱喻場。魚在玻璃缸
裏遊來浮去、乞討自由，但沒有方向的時光之水卻像網一樣困住
魚對自由的嚮往與希望，儘管拼命掙紮，魚的最終結局只能是從
水裏到鍋裏，難逃被烹炒、被吞食的命運。而那個從"魚膽"之
苦味裏品嘗到"屬於一條魚的痛苦/和最終的結局"的"誰"，究
竟該如何確定其身份、評判其行為？則引起讀者更多的反思與聯
繫。詩中散發出的疼痛、荒謬與無可奈何之感，如果沒有真實的
經驗與切身的體會，是不可能被表達得如此讓人刻骨銘心、難以
釋懷的。或許這首詩在藝術上仍有不夠完善的地方，但總體而言，
它在詩歌社會使命與藝術使命之間達成了某種平衡，在相當高的
程度上實現了詩歌公共性與個人性的有機統一，算是打工詩歌中
的上乘之作了。

我們知道，就在草根寫作自發湧現並受到頗多關注的同時，
不少非底層的甚至知名的作家、詩人也開始進行底層寫作，比如
遲子建的《踏著月光的行板》、殘雪的《民工團》、先鋒作家黑
白的《事實真相》等幾部中篇小說都頗受好評，而伊沙的《中國
底層》、江非的《時間簡史》、宋曉賢的《乘悶罐車回家》、盧
衛平的《在水果街碰見一群蘋果》、林雪的《蹲著》等都曾被柳

冬嫵視為打工詩歌中的名篇佳作。[20]僅就伊沙等幾位詩人來說，除了江非高中畢業參軍以外，其他都曾就讀高等院校，他們都有至少曾經有過一份比較穩定的工作，而且都是頗具影響力的詩人。的確，這裏舉出的幾首詩都有各自的特色，都可以細讀出若干的詩思與詩藝，但有一點仍然值得我們思考，那就是它們都在替底層表達，是一種旁觀式的書寫，詩人的寫作動機應該是出於對底層民眾、草根群體非同一般的關愛與同情，作品中不僅透露出深深的哀婉與悲憫，還潛藏著某種懺悔與拯救意識，這或許是所謂精英階層在面對底層困苦時難以抑制的一種本能，當然也可以說是對中國古代知識份子"哀民生之多艱"的憂患精神傳統的繼承。且看伊沙的《中國底層》，這是我們要讀的第二首詩：

> 辮子應約來到公棚/他說："小保你有煙抽了？"//那盒煙也是偷來的/和棚頂上一把六四手槍//小保在床上坐著/他的腿在幹這件活兒逃跑時摔斷了//小保想賣了那槍/然後去醫院把自己當腿接上//辮子堅決不讓/"小保，這可是要掉腦袋的！"//小寶哭了/越哭越凶："看我可憐的！"//他說："我都兩天沒吃飯了/你忍心讓我的腿一直斷著？"//辮子也哭了/他一抹眼淚："看咱可憐的！"//辮子決定幫助小保賣槍/經他介紹把槍賣給一個姓董的//以上所述是震驚全國的/西安 12.1 槍殺大案的開始//這樣的夜晚別人都關心大案/我只關心辮子和小保//這些來自中國底層的孩子/讓我這人民的詩人受不了

這首詩的戲劇性很強，除了最後幾行詩人的自我表白之外，其餘都是辮子和小保（案件中偷槍的在一家餐館打工的 15 歲孩子

---

20 參見柳冬嫵《從鄉村到城市的精神胎記：中國"打工詩歌"研究》，花城出版社，2006 年版。

馬小保）相約見面的場景，在看似冷靜的描述背後隱藏著詩人深深的同情與憐憫，而結尾的幾行不僅表達了對只關心大案不關心這些底層孩子之遭遇的“別人”的批判，也透露出自己作為“人民的詩人”卻無力幫助、拯救人民的自責與懺悔。詩人選取作為殺人大案之案底 —— 偷槍、賣槍 —— 過程中的一個細節，通過戲劇化的手法展現了底層民眾真實生活的一個場景，並運用自嘲與反諷，進一步將知識份子的人文關懷抒發了出來。顯然，這首詩是在替底層民眾發聲，其目的也可以說是引起療救的注意。我不願意去做這樣的猜想：當年作為打工少年而偷槍、賣槍且險遭買槍殺人兇犯滅口的馬小保是否讀到這首詩？又是否能夠讀懂這樣的詩歌、體會到詩人的良苦用心？用詩歌表達對底層群體的悲憫與關愛，或許也只是知識份子自我感動、自我陶醉的一種方式？本詩的批判性與反思性是突出的，在藝術表達上也有一定的特色，但其對底層困難的書寫終因沒有切身體驗而顯得有所隔膜，整首詩智性有餘而情性卻略顯不足。宋曉賢的《乘悶罐車回家》、盧衛平的《在水果街碰見一群蘋果》也存在類似的問題。

　　儘管如此，我們對知識份子立場的民間寫作還是應該給予寬容與鼓勵，因為這種對底層現實生活的倫理關懷，最能體現草根性詩歌寫作的根性特徵。畢竟漫長的詩歌歷史包括新詩發展史已經告訴我們，只有絮根于普通民眾的現實生活，詩歌才可能因其豐沛的人間情懷而博得大眾的回應與首肯，那些高蹈者們的作品在藝術探索上的突破與成就，往往以失去廣大讀者的青睞為代價。當然，最為理想的狀態應該是將苦難書寫、倫理關懷與藝術超越完善地結合起來，這自然也是草根性詩歌“現實民間性”價值取向的終極目標。如此一來，草根詩寫也就面臨更加嚴格的要求與挑戰。

三、草根性詩歌的傳統民間性

草根性詩歌的另一個重要基點，"傳統民間性"價值取向同樣值得重視。但需要特別指出的是，這裏所謂的傳統民間性，主要源自於中國古代的市民文學-民間文學傳統、國外現實主義-批判現實主義文學傳統，以及繼承與融會這兩大傳統之後所形成的"人的文學-平民文學-血淚文學-鄉土文學"新傳統。除此之外，傳統士大夫雅文學中的憂國憂民傳統、詩史傳統、新樂府傳統，以及新文學、新詩中的人道主義傳統，都可以成為草根性詩歌"傳統民間性"價值取向的豐厚資源。

近現代以來，王國維、胡適、魯迅、吳梅、鄭振鐸等一大批學者對中國古代文學中的白話-通俗文學傳統進行了發掘整理與價值重估，使得一個龐大的被正統雅文學長期遮蔽的市民-民間文學小傳統得以浮出水面。其結果正如鄭振鐸所描繪的那樣："差不多除詩歌與散文之外，凡重要的文體，像小說、戲曲、變文、彈詞之類，都要歸到'俗文學'的範圍裏去。凡不登大雅之堂，凡為學士大夫所鄙夷，所不屑注意的文體都是'俗文學'。'俗文學'不僅成了中國文學史主要的成分，且也成了中國文學史的中心。"[21]

這一學術路向的價值，並不僅僅意味著中國文學史的改寫與新編，它還為我們揭示出一個此前不為大多數人所知但卻更為真實的古代中國社會生活與精神的新世界。因為這些作品，"他們產生於大眾之口，為大眾而寫作，表現著中國過去最大多數的人

---

21 鄭振鐸：《中國俗文學史》，上海書店，1984 年版，第 1-2 頁。

民的痛苦和呼籲，歡愉和煩悶，戀愛的享受和別離的愁歎，生活的壓迫的反響，以及對於政治黑暗的抗爭；他們表現著另一個社會，另一種人生，另一方面的中國，和正統文學，貴族文學，為帝王所豢養的許多文人學士們所寫的東西裏所表現的不同。只有在這裏，才能看出中國人民的發展、生活和情緒。中國婦女們的心情，也只有在這裏才能大膽的、稱心的不偽飾的傾吐著。"[22]

回顧學術界對古代俗文學的考掘、闡釋與重新評價的具體歷程，我們發現它大體上是與新文化運動的發生、新文學革命的爆發、新詩作品的湧現彼此呼應、相互促進、共同發展的。新文學的成長既伴隨著對古文學正統的批判與否定，也得力於對古文學中具有異端色彩的小傳統的繼承與弘揚。在這方面，新詩可以說表現得尤為充分，無論從形式還是從內容上看，它在疏離古代詩歌正統與正典的同時，卻認同與發揚了白話詩歌、民間歌謠中的率真與質樸、新鮮與奔放，大踏步地走上了平民化、大眾化的道路。這當然有其必然性，畢竟平民化、大眾化的精神追求，也是"五四"新文化運動所鼓吹的民主精神的重要組成部分，正如聞一多所指出的那樣："新文學同時是新文化運動，新思想運動，新政治運動。新文學之所以新，就是因為它是與思想、政治不分的，假使脫節了就不是新的。"[23]只不過，這種新思想、新政治不可能是與舊傳統截然分開的嶄新。同樣是聞一多，也說過這樣的話："我們不能開天闢地（事實與理論上是萬不可能的），我們只能夠並且應當在舊的基石上建設新的房屋。"[24]這個道理，

---

22 同上，第 20-21 頁。

23 聞一多：《新文藝和文學遺產》，《聞一多全集》（第 2 卷），湖北人民出版社，第 216 頁。

24 聞一多：《〈女神〉之地方色彩》，《聞一多全集》（第 2 卷），湖北人民出版社，第 123 頁。

體現在新詩上,就是俞平伯早在 1922 年就一語道破了的"詩的進化的還原論",所謂:"平民性是詩的主要素質,貴族的色彩是後來加上去的,太濃厚了有礙於詩的普遍性。故我們應該另取一個方向,去'還淳返樸',把詩的本來面目,從脂粉堆裏顯露出來。我以為不但將來的詩應當是平民的,原始的詩本來是平民的,即現今帶貴族性的好詩,亦都含有平民的質素在內,不過遮住了所以不見。"[25]

然而,新詩的平民性、民間性傳統絕不僅僅是舊詩平民性、民間性的照搬與複製,它還受到近現代以來大規模引進的外國文學與詩歌的影響。眾所周知,外國文學的譯介伴隨著新文學誕生與發展的整個歷程,"無論是作家個人還是文學社團,都和外國文學有著非常緊密的聯繫。"[26]而新詩又可謂是現代文學中最具反叛性因而也最為西方化的文體,它所受到的外來影響十分明顯,但在演進的過程中,新詩也同小說、散文、戲劇等一樣,在現代化與民族化的糾纏與博弈中逐步走出了一條具有本民族風格的詩學之路。在這條道路上,無論是受浪漫主義影響的郭沫若、徐志摩,還是受象徵主義影響的李金華、梁宗岱,亦或是受現代主義影響的戴望舒、馮至、卞之琳、九葉詩派等,都並非純粹的藝術至上主義者,他們或多或少地將西方文學中的人道主義、批判精神、救世情懷等引入自己的創作,更不用說其他深受西方現實主義與批判現實主義影響因而更具人間情懷的詩人,比如艾青、臧克家、田間、阮章競、徐玉諾、李季、"七月詩派"等,更是將現代中國人民悲苦多難的生活作為自己吟唱的對象。如此

---

25 俞平伯:《詩底進化的還原論》,載《俞平伯詩全集》,浙江文藝出版社,1992年 6 月,第 639 頁。
26 唐弢:《西方影響與民族風格》,人民文學出版社,1989 年 12 月,第 14 頁。

一來，表面上判然有別的現代主義詩歌與現實主義詩歌，都不能無視現代中國的社會動盪與變遷，在人民性、民間性、批判性上達成了戲劇性也是必然性的藝術交集。正是這樣的交集，形成了與古代文學小傳統既一脈相承又大相徑庭的"新詩'小傳統'"，而且這一傳統在當代新詩發展史上得到了新的演繹，諸如新民歌、臺灣鄉土詩、1980年代的新邊塞詩、湖南新鄉土詩運動等，都可謂是對這個傳統最為直接的繼承與發展。至於近十餘年興起的打工詩、農民詩以及一系列出自于普通大眾的網路詩歌，因其濃烈的生活氣息和鮮明的個人體驗，擺脫了長期以來知識份子詩人對民間疾苦的替代表達，用草根詩人、平民詩人已經覺醒了的自我書寫意識，將新詩的民間性、現實性推向了一個新階段。前些年引起廣泛關注的王學忠就是這樣一個"以我的手寫我們的生活"的平民詩人。"平民詩人"的稱號受到賀敬之、魏巍等著名詩人的肯定，這一稱謂的確高度凝煉地概括了王學忠詩歌在情感、認知以及語言上鮮明的平民立場。我們不妨讀讀他的《三輪車夫》：

> 蹬得動要蹬/蹬不動咬牙也要蹬/就像做了一回上弦的箭/只有折了/句號才算畫得完整//出門時把力帶上/憂愁丟在家中/撈件汗衫兒肩頭一搭/三輪車輪子便風車般轉動/落地的是鹹澀的汗/呼叫的是辛辣的風//家人的企盼揣在心口/女兒流淚的學費/妻子歎息的藥瓶/每天不蹬十塊八塊的/躺在床上/三輪車在夢中也不安地轉動//……

讀這首詩，或許會讓我們立馬想起新詩初創時期那首著名的《人力車夫》：

> "車子！車子！"車來如飛。/客看車夫，忽然心中酸悲。/客問車夫："今年幾歲？拉車拉了多少時？"/車夫答

客：“今年十六，拉過三年車了，你老別多疑。”/客告車
夫：“你年紀太小，我不能坐你車，我坐你車，我心中慘
淒。”/車夫告客：“我半日沒有生意，又寒又饑，/你老
的好心腸，飽不了我的餓肚皮，/我年紀小拉車，員警還不
管，你老又是誰？”/客人點頭上車，說：“拉到內務部
西。”

　　兩相對照，我們會發現，《人力車夫》以一種全知視角，通
過戲劇化的手法，表達了對勞苦大眾的人道主義關懷，與古代“惟
歌生民病”式的代言體寫作一脈相承。這也難怪，其作者胡適畢
竟不是下層民眾。而王學忠卻不同，他做過工、蹬過車、擺過攤，
這種長時間的底層生活，使得他的作品基本上都是草根階層之生
存狀況、思想情感的真實表現，正如著名詩人雁翼指出的那樣：
“他不是用筆用墨用紙寫詩的，而是用生命種詩的。他的詩便是
他生命的拓片，可以從他的詩作中看到他的血氣，他的淚光，他
的骨影，他的魂魄。”[27]不過，我們也應指出，這兩首在創作時
間上相差八十餘年的作品，儘管在話語方式、抒情倫理等方面都
存有巨大的差異，但在民間價值取向上卻是相通的，這也再次表
明小傳統幾乎貫穿新詩的整個發展歷程。

四、根性詩歌與新詩小傳統的形成與發展

　　我們知道，“大傳統”、“小傳統”本是一對文化學術語，
其普遍為人所接受的涵義分別指雅文化與俗文化。余英時就曾明
確講過：“大體來說，大傳統或精英文化是屬於上層知識階級的，

---

27 雁翼：《王學忠詩稿·序》，中國戲劇出版社，2005 年 5 月。

而小傳統或通俗文化則屬於沒有受過正式教育的一般人民。"[28]
就中國文化而言，"大傳統是從許多小傳統中逐漸提煉出來的，
後者是前者的源頭活水。大傳統（如禮樂）不但源自民間，而且
最後又回到民間，並在民間得到較長久的保存，至少這是孔子以
來的共同見解。"[29]的確，與其他文化相比，我國古代屬於小傳
統的文化產品不僅數量相當豐富，而且對整個文化精神與品格的
影響也尤為突出，其中又以民歌、傳奇、小說、散曲、雜劇、彈
詞等通俗性文學作品為核心。作為長期被打壓與遮蔽的這一文學
"小傳統"，在受到源自西方的新思想的洗禮之後，煥發出盎然
的生機與活力，轉化成更具人文關懷、批判精神、民間價值取向
的現代文學新傳統，儘管我們仍然用"小傳統"來稱謂它，但就
其實質與影響而言，它完全可以稱得上是中國現代文學傳統之多
元建構中的主體部分，稱其為"大傳統"也毫不為過。僅就新詩
來看，也大致如此。

　　回到本文所探討的"草根性詩歌"問題，我們必須指出，要
真正體現草根性特徵，無論是本土性、中國性，還是個人性、經
驗性，都必須契合並逐步確立民間價值取向。正如前文已經分析
的那樣，數千年來，具有民間性、現實性的文學作品，儘管大多
屬於所謂的小傳統，且屢遭打壓，但恰如春草自綠、春水自波，
其活潑旺盛的生命力，不僅沒有受到絲毫損傷，在獲取外來文學
的滋養之後，反而變得更加洶湧、蓬勃，並最終轉化成中國現代
文學的新傳統。新詩，當然包括草根性詩歌，要謀求更加健康與
成熟的發展，必須深深繫根於這一傳統。畢竟，根深才能葉茂！

28　余英時：《士與中國文化》，上海人民出版社，2003 年 1 月，第 117 頁。
29　同上，第 120 頁。

第五節 打工詩歌的空間表徵與精神形態

一、象徵、隱喻與想像的精神性空間

　　三十年來中國的改革開放是一部宏偉的現代化歷史，是一部 GDP 迅猛增長的歷史，也是中國從農業國向工業國家變遷的歷史。同時，也是數億農民的血淚史。農民為了生存，不得不背井離鄉，從遙遠的內陸長途跋涉，走向發達的都市。"打工"成了三十年來底層社會的主要生存狀態。隨著社會貧富差距的拉大，民生問題逐漸成為社會焦點，他們的生存狀況因之也浮出水面。

　　當社會各界紛紛把關切的目光對準這些社會底層時，文學界也從不落後。"底層文學"、"打工文學"的爭論一直是縈繞著學界的一個熱點話題。當學術界為"底層"是否能發出聲音而爭論得不亦樂乎時，"打工文學"這一口號的提出，正是為了回答這一難題。"我手寫我口"，打工者自己寫出周遭的故事，將"打工詩歌"演繹成一股奔湧喧囂的熱潮，成為打工文學的一大收穫，許多打工詩人如謝湘南、鄭小瓊、柳冬嫵、許強、陳忠村等都創作了不少膾炙人口的作品。但是，打工詩歌雖然數量巨大、一時蔚為壯觀，卻也是泥沙俱下，精品殊少。由此，而產生出打工詩歌藝術粗糙的看法，無形中也質疑了打工詩歌研究的合理性。

　　本節不擬從藝術審美的角度探討打工詩歌的得失，也不打算對打工詩歌創作進行搖旗吶喊，更沒有質疑其合理性的意圖，而是懸置這些主觀判斷，從空間表徵與精神形態這一視角，對打工詩歌進行分析，尋找其空間描述與精神形態的特徵與關係。

"空間"是西方學界 20 世紀文化研究的一個嶄新領域，其目光旨在從歷史這一時間概念中暫時解脫出來，探究空間這一共時性問題。文學研究空間的轉向是社會發展的必然結果："現代都市社會的建立和現代工業城市的崛起，從根本上改變了傳統的時空結構，時間被光怪陸離的都市景觀所分解，時間被多重並置的視覺感官所淹沒，時間被空間化，空間化的時間因此喪失了連續性、整體性和統一性。空間轉向顛覆了傳統文學理論中時間性的權威壟斷地位，將空間性提升到高於時間性的地位，為文學藝術研究開啟了更為廣闊的理論視閾。"[30]這裏所謂的"空間"並不是指冰冷的物理空間，而是人類實踐的空間，既是物理的又是精神的，既是現實的，又是隱喻的、象徵的。所謂"表徵"是賦予事物以價值和意義的文化實踐，是運用意象、語言等符號系統來實現某種精神與意義的象徵或隱喻的文學實踐活動。空間表徵側重於通過象徵、隱喻來完成想像的精神性空間。

二、鄉村：精神家園的空間建構

打工者背景離鄉，異地情感無處寄託，因而家鄉就成為他們魂牽夢縈的精神家園。打工詩人寫得最多的情感是思鄉。遊子因四處流浪，對故鄉的書寫就顯得格外動人。鄉村本是一個冰冷的空間，它的生存並不因為詩人的去留而改變什麼，但是，對於詩人來說，鄉村就是一切。因為這裏有著他成長的印記，更為重要的是，有著他生長的胎記 —— 養育他們的父母。詩人通過鄉村一系列日常空間的重構，表現他們對故鄉的思念，他們把鄉村審美

---

30 謝納：《空間生產與文化表徵:空間轉向視閾中的文學研究》，中國人民大學出版社，2010 年版，第 32 頁。

化成為內心的精神家園，這也是他們在冰冷現實生活的理想信念。

1.**灶膛**。詩人對故鄉的空間建構是通過日常生活的物象得以進行的。灶膛，這一充滿著溫暖的空間是詩人多年流浪異鄉最溫馨的記憶。打工者常年漂泊，最為牽掛著莫過於日益衰老的父母。"大年三十晚，灶膛像以往一樣/亮汪汪的燃燒著節日的氣氛/吹火筒燒糊了，鐵夾彎了腿，柴刀缺了嘴/狗仔們蜷在母親腳邊憨憨地/聽母親回憶往事/母親在灶膛點燃親情的火光/我們循著這火光照亮的路趕回來過年/火光中的白髮，皺紋，佝僂的背/讓我們在任何地方也能看到/母親一把一把往灶膛添柴，把灶膛塞滿/又塞，濃煙滾滾/咳嗽聲，木柴燃燒的嗞嗞聲，鐵夾的悶響聲/吹火筒的呼吸聲，混成一曲節日樂章/灶膛的火燃起來了//牆上的圍裙，門前的爛泥路/屋簷下的柴禾，嗷嗷待哺的小豬看家的黃狗、黑狗/都來到灶膛的周圍，擠擠在一起溫暖地過冬/只有母親的手還在冷瑟瑟的井水中摸著白蘿蔔//大年三十，我們急切占凳子等待春節聯歡晚會/母親一直在灶膛守護最後的火光//炒瓜子，炒花生，煮豬腳灶膛一汪的火，母愛的火/每一塊泥磚，每一個瓷碗充滿母愛的溫度/亮汪汪的火燃著，我們就回來//母親在灶屋團團轉，我們只能袖手在旁/看著母親把我當一年一度的貴賓/最隆重、最熱情地款待"（家禾：《灶膛的火》）火光溫暖的灶膛、牆上的圍裙、屋簷下的柴禾、水中的白蘿蔔、嗷嗷待哺的動物，一起組成溫馨的空間，這一切都因為滿頭白髮的母親而充滿著生機。但是，"我們"這些遊子們只有一年才能看父母一次，她的"白髮"、"皺紋"、"佝僂的背"無不顯示歲月的印記，因而，這種溫暖顯得分外憂傷。

2.**瓦罐**。瓦罐本是平淡無奇的物品，母親的存在，詩人對於瓦罐這一平凡空間進行詩性建構，"雨中"瓦罐成為詩人難以忘卻的意象。"瓦簷彎彎向上翹著，在雨中，/像是展開的翅膀，拍打著雨聲/拍打著濕潤的灰色//母親，坐在門檻上對著光亮/引著一根白白的細線穿過針孔/濕潤的線頭，顫顫巍巍，一點一點地靠近回家的門/激動。虔誠//一針深，一針淺/豁破的褂子透著風，母親大拇指與食指間閃動著白髮的白/針線的白，那麼自然、樸素/細線在褂子上，越走越遠/溫暖的白趴在肩頭/恰如爬行瓦壟的雨，往下奔跑成晶亮的線//穿過母親巴盼的眼，縫補著春秋，縫補著兒子豁了口的淚腺……"（馬車：《縫補》）"慈母手中線，遊子身上衣，臨行密密縫，意恐遲遲歸。"當下打工詩人筆下的慈母意象並沒有突破古人的藩籬，人類最原始的情感穿越了幾千年的時空。

3.**田壟**。"屋後的田壟裏/油菜花正在向一幅油畫靠近/蜜蜂的調情讓她們集體害喜/遠處，幾個放學歸來的孩童/牽著黃牛在春天的鄉村小道上漫步/路邊，青草的媚眼讓黃牛發情//一隻土老鼠突然躥出/好像在和春天進行一場莫名的比賽/一隻驕傲的公雞/帶著它的一大群妻兒四處營生/它們的戰場已從秋天的曬穀場轉移/現在，一堆幹牛糞成為它們的目標/偶爾一陣風吹起/就甩過了一陣陣幹牛糞的清香"（任明友：《回鄉》）蜜蜂、油菜花、放學歸來的孩童、鄉村小道上漫步的黃牛、驕傲的公雞……再也沒有如此輕鬆、愉快的抒情格調，這些充滿田園風光式的空間重構無疑是詩人魂牽夢縈的天堂。

4.**庭院**。故鄉甚至被詩人美化成為一座世外桃源，"奔波了這麼多年，我還是願意/把家安回山中。一眼望不到邊的群山/覆滿茂林和修竹，風一吹/起伏的草木如翻卷的巨席/清秀的麂子頭戴好看的角飾/在山上向山下眺望/清亮的河水日夜濯洗斑駁的鵝卵石//我坐北朝南，臨水而居/青磚灰瓦的圍牆，方正俊朗的庭院/

一字排開的吊腳樓，全是東方格調的建構/有最好的日月，映照天井/屋内的佈置，仍沿著祖宗遺風/對聯，八仙桌，青花瓷，鐵戒尺//……睡著了幾個兒童，恰好如我幼時那樣/悄溜到後院，用竹竿/撥樹上的柚子，落下的柚子滾下屋簷/讓院壩裏踱著方步的公雞和椅子上的我，都吃了一驚/一眼望不到邊的群山，那麼安靜，唯美/雨水漫天而下的夜裏/有小小燭火，亮至天明。”（劉大程《家》）有的詩人把鄉村當作了靈魂棲息之所，這裏有著神性的降臨，“當落日像一枚蛋殼/掉進川北的竹林，蜂鳥停止了飛翔/黃昏的耕種，將暫時告一段落/人將回到村莊，神將出現/並在野外活動/馬車將準時穿越暮雨下的人群/人和莊稼，越來越清瘦/風掃落葉，銅鈴和樹木已經腐朽/最後的放蜂人，將遠走他鄉/磨盤的詛咒，越來越低沉/誰也不會去想，明天將發生什麼/石階上的青苔，佈滿時光的沙漏我/寧願相信，生命是靜止的有/只有時間，是命運的流沙/黑夜經過，我們終將一無所獲/啊，一生就這麼結束了/爐子裏的火，就要熄滅 —— /村莊輕薄，一陣風就足以將它吹走。”（李笙歌《鄉村影像》）

時間的魔棒能使人忘記苦難，把苦澀的生活浪漫為甜蜜的回憶，鄉愁總因為時間的陶冶而成為浪漫的抒情。小橋、流水、牛背夕陽、麻雀草垛、喜鵲白楊、故鄉的油菜花、一池清泉，屋簷下的柚子、踱著方步的公雞……形形色色的意象組成一組組充滿田園詩意的空間，這些空間是詩人們心目中的故鄉重構。再看下麵兩首詩歌：“多年以後，我懷念孟鄉村的卑微/在蘇北丘陵，河流繞著著村莊流淌/麻雀草垛，喜鵲白楊，楠木梁上燕語呢喃/村外的老槐樹上，貓頭鷹冷冰冰的目光/牛背上夕陽，夕陽下羊群，羊群裏狗/狗攆著鴉群，呱呱呱一聲柳哨/柳哨聲童音稚嫩，池塘裏冒出黑黑眼睛。”（韓墨：《望鄉》）“與吸著旱煙的鄉親坐在田頭或路邊擺古/荷鋤過石橋/上山采草藥/弈棋。聽歌/下河釣幾尾魚/與同伴們趁著酒興評古論今說瘋話/聽友人從遠方打來的電話或拆看他們的來信/春天踏青，夏天納涼，秋天賞月，冬天看雪……"（劉大程《南方行吟》）如果故鄉真的如此美麗、詩意的話，這些貧苦的人兒為什麼還要遠出萬裏打工呢？與其說是作者把故鄉美化成室外桃園，毋寧說這些空間是作者城市受挫後的集體想像。他們唯有把這些記憶重構成為一座座美麗的烏托邦，以此作為心靈的慰籍來逃避都市空間的種種不適。

三、工廠：生存空間冰冷的異托邦

在蜜雪兒·福柯看來，"與所有其他空間相聯繫的，但和所有其他位置相反的空間出自兩種類型。"一種是"烏托邦"，它"是沒有真實場所的地方。這些是同社會的真實空間保持直接或顛倒類似的總的關係的地方。這是完美的社會本身或是社會的反面，但無論如何，這些烏托邦從根本上說是一些不真實的空間。"[31]另一種則是"與它們所反映的，所談論的所有場所完全不同，所以與烏托邦對比，我稱它為異托邦。"[32]福柯描述了"異托邦"的一系列特徵。其中"第五個特徵"講到，"異托邦總是必須有一個打開和關閉的系統，這個系統既將異托邦隔離開來，又使異托邦變得可以進入其中。一般地說，人們無法自由進入一個異托邦的場所。或者是被迫的，這是軍營和監獄的情況，或者必須服從一些宗教儀式和淨禮。只有經過一些學科，並且當人們完成了

---

31 〔法〕M·福柯：《另類空間》，王喆譯，《世界哲學》，2006 年第 6 期。
32 同上。

一些行動的時候，人們才可進入。"³³照此看來，工廠、工地、廠房也是一種"異托邦"。首先，這是一個封閉的系統，外面的人很難進入這個閉塞的場域；其次，工廠、工地、廠房體現了兩種文化碰撞，農民工代表的草根文化與資本家代表的都市文化的碰撞。在工地，正在崛起的高層大樓與低矮的民工棚之間形成一種混搭、對峙。這種異位體現了權力的滲透，農民工處於權力遊戲的底層，被壓迫、被剝削，最終淪為權力機器的犧牲品。被創造出來的不屬於自己的另類空間。工地是一種權力。工地的歷史也是權力與奴役的歷史。這種異托邦隱喻了資本主義生產關係再生產，一種赤裸裸的剝削關係，以及因此而產生的人的異化。因此，打工詩歌的都市空間表徵所呈現的精神形態往往是沮喪、苦澀、迷茫與傷痛。

1.**車間**。很多打工詩人描寫了他們工作的環境，而這些空間表徵著他們情感的荒蕪："在空調廠　水冷站　測試臺上 /折彎機　剪板機　沖孔機/生活的合唱　我身體內的痛綻放……凋零//一生要有多少光陰/ 淹沒在/測試臺上　鈑金、銅管、保溫棉/……機器的轟鳴聲中/它們變成產品、批次、電流、功率/合格率　工卡上一個個黑色的數位/它們被肢解　被切割　收集"（孫昭輝：《生活片段　空調廠》）中國現代詩歌很少出現這樣的場景，如此多的車間意象形成一個陌生的空間，給人以冰冷的壓迫感。所有的情感都被物化、肢解，人成了工業時代的螺絲釘，作者借此控訴了工業時代的罪惡。"冰冷的機器，透著剝削的殘忍/三十四個異鄉人，在鋁合金焊制/的鐵皮中，隨著機器轟鳴的節奏/迅速、開門、取成品、噴脫膜劑/關門、迅速、剪廢料、削屏風/壓邊、

---

33 同上。

打包,二十三秒二,完成/每天十二個小時不間斷地重複著/從晚上八點到早上八點,或者從早到晚/一堆一堆的機箱外殼或者滑鼠底座/在我們的手中,像青春一樣劃過/灼熱而冷漠,而我們無從抗拒"(知閑:《塑膠廠》)

馬克思曾經深刻地揭露了資本主義社會中資本家如何殘酷地剝削工人的剩餘價值,工人如何喪失生產工具,成為一無所有的勞動力。中國工業化的加速是以大量低廉的勞動力為支撐的,資本主義的罪惡在打工者的身上落下烙印。"吞下油墨,紙張/吞下光線,305個工人忙碌的身影/吞下流水線上的青春,那些業已破碎的夢想/而重新萌芽的希望,藏在汗水的光澤/這是車間,八小時和八小時之外/我跟隨一台德國造老式印刷機/向時間的深處掘進、震動"(孫海濤:《車間》)

2.**工地**。工地體現兩種生產關係,一種是表徵著高速發展的資本主義,另一種是工人在非人般環境中被異化成為工作機器。打工詩人詩人對於工地的書寫呈現出一種鮮活的在場感,令人觸目驚心。洗牆工這個特殊的工種成為打工詩人描述的對象,"像剝開一朵朵火苗/一隻鳥,在城市的窗臺上/啄食著碎光/灰塵和鹽,繩子上的一個個結/拴著他的命/一面冰涼的玻璃也能/擦出體溫/繩子一點點往下放/他暗中加速/大街上的人群已越來越近/原先很小很遠的東西,漸漸地/伸手可摸。"(蔣作權:《高樓洗牆工》)工人工作的空間被詩人重組,呈現出一種陌生化的氛圍,把洗牆工比喻為城市窗臺啄食的鳥。打工者生命的卑微、生存之艱難,躍然紙上。"他們在城市的高樓打工/巨大的玻璃牆/擦洗出蔚藍的天空/我們去南城湘菜館/再次遇到他們/像兩隻蜘蛛/在空中舞蹈/清洗的水/緊張地流下來/裏面衝擊著無數的心/血肉和骨頭/還有來自體內深處的汗水/每次洗完一棟樓/保險帶鬆了一口氣/體內的汗和體外的汗/都松了一口氣"（池沫樹：《在空中打工》）工地已不再僅僅是工作的場所，而是搏命的場所。有的詩歌還寫出工人居住空間的不堪入目："享受著簡易工棚內的竹床/亂七八糟的組合排列/一根　又一根/竹節頂得背脊骨啪啪作響隱隱疼痛//享受一個小塑膠盆盛完洗臉水/再盛大半盆幾十頓水煮白菜中的/這頓大肥肉炒青椒//昨天他們從馬路邊撿來廢紙/扭成團擋住西面的牆/今天他們又從馬路邊撿來廢紙/扭成另一團擋住北面的窗/可工棚外大雪嗍嗍/呼嘯的北風還是張牙露爪/一掃一橫就鑽進了他們裹緊的骨頭縫"。（凸漢：《他們都還在工棚》）

　　城市的異托邦空間造成打工者的疏離之感，他們如同這座城市的落葉，漂泊、無助。"有時我只覺自己/是暫居這幢大廈的一隻候鳥"（鄭建偉：《腳手架人生》）他們永遠沒有家，"我說的異鄉就是車間/和出租屋，兩個指甲大的地方/指甲一樣掐著，摳著，我的肉體和靈魂/白天在車間勞作，就像在故鄉的田地裏/拉犁。我用一生的力氣拉著，始終拉不到盡頭/我對自己也很殘酷，我常發現我/站在自己的身後，和他們一起吃喝自己。"（唐以洪：《我常說到的異鄉》）他們感覺到的是城市的冷酷無情，"這座城市沒心沒肺/你與它相愛，分手/你與它相顧頻頻，一步三回頭/它總是這樣/似笑非笑地看你/或者面色鐵青/轉臉而去"（天驕《我身體裏的雨水》）。"聽別人說/城市是個好地方/城市掙錢機會多我來到城市……/可我從這個月走到那個月……被風吹動的都是/樹葉"（風童《打工者日記》）

四、身體：空間意義生成的最終載體

　　最先把"身體"與"空間"問題結合起來思考的是梅洛——

龐蒂，他在《知覺現象學》（1945）一書中提出"作為原初的身體"這一命題，進而提出"身體的空間性"這一概念。"身體的空間性不是如同外部物體的空間性或'空間感覺'的空間性那樣的一種位置的空間性，而是一種處境的空間性。"[34]"身體的空間性是身體的存在的展開，身體作為身體的實現方式。"[35]身體與空間融為一體，不可分離。身體是空間的原初，空間是身體的容器。"我的身體在我看來不但不只是空間的一部分，而且如果我沒有身體的話，在我看來也就沒有空間。"[36]不僅僅是梅洛-龐蒂發現了身體與空間之關係的秘密，列斐伏爾也認為："位於空間與權力的話語的真正核心處的，乃是身體，是那個不能被簡化還原的和不可顛覆的身體。它拒斥那剝奪它與毀滅它的關係的再生產。世界上還有什麼能比身體這個現實更加脆弱更加容易折磨的東西嗎？但世界上還有什麼能比它更富於反抗性嗎？斯賓諾莎說過，我們不知道身體能夠做什麼？需求與欲望的基礎，概念與表像的基礎，哲學的主體與客體，還有更多的或更好的其他等等，一切實踐的與再生產的基礎：這個人類的身體抵抗著壓迫性的關係的再生產 —— 即使不是直接公開，也會是拐彎抹角的。"[37]

　　打工詩人對於空間的感悟最終凝聚於身體，除了女性主義詩歌，再也沒有什麼類型的詩歌能像打工詩歌一般如此聚焦身體。女性主義詩歌聚焦的女性獨特的軀體，而打工詩歌則赤裸裸地寫出打工者在城市空間中遭受到得疼痛、死亡。伴隨工業化的是來自打工者身體的隱痛、衰老、死亡，兩者形成強烈的反諷。打工

---

34 〔法〕梅洛-龐蒂：《知覺現象學》，薑志輝譯，商務印書館，2001 年版，第 147頁。
35 同上，第 197 頁。
36 同上，第 67 頁。
37 H.Lefebvre: *The Suruival of CapitaLism*, London: Allison and Busby,1976, p.89．

詩人在生的資本與死的肉體之間奏響了一曲盛世挽歌，無疑打破了和諧樂章的英勇進行曲。

　　打工者在都市的打拼總是傷痕累累，這些生理上的創傷成為打工者無法擺脫的胎記，往往以身體上的殘缺為證明。毫不客氣地說，中國的現代化正是壓著千百萬農民工的軀體呼嘯而過，他們疼痛的哀吟是活著的證明。“珠江三角洲有 4 萬根以上斷指，我常想，如果把它們都擺成一條直線會有多長，而我筆下瘦弱的文字卻不能將任何一根斷指接起來……”鄭小瓊說。很多詩人都不約而同的道出了打工者受傷的身體：“他說他的手變形了/因為印刷用力/他說他的手指每三天掉一次皮/因為長時間泡在油墨和溶劑裏/他說他的胃常常陣痛/因為氣味的反映/他說他的肺裏有甲苯//因為空氣中有太多的揮發溶劑他說他曾經把流下的鮮血/當成紅色油墨印到十五雙鞋面裏/一在一次工傷事故中/說他一直埋在心裏/回想在世界工廠的這段往事”。（池沫樹：《鏡中》）姚繼軍詳細地描述了打工者的斷掌之痛，“2008 年 9 月 28 日 —— 光天化日地曝光　一間五金廠/一口吃掉一隻 26 年的好手掌……/痛 —— 失 —— /一隻手掌者，名字叫做/劉漢黃一/一個來自貴州的小夥子/一個務工東莞的農民工/一個五金工廠的打工仔/一個機器裁定的斷掌人/一個法律鐐銬的傷殘者……//劉漢黃　一隻殘損的手掌觸摸 —— 一場工傷。一聲慘叫，血肉/模糊。斷失的手掌　餵養/饑餓的衝床……”（姚繼軍：《一隻殘損的手掌》）只有經歷過工傷事件的人才會有如此刻骨銘心的傷痛，我們這些坐在書齋裏的知識份子永遠也不會有如此之切膚之痛。“鐵錘　一生固執地只說/一種語言　它彈躍的高度準確地錘擊/簡單的願望/呼嘯著掠過頭頂/忽然間　如鋒利的尖刺尖銳地壓傷你的手指/一種鑽心撕骨熱辣腫脹的疼痛/群蟻般啃噬　你淤血的傷口/無處逃遁　你在一隻疼痛的手指上陷落下去/一隻手躺在另一隻手裏　體恤撫慰/在現代工業的嘈雜聲裏蒼白地喘息//臉色如吊掛在機臺上的圖紙　灰藍　慘白/絀窘且被絞心的戰慄掃描"（李潔羽《傷及手指的鐵錘》）打工詩人鄭小瓊這樣寫身體之傷痛，"疼壓著她的乾渴的喉間，疼壓著她白色的紗布，疼壓著/她的斷指，疼壓著她的眼神，疼壓著/她的眺望，疼壓著她低聲的哭泣/疼壓著她……/沒有誰會幫她卸下肉體的，內心的，現實的，未來的疼/機器不會，老闆不會，報紙不會，/連那本脆弱的《勞動法》也不會。"（鄭小瓊：《疼》）

受傷的不僅僅是外在的軀體，打工者在軀體在非人間的場域中消磨殆盡令人觸目驚心，鄭小瓊曾經用"蜘蛛"來隱喻被侵蝕了的女工的身體。"它把軀體藏在雲霞的典籍中，但它必須穿過經緯/跟隨古老的月亮返回，在柔質的肋骨間嵌入幻想/尖細的日子流傳著化學的銅，在嘈雜的機器聲中/有毒的分子正穿過我們的肺葉、血管，到達心臟，/形成疾病的職業或者職業的疾病。厄運的姐妹們//在苯、毛絨塞著的肺中掙紮，象烯丙菊脂中行起的/蜘蛛，陰影在心上越來越重，在缺乏鈣質的中國法律中/權力與貨幣不斷刺傷社會的尊嚴，她們命運的手在/無邊的黑暗中沉浮，她們活在有毒的日常生活中/不斷用化學油墨改變她們善良的鄉村基因/她們脫去田園、夢境，成為有毒的蜘蛛，用女性的肉體/結網，在人行天橋、公園，欲望的都市細節不斷在改寫/她們站在黃昏中，保持著慣有冷漠、某天在報紙陰暗的/謀殺特寫中，她們齒動的複音與小康的笙歌一同交錯/……我一直坐在南方的黑暗中央/目睹在化學物品喪失生育的姐妹們，她們的歎息//成為時代締造的傷口"（鄭小瓊：《舊日的蜘蛛》）鄭小瓊寫出了工廠對打工妹的毒害，她們在非人般的工作環境中，身體腐朽、變質，"成為有毒的蜘蛛"。她們成為"化學物品喪失生育"的姐妹們，最終淪為"時代的傷口"。

　　一切空間的價值依託于人的生存，換言之，沒有生命的空間是沒有意義的。人類的繁衍、聲息賦予空間新的意義。死亡可以終結空間的價值，口吻造物者的秩序。對於打工者而言，死亡並不能終止高樓大廈的層層修建，不能阻擋資本累計的矯健步伐，他們的生命如草芥一般，隨風飄落。但是，打工詩人的"死亡"書寫可以揭露被掩蓋的貌似合法的社會秩序，可以叩問被遮蔽的無聲的罪惡，從而呼喊出底層人民的血淚之聲。工地上的死亡絕不僅僅是一場輕描淡寫的偶然，而是生命喪失的悲慟。"是從工地上第十三層樓/像一架淺灰色戰鬥機扔下的重磅炸彈/轟 —— 尖叫在這個城市/一杯歌舞昇平的燈紅酒綠之中//是以俯衝而來的優美姿勢/剎那間掉下來"（凸漢：《從工地上掉下來的一個人》）"從腳手架不慎跌落的前一秒/他還在想，工頭減料他不偷工/但願這個泡沫工程/能經受得起一場小小的地震//又一粒被銅臭銹蝕的珠子/從工頭經年撥弄的算盤脫落/那聲音無異於一場大地震/從水泥地一直波及他的家鄉"（馬車《水泥地》）不少詩人書寫被逼無奈，跳樓自殺的打工者，他們的死亡無疑批判了打工制度的慘絕人寰，從而賦予死亡以強烈的控訴意味。"辛辛苦苦一年/要想拿全自己的血汗錢/怎麼就比/找份工還難？/從工地/爬上吊塔/引來員警、記者/和圍觀的好奇/人群一陣騷動/喇叭還未喊出/氣墊還沒張開/你像一塊磚，從高空扔下/砸起一片尖叫/那麼突然/誰也沒來得及/看清　你的臉"（馬忠：《爬吊塔的民工》）"為什麼總是要站在樓頂上或者高高的天橋上/自始至終你都躺在金字塔的最底端//你站起來了，爬得很高/為了遲到的、無望的、本該屬於自己的杯水車薪。/我擔心的是，靈魂的失足和社會的失足

/比你的失足更讓人心寒。"（尹紅燈：《血》）

打工詩歌是一種"在場"的寫作，銘刻著社會現實和歷史的意義。打工者以自身血淚經歷書寫著自身，同時也書寫著時代與歷史。對於某些人來說，這些傷痕累累的打工歷史只不過是社會轉型時期的陣痛，但是，對於文學而言，他們的書寫以強烈的現場感揭露了被陽光粉飾過的層層黑暗，從而具有強烈的承擔意識和還原作用。"無數次從黑暗的霧中經過 在鏡中/遇見宮殿與黑色的蒼穹 變形的面孔/黑暗 脆弱的月亮成為唯一的信仰/它溫柔伸出水袖 劃出了黑暗帝國的傷口"（鄭小瓊：《黑暗》）打工詩歌的另類寫作提醒著時代，也提醒著文學。

第六節　新世紀詩歌的小資趣味

從 20 世紀 80 年代中後期開始，詩歌在文學中的地位開始旁落，並逐漸被邊緣化；然則 21 世紀以來的詩壇卻再次變得繁榮起來，宛若具有復興的跡象：網路詩歌、後現代抒寫的盛行，以及下半身、梨花體、垃圾派、口水派等各種反傳統、甚至反詩歌寫作的爆發，讓 21 世紀頭十年的新詩變得頭緒紛繁。在這些異常活躍的現象中，有一種值得我們特別關注，那就是不少詩人的作品中開始出現一種特殊的思想感情，並且有越來越流行的趨勢，我們姑且稱之為"小資趣味"。

一、小資與詩歌中的小資趣味

"小資"一詞最初來源於法語 petit bourgeois，意即"小資產階級、小布爾喬亞"，是中國當代文化的一個關鍵字語。自 20世紀 90 年代以來，小資、小資趣味、小資情調等系列詞語已經在諸多報刊雜誌上湧現。小資已然成為一種生活方式，恰切地說是一種生活情調。小資文學也開始愈來愈廣泛地呈現於讀者的視野，並在意識形態領域產生一定的影響。

　　至於"小資"的確切定義，至今還沒有一個公認的界說，隨著歷史語境的變遷，其內涵也不盡相同。20 世紀八〇年代，法國社會學家布林迪厄提出"新小資產階級"的觀點，但他側重於從社會文化學的角度來探討這一群體。在中國，"小資"在 20 世紀的大部分時期裏，既是一個政治的語彙，又包含著經濟的含義。《漢語大詞典》中對"小資"的詮釋如下："佔有少量生產資料和財產，主要依靠自己的勞動為生，一般不剝奪別人的階級，包括中農、手工業者、小商人和自由職業者等。"就當下而言，小資不再作為一種負面身份的標籤，不再作為一個灰色的階層，轉而成為相當一部分人所宣導和崇尚的生活品味，引領著社會時尚以及文化追求。張麗曾將小資群體的特徵歸類如下：

　　經濟上，小資具備一定的經濟基礎，有較為體面的工作和較為穩定的收入來源，對物質財富極度崇拜，生存壓力相對較小。他們的經濟基礎高於一般民眾，但是卻無法超出中產階級的界限。就職業分佈狀況而言，小資主要分佈在公司白領、自由職業者、模特、記者、編輯、公務員、廣告文案、外企人員等職業中。

　　文化上，大部分小資都具備較高的文化修養，他們一般接受過高等教育，受到歐美等外來文化的感染與薰陶，追求情趣、品位與格調，主要表現為：第一，小資多追求生活的品位和情調，追求高雅與精緻的生活，善長製造情趣；第二，小資強調自我，標榜個性，拒絕平庸，追求時尚與流行；第三，小資注重溫暖舒適、富足浪漫的生活。浪漫是小資的標誌，並且這種浪漫帶有濃鬱的都市化色彩。[38]

　　所謂詩歌的小資趣味，自然是是反映小資們的生活方式、價值標準、思想情感的一種詩歌趣味，它應該是誕生於小資的筆下，表現小資的生活狀態。為了說明這一點，我們不妨看看當代女性詩人尹麗川寫於2000年的《深圳：吃了一頓飯》：

　　　"這座城市是假的"
　　　你說這話時，面朝大海，神色凝重，跟真的似的
　　　可說真的，我們的飯已經快吃完了
　　　我還是沒想通，你開著輛紅色跑車來接我
　　　是不是有點誇張，還不斷體貼地問：空調太冷麼？
　　　在一家影視公司的老闆面前，我決不再是個漂亮女人
　　　那我該有過人的才智？你恰到好處地抱怨：
　　　影視圈沒意思，不如跟好朋友聊天……
　　　電話一響，你就說：哦，在跟一個朋友聊天……
　　　結果我的電話一響，我也這麼說：在跟一個朋友……
　　　哎，老兄，有沒有搞錯？咱倆怎麼就成了朋友？
　　　你溫文爾雅，弄得我沒法頭角崢嶸
　　　你熱愛國畫藝術，弄得我也沒什麼性欲
　　　你有的是房子車子，弄得咱倆也沒什麼話題
　　　你有的是漂亮女人，弄得我冥思苦想：
　　　咱們為什麼要在一起吃飯？
　　　"下次我帶你去鹽田，那邊的海鮮更好。"
　　　你不厭其煩，沖我微微一笑。搞得像雪米莉的小說

38　參見張麗《論當下的小資和小資文學》，《溫州大學學報》，2007年第5期。

雪米莉我還見過一次，一個慈眉善目的四川老頭子
是不是我中毒太深？關於男人女人，我首先想到的
就是男女關係。除此，就是朋友，那更功利：
我不懂國畫，你不看小說；你不是出版商，我不演電視劇。
我為什麼要答應一起吃飯呢？包括下次的39

在這首詩中，詩人向我們敘述了一位影視公司的老闆請“我”吃了一頓飯的全過程。詩歌從一開頭便以“紅色跑車”、“影視公司的老闆”等詞語暗示了這一頓飯的檔次，接著從第八行至第十一行，詩人又通過對所謂“朋友”的描述，諷刺了“影視圈”的虛偽。需要著重指出的是，詩人反復提出“為什麼吃飯”這一問題：“老闆”與“我”既不是涉世未深、對某些東西抱有幻想的小青年（以“雪米莉的小說”來暗指）；也不是為了所謂“男人女人”的“男女關係”；更不是興趣愛好相同或者兩人之間職業有所關聯的“朋友”。詩人所表現出的這種困惑，其實正對應了詩歌的第一行：“‘這座城市是假的’”，從而間接地諷刺了現代人的虛偽與做作。

但是如果從小資趣味這一層面來分析的話，我們就可以發現，吃飯的二人自然具備一定的經濟基礎、有一定的文化修養，詩中所表現出的這樣一種思想感情與生活狀態，其實正是小資階級的思想與生活。在詩中，詩人雖然揭露出現代人以金錢、美色、名聲等作為價值判斷的依據，並藉以諷刺現代人之間的虛偽與做作，然而在根本上，這一切都僅僅只是從小資階級這一層面來考慮的。此詩以小資階級為立足點，用小資階級的口吻反映小資階級的生活狀況，這正是新世紀以來詩歌中小資趣味的典型體現。

---

39 尹麗川：《深圳：吃了一頓飯》，百度詞條：http://baike.baidu.com/view/648717.htm

　　新世紀詩歌中所包含的小資趣味並不少見，縱觀新世紀以來的詩歌整體狀況，我們可以發現，無論是從詩歌語言，還是從其思想中，我們都能感受到這麼一種濃鬱的小資趣味：無論是新世紀以來蓬勃興起的網路詩歌與詩歌民刊，還是迅速崛起的新一代詩人群體，又或者是持續發展與變化的女性詩人群體等，從各個媒介、各種方式傳播的詩作中，我們都能發現其作品所具有的小資趣味。

二、網路詩歌的小資趣味

　　網路詩歌在中國屬於新生事物。國際互聯網在 1990 年代初才開始進入我國，網路文學的成長與發展則更晚。時間雖短，但其發展速度卻極快，幾年前，評論家李霞收集、整理的"漢語詩歌網站、詩歌論壇名錄"已經達到了 475 個，這還僅僅是"專業"的詩歌網站，並不包括綜合性網站的詩歌論壇、文學頻道等其他形式。關於這點，王士強也曾在《詩歌民刊與網路詩歌的"崛起"──詩歌傳播方式變化之於新世紀詩歌的意義》一文中指出："近幾年，很多的詩歌網站、論壇，比如'詩生活'、'詩江湖'、'揚子鰐'、'靈石島'、'界限'、'詩家園'、'極光'、'翼'等，無論是其作者群、總體容量、資訊流量、整體品質、詩藝追求、風格趣味等方面均已經有了初步規範化的意義，發揮著初步的選擇、凸顯的功能，這對於良好詩歌生態的形成無疑是有益的。"[40]

　　相對 20 世紀的中國新詩，網路語境中的 21 世紀詩歌已經在

40　王士強：《詩歌民刊與網路詩歌的"崛起"──詩歌傳播方式變化之於新世紀詩歌的意義》，《天津大學學報》，2010 年第 5 期。

創作情態、閱讀形式和詩學意義上產生了極為明顯的變動。這種變動的一個重要表現正在於因為生活水準的提高、物質上的豐裕、城市化的進展而反映在詩歌中的小資趣味。

首先，從詩歌的詞語層面上看，在新世紀的網路詩歌中，諸如“車”、“咖啡”、“高樓”、“電郵”、“社區”等現代性辭彙出現得越來越頻繁，並具有了特定的指代意義。而“夕陽”、“黑夜”、“長城”、“雲朵”等意向的傳統涵義也在被逐漸消解並轉化為符合網路詩歌語境的新涵義。這些詞語的出現以及詞語含義的變化從另一個層面上來說，正是詩人們的小資情調在網路詩歌中的具體體現。其次，從詩歌的形式結構上看，直白的、直抒胸臆式的詩歌形式已然不再多見，網路詩歌的結構更多地傾向於一種含蓄的、意向之間跳躍幅度極大的形式，讓詩歌在某種意義上來說具有了模棱兩可的含義。最後，從詩歌的內涵上來看，網路詩歌所表達的感情更多地傾向於詩人內心與自我而不是外界與他人；在網路詩歌創作中，詩人們更願意抒寫的是自我反省以及與他人關係的思考，而不是對社會現象的闡釋與批評，他們傾向於站在小資階級的立場上提出與解決問題，並體現在詩歌的創作中。

實際上，網路詩歌所包含的小資趣味在現今所有詩歌傳播媒介中表現得最為明顯。由於網路的虛擬性以及面具化特徵，客觀上為詩人表露真實的內心、抒發真實的情感提供了充分的條件。在網路上，詩人的出入非常自由，不存在現實生活中繁瑣的身份“認證”或者森嚴的門檻制約。詩人的稱呼能夠隨意編造，從而可以隱藏詩人的真實身份，詩人因此不用擔心自己在網路世界的頻繁出現會對現實生活產生什麼樣的消極影響或者帶來什麼不必要的麻煩。[41]從這種意義上來說，網路詩歌中所表現出來的小資趣味才顯得尤為真實與重要。我們可能很容易在現實的報刊或者雜誌中就能看到各種具有小資趣味的詩歌或者其他體裁的文學作品，但是這些作品往往都是經過多次加工後的產物。網路以其所特有的屬性，能夠最為直觀地表現出詩人們真實的思想與情感。

因此也可以這麼說：正是網路的這一系列特性，促使新世紀的詩人們更多地袒露出他們內心中的小資趣味，而這些詩歌中的小資趣味也正是新世紀的詩人們對自身真實生活的一種反映。

三、"新一代詩人群體"詩歌的小資趣味

這裏所說的"新一代詩人群體"，指的正是自新世紀以來，活躍於詩壇、網路論壇等平臺的所謂 80 後、90 後詩人群體。在這些新一代的詩人群體中，最值得關注的是 80 後詩人群。

80 後詩人群在新舊世紀之交出場，並經過幾年的積累與沉澱，使"80 後詩歌"這個概念在 2002 年已然被文學界接受：80 後詩歌，正是出生在 1980 年代之後的，以春樹、阿斐、穀雨、田蕎、澤嬰、李原、李傻傻、啊松啊松、鐳言等為代表的詩人們所創作的詩歌作品。

80 後詩人們充滿智慧與才華，在創作上不限於傳統的詩歌理論或者技巧，而是依靠個人的經驗與直覺來寫作，沒有任何忌諱也沒有所謂的"影響的焦慮"，仿佛真正做到了"我手寫我心"，達到一種充分自由的狀態。究其原因，我們不難發現，這些 80 後新一代詩人因其自小生活與成長的環境以及來自學校、家

---

41 參見張德明《互聯網語境中的新世紀詩歌》，《中南大學學報》，2008 年第 1 期。

庭的影響，較之以前的詩人群體，在生活與體驗上具有明顯的不同。這些不同的生命體驗表現在詩歌上，正是小資趣味的抒發。

以阿斐為例，他出生於 1980 年，被稱為"80 後第一位詩人"，其詩歌語言簡潔、意向奇特、思想新穎。在其代表作《眾口鑠金》中，詩人寫道：

> 朋友告訴我
> 我變了
> 是變了
> 面目全非
> 群眾的眼神已經異樣
> 我的孩子都快出世了
> 而我昨天還是個小孩
> 孩子的母親躺在床上
> 像一隻毫無靈感的蚌
> 機械地睡著
> 像所有初為人母者那樣
> 沒有目的\沒有記憶
> 夢中她的丈夫披紅掛彩
> 鄉間最耀眼的新郎
> 如果我是一頭豬
> 命運會賞賜給我一個豬圈嗎
> 如果我是一個人
> 孩子她媽，是否會賞給我一個安穩的未來
> 所以我變了
> 變成了朋友預想的模樣
> 一個坐著八抬大轎的草民

戰戰兢兢地伸出屏弱的手

迎合命運的安排

像甘霖之下無辜的萬物[42]

　　全詩的語言張力十足，簡潔而精煉地表達出了詩人內心的無奈、掙紮與痛苦。詩人在詩歌中借"朋友"告訴他"變了"，表述出在當下的社會環境中，因為受現實生活所迫，"我"不得不逐步屈服於現實——詩歌的題目"眾口鑠金"正是強調了在現實社會中輿論的強大以及對"我"所造成的巨大壓力。雖然"我"不需要考慮最基本的生存需要，但是社會帶給詩人的各種壓迫，逼使他不得不屈服於現實。全詩以批判的態度來描寫社會以及社會上的人，但是從本質上來說，詩人仍然站立在小資階級的立場上，他所批判的，也正是小資階級所要批判的——小資階級對浪漫與個性的追求被社會與輿論無情地封殺，詩人在批判它們的同時，也從另一層面上隱隱地透露出他的小資趣味。

四、女性詩歌的小資趣味

　　自新時期以來，隨著中國社會現代化進程的日趨深入以及女性地位的不斷提高，女性文學創作變得空前繁榮。作為女性文學的重要組成部分，女性詩歌也取得了長足的發展與進步。

　　有學者曾將新時期以來中國女性詩歌的發展分為這樣三個階段：第一階段自1977年至1983年，為敏感的覺醒者階段,代表詩人有舒婷、林子等；第二階段自1984年1999年,為執著的建設者階段，代表詩人有翟永明、唐亞平和伊蕾等；第三階段自2000

---

42 阿斐：《眾口鑠金》，百度詞條：http://baike.baidu.com/view/1761884.htm

年至今,為輕鬆的遊戲者階段,代表詩人有尹麗川和巫昂等。[43]

　　在這裏,我們所要著重探討的正是以尹麗川和巫昂為代表的第三階段的女性詩人群體。隨著市場經濟與商業社會的不斷發展,物欲的橫流導致人們心靈的異化;而理想的持續消減以及欲望的不斷擴張,又使時尚女性開始採取一種更為輕鬆的姿態來面對這一切。同時,網路傳播媒體的興盛也為女性詩人提供了更為寬鬆的寫作環境,既給予她們無限創造的可能,又讓她們能更迅速地將自己的作品和資訊傳達給讀者。在這樣的背景下,"輕鬆的遊戲者"這種嶄新的女性詩歌寫作姿態,在新世紀一開始便浮出水面,並為公眾所知曉。也正是因為"輕鬆"與"遊戲",才讓女性詩人更加自覺地將她們的真實自我抒發出來,同時也讓我們更加深入地瞭解她們獨特的內心世界。就新世紀以來所產生的影響而言,尹麗川和巫昂無疑是這類寫作的代表人物。

　　實際上,女性詩人的作品相較於男性詩人更具小資趣味。這不僅僅源於女性比男性有更為纖細的生活感觸,緊張壓抑心理、相對惡劣的生存環境,讓她們更加嚮往充滿小資趣味的生活。巫昂在題為《戒指》的作品中曾這樣寫道:

> 一整個下午
> 無名指上
> 碩大的北極貝戒指
> 弄得我心神不寧
> 咖啡館坐滿了打發時間的顧客
> 每一個,中午都吃多了肉
> 兩頰腫脹,不停開黃腔

---

43 參見凌孟華:《新時期以來女性詩歌的三種寫作姿態》,《重慶師範大學學報》,2007年第6期。

> 我把戒指脫下
>
> 放在桌上
>
> 斜對面的同性戀人
>
> 正在打電子遊戲
>
> 他們一定厭倦了對方
>
> 保持著一兩公分的距離
>
> 只有胳膊肘偶然相撞
>
> 再特別的情感也會遭遇滑鐵盧
>
> 何況是那麼兩個[44]

在這首詩中，詩人一開始便說"戒指"弄得"我心神不寧"，暗指此刻嚴重困擾著"我"的感情難題，接著詩人又通過在詩歌中對"打發時間的顧客"以及"斜對面的同性戀人"的描述，暗示出詩人自己感情上所遭遇到的"滑鐵盧"這一事實。我們可以發現"我"的內心是被壓抑著的，在這種壓抑的心理中，其他人的種種表現在"我"的心中都被同化了。需要特別指出的是，詩人雖然沒有直接在詩歌中表露出她的小資趣味，但是卻已然將她的小資情趣暗含在了字裏行間。無論是"碩大的北極貝戒指"，還是"咖啡館"、"同性戀人"、"電子遊戲"等，都暗含有特殊的、小資情趣，而這種暗含性質的小資趣味在不少女性詩人的作品都有所體現。

五、城市化進程與新世紀詩歌的"小資趣味"

如果要問什麼對當今世界的影響最廣泛、最深刻以及最全面，

---

44 巫昂：《戒指》，百度詞條：http://baike.baidu.com/view/639507.htm

那麼它一定是席捲全球的"城市化"進程。自近代工業革命以來，城鎮化進程勢不可擋，現代城市快速形成。隨著科技發展的突飛猛進，發明創造的層出不窮，城市也在不斷改變自己的面容，逐漸成為一個完全意義上的經濟實體，可以生產除了糧食以外的所有東西，"城市化"已經成為當今時代人們不得不予以關注與思考的重大問題。

從理論上講，"城市化"這個概念並不複雜，它在城市社會學中一直被定義為一種"人口現象"即城市人口百分比的增長過程。然而，由於這個過程不僅直接涉及到一個國家在政治、經濟、文化等方面的現代性變遷和發展，同時也對其中每一個個體的生活方式、社會地位、文化身份、生命理想甚至於審美情懷等具有極其重大的影響，因此我們可以說，城市化進程已然構成當代人類生存最為重要和直接的"生活世界背景"或者說"社會關係的總和"。45在這樣的局面下，"任何人的生活也無法不受到城市的影響，城市意象已經無所不在。因此，從近代工業革命開始的遍及全世界的城市化浪潮,不僅僅只是城市規模急劇膨脹、城市數量激增這種有形實體的急劇增加，最為根本的，是無孔不入、無處不在的城市意象、城市意識成為了城市化的一個重要的組成部分。"46

中國的現代城市化進程直到 1980 年代才可以說是正式開始，比西方從 19 世紀便已經大規模開始的現代城市化進程晚了將近一個半世紀。自 1970 年代末實行改革開放政策以來，中國經濟開始騰飛，中國城市的發展因而迎來了一個新的時期。從 1980

---

45 參見劉士林《城市化進程與都市文化研究在中國的發生》，《人文雜誌》，2006年第 2 期。
46 蔣述卓、王斌：《城市與文學關係初探》，《廣東社會科學》，2001 年第 1 期。

年到 2000 年,中國城市的發展極其迅速,特別是進入 21 世紀之後,這種發展用"日新月異"來說毫不為過,無論是城市數量的不斷增加,還是城市人口的急劇增長,都表明了城市生活在 1980 年代開始日漸成為整個社會生活的中心,並在 1990 年代之後佔據主導地位。隨著生活水準、教育水準、醫療水準等各個方面的不斷提高,城市人民有足夠的條件去尋求更高層次的精神享受。在這樣的背景下, "小資趣味"開始逐漸被城市居民所瞭解,並率先成為一部分人刻意追求的生活方式、情調與品位。

我國現代文學中小資趣味的淵源可能要追朔到張愛玲或者更早,自新中國成立以後的很長一段時間, "小資趣味"都被視為一種頹廢、墮落的生活方式遭到徹底的批判,其真正被當作一種品格與潮流被少數城市白領所追求,應當是在 1990 年代以後。 "小資趣味"之所以被提倡與推崇,雖然與政治生態、社會環境的變化密切相關,但最主要的原因,或者說最直接的原因,還在於迅猛發展的城市化進程。

城市化進程不僅產生了一系列諸如超級市場、流行音樂、信貸消費、股票、金融、速食、紅酒、咖啡等氣象萬千的城市文化符號,也給城市生活者帶來了孤獨、冷漠、憂鬱、壓抑等不同於傳統鄉村生活的情緒體驗,這些多少具有疾病性質的負面心理,必須獲得適度的宣洩與排解,而小資生活方式正是紓緩這些情緒的重要通道。

如此說來,新世紀詩歌中小資趣味的出現與流行,有其歷史的必然性與合理性。換句話說,無論是 1990 年代以來蔚為壯觀的網路詩人群體,還是新世紀驟然崛起的新一代詩人群體,又或者是處於"輕鬆的遊戲者"階段的女性詩人群體,他們詩歌中的小資趣味正是對當代中國城市化進程的一種反映。

六、結　語

　　新世紀詩歌中所表現出的這種小資趣味與現代城市的發展、社會風氣的轉變、生活水準的提高、詩人創作氛圍的變化等方面都有著十分緊密的關聯。21 世紀以來，隨著城市化進程的不斷加快、科技的不斷進步以及社會經濟的高速發展，如何適應新時期的社會與文化環境成了當下詩人所共同關注也必須面臨的重要問題。物質條件的不斷提升讓詩人不必過於擔憂來自生存與生活的壓力，他們有了更多的時間去體會與思考。另一方面，進入新世紀以來，詩人寫作隊伍的不斷壯大、詩歌活動的漸趨頻繁、詩歌世俗化趨勢的不斷加強以及詩歌民刊和網路詩歌的空前發達等現象，都表明了新世紀詩歌的內涵正在發生巨大的改變。而越來越多的小資趣味的流露，正是這種改變的重要表現。它不僅僅意味著詩歌的某種寫作向度，更是詩人們對現今生活客觀、真實的寫照。此外，新世紀詩歌中的小資趣味雖然在各大詩人群體以及諸多詩歌作品中都有所體現，但是最具代表性的無疑要數網路詩歌、新一代詩人群體的詩歌以及女性詩歌。不過，這三個群體往往是相互交織在一起的，具有相當程度的重疊性：網路詩歌的很大一部分出自於新一代詩人群體和女性詩人之手，而很多新近崛起女性詩人們本身就屬於新一代的詩人群體，並且最為重要的是，以上這些詩人群體中的大部分人都生活在城市之中，與當今中國的城市化進程有著極為重要的聯繫。

　　雖然小資趣味自 1990 年代以來開始被世人所接受，甚至被提倡與推崇，但是，值得我們警惕的是，詩歌中的小資趣味主要與詩人的“個人性”情感相關聯，而較少追求詩歌的“公共性”

價值與意義。從生命與個人情感的體驗上來說，詩歌中的小資趣味無疑對當代詩歌的發展具有重要的作用，它從深層次上向我們揭示出新世紀以來詩人的內心世界，呈現了社會的急劇變化對詩人所產生的強大衝擊以及詩人對此所做出的種種反應。但是從另一方面來看，詩歌中的小資趣味並未能體現出詩人對社會變化深刻而理性的認知，與詩歌中的小資趣味相對應的個人性視角，也很難對社會性、公共性問題做出及時的反應，詩人們往往會因過多關注自我與當下而忽視了社會與將來。[47]因此，從總體上看，小資趣味的明滋暗長是新世紀詩歌發展的一個重要現象，我們在探討這一現象對新詩發展的積極意義的同時，也不能忽視它在新詩"公共性"的建構上可能產生的消極影響。

第七節　口語詩的"情色書寫"批判

最近十來年，"口語詩"受到普遍關注，不算網上言論，僅報刊上的相關文章已有數百篇，且呈逐年遞增趨勢。大體而言，這些論文有的凸顯其民間立場、生命體驗、自由品質、叛逆美學等方面的價值與意義，有的回溯其傳統淵源並試圖經由深度闡釋奠定其合法性基礎，也有的從語言形式層面探討其詩性可能、限度及走向，當然，更多的還是持嘲諷、戲仿、批判的態度。單就批判者來說，幾乎眾口一詞地指斥口語詩內容低俗、粗鄙、瑣碎、嚴重缺乏詩意，將其貶為口水詩、垃圾詩、語言毒瘤等等。毋庸否認，口語詩 —— 尤其是創作於 1980 年代後來被追認的口語詩

---

47 有關詩歌公共性、個人性之關係的論述，請參見向天淵、趙玲《論當代詩歌公共性的重建：以於堅詩歌為例》，《長沙理工大學學報》，2013 年第 3 期。

—— 中的少數作品，結合其產生的時代與詩學背景來看，確實具有某種形式意味與思想內涵，但自從盤峰論爭、下半身、垃圾派尤其是所謂梨花體、羊羔體等被網路及各種平面媒體大肆渲染與炒作之後，口語詩的寫作已經不再是單純的詩學事件，轉而成為大眾消費、娛樂甚至惡搞的對象。有關口語詩的評價，也突破了學理性的客觀探討，摻雜各種意氣之爭與非理性的吵吵嚷嚷。本文無意再做粗鄙、低俗之類的籠統指責，僅從情色書寫入手，對口語詩略作批判性闡釋，期望提供一個理解與評價它的新視角。

一、何謂“情色書寫”？

漢語文化中“情”與“色”的相提並論，早已見之于唐代李善注《昭明文選·卷十九·賦癸·情》，所謂：“《易》曰：利貞者，性情也。性者，本質也；情者，外染也，色之別名，事於最末，故居於癸。”[48]到了明代末年，《金瓶梅詞話》的開篇和馮夢龍《警世通言》第三十八卷都出現了幾乎相同的一段議論文字：“……單說著情色二字。此二字，乃一體一用也。故色絢於目，情感於心，情色相生，心目相視，雖互古迄今，仁人君子，弗能忘之。”[49]不過，本文所謂“情色書寫”中的“情色”，則是對 erotic 一詞的翻譯，比照上面的兩段文字，我們不得不說這是一個非常精妙的翻譯。erotic 源於 Eros，Eros 是希臘神話中愛神的名字(他在羅馬神話中的名字叫 Cupid)。在西方，與“erotic”既相聯繫又有區別的是“pornographic”和“love”，分別被中譯

---

48 蕭統編，李善注：《昭明文選》，吉林人民出版社，1998 年 10 月，第 348 頁。
49 馮夢龍編、鐘仁校注《警世通言》（下），陝西人民出版社，1985 年 2 月，第 581 頁。

為"色情"與"情愛"，而情色文學（Erotic Literature）、色情文學（Pornographic Literature 或 Pornography）、情愛文學（Love Literature）正與這種區分相對應。

毫無疑問，這三種文學都離不開描寫、表現男女兩性之關係，其區別就在於如何處理這種關係。色情文學專注於描寫兩性的肉體交往行為，歷來遭到否定與禁絕，情愛文學側重表現心靈也就是情感與精神的交流，但缺乏肉體交往的純粹心靈上的欣悅即所謂紅顏知己或柏拉圖之戀，在現實生活中不能說絕對沒有，但也少之又少。在這兩極之間，還存在著兩性靈肉交往、糾葛的種種複雜景觀，這就給情色文學留下了可供開墾與耕耘的寬闊領地。

真正理想、偉大的情色書寫，往往能在靈、肉之間達成微妙的平衡，典型的例子如中國的《西廂記》、《牡丹亭》、《紅樓夢》，西方的《哈姆雷特》、《查特萊夫人的情人》等，但這種著作畢竟數量有限。處理不當，情色書寫很容易忽視"情"而滑向"色"，落入鋪陳肉體欲望與行為的陷阱，當然也不排斥少數作品放逐男女色欲甚至情欲，將其昇華為精神追求抑或宗教與政治的隱喻，比如但丁的《神曲》、托爾斯泰的《復活》、司馬相如的《美人賦》等等。下面，我們就以這些作品中比較特殊的《查特萊夫人的情人》為例，看看理想的情色書寫具有怎樣的藝術規範。

《查特萊夫人的情人》（1928）對兩性肉體交往或者說性行為和性心理的描寫篇幅很大且非常細膩，在三十多年間被視為"有傷風化"遭到查禁，直到 1960 年企鵝出版公司打算印刷未經刪節的全本，提請法庭審理並獲得勝利之後才得以解禁，時至今日，它已洗刷掉色情文學的汙名，進入世界文學經典的行列。

實際上，早在剛剛完成第一部重要小說《兒子與情人》（1912）

時，勞倫斯就在一封信中說："我將永遠是個愛的祭司"[50]，此後他一直堅持思考與表達自己獨特的愛的哲學。就在這部最後的長篇小說《查特萊夫人的情人》中，他借男主人公梅勒斯的口表達了自己的性愛觀："是的，我確實相信某些東西。我相信要有熱心。我尤其相信對愛情要有熱心。要有熱心地去做愛。我相信，如果男人懷著熱心去做愛，女人懷著熱心去做愛，一切全都正常了。導致毀滅和麻木的就是那種冷淡的做愛。"[51]

也就是說，勞倫斯認為兩性之間的"愛"是男女雙方懷著"熱心"去"做"出來的，只有這樣的愛才是真愛。康妮與梅勒斯最後所獲得的真愛就是這樣做出來的，"做愛"是他們兩人"交談"的重要方式，而在此之前，康妮與米凱利斯之間的性事交流卻不是這樣，米凱利斯的冷漠與自私，讓康妮感到恐懼。而康妮的丈夫柯利弗德·查特萊男爵不僅極其理智，還因為戰爭導致下身癱瘓而喪失了性能力，勞倫斯說柯利弗德的殘廢"象徵著當今他這種人和階層中的大多數在感情深處的癱瘓。"[52]通過這種象徵，勞倫斯批判了傳統基督教文明和現代工業文明一起禁錮、戕害了原始與自然的人性，這種人性原本帶有強烈的生殖崇拜與生殖感悟。《查特萊夫人的情人》同樣肩負著衝破這一禁錮以恢復自然人性的重任。

就在完成這部小說的同一年，勞倫斯還發表了題為《性與美》的散文，他說："性是什麼？我們尚不理解，但性必定是某種火，

---

50 參看〔美〕哈利·T·摩爾《愛的祭司：勞倫斯傳》"作者序"，王立新等譯，花山文藝出版社，1993年12月。

51 〔英〕D.H.勞倫斯：《查特萊夫人的情人》，趙蘇蘇譯，人民文學出版社，2004年，第258頁。

52 〔美〕哈利·T·摩爾《愛的祭司：勞倫斯傳》，王立新等譯，花山文藝出版社，1993年12月，第539頁。

因為它總是能傳達一種溫暖、閃爍的感覺,而當這閃爍變成一片純粹的光輝時,我們就獲得了美感。""假使我們的文明教會了我們怎樣讓性感染力適當而微妙地流動,怎樣保持性之火的純淨和生機勃勃,讓它以不同的力量和交流方式或閃爍、或發光、或熊熊燃燒,那麼,也許我們就能 —— 我們就都能 —— 終生生活在愛中;就是說,我們通過各種途徑被點燃,對所有的事情都充滿熱情⋯⋯"[53]顯然,《查特萊夫人的情人》正是試圖教會人們領悟性與愛、性與美之真諦的一部小說,其中有關男女主人公性愛場面的描寫,正如當年英國法庭的判詞所說:"絕對必要,它顯示人類的結合必須以適當的性行為做基礎⋯⋯""那些描述性生活的部分,都被仔細地交織入二人的心理關係、背景和由之產生的自然演變之中,藉以從這一角度解釋他們所找到的出路。"[54]這個判詞是在聽取數十位包括作家、評論家、神學家、心理學家、社會學家在內的證人證言之後做出的,具有極高的權威性,對研究與評價其他情色文學作品具有重要的參考價值。

二、性而上:口語詩的情色書寫

毫無疑問,相對詩歌而言,小說、戲劇更適宜於細膩、繁複的情色書寫,但同樣不可否認的是,也有大量以男女兩性甚至同性之情感與肉體交往為歌唱對象的詩歌作品,我國《詩經》中的情歌、古希臘薩福的抒情詩、《聖經·舊約》中的《雅歌》等是這

---

53 〔英〕D.H.勞倫斯:《性與美 —— 勞倫斯散文選》,於紅遠譯,知識出版社,1989 年 12 月,第 4、7 頁。
54 轉引自餘悅主編《世界禁書大觀》,百花洲文藝出版社,1994 年 12 月,第 531頁。

類書寫的濫觴之作，此後的兩千多年裏，詩歌中的情色書寫可謂綿延不絕。值得我們注意的是，在文學史上佔有一席之地的情色詩歌，即便是大膽如古羅馬奧維德的《情詩》、《愛經》，抑或如中國的民歌《掛枝兒》，都沒有生理上的性器官展示或動物般的性行為描寫，畢竟詩歌需要情感的滋潤，需要精神的洗禮，需要美的意象與境界。這一點，瓦西列夫在《情愛論》中借用黑格爾的觀點已經講得很清楚：“詩歌的任務‘不在於擺脫感情，而是在感情之中去解放精神’，從而使‘盲目的欲望統治’變成‘清除了一切偶然情緒的對象’，而返回到‘獲得滿足的自我意識’。”[55]

　　既然我們已經大體明瞭情色書寫的基本規範與原則，下面就該回到正題，繼續探討口語詩的情色書寫。十多年的口語詩中，典型的情色寫作不太多但也不少，被經常徵引且受到較多批判的約有三十多首作品，其中沈浩波的最多，有《一把好乳》、《強姦犯》、《矮個子兄弟》、《掛牌女郎》、《淋病將至》、《女詩人》、《朋友妻》、《你媽 X》、《做愛與失語症》、《棉花廠》、《38 條陽具》、《硬和軟》、《姐姐去了南方》、《不是愛，是搞》、《靜物》、《情人結》、《我們那兒的男女關係》等；其次要數女詩人尹麗川，大約有十來首，《為什麼不再舒服一些》、《玫瑰與癢》、《心思》、《姦情就要敗露》、《愛情故事》、《中式 RAP》、《深圳，街景》、《挑逗》、《情人》、《花天酒地》等；再就是朵漁的《生病，越冬》、《愛與做愛》、《野榛果》、《肥大的》，南人的《幹和搞》、《偉哥進入中國市場》、《我的下半身》、《壓死在床上》，巫昂的《青年寡婦

55　〔保〕基·瓦西列夫：《情愛論》，趙永穆等譯，北京三聯書店，1984 年 10 月，第 231 頁。

之歌》、《婚後》以及李紅旗的《早晨》、《您好，小姐》，徐鄉愁的《現實男子》，等等；此外還包括於堅的《狼狗》、《性欲》、《黃與白》、《成都行》，楊黎的《打炮》等。這些作品相當一部分被收入各種詩集、詩選集與詩歌年鑒，尤其是借助網路傳播，產生了相當大的影響。從某種意義上講，即便對它們展開嚴屬的批判，也無意間擴大了它們的影響範圍，成了推波助瀾的傳播者，但保持沉默，也可能意味著寬宥與縱容。面對這樣的兩難選擇，我們雖然點出了篇名（有些單憑標題就能猜想其大概內容），但還是儘量不去引用它們的具體詩行。很顯然，這樣做會使本文缺少具體的文本分析，但為了堅持文字潔淨的寫作原則，不得已只好如此了。

於堅在 2000 年 2-3 月份寫出一篇箚記式的詩學文章，題目叫做《詩言體》，拉拉雜雜、恍兮惚兮，將古今中外眾多學說、觀念摻雜在一起，試圖通過對“詩言志”進行批判以建立一個非工具性的詩學體系。所謂“詩言體”的“體”也並非僅僅是與“志”相反對的“身體”，還包括道體、本體、詩體、載體以及體察、體諒、體會、體驗、體貼等各種與“體”有關聯的一切。儘管該文整體上頗多費解之處，但也有一些相對明瞭的地方，比如這一句：“我認為，現代詩歌應該回到一種更具肉感的語言，這種肉感的語言的源頭在日常口語中。”[56]拒絕隱喻的於堅在這裏還是採用了隱喻式的說法，“肉感的語言”也頗有幾分道理，畢竟日常口語有濃濃的泥土與生活氣息，充滿生命活力。

無獨有偶的是，這一年的 6 月，沈浩波、李紅旗、朵漁等人在北京成立“下半身寫作”團體，7 月創辦《下半身》同人詩刊，

---

56 於堅：《於堅詩學隨筆》，陝西師範大學出版社，2010 年 12 月，第 67 頁。

在題為《下半身寫作及反對上半身》的宣言性文章中，沈浩波也提出："所謂下半身寫作，指的是詩歌寫作的貼肉狀態"，"追求的是一種肉體的在場感"，並特別強調說："注意，甚至是肉體而不是身體，是下半身而不是整個身體"，"詩歌從肉體開始，到肉體為止"，在文章的結尾處竟然潑皮式的宣稱："我們亮出了自己的下半身，男的亮出了自己的把柄，女的亮出了自己的漏洞。我們都這樣了，我們還怕什麼？"57與沈浩波等人聯繫密切並自稱"就算是他們的前輩和師兄"的伊沙進一步發揮說："我理解對下半身的強調本質上是在強調 XX。不是胯，不是腿，不是腳，也不是對這半截整體的強調"，"建設一個有身體的寫作必須直搗 XX，說得好聽點兒就是回到生命的根本出發 —— 中國詩歌在這一點上需要從頭再來。"58

　　於堅提出"肉感的語言"並指示其源頭在於日常口語，呼喚詩歌回歸民間、回歸平常生活，暗含著內容與語言的雙重民間皈依，具有一定的合理性，但"肉感"一詞，也可能將詩歌寫作引向對"肉欲"的偏好與追求。沈浩波們的"下半身寫作"則將這種可能性理論化並付諸實踐了。他們所謂的"貼肉狀態"、"肉體的在場感"，如果從形式層面去理解，可以看成是對詩歌語言、韻律、意味等方面提出的審美要求，比如溫潤、豐滿、酣暢淋漓、生氣勃勃等，這些都是很難達到的詩美境界。本來，"把文章通盤的人化或生命化（animism）"是中國古人論文時常見的現象

---

57 沈浩波：《下半身寫作及反對上半身》，楊克主編《中國新詩年鑒（2000）》，廣州出版社，2001 年 7 月，第 544-547 頁。

58 伊沙：《我所理解的下半身和我》（2000），《中國現代詩論：伊沙談詩》，臺北市：秀威資訊科技，2011 年 12 月。引文中的 XX 為筆者使用以替換原文中男性生殖器的通俗說法。

[59]，但沈浩波、伊沙等卻不僅不打算對詩歌形式進行探索，反而專門針對任何先在的諸如“知識、文化、傳統、詩意、抒情、哲理、思考、承擔、使命、大師、經典、餘味深長、回味無窮……”等等“上半身因素”予以“清除”，即便只剩“下半身”還嫌不夠，必須徹底到只集中於男根與女陰，即他們所謂的“把柄”與“漏洞”或者伊沙那更為粗俗的“XX”。

按照他們自己及其他一些闡釋者的說法，這種一裸到底、集中追求生殖器快感的所謂“性而上”的理論與實踐，其目的在於反抗上半身的權力話語，呈現被遮蔽的赤裸裸的自然人性，更真實、更直接地反映自身的生存狀態，並借此給詩歌藝術提供第一推動力，以便於回到詩歌的本質。不可否認，口語詩確實反映了詩人們的生存狀態，但往往都是一些瑣碎、無聊甚至庸俗、骯髒的生活細節，如梨花體、羊羔體、垃圾派詩作大多如此；下半身寫作凸顯肉體感、在場感的理論主張，雖然對趨於僵化、虛偽的體制化寫作產生了一定的衝擊，但他們的作品卻沒能擔當這種反叛的重任，因為一旦將各種詩歌藝術、詩學傳統貶斥為必須予以清除的上半身因素，他們就將自己置於無所依憑的尷尬境地，唯一的出路只能是直接將意淫、手淫、性交、偷情、嫖妓、調情、勾引、強姦等與下半身、與生殖器、與性行為有關的一切欲望與行為赤裸裸地呈現出來，確實達到了“宣言”所預設的目的：“要讓詩意死得很難看”[60]。

很明顯，這是一種典型的“我是流氓我怕誰？”的無賴詩

---

59 參見錢鍾書《中國固有的文學批評的一個特點》，《寫在人生邊上·人生邊上的邊上·石語》，北京三聯書店，2002年10月，第116-134頁。

60 沈浩波：《下半身寫作及反對上半身》，楊克主編《中國新詩年鑒（2000）》，第545頁。

學。用朱大可更加犀利的說法就是，下半身寫作的“生殖器大遊行並未弘揚出原始的生命力，卻由於張揚過度而把‘非非’、‘莽漢’、‘他們’等詩派開創、並由伊沙等人推進的詩歌道路引入歧途。在其寫作的初始階段，流氓主義的‘龜頭美學’還是針對傳統倫理的激越反叛，而以後卻被誤讀的媒體日益引向肉欲的絮語，轉換為一些令人狐疑的裸身演出。”[61]其實，並非媒體因誤讀而將下半身寫作引向了純粹的、無遮攔的裸體表演的境地，沈浩波們從一開始，從宣言到創作，都是有意識的、自覺的行為。

三、“欲之詩”與“人之詩”：
口語詩“情色書寫”的反思

　　前面列舉出的那些以“下半身寫作”為主的專注於生殖器欲望及快感的肉欲絮語式的四十來首口語詩，嚴格說來，算不得“情色寫作”，因為它們的著眼點只在“色”，其目的就是要從根本上將屬於上半身的“情”──更不用說“志”──驅逐出去，在他們看來，“只有找不著快感的人才去找思想”，“只有找不著身體的人才去抒情”。[62]很顯然，這是一種反進化、反人性、反美學的觀點。我們這樣講似乎正好反諷式的印證了他們所要達到的反文化的目的。其實並不是這樣，他們的目的本來在於反對某種特殊的文化、被僵化與被禁錮的人性，但他們所展示的赤裸裸的人性、所追求的生殖器快感，其結果卻走向了對普適性文化與普遍人性的拒斥與否定，墮落為只有獸性、沒有人性的本

61　朱大可：《流氓的盛宴：當代中國的流氓敘事》，新星出版社，2006 年 11 月，第 286-287 頁。

62　沈浩波：《下半身寫作及反對上半身》，楊克主編《中國新詩年鑒（2000）》，第 545 頁。

能欲望的氾濫與張揚。

　　我們都知道，有關藝術起源的學說名目繁多，其中一種是
"性欲昇華說"，經佛洛德的闡釋，也能對藝術創作的某些現象
作出較為合理的說明。但純粹動物般的性的欲望的滿足所獲得的
生理上的快感，絕不能等同於審美快感，快感變成美感須得經歷
一個轉化和昇華的過程。即便是動物在遊戲、求偶、交配成功之
後的儀式化活動以及通過歡叫、舞蹈等表達出的快感，雖然"不
同于生理欲望直接滿足的愉快，是高級的精神欲望在儀式化活動
中得到表現的愉快"，但是，"將這些稱為情歌、舞蹈、形體美
鑒賞都是站不住腳的。這些本能行為和人類審美活動之間有著天
壤之別，但它和人類的情愛藝術（也僅僅是情愛藝術）之間的淵
源關係卻是顯而易見的。"[63]

　　換句話說，人類的審美愉悅絕不是動物的本能快感。人是動
物，但人是高級的靈長類動物，他既屬於自然又能將自己與自然
區分開來，在認識自然的過程中獲得主體意識，這種主體意識的
獲得就是人類使用、選擇和創造工具的過程："自然界的色彩不
會自發地成為喚醒色彩美感的力量，啟蒙者只能是人類自己的創
造物。作為自己本質力量的感性確證，工具形式一開始就讓主體
激動；作為自己生存競爭中的特殊力量，工具形式一開始就使主
體關注。有了這種深厚的心理積澱，奪目的色彩組合逐漸出現在
自己的產品中時，主體才可能為之興奮，色彩本能才可能被逐漸
喚醒。""而本能一旦被喚醒和得到提升，人們終將會以欣賞工
具色澤的眼睛來欣賞自然界的紅花、綠草、彩虹、藍天。這就是

---

63 劉曉純：《從動物的快感到人的美感》，山東文藝出版社，1986 年 10 月，第
　90 頁。

廣大自然的人化過程。"[64]這也正印證了布羅茨基一貫堅持的看法：詩人是"文明的孩子！"詩歌是"對世界文化的眷戀！"[65]

　　然而，沈浩波們卻有意要違背人類進化的歷史規律，他們不在自然人化的進程中去向上提升人的性愛本能，使動物性的本能快感轉換成美的藝術形式，帶給欣賞者以審美愉悅，相反，他們竭力主張向下沉淪以回到"肉體"本身，"而回到肉體，追求肉體的在場感，意味著讓我們的體驗返回到本質的、原初的、動物性的肉體體驗中去。"[66]這樣一來，勢必與人性的審美體驗越來越遠。畢竟，人性的形成是自然人化的結果，是人與動物相區別的標誌，從這個意義上講，人類歷史就是人性的發生與發展史，也正是在這一過程中，文化得以形成與發展，作為文化組成部分的詩歌及其他各門藝術自然也是如此。憑藉回到動物性的肉體體驗以獲得藝術的審美體驗，只能是南轅北轍，同樣，通過凸顯生殖器快感去返回詩歌之本質，最終也只能是竹籃打水一場空。

　　劉小楓在分析古希臘"十字路口上的赫拉克勒斯"、米蘭·昆德拉的小說《生命中不能承受之輕》以及《笑忘書》中一個男人面臨兩個女人之身體的故事時，梳理了在男人的語言織體中將女人的身體區分為"享樂的輕逸"和"美好的沉重"的演進歷程，並提出這樣一個問題："如果肉身有感覺差異，那是由於靈魂、還是身體本身？"他的回答是："靈魂與肉身在此世相互找尋使生命變得沉重，如果它們不再相互找尋，生命就變輕。……

---

64 同上，第 142 頁。
65 參見約瑟夫·布羅茨基《文明的孩子》，毛信德、朱雋編《諾貝爾文學獎獲獎作家隨筆精品》，百花洲文藝出版社，2011 年 10 月，第 246-260 頁。
66 沈浩波：《下半身寫作及反對上半身》，楊克主編《中國新詩年鑒（2000）》，第 546 頁。

肉身已不再沉重，是身體在現代之後的時代的厄運。"[67]下半身寫作的大部分詩歌中只有肉體，沒有靈魂，只有享樂的輕逸，沒有美好的沉重，這大概就是他們能在"通往牛 X 的路上一路狂奔"（沈浩波《說說我自己》）的緣由吧。

　　于堅、沈浩波等提倡口語詩、下半身寫作的人，口口聲聲地宣稱要回到詩的本質。那麼，究竟什麼是詩的本質？我們都知道，海德格爾在《荷爾德林與詩的本質》、《藝術作品的起源》等文章中對此一問題進行過深入的探討，他有"詩是一種創建，這種創建通過詞語並在詞語中實現"，"詩乃是存在的語詞性創建"，"藝術的本性將是：存在者的真理將自身設入作品"，"藝術的本性是詩，詩的本性卻是真理的建立"等等說法。這些大同小異、各有側重的表達，強調的內容至少有三點，一是詩的本質與語言的本質密不可分，二是藝術的本性就是詩，三是，詩歌等藝術作品中必須有存在的自我顯現或真理的自身設入。

　　口語詩試圖以"大破"達到"大立"的效果，但由於沒有充分理解詩歌與語言、存在、真理之間的內在關聯，僅僅遊走於表面上的離經叛道，與抵達真正的詩歌本質尚有無限遙遠的距離。單就其中的情色書寫而言，也僅僅處於"物之詩"、"欲之詩"的階段，必須經過情與美的洗滌與轉換，才能上升為存在之詩、真理之詩，進而才配稱為"人之詩"。就現有境況來看，它們與古代的閨怨詩、綺語詩、豔科詞甚至民間情歌都無法相提並論，更遑論與本文第一部分中所列舉、分析過的那些真正偉大的情色書寫相比了。

---

67 劉小楓：《沉重的肉身 —— 現代性倫理敍事的緯語》，上海人民出版社，1999年1月，第69-104頁。

第八節　“聖言痞說”與“新詩革命”

一、倉頡造字：語言崇拜與文字圖騰

　　讓我們從“倉頡造字”說起。那是一個歷時兩千多年的傳說，雖然它並不符合文字誕生的客觀事實，但是，不僅普通百姓，就是文人墨客也都信以為真。《韓非子·五蠹》篇就言之鑿鑿地說：“古者倉頡之作書也，自環者謂之私，背私謂之公。公私之相背也，乃倉頡固以知之矣。”[68]許慎《說文解字·敘》也指出：“黃帝之史官倉頡，見鳥獸蹄迒之跡，知分理之可相別異也，初造書契……蓋依類象形，故謂之文，其後形聲相益，即謂之字。”[69]漢代以後，類似的說法更是日漸豐富：說他是黃帝的史官、是史皇、是大巫師，說他在炎帝與黃帝之間、在炎帝之世、在黃帝之世、在伏羲之前，等等，莫衷一是。各地也爭說是他的故里，有關他的碑刻、墓祠遍佈四方。倉頡因而獲得“文字開天之祖”、“翰墨宗師”、“字聖”等極高的稱譽。

　　在眾多文獻中，如下這段見於《臨汾縣誌》的話尤其使人驚心動魄：“上古倉頡，為黃帝左史，生而四目，有睿德。見靈龜負圖書，丹甲青文，遂窮天地之變，仰觀奎星圓曲之勢，俯察龜文、鳥語、山川、指掌而拼文字，文字即成。天為雨粟，鬼為夜哭，龍為潛藏！”[70]這說明，人們相信倉頡生有異相，能夠通於

---

68 陳奇猷：《韓非子集釋》，上海人民出版社，1974年版，第1057-1058頁。
69 許慎：《說文解字》，中華書局，1963年版，第314頁。
70 轉引自《臨汾文史資料第四集》（內部發行），第46頁。

神明，他造出文字，居然使得天驚、鬼哭、龍藏！何以如此？當然是因為這種文字具有無比巨大的能量，從此以後，整個天地之間、陰陽之世將不再有無法揭示的秘密。看來，倉頡造字與著名的"巴別塔"傳說有異曲同工之妙：它們都說明，語言、文字在先民心目中，是具有強大魔力的神聖之物，只能心存敬畏，不許絲毫褻瀆。這種心態就是後世學者所謂的語言崇拜、文字圖騰！

　　中國古代的詩人、文人、學者幾乎都是漢字的忠實崇拜者。這種崇拜體現在他們對文學本質特徵的界定以及對文學創作所持的態度上。就拿詩歌來說，《尚書·堯典》所謂"詩言志，歌永言，聲依永，律和聲，八音克諧，無相奪倫，神人以和。"孔子所謂"詩可以興，可以觀，可以群，可以怨。邇之事父，遠之事君，多識於鳥獸草木之名。"都充分地說明瞭他們視詩歌為莊嚴、神聖之物。而從《毛詩序》"詩者，志之所之也，在心為志，發言為詩。情動於中而形於言，言之不足故嗟歎之，嗟歎之不足故永歌之，永歌之不足，不知手之舞之，足之蹈之也！"的描述中，我們更是深深體會到，詩歌創作近乎沉醉、迷狂的精神境界！詩人的創作，往往是"吟安一個字，拈斷數莖須，險覓天應悶，狂搜海亦枯。"

　　顯然，如果沒有強大的精神動力，詩人很難"只將五字句，用破一生心"。這種精神動力的構成是多方面的，但其中非常重要的一點無疑就是對漢語文字的崇拜與敬畏。有了這份崇拜與敬畏之心，詩人勢必要挑戰前人與自我，要將漢語文字的魔力發揮到極致，以便獲得"片言可以明百意，坐馳可以役萬裏"，甚至"筆落驚風雨，詩成泣鬼神"的高遠境界。

　　或許有人會說，古人在崇拜語言文字的同時也指出了"言不盡意"的現象，而且還展開過"言盡意"與"言不盡意"的漫長爭論。的確如此，但這並不意味著古人就此小看、藐視語言文字，或許正好相反，指出"言不盡意"，更多地只是表達了古人擔心自己對語言文字的領悟性還不夠高、參透力還不夠強，所謂"此中有真意，欲辨已忘言"，所謂"意翻空而易奇，言征實而難巧"也！而且，古人最終超越了這一爭執，努力走上了憑藉語言文字自身的神奇力量，去追求、獲取具有"言外之意"、"韻外之旨"的詩語創新之路。

就語言的精緻與精練程度而言，應該說只有"詩歌"這種"最高語言藝術"才體現了對語言文字最大程度的尊重與崇敬。

二、聖言痞說：漢字祛魅與漢詩蒙羞

對漢字與漢詩神聖性的堅持與守護，一直延續到 20 世紀初的文學革命。文學革命，正是從對作為書面語的"文言"，與作為舊文學之最後堡壘的"古詩"以及作為舊文化之根基的"漢字"等予以徹底"祛魅"開始的。在此，我們已沒有必要重複當年那些大名鼎鼎的學者對漢字與古詩所發表的激烈言論，我們也無需再深究這些言論所引發的思維與意識危機對其後大半個世紀的中國所造成的負面影響。面對漢字和古詩所遭受的反復批判與清洗，我們只能說，這給新詩的創作埋下了積重難返的多重隱患。

就 20 世紀 80 年代後期至本世紀初的近二十年新詩創作而言，最讓人痛心的或許是"聖言痞說"現象：不少"詩人"，喪失了對漢字與漢詩的基本敬畏之心，以無比輕率、蠻橫的態度隨意地鋪排、遊戲、玩弄、強暴漢字，以此宣洩煩瑣的情緒、平庸的感受、低俗的欲望，一味地求新、求奇、求變，視新、舊詩歌傳統如破衣敝屣，棄之惟恐不及，並借新潮、先鋒、現代、後現代之名進行強辯與鼓吹。這不僅是對先鋒、現代與後現代的誤解與玷污，更為嚴重的是，使神聖、莊嚴的漢字與漢詩蒙羞受辱，使物欲橫流、良知暗淡、精神凋零的假詩、偽詩充斥詩壇。

回顧近兩百年來，無數次的外敵入侵、軍閥混戰、階級鬥爭、文化革命等慘烈事件，給我們民族的肉體與精神造成了無與倫比的深重苦難。"國家不幸詩家幸"，如此繁複、深刻的"創傷記憶"，本應催生厚實、偉大的文學作品，然而，留給我們的文學事實卻是"苦難"在向詩歌、小說、戲劇等轉化的過程中，輕易地失去了它應有的血色與重量，變得蒼白而貧乏。時至今日，現代文學尚缺乏由一系列偉大作品構成的新傳統，新詩這一相對說來發育最不健全的文體，更是如此。

為什麼會這樣？原因自然是多方面的，但有一點我們可以肯定，那就是與現代漢語缺乏言說苦難的能力密切相關。自從胡適、陳獨秀等人提出用"白話正統"代替"古文正統"，主張"要把白話建立為一切文學的唯一工具"[71]以來，文言所承載的文學、詩歌傳統被拋棄殆盡，而以現代漢語身份出場的白話，在新的語法規範的制約下，也沒能擔負起延續古代白話文學傳統的重任。對西方文學的借鑒，更多地只能在表現手法與價值取向上形成一定的突破，不能奢望將西方文學的傳統嫁接到現代漢語文學之上。

既然現代文學新傳統，只能靠我們自己去建設、去維護，而且，文學傳統的形成與其賴以生存的語言文字孕育傳統的能力密不可分，這就要求我們首先必須學會尊重現代漢語，逐步培養其孕育文學傳統的能力。對古代文學、詩歌與語言傳統已經遭受的清洗與傷害，我們或許只能永存遺憾。倘若，對現代漢語、現代

---

71 參見胡適《中國新文學大系·建設理論集·導言》，上海良友圖書印刷公司，1935年版，第22頁。

文學以及新詩中尚未成熟的稚嫩傳統，仍然予以漠視與摧殘，其後果將不堪設想。

或許，在那些激進與另類詩人的心目中，以痞子心態面對漢語、漢字與詩歌創作，是為了抖落漢語、漢字身上的文化與意識形態塵埃，改變詩歌的體制性面容，為純粹新的詩歌的出場清掃道路。這種心願本無可厚非，但對於他們簡單、粗暴的創作方式是否能夠實現其心願，我們似乎無須繼續拭目以待。畢竟從胡適的《嘗試集》到 20 世紀三、四十年代新詩創作的第一個高峰時期，也只經歷了二、三十年的時間。新時期以來，新詩在二十多年的喧囂聲中，針砭了自身的某些弊端，破除了不利於發展的諸多障礙，也嘗試了種種新的策略，但由於急功近利、求變心切，"破"的程度比較徹底，"立"的方面尚不理想。新詩的發展又到了一個關鍵時刻，急需一次"否定之否定"的辯證性批判與清理。

據此，我們承接晚清"詩界革命"尤其是"五四"時期以白話詩取代文言詩的革命思想，再次提出"新詩革命"的主張。

三、新詩革命：廓清現狀，厘定方向

或許，在宣稱"告別革命"的年代裏，"革命"一詞難免讓人敬而遠之。的確，20 世紀以來，各種革命的方式與後果至今讓人心有餘悸。在這樣的背景之下，提倡"革命"，無疑需要相當大的勇氣，因為，這很有可能被視為是在捍衛某種意識形態、壓制自由與多元發展的文學態勢。但我們甘冒被誤解與非議的危險，再次祭起革命之旗，向偽詩宣戰，向偽詩人宣戰，革除浮躁的創作心態，革除泡沫詩歌的繁榮假像，革除捧殺與棒殺的批評之風。

　　我們所主張的革命，並非打倒一切、否定一切的唯我獨尊，我們絲毫沒有掀起一場詩歌批鬥會的意圖，相反，我們希望廓清新詩的混亂現狀，匡定新詩的發展方向，確立起新詩的漢語特色。這種意義上的革命，將是冷靜的批判、有序的建構、合理的創新，以此恢復詩歌作為精神產品的價值定位，再次啟動新詩的內在生命活力。自從文學失去轟動效應並日益被邊緣化的今天，我們無力改變新詩的外部生存環境，但我們可以通過改變新詩的內在品質，進而獲得更多讀者的支持、理解與認可，讓新詩走上良性發展的道路。當然，這將是一段持續很長時期的艱難歷程，需要詩人、詩評家、讀者大眾的共同參與。就目前而言，筆者以為，"新詩革命"的主要任務表現為如下幾個方面。

　　第一，恢復對漢字、漢詩的敬畏之心。

　　從 20 世紀 80 年代中期開始，後朦朧詩潮以徹底反叛的姿態向文化、語言、甚至詩歌本身發起了挑戰，"非非主義"的非崇高、非文化、非語言以及"莽漢主義""用漢字拆掉漢字"的主張，是理論方面的典型代表，而從李亞偉將大學"中文系"與"灑在幹土上的小便"相提並論，到伊沙對詩人發出的詛咒與自嘲，再到近期網路詩歌的語詞狂歡，則在創作實踐中流露出對漢字與詩歌的輕慢與鄙棄。周倫佑對"第三代詩人"的自嘲式描繪，更是讓我們看到這種叛逆情緒與行為的普遍性：

　　　　一群斯文的暴徒，在詞語的專政之下
　　　　孤立得太久，終於在這一年揭竿而起
　　　　佔據不利的位置，往溫柔敦厚的詩人臉上
　　　　撒一泡尿，使分行排列的中國
　　　　陷入持久的混亂。這便是第三代詩人
　　　　自吹自擂的一代，把自己宣佈為一次革命

> 自下而上的暴動；在詞語的界限之內
> 砸碎舊世界，捏造出許多稀有的名詞和動詞
> 往自己臉上摸黑或貼金，都沒有人鼓掌
> ……[72]

　　這種對語言文字的肆意妄為，在破除舊的詩歌技巧、拓展新的表現空間、獲取陌生化效果、排除已經定型的語言模式對詩人獨特生命體驗的侵蝕與遮蔽等方面，的確取得過一定成效，但其對語言碎片效應的極端推崇、對透明性元語言的刻意追求、對詩歌意象的過度消解等，卻是對現代漢語詩性特質的巨大摧殘，其結果直接導致詩意的零散性、平面化，很不利於新詩傳統的積澱與傳承。

　　因此，我們主張，真的詩人，應該學會尊重、敬畏漢語與漢字，學會作一名聖言的傾聽者，傾聽現代漢語的詩性之音。他必須明白，要實現由文言古詩傳統到現代漢語新詩傳統的轉換，應該推崇一種"比慢精神"[73]，通過對語言、文字的精心錘煉，將現代漢語所蘊含的詩性潛能充分發揮出來，創造出真正堪稱典範的詩歌作品，恰如裏爾克所說："我們應該一生之久，盡可能那樣久地去等待，採集真意與精華，最後或許能夠寫出十行好詩。因為詩並不像一般人所說的是情感（情感人們早就很夠了），——詩是經驗。……等到它們成為我們身內的血、我們的目光和姿態，無名地和我們自己再也不能分開，那才能以實現，在一個很稀有的時刻有一行詩的第一個字在它們的中心形成，脫穎而

---

72 周倫佑：《第三代詩人》，《周倫佑詩選》，花城出版社，2006 年版，第 31 頁。
73 林毓生曾提出"人文重建所應採取的基本態度：比慢"的觀點，參見《中國傳統的創造性轉化》，北京三聯書店，1988 年 12 月版，第 19-22 頁。

出。"[74]

第二,重申詩歌的思想性與情感性特徵。

自從"詩言志"、"詩緣情"的觀念流行開來,思想與情感就被規定為漢語詩歌的必備素質,只有"應物斯感"、"志足言文"的詩才可能成為好詩。雖然思想與情感會隨著時代而變化,而且思想豐富、情感充沛的詩也不一定就是好詩,但缺乏思想與感情的詩歌,往往只能被判為遊戲、應景之作,至多達到"博聞強識"、"應聲律而舞合節"的"學人之詩"的境界,[75]很難獲得更高的評價。

然而,不少新潮詩人受到西方哲學思潮"語言學轉向"的影響以及俄國形式主義、新批評、結構與解構主義等文學批評流派的衝擊,模仿性地提出"詩到語言為止"、"冷抒情"、"零度寫作"等創作主張,企圖以平面的、處於零度價值狀態的詩歌語言,去對應破碎、平庸的生存境遇,達到消除現代以來詩歌長期與意識形態話語捆綁在一起的"代言"身份的目的,應該說為恢復詩歌的獨立身份與價值起到了撥亂反正的作用。但不幸的是,大多數新潮詩人將這種所謂純粹的詩歌視為最高、最理想的作品,使詩歌喪失了固有的思想性與情感性特質,出現"寫作遠遠大於詩歌"[76]的現象。

"90年代詩歌"為人詬病的主要原因之一,就是歷史感與現實感的缺乏,不管是啟蒙精神、人文關懷、使命意識,還是與主流意識形態相抗衡的反叛的意識形態,都在被解構之列。這在"下

---

74 〔德〕萊內·馬利亞·裏爾克:《馬爾特·勞裏茲·布裏格隨筆(摘譯)》,《馮
　　至全集》(第十一卷),河北教育出版社,1999年版,第331-332頁。
75 清代方貞觀在《輟鍛錄》中提出"才人之詩"、"學人之詩"、"詩人之詩"
　　三重境界。
76 參見臧棣《後朦朧詩:作為一種寫作的詩歌》,《文藝爭鳴》,1996年第1期。

半身寫作"的理論主張中達到了無以復加的極端地步：

> "知識、文化、傳統、詩意、抒情、哲理、思考、承擔、使命、大師、經典、餘味深長、回味無窮……這些屬於上半身的辭彙與藝術無關，這些文人詞典裏的東西與具備當下性的先鋒詩歌無關"，"我們只要下半身，這才是真實的、具體的、可把握的、有意思的、野蠻的、性感的、無遮攔的。而這些，正是當代詩歌藝術所必須具備的基本品質。"[77]

據此，我們重申詩歌的思想性與情感性特徵，我們呼籲詩歌從高渺的雲端回歸堅實的大地，由對語詞的遊戲、自我的撫摸轉向對弱者、貧困、苦難等大眾生存境遇的關注。我們堅信，無使命意識、無承擔精神的冷漠詩作，無思想素質、無精神深度的輕飄詩作，也許在某些小圈子內會獲得一時的喝彩，但絕對不會贏得大眾的青睞，更不可能在詩歌史上百世流芳。

第三，實現從個人性話語到個性化話語的轉換。

由於歷史的契機，"朦朧詩"作為集體意識與集體無意識的個人化體現，獲得了廣泛的閱讀與普遍的共鳴。也是由於歷史的原因，朦朧詩基本上仍然是一種為群眾和代群眾的寫作方式。朦朧詩之後的"第三代詩"則以個人姿態對這種代言式寫作發起了反叛，但這種叛逆畢竟不夠徹底，第三代詩人仍然以"代"的方式出場，就潛意識地表現出對集體寫作的依戀與信仰。而"90年代詩歌"最突出的特徵之一，就是從理論和實踐兩方面促成了"個人寫作"對"集體寫作"的全面取代，尤其是當"個人寫作"成為明確的時尚與目標以後，更是如此。

---

77 沈浩波：《下半身寫作及反對上半身》，http://www.ceqq.net/Mjzy/Mjzy-lc/008.HTM.

　　"個人寫作"的主要闡釋者之一王家新指出："個人寫作並不等於風格寫作或個性寫作"，"它是在特定歷史語境中提出來的"，"這個歷史語境就是多少年來這種或那種意識形態對我們的塑造，更遠地看，還有幾千年以來的文化因襲。"[78]這就是說，"個人寫作"注重的是以"差異"的方式打破由集體寫作所構成的"話語場"。但正是對"差異性"的過分看重，"個人寫作"不經意間滑向了"私人"寫作，使得"90年代詩歌"成為私人話語大肆氾濫的場所，看似創新有加，實則惟新是務，正如鄭敏在《我們的新詩遇到了什麼問題？》一文中所指出的那樣："當追求'變'成了偏執時，就是不變了"，"當伎倆只是伎倆時，它的豐富僅是最大的貧乏。"[79]

　　當個人寫作對詩語可能性的追求已經到了類似"黔驢技窮"的尷尬境地時，我們主張，詩人的創作必須實現由私人性、個人性向"個性化"的轉換。私人性、個人性，只能是個性化的基礎與前提，惟有既具普遍性、公共性又有特殊性、個人性的個性化詩作，才可能超越平庸進入經典的行列，最終成為詩歌史不可或缺的組成部分。就"個性化寫作"的經典性與普適性目標而言，它在本質上甚至是非個人化的。從個人性向個性化的轉換，是整個新詩發展歷程中至今尚未解決好也許永遠也無法獲得完美解決的問題，但對此有清醒的認識，總會帶來一定程度的轉機。

　　第四，建構理性的詩歌批評精神。

　　由於缺乏必要的沉澱，當下文學現象最不容易的也最需要的

78　王家新：《夜鶯在它自己的時代——關於當代詩學》，《詩探索》，1996第8期。

79　鄭敏：《詩歌與哲學是近鄰：結構——解構詩論》，北京大學出版社，1999年版，第280頁。

是“批評”。理想的文學批評應該是文學現象的澄清劑，不良的批評卻只會給文壇添亂，甚至會顛倒黑白，讓作家與讀者無所適從。就新時期以來的詩壇而言，不僅創作界一片喧囂，批評界也是各種話語與方式如潮漲潮落，此起彼伏、熱鬧非凡。但整體而言，新時期以來的詩歌批評是不理想的，其中有意氣用事的不慎，有隔靴搔癢的不足，也有嘩眾取寵的不羈。從批評主體的角度看，主要有自下而上的“詩人批評”與自上而下的“學者批評”之分別。詩人批評以創作經驗為基礎，直觀地呈現出了某些本質特徵與主要癥結，但往往激情有餘、理性不足，不少詩人批評演變成了“捧殺”與“棒殺”、“順我者昌，逆我者亡”的圈子化、碼頭化批評；學者批評以詩學理論為後盾，歷史地、美學地對不少具體詩歌事件進行了有效的闡釋，但不少學者批評以固有的、而且主要是來自西方的批評話語去框套、宰製鮮活的創作現象，輕易地淪落為方枘圓鑿的機械化、體制化批評。

據此，我們主張建構理性的詩歌批評精神。我們反對以一己之好惡私定批評之標準，反對黨同伐異、唯我獨尊，反對以純粹的意識形態功能取締詩歌的文體特徵，也反對以鼓勵創新為藉口無原則地放縱、寬容語言暴力與文字遊戲。理想的詩歌批評應該是歷史眼光與美學維度的結合，既注重詩人的語言情結，也強調詩人的使命意識，既分析詩歌的形式技巧，也考察詩歌的精神素質。詩評家先要耐心地傾聽詩與詩人的聲音，然後理性地言說自己的觀點。

或許，只有經過新詩的二次革命，我們才能廓清當前詩歌寫作中的種種不良現象，創造一個良好的詩學環境，促成詩人以一種崇敬的心態，視詩歌寫作為莊嚴、神聖的事業，在抒發個人性的生命體驗與隱秘情感的同時，擔負起批判社會、啟蒙大眾、關注民生、撫慰心靈、重拾信仰等精神職能，實現新詩“個人性”與“公共性”的完美融合。

第九節　新詩世俗化的汙名與誤區

中國新詩與世俗化扭結在一起，並作為重要詩學論題被提出，是在上世紀八十年代中後期。以韓東、于堅、李亞偉、周倫佑等為代表的第三代詩人充分發揮“莽漢”精神，大膽拆毀詩歌棲身的王謝之堂，將其逐至尋常百姓家，高揚起“反理想、反文化、反崇高”的世俗化旗幟。即便是在“第三代”的集團化、運動式寫作已宣告失效的九十年代，詩壇不斷為“民間”“知識份子”“個人化寫作”刷新的情況下，詩歌的世俗底色仍未有根本移易。

詩歌向世俗的率先轉軌，牽動了其他文體的變革。新寫實小說、都市小說、“小女人”散文等等無一不以濃鬱的世俗氣息而應和著九十年代市民社會的發達。但令人費解的是，在這場由詩歌領銜發起的、持續至今的文學世俗化運動中，詩歌的影響力卻不斷衰弱，它所從事的世俗化實驗也遭到普遍質疑。與此形成鮮明對照的是，小說卻藉世俗之舟揚帆直上，成為九十年代乃至新世紀最強勢的文體。莫言、王安憶的世俗化轉型更是為評論家和讀者津津樂道。綜而觀之，在小說領域，世俗化被普遍賦予啟動民間資源、解構宏大敍事、體現人文情懷的積極意義；而在詩歌領域，世俗化卻更多被理解為，與物質妥協、向欲望投降、與權力苟和，進而被指認為詩歌沒落的根因。持這般論調的，不僅有傍觀見審的評論家，也包括一些喜歡憂心動怒的詩人，就連食指、北島這樣的資深詩人也忍無可忍地同時發聲：“現代詩歌承載了太多，以至於世俗化了”[80]，“由於商業化與體制化合圍的銅牆鐵壁，由於全球化導致地方性差異的消失，由於新媒體所帶來的新洗腦方式，漢語在解放的狂歡中耗盡能量而走向衰竭。”[81]作為小說強心劑的“世俗化”何以成為詩歌的致命毒藥？難道詩歌自當絕別於“世俗化”？

一、“世俗化”的缺席、返歸與懸置

　　“世俗化”的概念源起於西方世界。其在資產階級與宗教勢力的長期鬥爭中被賦予了豐富的現代意味，通常用來指稱人類社會擺脫宗教羈絆，追求民眾政治權力和個人幸福權利的的過程。在文學層面，“世俗化”主要體現在兩方面：一是非宗教化，二是非貴族化。[82]具體來講，就是從神壇走向人世、從清規戒律轉向人間煙火、從神學教義趨向現世人生。據此觀之，中國文學包括詩歌在內，在進入二十世紀後，也應顯露出更加濃鬱的世俗化色調。首先，“中國人淡於宗教，中國人遠於宗教”[83]，在過去的千年歷史中，世俗文化一直暗潮湧動，從《詩經·國風》至《金瓶梅》都不乏世俗化的印記。而及至“五四”，對科學精神的尊崇進一步削弱了宗教的影響力，使其對文學已無太大約束。其次，

80　徐熠：《國內首次食指詩歌研討會暨朗誦會在我校舉辦》，《南京理工大學學報（社科版）》，2009 年第 6 期。

81　北島：《第二屆“中坤國際詩歌獎”受獎辭》，唐曉渡、西川《當代國際詩壇》（第四輯），作家出版社，2010 年第 5-6 頁。

82　王向遠：《東方文學史通論》，高等教育出版社，2013 年版，第 147 頁。

83　中國文化書院學術委員會：《梁漱溟全集》（第 7 卷），山東人民出版社，2005年版，第 645 頁。

以"五四"為起點的中國新文學堅持以"民主"為精神內核，"非貴族化"本就是題中之義；從平民文學到大眾文學再到工農兵文學的演進軌跡，也確實不斷強化著"非貴族"走向。但事實上，在1980年代之前，文學非但沒有與世俗化聯姻，反對它持有強烈敵意。究其主因，當是民族憂患意識的阻隔。晚近以來不斷加劇的國族危機，使文學始終沒有偏離立國、立人的思想中軸。而真正掌握文學話語權力的亦是主張思想啟蒙的上層知識份子或致力於意識形態變革的政治精英。他們以高遠宏闊的民族想像在文壇持續不斷地掀起激進的理想主義風潮，日常生活在此狂風巨浪中變得無足輕重，個體的生命欲求和生命體驗更是微不足道。雖然上世紀四十年代的上海在淪陷境遇下，不得不回避啟蒙與革命，旁逸斜出而在世俗化寫作中取得一定成績，但終究是曇花一現，而且在詩歌領域並無碩果。此後伴隨無產階級革命運動的加速推進，文學在形式上愈來愈大眾化，但距離"世俗化"卻越來越遠。意識形態漸漸填充了宗教真空，威權政治造就了新的貴族權勢。所謂的新民歌運動、"紅旗歌謠"以及"小靳莊詩歌"等不過是轟轟烈烈的民間祭拜、政治神話的文學譜寫。詩歌以人民的名義進一步墊高了政治神壇，與"世俗化"相背而行。

幸運地是，此類神話寫作在"文革"後伴隨意識形態根基的鬆動而走向衰落，朦朧詩更是在藝術領域對其發起全面阻擊。北島以"我不相信天是藍的"（《回答》），決絕反抗神性烏托邦；頗有吳儂軟語味道的舒婷，也用"紫丁香和速寫簿，代替了鐮刀、衝鋒槍和鋼釬"（《群雕》），讓小資情調蕩漾詩篇。向人間下沉，向世俗化靠近，這是朦朧詩最初的藝術姿態。一些嗅覺敏銳的批評家，在當時就將舒婷詩作與鄧麗君情歌聯繫起來，認為都是靡靡之音。以今日觀之，二者在世俗氣息上倒確有相通之處。

不過朦朧詩最終未被文學史貼上"世俗化"的標籤，反倒成為精緻高雅的、與知識份子牢牢綁定的藝術標本。其根本原因就在於，朦朧詩的人間下沉是極不徹底的，它一方面以世俗世界的豐富存在來痛陳意識形態神話的虛妄和專制，但另一方面又認為世俗世界駁雜汙穢，無法讓純美詩意棲身。在與政治和世俗的雙向對抗中，朦朧詩將中國當代詩歌從苟合詩學導向抵抗詩學，"當代中國詩歌從 1970 年代開始，借助於特殊的歷史境遇，它一直將自己編織為一種抵抗的詩歌。"[84]只是當它與政治的緊張關係得到緩和或抗爭失敗時，抵抗重心就轉至世俗一極。顧城常年頂著的白色帽子正是這種態度的象徵性體現。他們苦苦追求"在沒有英雄的年代/我只想做一個人"，但這個"人"所吸吮的是用自由、民主釀制的瑤池玉液，絕然不沾凡夫俗子的柴米油鹽、吃喝拉撒。他們奮力掙脫意識形態幻影，但又堅守著"五四"一脈的啟蒙神話，扮演著天使先知的角色，並為自己提前修造了殉難者雕像。詩歌主人公橫亙在"神"與"人"之間，定格為高大完美卻毫無生機可言的英雄石像，可供瞻仰，卻無法與之交談、生活。朦朧詩人亦如唐吉訶德，面對世俗風車，緊張焦慮，拼死奮戰，但卻無濟于困境紓解。其實，在經歷了八十年代前期的民主啟蒙後，中國社會迫切需要的是對民主承諾的兌現，而非標語口號的迴旋。然而朦朧詩對於世俗的極力抗拒，則在精神領域嚴重阻障了兌現方案的施行，由此成為違約行徑的合謀者。它在八十年代後期的全面潰敗，可以視作違約的代價。

---

84 臧棣：《詩歌政治的風車：或曰"古老的敵意"》，蕭開愚、臧棣、張曙光《中國詩歌評論:細察詩歌的層次與坡度》，海文藝出版社，2012 年版，第 57 頁。

二、"世俗化"：用生命點化世俗

消解赤色天國，構築自由聖殿，朦朧詩以及它的餘緒繼承者厥功至偉。只是這批從"文革"泥淖中頑強成長的詩人，在鬥爭思維的慣性支配下，循進化論的觀點，將聖殿置放在了時間鏈條的未來一端，化為遙不可即的彼岸：一個與昨天乃至今日絕然對立又絕對自由完美的詩意世界；一個沒有陰雲、沒有眼淚的童話王國。他們雄心勃勃地要用彼岸的春暖花開之境改造此岸的世俗人生。可一旦改造受挫，身心憔悴的他們就"殺身成仁"飛渡天國，留給詩壇一段段悲劇篇章。八九十年代之交，蝌蚪、海子、方向、戈麥、顧城等一批以彼岸為生命支點的詩人均以極為慘烈的方式辭別人世，製造了"詩人之死"的公共話題。一時間，"死亡"成為確證詩人之為詩人的最好方式，同時也是讓詩作瞬間大放異彩的最有效的手段。然而更可怕的是，用生命獻祭詩壇的病態行為在評論家的導引下最終演變為新一輪的造神運動，"經過精心的天才策劃，他（海子）在自殺中完成了其最純粹的生命言說和最後的偉大詩篇，或者說，完成了他的死亡歌謠和死亡絕唱。"[85]世俗世界伴隨"海子神話""顧城神話"的演繹而被陷入汙名境地。

在此背景下，第三代詩人的揭竿而起，目的之一就是為"世俗化"正名。無論是爆破大雁塔的歷史根基還是褻瀆黃河、嘲諷中文系，他們的真實意圖就是要取消彼岸存在，讓詩歌降落在世俗的地面。但需注意的是，第三代詩人在攻克朦朧詩堡壘時，所

---

85 朱大可：《聒噪的時代：在話語和信念的現場》，湖南文藝出版社，1998 年版，第 58 頁。

採用的戰術與朦朧詩並無根本差異。只是朦朧詩是以彼岸拷問此岸，而第三代則倒置為世俗向信仰的挑戰。抵抗詩學未因二者的迭代而中斷。第三代詩人以筆為槍，在緊張亢奮的精神狀態下主動出戰，成功上演了痞子群毆英雄的傳奇。可這群決戰詩歌江湖的勝利者，"對運動的熱衷高於對寫作的內部真正的探究"[86]。他們歸落世俗，卻無暇也不屑於勘探世俗的深層結構，世俗生活的庸常情態和角質層常常未經處理就被塞入作品，"現在三個一樣的杯子/兩個在桌子上/一個在你手裏"（阿吾《三個一樣的杯子》。彼岸神壇已被拆除，此岸又一片荒蕪，詩歌流離失所，自由但更孤獨，喧囂卻難解寂寞，創作人口的擴張無法掩飾藝術精神的貧血。理論大於文本、運動高於創作、破毀勝於建設的事實，都使第三代詩歌非但無力充分證明詩歌世俗化的合理可行，反倒因氾濫成災的文字遊戲、荒誕虛無的價值指而遭世人指摘。

　　不過，如就此否定詩歌的世俗化道路，那無異於因噎廢食。因為挫敗"第三代"的不是"世俗化"本身，而是"世俗"與"化"的割裂。具體來講，第三代仍集於世俗表層的物態描寫，還沒意識到要穿透物質岩層，汲取隱藏其下的生命情思，這是詩歌呈現"物化"症狀的病灶。雖然回歸物，已有不言而喻的革命意義；但止於物，又對詩歌造成極大傷害。畢竟有別於小說等敍事性文體，詩歌有極強的內視性特徵。它的主職不是描摹事物、記錄事態，而是生命情思的開掘與呈現。即便是在世俗化的創作實踐中，情思往往與日常生活粘合在一起的，需要借助具體的事象描摹、場景記錄，並運用一些敍事性技法方可準確傳達；但詩歌真實的關注對象，仍是流淌於事物、事件孔洞中的生命泉源。

---

86 孫文波：《我理解的：個人寫作、敍事及其他》，《詩探索》，1999 年第 2 期。

物的截面、事的片斷，須接受生命情思的調度、組接、化合。如果抽離了生命點化這一必要環節，而直接以世俗入詩，那麼"世俗化"就有滑入"物化"的危險。

有了第三代詩歌的前車之鑒，九十年代及至新世紀的詩歌，將更多精力投放在生命與世俗的結合部，充盈自在的生命體驗往往伴隨真切的日常生活細節而自然浮現。而且因生命基質的個體差異，詩人點化世俗的方式、技法、情態上也呈現多元態勢，個人化寫作隨世俗化道路的拓展悄然而至。在此過程中，生命體驗更為細膩、對日常生活也更為關注的女性詩人表現尤為搶眼。尹麗川在 2003 年寫就的《時光》就充分體現了這一點：

> "削得尖尖的花鉛筆／用凸的橡皮，或一把／咬出牙印兒的三角尺／就能讓我坐回／夏日清涼的教室／胳臂粘在課桌上／留下兩枚月牙兒形的汗漬／老師在黑板上寫字／白的的確涼襯衫隱隱透現／兩根細細的胸罩帶子／我扭頭望見窗外／操場上灰塵／被陽光曬得發燙／白楊樹被風吹得嘩嘩響／我拎著一捆大蔥／站在人聲鼎沸的市場／和學校隔了一堵牆／身邊的愛人懷抱芹菜和鮮花／半隻粉色的塑膠涼鞋埋在土裏／我望見空無一人的操場／白楊樹被風吹得嘩嘩響"

借助回憶，詩人將線性"時光"折成一牆之隔的兩個世俗空間：青春校園與凡俗生活。牆內的青春由"鉛筆""三角尺"和"黑板"構成。它們卑微而又耐心地看著"我"一日日褪去青澀，目送"我"在某一天毅然決然地走出校門。在自己全無察覺中，青春就已宣告結束，生命悄然滑入了由"大蔥""芹菜"填充的另一段時光。生命的磨蝕，時光的流逝，很少以驚天動地的事件或氣吞山河的宣言來標明自己的進度。它總是漫不經心地更換一些早已為你熟悉甚至膩煩的物件；直到一天，你會突然發現，那批物件都已永久下架，封存在一個你永遠無法返回的時光收納箱。只有通過回憶，你才能確認曾經擁有它們、擁有一段為它們所見證的生命段落。韶華易逝、物是人非，生命的美麗就在習焉不察的日常生活中綻放、凋零。如能平心靜氣地凝視世俗，而不一味地仰望天空、眺望未來，你就會發現今日"芹菜和鮮花"的搭配同樣多情動人，與當年校園裏的"課桌""操場""白楊樹"一樣富有詩意。因生命流轉其間，日常生活化作了最真實、最永恆、亦最美麗的人生圖景。

這般自然平和的敍述語調，是很難在朦朧詩中發現的，就在第三代詩作中也不多見。如不放棄此岸與彼岸的交鋒，如不與世俗達成真誠諒解，如不用自我生命潤澤日常生活的每一細節、每一物件，孕生此般作品是難以想像的。它不僅珍重生命此在，而且尊重滋養生命此在的一切事物。在生命與世俗的碰撞交融中，詩歌世俗化得到一次成功踐行。雖然它可能會矮化詩歌主體，缺少振衰起敝、力挽狂瀾的英雄壯士；也可能加速詩歌精神的鈣質流失，沒有明確的道德教化和政治宣講。但這並不意味著詩歌倒退、墮落。須知，在民主自由的現代文明構架中，任何合法的觀念學說、理想信仰都應以尊重生命、尊重人性為前提，並於"此岸"建設有著積極意義。而詩歌世俗化所從事的，正是以獨特的藝術方式去探求、彰顯生命之本真、人性之繁複。它將詩歌主體從各類崇高抽象的定義中抽離出來，拋向世俗人間，在感官與物的摩擦碰撞中，呈現出一個個未經定義、有著無限可能的生命體。在此基礎上，它用不同的生命體驗去校驗、擴展、完善現代文明理念和世俗生存秩序，求取人性最大程度地豐富多元與完滿自由。于此仍可取尹麗川的《媽媽》作一例證。

詩作以女兒對"媽媽"追問開始，"媽媽，十三歲時我問/

活著為什麼你。/看你上大學/我上了大學，媽媽/你活著為什麼又？"簡單的對話，包含了對女性生命意義的深層探詢。作為"我"的審視對象，媽媽在成為"媽媽"後，就將她的女性全部轉化為母性。她禁錮了自己的生命欲望，把所有精力和希望都投放、寄託在"我"的身上，"你曾那麼地美麗，直到生下了我/自從我認識你，你不再水性楊花"。東方母愛的獻身精神在媽媽身上已成本能，她毫無怨言地掏空自己的生命根基，為子輩的生命大廈填磚加瓦，不惜淪為"空虛的老太太/一把廢棄的扇。"

表面看來，媽媽提著菜藍，終日為生計奔波，在俗世凡塵中苦苦掙紮，無疑是站立在此岸的；但事實上，成為"媽媽"之後，她就已就移居彼岸，將自己的人生價值建立在由她設定的子輩的未來那裏。為成就這一理想，她將自我生命從世俗生活中強行剝離出來，毫無保留地捐給了子輩並不一定認同的明天。這令"我"恐懼不已。因為若干年後，與媽媽有著"相似的身體"的"我"也會成為"媽媽"。難道"我"也要接力這場取消生命、為彼岸而生的人生苦役嗎?難道這就是生為女人必須經歷的生命軌跡嗎？"這樣做值得嗎"？這樣的質詢，似乎是魯迅所曾援引的阿爾跋志夫的言談的迴響，你將黃金世界預約給子孫，可有什麼給自己呢？如果一代代如此輪回，那黃金世界恐怕正是人間地獄吧？

"我"不願為彼岸的承諾放棄現世的歡愉，也不願為母親的神聖讓渡女性的身軀，"我"要固守世俗。雖然你我仍靠血緣維繫著母女關係，但實際上早已分居兩岸，形同陌路，"媽媽，還有誰比你更陌生"。延續千年的母愛神話在這場看似平靜的漫談絮語中被解構。"我"要卸掉強加在"媽媽"身上的各類政治寓言、道德枷鎖。從此她不再服從任何符號概念的界定，而聽憑生命感召，暢遊世俗人間。她不再是聖徒、也不是囚徒，她獨立自由地駕馭著生命風帆。立足女性生命，"我"在世俗此岸大膽改寫了"媽媽"的定義。

不難看出，詩歌世俗化的實驗者，大都放棄了對宏大理想的追隨，而更珍視當下的、日常生活中的自我生命體驗。不過他們不會由此全然接受世俗的既有形態；恰恰相反，世俗往往是他們批判改造的對象。因為詩歌世俗化須由三步來完成：第一，歸落世俗，重新恢復詞與物的鏈結；第二，在詞與物的對話中復原生命本真；第三，在生命版圖上重新衡定物之價值、調整物的秩序。由物至生命，再至革新世俗，詩歌在世俗化旅途中攜帶了豐富的變革因數。雖然它僅發生在藝術領域，且延展於日常生活層面，但卻能以生命內質的深入開掘而為世俗景觀的變構提供有力支點。在此意義上，詩歌的先鋒姿態將隨"世俗化"的持續推進而長久保持。

三、肉體：與低俗抗爭的世俗樣本

如前所言，將世俗直接導入詩歌的粗野行為，在"第三代"之後遭到詩界的嚴厲批評。九十年代以來的詩歌苦練點化之功，深入鑽探生命與世俗的結合部，創造了一批優秀文本。不過與此相伴，肩負著承載生命、觸摸世俗使命的肉體，在詩壇大量湧現。以沈浩波、尹麗川等為代表的"下半身"寫作更是聲稱要用下半身反對上半身，將肉體重新請入詩歌現場，"回到肉體，追求肉體的在場感，意味著我們的體驗返回到本質的、原初的、動物性的肉體體驗中去。"[87]應該說，在寡欲絕情的中國傳統文化語境

---

87 沈浩波：《下半身寫作及反對上半身》，楊克《2000 中國新詩年鑒》，廣州出版社，2001 年版，第 546 頁。

中，文學，尤其是有著貴族色彩的詩歌會刻意回避兩性。即便在進入五四，"性"已成為人性解放、個性張揚的一面旗幟之後，作家詩人所注重的仍是它對社會政治、精神文化的象徵意味。那種純然的官能層面的刺激迷醉，只曾在邵洵美等可數的幾位詩人那裏隱約閃現。不過肉體的長期缺席似乎並沒有給中國作家、詩人的創作帶來的太多困難。對於生長在彼岸的神話寫作來說，肉體即是"臭皮囊"，基於肉體而生成的生命體驗亦是不潔的，要嚴防這些汙穢之物侵入藝術聖地。在綿長而強大的非性文化傳統面前，"下半身"對肉體的大膽召喚，首先在題材內容上就是驚世駭俗的。但更值得關注的是，肉體必須寄身世俗此岸，對肉體的突出強調，極有可能是以此岸代替彼岸的一種革命方式。它所帶來的生命支點的轉移，或將引發或推動社會秩序、價值觀念的變革。在前邊分析的《媽媽》一詩中，尹麗川就以擁有美妙肉體和蓬勃生命欲望的女性生命形態顛覆了傳統的"媽媽"形象。肉體的革命意義於此可見一斑。不能不說，肉體之於個體生命和世俗生活均有較強的粘合性。借肉體書寫來推進詩歌世俗化，不失一種機智、有效的做法。

但當肉體書寫在新世紀詩壇大面積推廣後，我們卻發現它與"世俗化"的預期大相徑庭：臍下三寸成為詩歌大本營，欲望衝動佔據生命的全部領地，精神道德被嚴重擠壓脫落。此般景況，確實敗壞了許多讀者、評論家的胃口。主張將肉體書寫劃入低俗化寫作的呼聲也一直此起彼伏。從"世俗化"墜入"低俗化"，肉體書寫的傾覆是如何發生的呢？

首先我們必須承認肉體是生命的重要載體，蘊藏其間的欲望亦是蓬勃生命力的體現。不少綻放詩苑的欲望之花,乍看有違道德倫理,但在事實上卻包含了更高層次的生命意識、以及確認主體身份的精神指向。如九十年代前後，女性主義詩人就常常以女性欲望的噴湧來對抗男權施予的物化想像，並努力在女性生理結構基礎上去構造女性獨有的生命意象和話語方式。此般書寫自當屬於世俗化範疇。即或與道德邊界有些摩擦，也應盡可能地寬容待之。因為現代文明一方面要以更為完善嚴密的道德倫理體系去維護公共空間秩序，但另一方面又要努力給予個體生命欲求以更大程度地肯定和滿足。它須以巨大的張力，去覆蓋、去協調這兩極的無限延伸，避免用一極否定另一極。同理，以現代文明為生成背景的詩歌世俗化，也須讓個體生命與世俗人生相互融通、彼此擴展；不能因某些衝突的發生，就為肉體上草率貼上"低俗"的標籤。

　　但這種寬容，須以肉體與生命的有機結合為前提。如果肉體書寫只關乎生理，而無關於生命，不能闡發出更為豐富的情思內涵，不具備超越世俗、革新世俗的能力，那麼，肉體書寫即已墜入低俗深淵。正如丸山真男在批評日本肉體文學時所言："精神不能從感性的自然——所謂自然當然包括人的身體——中分化獨立出來"，"作家的精神緊貼著感性的（自然的）所與物，想像力缺少真正的自由的飛翔。"[88]肉體乃生命的存貯器，詩人可借它探取和窺測生命的隱秘形態；但若以肉體代替生命，那就是買珠還櫝、本末倒置了。可放眼當下詩壇，缺乏飛翔能力的、封閉於官能感受的生理性詩歌仍然比比皆是。南人的《吃冰棍的女人》、伊麗川的《為什麼不再舒服一點》、沈浩波的《一把好乳》等等，無一不以極為粗鄙的語言去摹寫性事，肆意揮灑情欲。它們從肉體開始，到欲望終結，個體生命被固化為一種本能衝動。詩歌不再是生命的飛翔，而是力比多的釋放。在這個時候，我們必須及

---

88 孫歌：《文學的位置》，山東教育出版社，2009年版，第81頁。

時地對它做出"低俗化"的判定。肉體生長在世俗化與低俗化的交叉地帶，當向生命敞開時，它就邁向前者；當封閉於欲望時，它就倒向後者。作為世俗物態的典型，肉體書寫所遵循的基本原則同樣適用於詩歌世俗化整體。此原則不妨化用周倫佑詩句"深入老虎而不被老虎吃掉/進入石頭而不成為石頭/穿過燃燒的荊棘而依然故我"（《石頭構圖的境況》）而作再一次的明確：置身世俗而不為世俗同化，紮根肉體而不為肉體吞噬，穿越瑣屑日常生活而飛翔依舊。

四、結語：世俗化 ── 詩歌發展的一種路向

在宗教神權與政治威權不斷被消解的祛魅時代裏，詩歌本應與其他文體平等享有世俗化的權利，並在精神上、藝術上不斷深化完善它。但須警醒的是，世俗化只是詩歌發展的重要路向之一，而不是全部。那些遊走在世俗化之外的神性追隨者、歷史深掘者、山水守護者，甚至道德捍衛者都有權繼續吟唱，合奏詩壇多聲部。同時，在世俗化道路上，詩歌還須尊重自身的文體特性，不能照搬小說的套路模式、不加辨識地吸納敘事因數。文體差異，所涉及的不單是題材內容或外在形式，還關乎思維方式、審美要求、寫作技藝等方面的區別。詩歌可以像敘事性文體一樣關注事實和現實，但最終一定要返歸內心的真實、抵至更為純粹獨立的精神存在。即便將"形而下"的肉體、情欲納入詩歌的關注對象，也不能陷入"詩到肉體為止"的泥淖，而要用靈魂窺視肉體、用肉體察知靈魂。總之，在健康多元的詩歌生態中，世俗化代表了一種極具生命力的寫作可能。當其合法地位遭壓制、取消時，我們應努力為其正名，讓它浮出地表，名正言順地展開詩學探索和詩

歌實踐；但又不能據此而諱言“世俗化”所存在的缺失和誤區，當然更不能將“世俗化”視作衡定詩歌優劣高低的唯一尺規。在詩歌的民主城邦中，“世俗化”有權獲得合法的公民身份，在日後也有可能成長為重要的建設者或領導者，但絕不允許成為唯我獨尊、試圖一統詩壇的獨裁者。

第十節　重建詩歌精神生態學

　　新世紀的新詩已經進入第二個十年。儘管在多元共生的態勢下，新世紀詩歌不乏自足性的喧鬧與快感，但整體成就仍不理想，讀者的認可度還是不高。原因當然是多方面的，但最根本的應該是詩歌精神的下滑與失落。談到詩歌精神的缺失，我們首先會將矛頭指向詩人，認為是“無標準”、“無姿態”、“無難度”的個人化寫作氾濫所致。但實際上，詩歌精神的高尚與低劣、真誠與虛假，既取決於詩人的創作狀態，還取決於詩歌讀者的思想情操、詩歌語言的精神能量以及社會文化的價值取向。換句話說就是，只有這幾個方面都呈現出積極、和諧的狀態，才能形成良好的詩歌精神生態。有鑒於此，筆者不揣淺陋，打算從這幾個既有區別又相關聯的方面入手，對如何重建新世紀詩歌的精神談談自己的看法。

一、超越性：詩人的創作狀態

　　眾所周知，詩人，真正的詩人，從來都不是一般的人，他們是具有“超越”精神的人。

　　在西方，古希臘時期，如荷馬一樣的詩人是代神立言的人，是"神話"的復述者！近代以來，如但丁、莎士比亞一樣的詩人是人世間的立法者！是人性的頌揚者！而在上帝死亡、諸神遠去的近現代交替之際，如荷爾德林一樣的詩人，則力圖超越黑暗的"貧乏的時代"，去追尋神的蹤跡，以創造具有神性之光的新世界！而在現代以及後現代社會，如艾略特、金斯伯格一樣的詩人，則不惜以揭示世界的"荒原"性質、以歇斯底里的"嚎叫"方式，去警醒世人，為破碎的世界重尋價值與希望！

　　在中國，在上古時期，詩不僅能夠言志、緣情、美教化、正得失，還能夠動天地、感鬼神、達到"神人以和"的境地，詩人也由此具有超凡的能力；在中古時期，詩歌不僅要宗經、明道，合為時而著、合為事而作，以"救濟人病、裨補時闕"，而且還要有思有懷、不平則鳴，甚至要能達到筆補造化、文覷天巧的功效，顯然，這種詩歌的作者，也絕不是一般的人，他們有寄託、有追求，其中有像杜甫那樣的聖者和李白那樣的謫仙；宋代以後，中國詩歌精神更加多樣化，剛建、自然、格調、性靈、神韻、境界，各種風格相互激蕩，詩人對自己也提出了修身養性的更高要求，所謂養心養氣、悲智雙修、內外兼濟等等；近現代的中國詩人，一方面繼承憂世傷時、歌哭民生的傳統，以平民文學、人民本位、大眾化、現實性等標準要求詩歌創作，另一方面也堅持詩歌的抒情性、個人化特徵，兩相呼應、彼此校正，對中國現代詩歌精神的健康發展起到了規範與促進作用。

　　然而，隨著市場經濟對社會生活的巨大衝擊，新世紀中國詩人的主體心性發生了悄然卻迅疾的變化，相當一部分詩人被物質欲望、功利追求、遊戲心態所感染，開始書寫物欲、快感、野蠻、平庸、低俗，詩歌精神狀況自然也就迅速下滑。儘管這一現象引起了不少詩評家、理論家的焦慮與反思，但新詩的整體精神仍未見有明顯的提升。

　　為了改變這種局面，詩人首先應該改造自我。作為詩歌作品的創造者，詩人必須一如過去那些真正偉大的詩人那樣，追求並長久地保持創作狀態的“超越性”。具體地說，就是要清醒地認識到，詩人的創作絕對不能拘囿於區區小我，必須從一己、一時、一地超脫出來，將自己的創作與民族情感、時代精神、世界視野相關聯，使詩歌作品具有儘量豐富的情感體驗與盡可能深刻的思想內涵，從而獲得讀者廣泛的共鳴與認同。

　　為了達到此一目的，詩人必須修煉自己的主體心性。用古人的說法，就是養氣、修心，所謂養浩然、剛大之氣，修圓融、自適之心；用今人的說法就是“要努力把我們自己養成‘美的靈魂’sehoeneseele，最高的藝術便是這‘美的靈魂’的純真的表現。”[89]用西方的說法，就是要具有人文關懷與現實關懷，甚至要有宗教般的終極關懷。

　　按照海德格爾的說法，我們每個人（當然包括詩人）都“在世界中存在”，而且處於“被拋狀態”，作為詩人的言說當然也只能是“在世界中言說”，也處在一種“被拋狀態”，被拋在某個具體的時空與歷史境遇之中，但不同的人、不同的詩人，其“選擇卻可以不同，比如是認同還是不認同？是屈從還是反叛？是沉淪還是超越？於是至少有兩大類完全不同的作者。”[90]回顧中外詩歌的發展歷史，我們會發現，真正偉大的詩人，無疑是那些“超越的能在者”，他們既具有包容精神，更具有批判意識，他們將

---

89 郭沫若：《印象與表現》，《郭沫若集》，中國社會科學出版社，2005 年版，第 365 頁。

90 餘虹：《文學知識學》，北京大學出版社，2009 年版，第 62 頁。

自己的感喟、呼籲與理想熔鑄在作品之中，並由此激發廣大讀者
對生命的熱愛、對理想的追求，實現詩歌興發感動的功能。只有
那些能夠最大程度地感動廣大讀者的詩作，才有成為優秀詩歌的
可能。

二、高尚性：讀者的思想情操

　　經過讀者反應理論和接受美學的洗禮之後，我們都明白，離
開讀者，或者說沒有受到閱讀的作品只能算是一種藝術存在，閱
讀之後的作品才變成一種現實存在，其"意義"才得以實現，也
就是說，讀者和作者一道，共同創造了作品的意義。因此，我們
也可以說，讀者參與了詩歌精神的構建。

　　於是，不僅詩人、作品、讀者三者的關係變得複雜起來，詩
人與讀者的關係也需予以新的闡釋。一方面，詩人會塑造他的讀
者，其途徑當然是通過詩歌作品；但另一方面，讀者也會塑造詩
人，也就是說，有什麼樣的讀者就會產生什麼樣的詩人。讀者塑
造詩人的途徑，當然也只能是通過對詩歌作品的閱讀。

　　本雅明曾談到讀者特定的眼光會賦予作品某種"光環"，
"比方說，一尊維納斯的古代雕像就曾置身於不同傳統的環境之
中，希臘人把它變成了一個崇拜物件，而後，中世紀的牧師們把
它視為一個邪惡的偶像。然而，這兩個維納斯同樣都具有它的獨
特性，就是說，有其自己的光環。"[91]這等於是告訴我們，讀者
的精神狀態決定著他的閱讀意向與效果。也即是說，讀者有什麼
樣的期待視野，就會在作品中發掘出與其相吻合的精神世界（當

91　〔德〕瓦·本雅明：《機械複製時代的藝術作品》，張旭東譯，《電影理論文選》，
　　中國電影出版社，1990年版，第64頁。

然，作品也必須具有相應的召喚結構）。對此，魯迅早在 1927
年就有通俗而形象的說明，他指出：“《紅樓夢》是中國許多人
所知道，至少，是知道這名目的書。誰是作者和續者姑且勿論，
單是命意，就因讀者的眼光而有種種：經學家看見《易》，道學
家看見淫，才子看見纏綿，革命家看見排滿，流言家看見宮闈秘
事……。”[92]對《紅樓夢》的閱讀如此，對詩歌作品的閱讀當然
也是如此。這種不同的閱讀效果，不僅賦予作品不同的價值與意
義，也會影響到對詩人身份的界定與地位的評價。

　　但這還只是讀者塑造詩人的一種表現。作為創作主體的詩
人，大多數情況下，也會根據讀者的精神狀態、期待視野或者說
閱讀趣味，去調整自己的創作傾向，這是讀者塑造詩人的另一種
表現。只有極少數詩人，會堅持自己特立獨行的創作姿態，其中
的幸運者會在以後的歲月中遇到真正的知音，從而確立或改變自
己在文學史上的價值與地位。不過，這又恰好證明暸前述那種讀
者對作者的塑造作用。

　　由此說來，為了提升詩歌的精神狀況，讀者也必須鍛造自己
的精神世界、改良自己的閱讀趣味。其內容、方式與詩人修煉自
己的主體心性沒有多少區別，即逐步確立起一種健康、積極的閱
讀癖好，或者說通過審美經驗和生活經驗的選擇與提煉，建構起
一種良好的“理解的前結構”，從而規範自己的閱讀取向。只有
當具有高尚的思想情操和閱讀趣味的讀者群體出現之後，詩人才
有可能受到其審美需求的牽引，創造出真正優秀甚至偉大的詩歌
作品，這種作品也才會及時地受到讀者的肯定與讚賞，詩歌精神
狀況的良性迴圈也才可能得以實現。

---

92 魯迅：《〈絳洞花主〉小引》，《魯迅全集》第 8 卷，人民文學出版社 1981 年
　　版，第 145 頁。

三、厚重性：語言的精神意蘊

詩歌精神的凋敝、滑落，不僅表現在情感的庸俗、格調的低下，還表現在內容的蒼白、意蘊的貧乏。如果說庸俗的情感、低下的格調主要是作者、讀者的問題，那麼，蒼白的內容、貧乏的意蘊，相當程度上是作為詩歌載體的語言的問題。當然，創作主體沒有充分的情感體驗、思想儲備以及藝術修養，也會造成詩歌精神的貧瘠，但就新詩而言，我們不能忽視詩歌精神的貧困與現代漢語之間的關係。

我們需要從兩個維度來闡釋這一問題。

第一，與作為古代詩歌載體的古代漢語相比，現代漢語在辭彙的豐富性、精神文化的厚重性上都有較大的差距。辭彙量的大小，應該是語言表現力強弱的直接反映；中國古代的詩、詞、曲，之所以具有旺盛的生命力，獲得不同時空、不同層次的讀者的青睞，其重要原因就在於它們既能夠將不同場景、不同類型的情感、思想細膩地抒寫出來，又能夠將超越具體時間、空間、個體的永恆情感與思想表現出來；在這一過程中，詩人們憑藉艱辛的勞動與豐富的想像，創造出大量的具有極強表現力的詩歌辭彙，在充分發掘、利用漢字、漢語詩性特質的同時，又進一步強化這一特質，並將其擴展、滲透至整個漢語文化之中。

中華民族具有悠久的歷史與博大精深的文化，而歷史的延續與文化的傳承主要是通過書面形式的漢語，即古代漢語來完成的，在這一過程中，古代漢語本身也積澱了豐富的文化內涵。不過，新文化運動以來，隨著現代漢語取代古代漢語成為新的書面語言，古代文化中的大量內涵也就失去了傳承的管道，只得沉睡在浩瀚的古典文獻裏，無法進入現代的知識系譜，更難融入現實生活。以現代漢語為創作媒介的新詩，與古代詩歌相比，其情感內涵與精神意蘊自然也就顯得蒼白與貧乏。

　　賦予現代漢語以厚重的精神與文化內涵，不是朝夕之間的事情，需要作家、學者長時間的探索和努力。因此，從現在起，我們的詩人應該自覺肩負起這一重任，以好的作品去逐步充實、提升現代漢語的精神素質，為偉大詩歌的誕生，在語言上夯實基礎、做好鋪墊。

　　第二，我們都清楚，一種語言的言說能力，是與其文化的結構樣式密切相關的，當然，反過來說，一種文化的結構形態，也是由其語言的言說空間決定的。西方文化的形態由“天地神人”四個維度構成93，相比之下，中國文化卻表現為“天地人”三維結構，自從孔子“不語怪力亂神”、莊子所謂“六合之外，聖人存而不論”開始，就拒斥了“神性”維度。“不語”、“不論”的鮮明立場，自然就限制了漢語的言說空間，漢文化中也就缺少了“神話”的因素，即使有道教、佛教的存在，但在實用理性的消解之下，其神性特徵也打了很大的折扣。缺乏“神”的啟示，人的苦難難以獲得慰藉，人的選擇難免喪失方向；缺少“神”的警示，人的欲望容易膨脹，人的惡行不易遏止。久而久之，我們的語言就無力通達空靈的彼岸世界，無法實現更具擔當與拯救精神的終極關懷。

　　新文化運動以來，隨著中外文化交流的日益頻繁，現代漢語、現代中國文化中的西方因素變得越來越豐富，有學者、也有詩人力圖將西方文化中的神性維度移植到中國文化之中。學者的

---

93 海德格爾所謂的“世界”就是由天空、大地、神聖者、短暫者四元一體構成的。

代表是劉小楓，詩人的代表可以說是海子。拿海子來說，"為了呼喚逃走的大神"，他"被迫西行，走向希伯來、希臘、波斯、印度、西藏……走向'神聖經典的原野'，進入'偉大的詩歌的宇宙性背景'，去'採納我的光明言詞'。但海子絕望地發現'我無法換掉我的血。我使用白色的言辭，難改黃色的腔調'。"[94]

或許是太過急切，也或許是語詞層面的模擬與移植太過膚淺，但劉小楓、海子等人畢竟發現了漢語和漢文化缺乏神性維度的事實。劉小楓不惜以對漢語文化精神的過度闡釋去警醒當代中國學人，海子也不惜"從我的刀口走過／去建築祖國的語言"，以此創造漢語詩歌的"太陽神話"，並最終走上"殉詩之路"。正如餘虹所說："事實上，因了海子的失敗，漢語神性的問題再難回避，而重新打造漢語將是中國詩人前赴後繼的偉業。"[95]對此，新世紀的詩人責無旁貸。

四、詩意性：文化的價值取向

眾所周知，我們每個人都是特定社會與文化的產物，每個作者、讀者的文學能力、文學趣味自然也是特定社會、文化的產物。從這一意義上，我們可以說，某一時代的詩歌精神狀況，是該時代社會文化的價值風向標；換一種說法就是，社會文化的價值取向對詩歌的精神狀態具有決定性的形塑作用。兩者之間的關係，可以借用《毛詩序》的說法來描述，即"治世之音安以樂，其政和；亂世之音怨以怒，其政乖；亡國之音哀以思，其民困。"

94 餘虹：《文學知識學》，北京大學出版社，2009 年版，第 66 頁。這似乎正應驗了維特根斯坦所說的那句話："語言的邊界就是世界的邊界"。
95 餘虹：《文學知識學》，北京大學出版社，2009 年版，第 66 頁。

　　如果一個時代，其文化讚賞、鼓勵並努力實現詩意的生活方式，該時代的詩歌自然會受到重視，其詩歌精神肯定會朝著積極、健康的方向發展，靡靡之音、哀怨之聲等，即使出現，其流行的範圍與程度也會受到限制。比如在唐代，宮體詩承南朝梁陳及隋朝宮廷豔情詩之餘緒，在唐初也曾以"沒筋骨、沒心肝"的方式流行了很長一段時期，但唐代的文化畢竟比南朝、隋朝剛健、宏博，加之科舉制度"以詩取士"的推動，所以，經過王楊盧駱以及張若虛等人的努力，終於以"厚積的力量"和"夐絕的宇宙意識"，"向前替宮體詩贖清了百年的罪，因此，向後也就和另一個頂峰陳子昂分工合作，清除了盛唐的路……"[96]

　　我們都知道，詩最本質的屬性是情感，而直覺、想像則是詩人必備的素質。但隨著工業文明對農業文明的取代，理性開始支配感性、科技逐步浸蝕直覺與想像，詩的元素日漸消損，而後工業社會的消費文化，更是將歌德、馬克思等人所揭示的"敵視詩"的特徵表現得淋漓盡致。真正優秀的詩人只能是那些在傳統已經破碎之後，仍然在它的碎片上漂流並吟唱的"發達資本主義時代的抒情詩人"。

　　新詩誕生以來近一個世紀的中國社會，也經歷了一個工業化、現代化的歷程。近百年來，我們經歷了兩次大規模的徹底的文化革命運動，即"五四"新文化運動與文化大革命運動，雖然兩者在性質與表現形式上有很大的區別，但對中國傳統文化都持激進的批判甚至否定立場。而在近三十年來，市場經濟逐步發展，消費文化甚囂塵上，不僅出現了類似馬克思所批判的"不學無術"、"敵視詩"的文化特徵，而且隨著大眾傳媒的迅速發展，

---

96 聞一多：《宮體詩的自贖》，《聞一多全集》第六卷，1993年年版，第28頁。

讀者的閱讀趣味、審美需求也迅速被市場機制所掌控，表現出強烈的功利性、時尚性、平面化、速食化等市民文化的特徵。

這樣的文化氛圍，難以醞釀出真正興發感動、給人以善良、智慧、美感的詩歌作品。這給當前的詩人提出了嚴峻的挑戰，一方面不能寄希望於回歸到農業文明的時代，去追尋素樸的詩情畫意，一方面也不能脫離現實，去創造純粹形式主義的詩歌，再一方面，詩人也不能憑藉一己之力短時間內改變現存文化的價值取向。在如此情形之下，新世紀的詩人，可以選擇的道路，或許只有以眾人皆醉我獨醒的姿態，竭力擺脫市場經濟、消費文化的價值羈絆，以類似波德賴爾面對資本主義文化時的"震驚"體驗，去做一個時代的"拾荒者"，"他發出一些誓言，宣讀崇高的法律/要把壞人們打到，要把受害者救出/在那像華蓋一樣高懸的蒼穹之下/他陶醉于自己美德的輝煌偉大。" [97]

五、和諧性：詩歌的精神生態

經由前文的分析，我們已經明白，新世紀的漢語詩歌，要構建良好的精神生態，必須考量如下幾個方面。

第一，不僅詩人要修身養性，提升自己的精神境界，讀者也要改進閱讀趣味和培養審美能力，尤其是詩人和讀者要相互關注、彼此互動，共同促進詩歌精神狀態的良性發展。

第二，詩歌作品是將詩人與讀者聯繫起來的仲介，而詩歌作品的物質媒介又是語言，因此，詩歌精神的好壞又與語言的精神蘊含量與精神厚重度密切相關；語言精神品質的獲得，很大程度

---

97 參見瓦爾特・本雅明《發達資本主義時代的抒情詩人》，張旭東等譯，北京三聯書店，1989 年版，第 36-37 頁。

上又取決於詩歌作品的數量與品質，於是，作品與語言之間又形成了既相互制約又彼此促進的關係；詩人需要良好的駕馭語言的能力，但語言自身也有遠比個體詩人更長久的言說傳統，表面上是詩人在駕馭語言，本質上卻是語言在控制詩人；這就要求詩人必須端正創造態度，捨棄遊戲心態，通過對每一個詞語的鍛造、每一行詩句的提煉，傳達自己的情感體驗和思想認識，賦予詩歌興發感動的精神力量。

第三，不管是詩人、讀者、評論家，還是作品、語言，都處於特定時代與文化的籠罩之中，因此，它們之間也存在著複雜的影響與互動關係。一方面，在很大程度上，特定的文化氛圍，對詩歌作品以及處於作品兩極的詩人、讀者，乃至於語言，都具有決定性的形塑作用，但另一方面，詩人、詩作、讀者、語言等因素，也會影響到特定文化氛圍的形成與改變。在這樣的互動中，對於文化價值的取向，詩歌精神狀態既是受動的也是能動的，我們雖不宜誇大詩歌的教化作用，但也不能輕易抹殺詩歌興觀群怨的功能。

第四，詩歌精神的問題絕不單單是內容層面的問題，情感與思想以什麼樣的面貌呈現出來，是與形式層面的詩體問題，與技術層面的傳播方式問題同樣緊密相關的。這幾者之間當然也存在著相互制約與促進的複雜關係，由於不是本文主旨所在，在此不予討論。

總之，詩歌，既代表一個時代的情感高度，也標誌著一個時代的精神高度！不重視詩的時代，是一個無情的時代，當然也是一個精神滑落的時代！但詩歌的精神狀態，是由多種因素合力構成的，片面強調某一方面都不能達到重建詩歌精神的目的。正是考慮到新世紀漢語詩歌精神的重建是一項複雜的系統工程，我們在此提出"詩歌精神生態學"，其目的就是希望詩人、讀者、理論家共同努力，以綜合治理、多管齊下的方式，促成眾多因素共同發展、各種關係和諧相處，創造出詩歌精神的新時代。

第四章　比較篇

第一節　郭沫若與惠特曼詩歌
"公共性"之比較

　　"公共性"一詞是一個西方哲學範疇，阿倫特和哈貝馬斯都
有過論述。阿倫特說："在公共領域中展現的任何東西都可以為
人所見、所聞，具有最廣泛的公共性。對我們來說，展現── 即
可為我們，亦可為他人所見之所聞之物──構成了存在。與來自
所見所聞的存在相比，即便是私人生活中最偉大的力量──心靈
的激情，頭腦的思維，感覺的愉悅──也產生了一種不確定的、
模糊的存在，除非並且直到他們被改變、被剝奪以及非個性化為
一種可以說是合乎公共展現的形態為止。"[1]哈貝馬斯認為，公共
領域"首先意指我們的社會生活的一個領域，在這個領域中，像
公共意見這樣的事情能形成。"[2]而與公共領域、"公共性"相對
的為"私人領域"、"私人性"。"公共性"與"私人性"可謂

1　〔美〕漢娜·阿倫特：《人的條件》，竺乾威譯，上海人民出版社，1999 年版，
　　第 38 頁。
2　〔德〕尤根·哈貝馬斯：《公共領域》，汪暉、陳燕谷編《文化與公共性》，北
　　京三聯書店,1998 年版，第 125 頁。

相反相成，具有不可分割的關聯性。

美國文化和意識形態的形成、確立以及發展，伴隨著美國民族身份的建立、認同和民族意識的產生。而被稱為"民族詩人"的惠特曼，其身上集中體現了美國當時的民族心理狀態和文化特徵，成為觀察和瞭解這一過程的一個視窗，這種心理和特徵後來被稱為"19世紀的美國精神"——一種張揚的個性。惠特曼以第一人稱"我"熱情謳歌美國精神，在詩歌中完成自我身份構建，同時通過自己的詩歌擔任起美國民族歌手的角色。郭沫若作為中國現代文學史上的一面旗幟，以其卓越的開創性和審美創造能力寫下了不少瑰麗的華章，其詩歌創作深受惠特曼的影響，郭沫若說："我那時候不知從幾時起又和美國的惠特曼的《草葉集》，德國的華格納的歌劇已十分接近了，兩人都有點泛神論的思想，而尤其是惠特曼的那種把一切的舊套擺脫乾淨了的詩風和五四時代的暴飆突進的精神十分合拍，我是徹底地為他那雄渾的豪放的宏朗的調子所動盪了。"[3]郭沫若詩歌創作和惠特曼有很強的相似性。郭沫若詩歌也經歷了由強烈的私人性向公共性，民族性的轉變。

一、郭沫若與惠特曼詩歌中的個人性

惠特曼詩歌中強烈的個人性是惠特曼自我身份危機的一種反應。心理學認為：面對危機，一些人選擇將美好事物的外部特徵引入自我，自我因為這個外來特徵的注入而變得美好起來，以

---

3 郭沫若：《我的作詩的經過》（1936），中國社會科學院科研局組織編選《郭沫若集》，中國社會科學出版社，2005年版，第454頁。

此來稀釋對自我的不滿。[4]

在惠特曼代表作《草葉集》出版以“我讚美我自己，歌唱我自己”打頭，在《草葉集》各個詩篇中“我”（I）以多種不確定的形象出現，惠特曼把“我”鮮活的、赤裸裸的、毫不避諱的呈現出來。《我自己之歌》是《草葉集》的中心詩篇，是整部詩集的脊椎部分，“我”（I）的意象最為集中和突出。詹·埃·密勒認為，這首詩是“指引一切個人去發現他們的神聖自我的標誌”，它“描寫自我的覺醒和第一次意識到有血有肉地活著、看著、聽著和感覺著的真正意義。”[5]

惠特曼自稱“既是靈魂的詩人也是肉體的詩人”，《我歌唱帶電的肉體》就是後一方面的集中體現，但他同時闡述了肉體不能與靈魂分離、是靈魂寄託所在的道理。[6]他認為肉體充滿生命的活力，但不乏靈魂的高貴。惠特曼從肉體與靈魂之關係的角度展開對自我的探討，以此來求索“自我”存在的本質。

由於受惠特曼影響，郭沫若的詩歌也有很強的個人性。當十月革命的炮聲把舊中國從昏睡中震醒、“五四”革命運動的浪潮洗刷祖國河山的時候，旅居日本的青年詩人郭沫若強烈地感受著“五四”時代激越跳動的脈搏。

《女神》的誕生反映了郭沫若熱烈追求個性解放，衝破重重藩籬的要求。他開創性性地塑造了一個生氣蓬勃、狂飆突進的時代，一個充滿這反抗和破壞、革新和創造的時代。在《女神》中，《天狗》一詩在鮮明地表達沖決一切藩籬的個性解放思想和狂飆

---

4 參見戚濤、劉蘭蘭：《民族與自我:惠特曼的雙重身份建構》，《學術界》，2012年第5期。
5 參見李野光《惠特曼研究》，上海外語教育出版社，2002年版，第124頁。
6 同上，第241頁。

突進的時代精神，全詩不僅各行統統以“我”開頭，而且 29 行一共出現 38 個“我”，給人一種異常強烈的衝擊與震撼：

我是一條天狗呀！
我把月來吞了，
我把日來吞了，
我把一切的星球來吞了，
我把全宇宙來吞了。
我便是我了！

我是月底光，
我是日底光，
我是一切星球底光，
我是 X 光線底光，
我是全宇宙底 Energy 能量底總量！

我飛奔，
我狂叫，
我燃燒。
我如烈火一樣地燃燒！
我如大海一樣地狂叫！
我如電氣一樣地飛跑！
我飛跑，
我飛跑，
我飛跑，
我剝我的皮，
我食我的肉，

> 我嚼我的血，
> 我齧我的心肝，
> 我在神經上飛跑，
> 我在我脊髓上飛跑，
> 我在我的腦筋上飛跑。
>
> 我便是我呀！
> 我的我要爆了！

　　讀這首詩，我們會強烈地感受到詩人的躁動不安，但與此同時，又覺得詩人具有強大無比的自信，那種摧毀一切的"狂勁"，簡直就是擁有"全宇宙 Energy 的總量"；由於一時找尋不到宣洩的管道，憋得難受，這才要飛奔，要狂叫，要燃燒；如此還不能釋放自己的情感，只得匪夷所思地在自己的腦筋、神經或脊椎上飛跑。那種自我擴張的渴求，如同火山就要噴發爆炸了。詩人宣佈"自我"的存在，從"自我"中發現無窮無盡的光和能量，唱出對光的讚歌，對宇宙的美的讚歌，對自我力量的讚歌。郭沫若這種具有鮮明的自我主體性的個人主義精神與情感，自覺或不自覺地呼應了那個時代的思想主題。

二、郭沫若與惠特曼詩歌的公共性

　　詩歌的私人性和公共性本來是一對矛盾，是相互依存，相互轉化的。如果詩歌的表現內容和內涵僅僅停留在"私人性"（個人性）的層面，那麼毫無異義的詩歌是失敗的。但惠特曼和郭沫若的詩歌中所表現出來的私人性都實現了向公共性的轉化，兩位詩人把私人性和公共性實現了完美的融合。

　　惠特曼由於個人經歷的坎坷使其對自己的個人身份產生了深深的焦慮和認同危機。這種危機與他當時所生活的環境產生了一種奇妙的融合。美國的西進運動的擴展，工業化的加速，南北戰爭的結束，廢奴運動的興起，這都為美國的發展展現了無限可能性。伴隨著國家的興盛，美國人尋求擺脫歐洲文化的影響，建構自己的民族文化。以愛默生為代表的超驗主義所提倡的發現自我、崇尚個性給惠特曼很大啟發。加上個人經歷，讓他找到了建構個人身份、實現自我價值的方法 —— 那就是通過建構一個偉大的美利堅民族，並將自己建構成這個偉大的民族中最值得驕傲的一份子。

　　惠特曼在詩中以及樂觀、積極的國家意識抒發了強烈的愛國情感，，這種意識與情感促使他歌頌美國，歌唱美國人民。他的歌唱充盈著朝氣蓬勃的美國氣概、美國氣度和美國氣派。他在《大斧之歌》裏寫到："斧頭跳起來了！/壯實的樹林說出了流動的語言/它們跌撞著，它們站起，它們成形，……各州的議會大廈，各州的國民會議大廈，/馬路兩旁長列的莊嚴建築，孤兒院或貧民醫院，/曼哈頓的在海上到處航行的快艇和汽船//形狀出現了！/總是使用斧頭造出的形狀，使用者的形體和一切與他們接近者的形狀/……//形狀出現了！/工廠、兵工廠、鑄工廠、市場的形狀，/鐵路的兩根鐵軌的形狀，/橋樑的枕木、巨大的框架、大樑、拱門的形狀，/……"[7]這首詩歌反映出 19 世紀中葉美國蓬勃向上的建設事業，特別是向西部開發的勢頭。"斧頭"這個意象不僅代表的是拓荒者，還代表當時的一種創業精神。"斧頭"在這裏還有一項重要的使命，它要創造出一個"主要的形狀" —— 理想與民主的

---

7 〔美〕惠特曼：《草葉集》，李野光譯，北京燕山出版社，2003 年版，第 259-260 頁。

國家。勞動創造一切,勞動創造歷史,惠特曼又補充勞動創造民主的命題,這是他的創造性發揮,也說明他這位以表現自己國家和時代為使命的詩人,胸懷之寬廣,信念之堅決。

"人民性" 也是惠特曼詩歌著力表現的部分。他的詩歌中的 "我" 不僅僅是個人的我,也是美國人民大眾的代表。《我自己之歌》開頭這樣寫道:"我讚美我自己,歌唱我自己,/我所承擔的一切你也得承擔起來,/因為屬於我的每一個原子都同樣屬於你。"[8]這裏的 "我" 是平凡而普通的各個階層的人:鐵匠、趕馬車的黑人、牧人、紡織女郎、和印刷工人……惠特曼曾驕傲地說:"我多麼幸運地很早就被拋到了平凡者的世界上。勞動的男人和勞動的女人始終寸步不讓地堅守在我的每一頁書裏。我要用古希臘封建時代的詩人們所賦予他們的神一般的貴族出身的人物那種英雄氣概和崇高境界,來賦予美國普通的民主個人。"[9]惠特曼詩歌中的 "我" 由一個個體變為美國的芸芸眾生。

《桴鼓集》作為《草葉集》的重要部分,其全部內容和精神實質表明,在整個內戰期間,詩人的心同他的國家、民族緊緊連在一起的。其中《敲呀!敲呀!戰鼓》、《黎明時的旗幟之歌》是《桴鼓集》的重要詩篇。《敲呀!敲呀!戰鼓》鮮明地表達了惠特曼的國家意識和愛國主義情感,詩歌表達了軍民團結與奴隸制度進行殊死搏鬥的英雄氣概。全詩共三節,這裏抄錄最後一節:

> 敲呀!敲呀!戰鼓! —— 吹呀!吹呀!軍號!
> 不要談判 —— 不要停下來勸告,
> 不要去理睬那些膽小鬼 —— 不要去聽那些哭泣和祈禱,
> 不要去管那個懇求青年人的老人,

8 同上,第46頁。
9 轉引自李野光:《惠特曼研究》,上海外語教育出版社,2002年版,第74頁。

別讓人們聽見孩子的聲音，或者母親的籲請，

甚至那些讓死人躺著在等待靈柩的支架也要將死者搖醒，

啊，駭人的戰鼓，你們就這樣擂動，—— 軍號，你們就這
樣長鳴！[10]

詩人反奴隸制立場清晰地表明瞭他堅定、鮮明的民主思想。
他早在內戰前就發表過《奴隸以及奴隸買賣》，抨擊這一吃人的
奴隸制度。他在著名長詩《我自己之歌》中敍述了他收留一個逃
亡奴隸，讓他住宿、為他療傷，並與他同桌吃飯，充滿同情和友
好：

一個逃亡的奴隸來到我的屋前，站在外面，

我聽見他折斷木柴堆上細枝的聲響，

從半開的廚房門裏我看見他是那麼軟弱無力，

便走到他坐著的原木邊，把他領進來，叫他別慌，

然後打來水倒進一隻盆裏，叫他洗洗汗濕的身子和受傷的
腳，

分給他一個從我臥室進去的房間，給他些乾淨的粗布衣裳，

我還清清楚楚記得他那溜溜轉的眼睛和他的尷尬神情，

還記得用藥膏塗抹在他頸部和腳踝上的創傷，

他和我在一起待了一個星期才複元，然後繼續北上，

我曾經讓他坐在我旁邊吃飯，屋角裏斜立著我的火槍。[11]

消滅奴隸制後，惠特曼為林肯寫下了不少光輝的詩篇，最為
膾炙人口的就是《啊，船長，我的船長》，在詩中，惠特曼甚至
把林肯比"我的父親"，表達了自己對林肯的熱愛與敬仰，當然
也可謂是對民主與自由的熱愛與敬仰。

---

10 〔美〕惠特曼：《草葉集》，李野光譯，北京燕山出版社，2003 年版，第 389 頁。
11 〔美〕惠特曼：《草葉集》，李野光譯，北京燕山出版社，2003 年版，第 56 頁。

　　郭沫若詩情的爆發期正值我國處於 "五四" 反帝反封建鬥爭及新文化運動的高潮時期。《女神》所反映的時代是一個充滿希望的生機勃勃的時代，一個充滿反抗和破壞、革新和創造的時代。[12]《女神》中那種敢於和舊世界徹底決裂的勇氣，敢於追求美好生活和理想的勇氣，對新生活無比樂觀和自信的精神等等，都鮮明地反映出 "五四" 革命運動所傳達出的時代最強音。

　　他的《鳳凰涅槃》真切的表達了當時人民追求民主自由的心聲，是 "五四" 革命現實和詩人理想兩相結合的時代產兒。詩人以擬人手法寫鳳凰自焚前在天空中發出哀鳴，譴責和詛咒這個黑暗罪惡的社會：

　　　　宇宙呀，宇宙，

　　　　我要努力的把你詛咒：

　　　　你膿血污穢著的屠場呀！

　　　　你悲哀充塞著的囚牢呀！

　　　　你群鬼叫號著的墳墓呀！

　　　　你群魔跳梁著的地獄呀！

　　　　你到底為什麼存在？[13]

　　詩人把半封建半殖民地的中國比作 "屠場"、"囚牢"、"墳墓" 和 "地獄"，在這樣一個既沒有民主也沒有自由的國度裏，鳳凰以自焚的方式結束自己的生命。"鳳凰" 是中國的象徵，詩人自我的象徵，自然萬物的象徵。因此，如同更生後的鳳凰一樣，新生後的一切也是超越時空的永恆的存在：

　　　　我們更生了

　　　　一切的一，更生了。

---

12 黃曼君：《郭沫若作品欣賞·序》，廣西教育出版社，1986 年版，第 4 頁。
13 同上，第 4 頁。

一的一切，更生了。

我們便是他，他們便是我。

我中也有你，你中也有我。

在鳳和凰的歌唱中，表露出的是詩人對民族屈辱歷史的滿腔義憤和對黑暗現實的嚴厲譴責：“流不盡的眼淚，洗不盡的汙濁，燒不盡的情炎，當不去的羞辱”。詩人個人“苦悶”的積鬱交融著民族的悲憤和人民的苦難，使他看不到“新鮮”和“甘美”，“光華”和“歡愛”，於是他讓鳳和凰痛不欲生，集體自焚。不過，詩人沒有讓它們僅僅停留在苦悶、失望、悲憤之中，它們在走投無路的處境中所產生的對黑暗勢力的痛恨，只是促成它們對舊世界的採取決絕態度和在火中自焚的動機，強烈地激發起它們同舊中國連同舊我一道徹底毀滅的無比的英雄氣概。[14]

在“五四”時期，沒有任何一個詩人能夠像郭沫若的愛國詩那樣，強烈地為革命激情所照亮，並鮮明地體現出火熱的時代風格。他的《爐中煤》，是眷念祖國的情緒的噴發，是對於祖國的戀歌。“五四”以後的中國，在詩人的心中就象一位聰俊的有進取氣象的姑娘，她簡直就和詩人的愛人一樣。詩人將自己比作一塊爐中的煤，將祖國比作“年青的女郎”和“心愛的人”，貯滿詩人心頭的是思鄉愛國的濃濃詩情，搏跳在他的詩歌中的，是追求個性解放、是為祖國獻身的一顆赤子之心。在《地球，我的母親!》中，郭沫若把地球比作人類的母親。詩人高度讚揚偉大與無私的大自然以及善良而淳樸的勞動人民。他把辛勤耕耘的農民比作全人類的保姆，把燒炭工人比作給全人類帶來光明的普羅美修士：地球，我的母親/我羨慕你的孝子，田地裏的農人/他們是全

---

14 參見黃曼君《郭沫若作品欣賞·序》，廣西教育出版社，1986 年版，第 17 頁。

人類的保姆/你是時常地愛撫他們。"地球——母親"的形象實際上是"五四"時代愛和美的象徵,是不斷變革、蓬勃進取的時代精神的象徵。在這個有生命有情感、充滿著常動不息的創造力的大自然形象中,熔鑄著一個革命民主主義者反帝反封建的強烈情感和追求個性解放的豪邁精神。[15]充分表現出一個積極的浪漫主義詩人在時代精神感召下強烈的愛國熱情。

三、郭沫若與惠特曼詩歌個人性與公共性的差異

通過對兩位詩人的比較我們看出,雖然兩人詩歌表現出的個人性和公共性有相似之處。由於兩人生活的社會環境和個人氣質的不同,兩人詩歌的個人性和公共性也呈現出不同特點。

惠特曼和郭沫若都受到"泛神論"的影響,他們的詩歌都表現出強烈的"自我"和"個性"精神。但是,惠特曼的"自我"主要是靈肉結合的自我以及對自我身份危機的描述;郭沫若的"自我"則更多的是要求自我肉體和精神的解放。

在如何對待普通勞動人民以及民主、自由等"公共性"內容方面,惠特曼詩歌和郭沫若詩歌也表現出明顯的差異。惠特曼熱愛勤勞樸實的美國人民,他歌唱每一個男人和女人,認為他們都有一個神聖的"自己"。在 1855 年《草葉集》初版序言中,惠特曼充滿激情寫道:"別的國家通過它們的代表來顯示自己……但是合眾國的天才表現得最好最突出的不在行政和立法方面,也不在大使或作家,高等學校或教堂、客廳,乃至它的報紙或發明家……而是常常最突出地表現在普通人民中間。他們的禮貌、言

---

15 同上,第73頁。

談、衣著、友誼 — 他們容貌的清新和開朗 — 他們那多姿多彩而散漫不羈的風度……他們對自由的毫不鬆懈的執著 — 他們對任何不雅或軟弱卑鄙的東西的反感……"[16]惠特曼詩歌對美國勞動人民一律平等視之，忽略了階級的差別，比如，在《大斧之歌》中，他歌頌工人、農夫、漁民、水手，在這種"博愛"的胸懷之下，他雖然看到了勞動人民為偉大的美利堅所付出的辛勤勞動，但卻沒有看到資產階級繁榮背後普通人民所遭受的壓迫和剝削，因而缺少了一份對人性的階級分析。與惠特曼不同的是，郭沫若完全把自己融入到人民之中，唱出"勞動 — 神聖"的讚歌。郭沫若的《女神》就是一組"人"的讚歌，詩人把對"人"的頌歌投射到對自我、對勞動人民的詠歎上。他讚頌"炭坑裏的工人"和"田地裏的農人"，把煤礦工人稱為"全人類的普羅米修士"，把農人稱為"全人類的褓姆"，表現出對他們的敬慕。這種對勞動人民的崇敬和傾慕，既是他努力追求新生、改造自我的動力，也是"五四"時期"勞工神聖"思想的反映。

惠特曼和郭沫若詩歌中都有強烈的民主思想，但是惠特曼的民主表現的是擺脫歐洲封建主義的影響以及要求全美人民的平等；惠特曼認為，不論是移民，宗教少數派，不同種族的人民，還是改革派或革命派，都應得到平等。而且，他最為卓越的地方是要求奴隸也應享有平等，尤其是在對待奴隸制方面，他相信，黑人軀體裏面奔流著的血液，是同樣古老的血液，同樣鮮紅的血液！郭沫若詩歌在"五四"運動影響之下，更多的是表現了對反帝反封建的訴求。《女神》中郭沫若塑造了一個"大我"的抒情主人公形象，這個"大我"期待著民族的覺醒和祖國的新生，反

---

16 〔美〕沃爾特·惠特曼：《草葉集》，李野光譯，北京燕山出版社，2003 年版，第 865-866 頁。

抗一切舊的束縛和外來的壓迫。在《創造者》中，詩人塑造了一個"目成日月，頭成泰岱，毛髮成草木，脂膏成江海的"的"大我"形象，這個形象熱烈呼喊新民主的誕生，這種呼喚同樣存在於《鳳凰涅槃》中，詩人用鳳凰集體銜香木自焚以獲得新生來預示中華民族的未來，詛咒舊世界的滅亡。

惠特曼和郭沫若雖然時空遠隔，他們的詩在諸多方面都有共同之處，都在各自國家的文學史上佔有非常重要的地位，享有十分崇高的聲譽。時至今日，兩位偉大詩人的詩作中所表現出的對自由的呼喚，對民主的追求，對祖國和人民的愛，仍然讓我們為之感歎，為之動容，為之鼓舞。

第二節　郭小川與馬雅可夫斯基詩歌 "公共性"之比較

早在 1961 年，哈貝馬斯就在《公共領域的結構轉型》中就對"公共性"、"文學的公共領域"等問題做了探討，根據他的觀點，文學公共領域就是文學公眾廣泛自主地就社會重大問題進行理性討論的獨立的對話空間，同時這種對話空間又充滿著多元性和差異性。[17]同樣文學的公共性必然是社會性和個人性的統一。因而在這裏我們可以把新詩的"公共性"理解為：詩人用自己獨特的話語方式表達具有社會性的時代主題。

郭小川和馬雅可夫斯基分別是中國和前蘇聯歷史上非常重

---

17 參見〔德〕尤根·哈貝馬斯《公共領域的結構轉型》，曹衛東等譯，學林出版社，1999 年版。

要的政治抒情詩人，他們的創作生涯中有著相似的時代背景，兩人都面臨著新的社會主義政權的建立，他們的詩歌與社會、人民和時代主題緊密相連，但他們的詩歌又有著自己獨特的話語方式，他們用自己的語言寫出了時代與人民的聲音，毫無疑問，他們的詩歌具有很強的公共性。

一、詩歌內容"公共性"的比較

（一）"時代特色"與"個人特色"

郭小川第一首比較有影響力的詩歌是 1955 年 10 月發表在《人民文學》上的《致青年公民》，在這首詩作中，作者懷著滿腔熱情呼喚青年一代要回應時代號召積極投入到社會主義建設中。這之後他又寫了《投入火熱的鬥爭》、《向困難進軍》、《把家鄉建設成天堂》、《人民萬歲》、《讓生活更美好吧》、《閃耀吧，青春的火光》等政治抒情詩，這些詩歌都飽含對革命事業和革命理想的政治熱情，其中所傳達的時代使命感和歷史責任感是非常難能可貴的。

一九六四年郭小川在答復一位作者時寫到："那麼，怎麼使作品具有特色呢？特色有兩個：一是時代特色；二是個人特色。時代特色是第一位的。沒有時代特色，恐怕談不上值得追求的個人特色。我們還是更多地考慮一下時代特色吧！個人特色最根本的東西，還是在於對於時代和生活開拓的深廣，並有獨特的建樹。"[18]郭小川的詩歌實踐正充分體現了這一點，他總是站在時代的高度審視著現實生活，從他的詩歌中我們可以看到時代前進

---

18 郭小川：《談詩》，上海文藝出版社，1978 年版，第 125 頁。

的腳步。

例如，在《閃耀吧，青春的火光》中，詩人以熾熱的感情讚美了青春的魅力：“青春/不只是秀美的髮辮/和花色的衣裙，/在青春的世界裏/沙粒也要變成真珠/石頭要化做黃金；/青春的所有者/也不能總在高山麓、溪水旁/談情話、看流雲，/青春的魅力/應當叫枯枝長出鮮果/沙漠佈滿森林；/大膽的想望/不倦的思索/一往直前的行進，/這才是青春的美/青春的快樂/青春的本分！”[19]這青春不僅是我們的，也是祖國的，號召青年人應該珍惜青春，好好把握青春為社會主義事業做出貢獻，使我們青春的祖國更加壯麗，正如詩中所寫：“青春/屬於你/屬於我/屬於我們每一個人，/讓我們/同我們的祖國一起/度過這壯麗的青春。”[20]郭小川的詩歌永遠是那麼充滿激情、鬥志昂揚的，又如在《向困難進軍》中詩人鼓勵青年人“不是我們/被困難所征服，/而是那些似乎很嚇人的困難/一個個/在我們的面前跪倒。”[21]從這些詩歌中我們能夠感受到郭小川迎難而上的氣魄，他可以當之無愧的被稱為無產階級的“戰士”。

他的這些詩歌與他所處的那個時代背景是緊密相連的，在那個“政治標準”第一，“藝術標準”第二的時代，一首詩的優劣在很大程度上取決於它的“社會政治效用”。馮牧在《〈郭小川詩選〉一九八五年版序言》中就曾提到：“現在看來，他曾經為之狂歌高唱的某些生活現象，在當時確實沒有為他所深刻理解和準確把握。”[22]確實也有很多人質疑，認為郭小川的政治抒情詩

---

19 郭小川：《郭小川詩選》，人民文學出版社，1985 年版，第 80-81 頁。
20 同上，第 80 頁。
21 同上，第 60 頁。
22 同上，第 4 頁。

成了政治標語的翻版。不可否認，這的確道出了郭小川這一時期的政治抒情詩的不足，在他詩歌創作的高峰期，他也感覺到了自己"情不自禁地以一個宣傳鼓動員的姿態，寫下了一行行政治性的句子，簡直就像抗日戰爭時期在鄉村的土牆書寫政治標語一樣。"[23]

　　1956 年以後，郭小川開始了個性化的藝術探索，寫下了許多很有爭議但卻充滿個性化魅力的詩篇，例如《白雪的讚歌》《深深的山谷》《一個和八個》，這些作品在充滿時代特色的同時又具有鮮明的個人特徵，我們可以從中體味出集體與個人、大我與小我的矛盾。例如在《深深的山谷》中，詩人抒寫了一對青年男女因革命而相遇、相知、相戀，但革命又在男女主人公之間築起了一道高牆，他們最終漸行漸遠，女主人公在融入了火熱的革命生活之後漸漸"少了女性的柔情"，男主人公因個人追求和現實狀況的矛盾陷入了痛苦的掙紮中，最終跳入了深深的山谷，結束了自己的生命。在那樣一個政治話語占主流地位的時代，在那樣一個"個人"只能服從"集體"，"小我"必須屈從"大我"的的時代，在那樣一個戀愛已成為文學禁區的時代，我們卻能從郭小川的詩歌中讀出革命與戀愛的複雜關係，雖然個人對愛情的追求最終被革命所扼殺，個體屬性最終落入了毫無差別的群體屬性，但他能看到革命和戀愛的矛盾和斷裂，並將其表現出來，這是非常需要勇氣的，也正是這些"個人特色"鮮明的作品引來了一片對郭小川批判的聲音。但時間最終證明瞭，曾經的那些"政治標語似的口號"都淹沒在了歷史長河中，而正是這些充滿爭議的詩篇，超越那個迎合政治權利話語的年代，至今仍顯得熠熠生

---

23 郭小川：《談詩》，第 101 頁。

輝。

馬雅可夫斯基作為前蘇聯社會主義時期詩歌的集大成者，他的詩歌同樣也是非常具有時代特色的，特別是在十月革命爆發後，他的創作進入了一個新的階段，從這個時期他的詩歌中我可以看到馬雅可夫斯基對十月革命的愛、對新生的蘇維埃國家的愛，對虛偽的資產階級民主的恨、對醜惡的資產階級生活方式的恨。例如《蘇聯護照》中詩人寫到："我真想像狼一般地/吃掉/官僚主義。/證明文件/我瞧不起。/任何公文紙片子/都給我滾，/滾他媽的去。/但是，這本……/我由寬大的褲袋中/掏出它，/好象掏出一件/珍品。/看吧，/羨慕吧，/我是/蘇聯的/公民。"[24]詩歌所抒發的情感愛憎鮮明，詩中對官僚主義的恨，對社會主義蘇聯的愛，為自己是蘇聯人而引以自豪的主題特別突出。再比如《你吃吃鳳梨，你嚼嚼松雞》中："你吃吃鳳梨，/你嚼嚼松雞，/你的末日到了，/資產階級。/"[25]這幾句詩簡短有力，寫出了資產階級的醜惡，宣告了資產階級的滅亡。馬雅可夫斯基認為藝術是政治鬥爭的工具，例如他在《人民演員先生》中寫到："歌/和詩 ——/是炸彈和旗幟，/歌手的聲音/能夠使階級振奮，/今天，/誰不跟我們/一起歌唱，/誰就是 —— /反對我們。/誰要是敢於/阻撓進攻的階級，/工人就會/一腳把他/從我們的路上踢翻。"[26]從中可以看出馬雅可夫斯基是非常認同藝術的主題應當服從時代的主題 —— 革命，詩歌的政治性永遠是詩歌最重要的屬性。

社會、時代需要他寫什麼，他就寫什麼，他的創作內容可以

---

24 馬雅可夫斯基：《馬雅可夫斯基選集》，人民文學出版社，1984 年版，第 65-651 頁。
25 同上，第 46 頁。
26 同上，第 510-511 頁。

說是包羅萬象的，他這種時代特色鮮明的政治抒情詩對中國的影響也是非常巨大的。特別是在新中國成立以後，國內掀起了翻譯和討論馬雅可夫斯基作品的高潮，此時政治抒情詩的空前繁榮也與馬雅可夫斯基有著千絲萬縷的關係，例如新中國成立之初詩壇最主要的兩位政治抒情詩人賀敬之和郭小川就借鑒了他的"樓梯體"，並模仿了他那種壯麗的詩歌風格。

　　郭小川和馬雅可夫斯基都是把詩歌的政治性放在第一位的，因而他們的詩歌時代特色都非常鮮明，同時他們的詩歌中又會經常出現"我"這個詞，比如，馬雅可夫斯基就曾在自傳性的紀事《我自己》中說過十月革命是"我的革命"，在他的長詩《列寧》中也有"黨 ── 唯一黨/永遠不會摒棄我。/今天我是個平凡的人，/明天/我要把地圖上的王國擦光。"[27]在他的詩中獨特的"我"雖然也是"我們"中的一員，但"我"作為一個具有獨立意義的生命個體也是不容忽視的。馬雅可夫斯基對於社會重大事件或問題，以及一般的生活現象不做鏡象般的描述，而是表現為個人的反映。再比如郭小川的《望星空》中，寫了詩人在一個夜晚，抬頭仰望星空，面對博大的星空，詩人感到了人生的短暫，但當詩人的視線轉移到繁華壯麗的天安門廣場時，又歌頌了"人定勝天"的時代主題。但細讀這首作品，我們仍能明顯的感受到作者個人的真實感受和理想信念之間的複雜關係。詩中有這樣一段："呵，/望星空，/我不免感到惆悵。/說什麼：/身寬氣盛，/年富力強！/怎比得：/你那根深蒂固，/源遠流長！說什麼：/情豪志大，/心高膽壯！/怎比得：/你那闊大胸襟，/無限容量！"[28]詩人寫了"我"在面對浩瀚壯麗的星空時感到自我的渺小，"我"

---

27 同上，第 457 頁。
28 郭小川：《郭小川詩選》，第 133-134 頁。

內心充滿惆悵，很顯然這裏的我是有其獨特生命體驗的，帶著這樣一種生命體驗的“我”是很難融入到那個大環境下的“我們”中去的。也正是因為這樣一些獨特的“我”的存在也為詩人引來了很多爭議和批判，以至後來郭小川在《關於〈致青年公民〉的幾點說明》中不得不解釋說：“我所用的‘我’，只不過是一個代名詞，類如小說中的第一人稱，實在不是真的我，詩中所表述的，關於‘我’的經歷、‘我’的思想和情緒，也決不完全是我自己的。”[29]但這樣的一種解釋也無法掩蓋他部分詩歌中所流露出的獨特的個人化情感，也正是這樣一些不同於那個時代的個人化的抒情方式為他的作品增添了一抹鮮明的“個人特色”。

（二）諷刺詩

　　郭小川和馬雅可夫斯基的詩雖然都是對社會現實的種種反映，但相比之下馬雅可夫斯基詩歌的內容更為廣泛，他不僅表達了對祖國的愛，也表達了對敵人的恨，包括對官僚主義、市儈主義、庸俗生活的諷刺。比如他的《敗類》就是“獻給所有市儈”的，詩歌鮮明地諷刺了市儈主義和庸俗生活，正如結尾處寫到的那樣：“馬克思主義從牆上看著、看著……/突然/張開嘴，/大聲喝道：/‘庸俗生活的亂絲糾纏著革命。/庸俗生活比弗蘭格爾還要危險。’/為了共產主義/不要被金絲雀戰勝——/趕快/把金絲雀的腦袋扭斷！”，[30]在長詩《關於這個》中，馬雅可夫斯基也對市儈主義和阻礙社會主義順利前行的庸俗生活進行了徹底的揭露和批判。再例如馬雅可夫斯基非常有名的諷刺詩《開會迷》中，寫了“我”對伊萬·萬內奇同志的尋找卻因開會三番五次不得而

---

29 郭小川：《談詩》，第80頁。
30 馬雅可夫斯基：《馬雅可夫斯基選集》，第111頁。

見，最後"我"憤怒地闖入會場看見了"圍桌而坐的都是半截身子的人"，驚恐萬分的"我"卻聽見了秘書平靜異常的話音"他們同時要出席兩個會。/一天/要趕去參加/二十個會。/不得已，才把身子斬斷！/齊腰以上留在這裏，/下半截/在那裏。"[31]詩人通過這種離奇的想像有力地諷刺了新生的社會主義政權中存在的官僚主義作風。這首詩發表後也得到了列寧的關注和讚賞，列寧說"他在這首詩裏尖刻地嘲笑了會議，譏笑了老是在開會和不斷開會的共產黨員。詩寫得怎樣我不知道，可是在政治方面我敢擔保這是完全正確的。"[32]馬雅可夫斯基 1928 年在莫斯科《鱷魚》雜誌上先後發表的《拍馬家》、《造謠家》也是這類有力的諷刺詩，詩中生動形象地諷刺了溜鬚拍馬的人和搬弄是非的人。這類諷刺詩就社會中一些壞現象、壞風氣進行了生動的描寫和嘲諷，讓人們認識到了這些人的醜惡嘴臉，這也是馬雅可夫斯基詩歌"公共性"的一個強有力的表現。而在郭小川的詩中卻很難看到這樣的諷刺詩，這當然也是那樣一個政治思想高度集中統一的時代所造成的遺憾。

二、詩歌形式"公共性"的比較

所謂詩歌形式的"公共性"可以理解為：使詩歌在具有獨創性的同時又能為普通大眾所樂於接受的形式，只有這樣一種形式才能使其所承載的內容更好地被社會大眾所理解，並得以傳播。馬雅可夫斯基詩歌的表現形式是豐富多樣的，他早期受到未來主義和形式主義的影響，詩歌形式和傳統詩歌是截然不同的，因而

---

31 同上，第 119-120 頁。
32 同上，第 117 頁。

他的詩歌中常常會運用一些難登大雅之堂的口語、俗語,將精英文化的詩歌大眾化。例如,在《給你們》中,馬雅可夫斯基寫到:"知道嗎,你們庸俗而又平凡,/只會盤算怎麼更好地填滿你們的嘴,/也許,正在這個時候,一發炮彈/奪去了彼得洛夫中尉的兩條腿……"[33]整首詩都用通俗的、口語化的語言寫出了資產階級驕奢淫逸的、庸俗可恥的生活,這樣一種寫作方式也給已經對傳統高雅詩歌審美疲勞的讀者一種新的審美視角和審美感受。通俗化、口語化的詩歌語言使普通民眾也能體味詩歌的趣味,詩歌所承載的思想也才能引起社會大眾的共鳴,才能為社會大眾所接受,這無疑也能增強他的詩歌公共性內涵與價值。

　　從 20 世紀 20 年代初,馬雅可夫斯基開始大量創作"樓梯體"詩歌,這種形式的詩歌,節奏感強,讀來朗朗上口、氣勢磅礴,按句子語法自然斷開呈樓梯式錯落有致地分佈,不僅給讀者提供了一種新的審美形式,使他們耳目一新的同時也便於閱讀和理解。例如在 1924 年馬雅可夫斯基寫下的《不准干涉中國》就是有這樣的特徵,當時中國正處在第一次國內戰爭時期,這首詩以滿腔激情號召中國人民將革命進行到底,在詩的最後作者寫到:

　　"中國人,我們和你們在一起!

　　"不准

　　干涉中國!"

　　工人,

　　衝擊

　　那強盜的黑夜,

　　象火箭一樣

---

33 同上,第 11 頁。

投出燃燒著的口號：

"不准

干涉中國！"[34]

　　這是一首典型的"樓梯體"詩歌，詩人用簡短有力的詩句表達了蘇聯人民支持中國人民為了幸福獨立而戰，憤怒的呵叱了帝國主義對中國內政的幹預，讀來氣勢飛騰奔放、振奮人心。

　　馬雅可夫斯基除了創作"樓梯體"詩歌外，還創作廣告詩、櫥窗詩。廣告詩又叫經濟鼓動詩，專為一些商品打廣告，鼓動人們消費拉動經濟，比如《百貨公司》——"不必細想，/也/不必深思——/要買什麼東西嗎，/婦女同志？/那麼，/請你趕快去/百貨公司。"[35]櫥窗詩是指蘇聯國內戰爭時期，國家通訊社羅斯塔印行的宣傳畫，並配上馬雅可夫斯基所做的政治鼓動詩，詩畫並茂，通俗易懂，因張貼於通訊社的櫥窗和街道商店裏而得名櫥窗詩。馬雅可夫斯基在《我自己》中也寫到"日日夜夜地在羅斯塔工作""我又寫又畫。作了大約三千幅招貼畫，寫了六千首短詩。"[36]例如《關於一個自己打算得挺周到的逃兵、關於這個自私自利者本人和他的家庭遭遇到怎樣命運的故事》就是一首典型的櫥窗詩，詩中附有馬雅可夫斯基自作的插圖，生動形象地表現了一個膽小鬼在戰爭面前臨陣退縮並導致戰爭失敗，最終自己也落得個悲慘命運的結局，詩人通過這個故事想告誡所有的人不要做這樣自私自利的膽小鬼，而"必須忠於自己的紅色誓言"。這樣一種通俗易懂，為大眾所喜聞樂見的詩歌形式在那個特殊時期發揮了極其重要的戰鬥性作用。

---

34 同上，第 225-226 頁。
35 馬雅可夫斯基：《馬雅可夫斯基選集》，人民文學出版社，1984 年版，第 154 頁。
36 同上，第 31 頁。

　　郭小川在步入詩壇之初就借鑒了馬雅可夫斯基的 "樓梯體"，他自己也曾說到選擇這種形式的原因，"我之所以採取這種所謂 '樓梯式' 的排列方法，私心倒不是想搬運馬雅可夫斯基的現成格式，恐怕主要是因為我不善於使用中國語言。為了表現稍許充沛一些的感情，我寫的句子總是老長老長的（短句子總覺得不夠勁），而如果把二十個字排成一行，那讀者（尤其是朗誦者）一定會感到難念。所以，我大體上按照念這些句子時自然而然的間歇，按照音韻的變化作了這樣一種排列，多少也想暗示讀者：哪里頓一下，哪里加強一些，哪里用一種什麼調子。"[37]當然郭小川在借鑒外國經驗的同時也保留了部分中國傳統詩歌的音韻和語言習慣，例如在《向困難進軍 —— 再致青年公民》中有這樣一段：

　　　"你們再不要

　　　赤手空拳

　　　去奪敵人手中的三八槍了，

　　　而是怎樣

　　　去建造

　　　保衛祖國的遠射程的海防炮；

　　　你們再不要

　　　趁著黑夜

　　　去挖隱蔽身體的地洞了，

　　　而是怎樣

　　　尋根追底地

　　　到深山去探寶；

---

37 郭小川：《談詩》，第 79 頁。

你們再不要

越過地堡群

偷襲敵人控制的城市了，

而是怎樣

把從工廠中伸出的煙囪

築得直上雲霄；

你們再不要

打著小旗

到地主庭院去減租減息了，

而是怎樣

把農業生產合作社

辦得又多又好。⋯⋯"[38]

這四個排比句格式整齊，句尾押韻，韻律和諧，有中國傳統詩歌的風格特徵，長句自然斷開，呈階梯式排列，情感隨詩行變換而跌宕起伏，讀來抑揚頓挫，情感充沛。

郭小川還進行過"民歌體"的詩歌創作，在 1958 年時，郭小川就在《詩歌向何處去？》中說過："詩人和群眾的結合，是詩歌發展的必不可少的條件。詩人脫離了群眾，無視群眾的詩歌創作，自會陷於枯萎的地步。"[39]例如《林區三唱》組詩之一的《祝酒歌》就借鑒了中國民間的詩歌樣式，詩中寫到"財主醉了，/因為心黑；/衙役醉了，/因為受賄；/咱們就是醉了，/也只是因為生活的酒太濃太美！山中的老虎呀，/美在背；/樹上的百靈呀，/美在嘴；/咱們林區的工人啊，/美在內。"[40]詩中較多的汲取了生

---

38 郭小川：《郭小川詩選》，第 61 頁。
39 郭小川：《談詩》，第 85 頁。
40 郭小川：《郭小川詩選》，第 223 頁。

動活潑的群眾語言，以短句為主，質樸清新，節奏明快，抒情性
強，且句式整齊，隔行押韻，一韻到底。詩中還運用了中國民歌
中 "賦、比、興" 等藝術手法，使詩歌非常具有民族風味。這種民
歌體詩歌本就源於民間，無疑是非常能被普通大眾所接受理解的。

　　"新辭賦體" 是郭小川所獨創的詩歌形式，因而又被稱為
"郭小川體"。新辭賦體汲取了中國傳統古典詩歌辭賦的營養，
並結合了現代漢語的特點，詩句較長，句式整齊押韻，詩中多用
鋪陳、排比、對偶、重疊等表現手法。新辭賦體的代表作之一《團
泊窪的秋天》，例如詩中寫到 "戰士自有戰士的性格：不怕污蔑，
不怕恫嚇；/一切無情的打擊，只會使人腰杆挺直，青春煥發。/
戰士自有戰士的抱負：永遠改造，從零出發；/一切可恥的衰退，
只能使人視若仇敵，踏成泥沙。/戰士自有戰士的膽識：不信流言，
不受欺詐；/一切無稽的罪名，只會使人神志清醒，大腦發達。/
戰士自有戰士的愛情：忠貞不渝，新美如畫；/一切額外的貪欲，
只能使人感到厭煩，感到肉麻。"[41]通過這四個整齊押韻的排比
句讚美了無產階級戰士的崇高形象，情感濃烈，渾然有力，具有
很強的藝術表現力，詩歌最後一節詩人用象徵手法形象的預言了
革命必然勝利，"四人幫" 必將被打倒。新辭賦體是郭小川極具
個人特色的詩歌形式，他用的這種獨特的話語方式表達了社會大
眾的願望和情感，也是他詩歌 "公共性" 的鮮明體現。

三、結　語

　　郭小川和馬雅可夫斯基作為政治抒情詩人的傑出代表，他們

---

41 同上，第 323 頁。

都把詩歌的"政治性"放在第一位，因而他們的詩歌都有服務於政治的一面，兩人的詩歌都打上了鮮明的時代烙印。但他們作品中的時代特色並沒有完全抹殺他們的個人特徵，他們作品中的"我"與時代中的"我們"並不是完全等同的。同時他們的詩歌也都有其各自的特點，馬雅可夫斯基創作了樓梯體、廣告詩、櫥窗詩，而郭小川也借鑒了樓梯體，並將其與中國古典詩歌相融合，同時還進行民歌體創作，並自創了新辭賦體。可見他們都在用各自獨特的生命體驗和獨特的話語方式表達著社會大眾的普適情感，正因為他們的詩歌具有這樣的公共性特徵才能在歷史的長河中大放異彩。

　　當然，與馬雅可夫斯基相比，郭小川的詩歌是存在著一些局限性的，比如他的作品中幾乎沒有諷刺詩，但歸根究底他的詩歌的局限性也是源於他所處的時代的局限性，我們不能脫離當時的時代環境來評價他。在那樣一個思想高度統一的特殊年代裏，郭小川能有自己獨特的視角和思想，能表現出個人和集體的複雜關係已經實屬不易。這也告訴後來者必須要勇於突破時代的局限性，用自己的真實感受和獨特的話語方式去表現與時代和人民息息相關的主題，使自己的詩歌達到"個人性"與"公共性"的統一，只有這樣才有可能成為代代相傳的經典。

第三節　海子與荷爾德林抒情精神與風格的比較

一、海子與荷爾德林：純潔如雪的精神世界

　　海子在 20 世紀中國詩歌史上是一個獨特的存在。這種獨特性首先在於他的難於歸類。1980 年代的詩歌之潮突漲突落：朦朧詩潮漲起來了，然而也只是短短幾年便被後來者粗暴的聲音割斷，各種流派、各種主義紛紛登場、又退去。“朦朧詩”後的探索者，將他們自己稱為“第三代”，將創作命名為“第三代詩”。其他的稱謂還有“新生代”、“後朦朧詩”、“後新詩潮”、‘“後崛起”、“當代實驗詩”等。[42]

　　有人說海子的長詩受江河、楊煉的影響很大，所以欲將其歸入“朦朧詩”人群；也有人說海子的詩屬於“尋根文學”的脈流，還有人將其定位於現代主義、存在主義、表現主義等等[43]。然而從對於海子“身份難以確立”這一現象來看，也正反映出他的詩歌內涵的豐富性。用一個窄小的框子是框不住他的。眾多的詩歌愛好者從海子臥軌自殺的那刻起發現了海子的詩歌並瘋狂的迷戀；眾多的研究者也緊跟其後抓住海子詩歌衣襟的一角不放，

---

42 參見洪子誠《中國當代文學史》，北京大學出版社，2001 年版。
43 參見張清華《在幻象和流放中創造了偉大的詩歌 ── 海子論》，《當代作家評論》1998 年第 5 期。

試圖挖掘出一個豐富的礦藏，還有眾多的詩人模仿海子的詩歌：
吟詠麥子、月光、大地。所有這一切只是將海子的純淨劃得七零
八碎、斷片殘垣，然後再在廢墟上升騰起一個不可企及的神話，
但真正喜歡海子的人，真正懂得他的詩歌的人，卻在沉默。沉默
是因為不願混入這世俗的聒噪和爭執。

　　從海子去世到現在已有十六年之久了，研究其詩歌的文章已
是十六的數十、數百倍之多了，這些論文大概可以分為三類：從
海子某一首詩或某一類詩入手分析，試圖給海子一個定位、一個
框架；從海子詩歌中歸納出一個或多個意象進行分析，試圖以意
象為源流追溯海子的思想根源；從海子詩學主張或哲學思想入手
分析，試圖解開他的寫作本身或生存本身。這些文章在各自的視
野內是很有見地的，但“窺一斑而見全貌”的方法不太適合海
子，所以單一、片面的研究視角不能還原給我們一個豐富的海
子，那只是抓住了海子的肢體的一部分。

　　海子對於中國傳統文學的領悟很深，他很喜歡《詩經》和《楚
辭》，但他又是一個反對中國傳統文人趣味的人，因此“這一次
全然涉於西方的詩歌王國”[44]，為梵古、荷爾德林、葉賽寧、尼
采寫下了許多詩篇。傳統文化和西方文化像兩條養育萬物的大河流
淌在海子體內，有時又像兩條巨蟒相互糾纏、撕咬、滅亡或和解。

　　所以，最好還是選擇“比較”的視角來理解海子，站在他的
週邊或許能看他更清楚一點。在“比較”的立場上，曾有人挑選
海德格爾、尼采、雅斯貝斯等[45]，但我想與海子最為相似又迥然

---

44 海子：《詩學·一份提綱》，《海子詩全編》，上海三聯書店，1997年版，第
　　897頁。
45 比如上面提到的張清華的文章《在幻象和流放中創造了偉大的詩歌 —— 海子
　　論》。

不同的只有一個人，那就是荷爾德林，何況，在某種意義上荷爾德林也是海德格爾、尼采的源頭。

荷爾德林曾寫過這樣幾行詩：這並非稀罕之事/猶如那晚餐時分/鳴響的鐘/

為落雪覆蓋而走了調。雖然我不贊成海德格爾對荷爾德林詩的闡釋，但他拿這幾行詩來比喻詩與其闡釋之間的關係，我卻非常欣賞。是的，任何對詩歌的闡釋都免不了是一場降雪，而鳴響的鐘會為落雪覆蓋而走了調。雖然如此，我還是要進行我的闡釋，我將讓這場降雪儘量以一致的節奏接近那鳴響的鐘。大雪紛揚中我們將看見這兩位"精神病詩人"純潔如白雪的精神世界。

二、愛與痛的回環中呈現悲傷的神性話語

這兩個詩人都被列入過浪漫主義詩人的行列。錢春綺翻譯出版的《德國浪漫主義詩人抒情詩選》還把荷爾德林歸入"浪漫主義者的先驅"[46]；海子也曾被視為"浪漫精神的復活"[47]。但如果簡單地把二人抒情風格的相似性歸結為浪漫主義，則無疑於把一群人進行區分時說：這群是男人，這群是女人──太過籠統的分類是沒有實際意義的。

也就是說，雖然兩人都有浪漫主義氣質，但我不打算從此處進行比較，越過浪漫主義的霧靄，我們將看到他們如何在自然中看到生命，如何在自然中有了神性體悟，並如何將這種神性體悟自然地從心靈中流淌出來──當流經唇齒之間，那些語言正脫離詩人本身，充滿了神性，悲傷地吟唱著詩人或人類的無所適從。

---

46 參見錢春綺編譯《德國浪漫主義詩人抒情詩選》，江蘇人民出版社，1984 年版。
47 參見劉鑫《海子：浪漫精神的復活》，《中國青年研究》，1995 年第 2 期。

　　海子曾寫過一篇詩學文章，引起很多人的注意，那就是《我熱愛的詩人 —— 荷爾德林》。這是一篇詩論，也是一篇優美的散文。海子之所以能用這樣的筆觸來與荷爾德林交流，是因為他不只熱愛荷爾德林，在詩歌的精神領域裏，他對荷爾德林心領神會，他們的脈搏以同樣動人的節奏在跳動：

> 有兩類抒情詩人，第一種詩人，他熱愛生命，但他熱愛的是生命中的自我，他認為生命可能只是自我的官能的抽搐和內分泌。而另一類詩人，雖然只熱愛風景，熱愛景色，熱愛冬天的朝霞和晚霞，但他所熱愛的是景色中的靈魂，是風景中大生命的呼吸。梵古和荷爾德林就是後一類詩人。他們流著淚迎接朝霞。他們光著腦袋畫天空和石頭，讓太陽做洗禮。這是一些把宇宙當廟堂的詩人。從 "熱愛自我" 進入 "熱愛景色"，把景色當成 "大宇宙神秘" 的一部分來熱愛，就超出了第一類狹隘的抒情詩人的隊伍。……
>
> 把宇宙當作一個神殿和一種秩序來愛。忍受你的痛苦直到產生快樂。這就是荷爾德林的詩歌。[48]

　　海子在這段描述中把抒情詩人分為兩類，並把荷爾德林歸為第二類，這也正是他所讚美的一類，因為這一類詩人把景色當成 "大宇宙神秘" 的一部分來熱愛，超出了第一類狹隘的抒情詩人的隊伍。"風景中大生命的呼吸" 正是這類詩人從自然中得來的神性體悟，他們 "把宇宙當作一個神殿和一種秩序來愛"，這種愛是不竭的源泉，在詩人的心靈中汨汨流淌 —— 流淌出那些動人的充滿神性語言的詩篇。但這種無盡的對宇宙的愛卻又必須以忍

---

48 海子：《我熱愛的詩人 —— 荷爾德林》，《海子詩全編》，上海三聯書店，1997年版，第915頁。

受自身的痛苦為基礎,因為詩人已洞悉"人類的秘密",洞悉"人類的秘密"的人"在神聖的黑夜中走遍大地,熱愛人類的痛苦和幸福,忍受那些必須忍受的,歌唱那些應該歌唱的。"愛和痛苦像是同一把琴上的兩根弦,如此衝突卻又如此和諧地奏響在兩位異國異代詩人的詩篇中。

　　還是來具體讀兩首他們的作品吧。先看荷爾德林《內卡河之戀》的前三節:

　　　　我的心在你的山谷裏醒來,

　　　　　投入生活,你的波浪在我的周圍蕩漾,

　　　　　　所有認識你的可愛的山丘,

　　　　　　　遊子呵,沒有一個使我感到陌生。

　　　　在群峰之巔,天上的微風

　　　　　解除我奴隸般的痛苦;山谷裏的

　　　　　　碧波銀光閃閃,好似

　　　　　　　歡樂之杯裏閃耀著生活的光芒。

　　　　股股山泉迫不及待地投入你的懷抱,

　　　　　也帶走我的心,你帶著我們

　　　　　　投入莊重的萊茵河,奔向

　　　　　　　它的大小城市和歡樂的島嶼。[49]

　　《內卡河之戀》是《故鄉集》中的一首,從摘錄在這裏的三小節詩已可以體會到荷爾德林的那種抒情風格了:他的視線不斷地在美麗大自然和自身心靈之間跳躍,當他目及自然,他看的是

---

49 《荷爾德林詩選》,顧正祥譯注,北京大學出版社,1994年版。

有生命的風景，群峰之巔、天上的微風、碧波銀光閃閃，股股山泉，而當他返觀自身，他卻感到自身"奴隸般的痛苦"，歡樂的風景和可愛的山丘卻被一聲低低的"遊子啊"籠上了憂傷的色彩。他終是愛那歡樂之杯裏閃耀的生活的光芒，正如海子所說的"熱愛人類的痛苦和幸福"。愛與痛苦便是這樣在自然和心靈之間跳躍、回蕩，最終呈現給我們的是那悲傷而又迷人的神性話語。

再看海子的一首詩，《村莊》：

> 村莊，在五穀豐盛的村莊，我安頓下來
>
> 我順手摸到的東西越少越好！
>
> 珍惜黃昏的村莊，珍惜雨水的村莊
>
> 萬裏無雲如同我永恆的悲傷

很少有人注意海子的這首詩，也許是因為它太短小，但這短短的四行詩卻是多麼地意味無窮啊！就像荷爾德林一樣，海子讓詩的音調不斷在自然和心靈之間跳躍，在愛和痛苦之間迴旋往復。

在第一行中，詩人用了一個詞來修飾村莊，"五穀豐盛"，這也是"我安頓下來"的理由，但為什麼"我順手摸到的東西越少越好"？詩人在這裏為自己祈求了一個盲者的身份，而且祈求在這五穀豐盛的村莊摸到的東西越少越好！這是一個悖論，詩人其實是在試圖用自虐的方式折磨自己以減輕心靈的痛苦。但接下來第三行的音調又有了轉變，"珍惜黃昏的村莊，珍惜雨水的村莊"，詩人連用兩個"珍惜"，這又是一個祈求的語氣，詩人在祈求什麼呢？黃昏的村莊 —— 詩人筆下這美麗的村莊其實並非實際意義上的故鄉，而是特定的稱謂 —— 村莊就是人，人類居住的地方。如此他所祈求的我們已明白 —— 他是在祈求自己痛苦的心靈能夠離開那痛苦的精神世界，回到溫暖豐饒的有著美麗黃昏的現世中來。但這種願望和祈求是不可能的，因為他的傷感、他的痛苦絕不是觸境傷情。看啊，他的悲傷如同這村莊的"萬裏無雲"一樣永恆。

四行短詩就這樣在"愛"與"痛"中回環跌宕，最後複歸"悲傷"于平靜。

如果繼續讀下去，這樣的抒情風格幾乎充溢在詩人的每篇詩作中，荷爾德林的《生命過半》、《傍晚的遐思》、《流浪者》、《漂泊》等，海子的《歷史》、《新娘》、《感動》、《八月之杯》等。

當然，愛與痛的回環中呈現悲傷的神性話語，只是兩位詩人抒情風格的一種外在表現。深入這些詩篇之後，你會發下他們之所以有如此相似的抒情風格決不是偶然的。

三、抒情結構：抒情性的抒情

無論是荷爾德林、海子還是葉賽寧，抒情詩人在進行抒情時並非毫無所依，抒情背後總有一個或一類抒情事件，這些事件以不同的形態呈現在詩歌之中：或者讓事件以顯性形態和抒情一起穿梭在詩歌當中，或者讓事件以隱性形態暗存於詩歌根部 —— 就像河流底處不斷吐以清水的泉源。前一種是敍事性的抒情，後一種是抒情性的抒情。當我們讀不到那些抒情事件卻又感到它的存在時，這些純粹的抒情文字猶如一顆顆毫無來由的水珠漸漸匯成一條清澈的河流，緩慢而徹底地清洗了我們的靈魂，海子和荷爾德林的詩就屬於後一類。

先看海子是如何抒情的。

月光

今夜美麗的月光　　你看多好！
照著月光
飲水和鹽的馬
和聲音

今夜美麗的月光　　你看多美麗
羊群中　生命和死亡寧靜的聲音
我在傾聽！
這是一支大地和水的歌謠；月光！
不要說　你是燈中之燈　　月光！

不要說心中有一個地方
那是我一直不敢夢見的地方
不要問　桃子對桃花的珍藏
不要問　打麥大地　處女　桂花和村鎮
今夜美麗的月光　　你看多好！

不要說死亡的燭光何須傾倒
生命依然生長在憂愁的河水上
月光照著月光　　月光普照
今夜美麗的月光合在一起流淌

（1986/7 初稿，1987/5 改）

可以感覺到，海子在抒情時是沒有把感情事件直接呈現在詩中的，你甚至無法捕捉他的感情到底來自哪里，但它存在於詩中的字裏行間。當你讀馮至的《我是一條小河》時，或許唯讀第一小節就能把握到基本資訊,捕捉到作者的感情流程,接下去,就會很輕鬆的和詩歌一起前行。但讀海子的詩,卻很難這樣,不讀到最後一句,你就無法確定他到底在抒發什麼!甚至讀完了但如果不能體悟他的心靈世界,你同樣不能進入他的詩歌。這樣一首"撲朔迷離"的東西卻又莫名其妙地吸引你,雖然你說不清為什麼。

也曾有人提到這一點:"海子的詩則完全擺脫了賦比興結構的模式要求,他不經過敘事直接進入抒情,在每一個獨立性的抒情句式之間,造成遙相呼應的意象關聯,搭起空間結構的框架,讓讀者的想像力參與漫遊,有更多的鑒賞和旋轉餘地,抒情詩空間資訊結構中場效應的形成,給語言方式帶來多元開放、組合變化的可能性。"[50]這段話雖有一定的道理,但海子的詩並非每一句都是一個"獨立性的抒情句式",他也並非是在純粹地沒有依託地抒發感情,他並不是為了"搭起空間結構的框架",好讓"讀者的想像力參與漫遊,有更多的鑒賞和旋轉餘地。"海子不是在玩文字遊戲。

仍以上面的《月光》為例。海子隱匿了"感情事件",或者說在他的抒情詩中,存在著兩重結構,你能看到的是表面的感情流程結構,而這個結構又是收放自如的。從月光到馬,到羊群,到桃子、桃花、大地、處女、桂花、村鎮,到打麥大地,再到月光,詩人的感情一直在跳躍,像水面上一張散開的網,所觸之處皆入網中,但詩人思維的跳躍又不是隨意的,它始終有一個感情原點 —— 如網線牽在手中一樣 —— 那就是月光,月光就是這張網,月光所照之處,也是詩人感情所到之處。月光的流淌和詩人感情的起伏變化是詩歌的顯性結構,但月光下生命的美好和死亡

---

50 梁雲:《海子抒情風格論談》,《深圳大學學報》,1998年第2期。

的美好卻是詩人內心真正的聲音，它存在于月光的背面，詩人多處反復歌詠月光："你看多好！""你看多美麗！"以至發展成一種直接呼喊"月光！""月光！"。然而他的這種呼喊決不是郭沫若式的感情的發洩，恰恰相反，海子在壓抑真正的感情，月光的普照，照亮了生命的寧靜和美麗，同時也讓海子洞穿了死亡，死亡不再黑暗不再陰鬱，死亡如月光一樣的寧靜美妙 —— 這才是這首詩歌的真正感情，也是暗含於詩歌中的另一重結構 —— 對於表面呈現的而言，它是隱性結構。"顯""隱"結合，虛實相生。這就是海子詩歌的抒情原則。這又不僅僅是海子詩歌的抒情原則，優秀的抒情詩人或多或少都有類似的體驗。詩評家也早已注意到這一點："寫詩時詩人的情感狀態必須造成語句的不連貫，或曰跳躍。抒情詩的內容是像風飄過琴弦一樣震動詩人心靈的瞬間體驗，是去掉了物質性的內視體驗……如果說繁是實，簡是虛；黑是實，白是虛；'有'是'實'，'無'是'虛'；那麼跳躍同樣也是一種虛實相生。"[51]

　　前面已經說過，荷爾德林和海子一樣屬於第二類抒情詩人 —— 在抒情詩中營造雙重結構，隱匿感情事件，只呈現感情流態。對於荷爾德林詩歌的這種內質有一個人論述的最好，那就是狄爾泰和他的《體驗與詩》。"荷爾德林是這樣一個真正的抒情天才。他的無為的內心世界，他同世界過程的遙遠距離，他的返回自身的內心的深度，這一切的作用多使他能夠聽到我們的感情進程的輕輕流逝的節奏。一種感情狀態開始如何在局部中展開，末了又如何返回自身，但這時已不再像開始時那樣地不確定，而是在進程的回憶中被聚集成各種局部在其中齊鳴的和聲；我們的感情如

51　呂進：《詩的尋言》，《對話與重建》，西南師範大學出版社，2002 年版，第 135 頁。

何高漲，接著在心靈進程的一個轉折處又如何慢慢地低落；在我們身上對比性的感情的爭鬥如何解決，一種過於痛苦的感情上升至頂點後安慰又如何接踵而至。"[52]狄爾泰在這一段的論述中恰如其分地形容出了荷爾德林詩歌中的情感如何生髮、又如何形成，最後如何呈現在詩歌中，而這整個感情進程正如我前面所說——呈現在詩歌中，是愛與痛的回環往復。

"一首詩起源於這個過程，可是創作過程本身並沒有讓位於它；只有個別音響能夠傳入創作過程的各個瞬間裏去；抒情詩人的特有能力在於留住那個事件，使之具體化並形成一種適合於它的表達方式。在有些詩人身上，譬如歌德，從經歷到詩的表現經常是個快速的過程；荷爾德林進入表現是緩慢的，就像器樂作曲家需要很長的時間用音樂來表現他的最初的經歷，在這段時間裏，會一再有新的感情事件來幫助它，看來荷爾德林也同樣要花很長的時間，才能突出感情事件的節奏，顯示它的簡單的、本質般的特徵，牢固地連接它的各個環節。在語言的內在的流動中表達它。"[53]和海子一樣，荷爾德林沒有把"那個"或"那類"感情事件直接呈現在詩歌中，"創作過程本身並沒有讓位於它"，而是把它"化為適合於它的表達方式。"

> "他把感情事件提高為在他的所有的基本環節中的以及在他所覺察不到的或匆匆穿過他的心靈的那些環節中的有意識的關聯，使更強的感情事件相互結合的各種模糊的、只被察覺一半的關係，感情事件中仿佛在地底下繼續流動的

---

52 〔德〕威廉·狄爾泰：《弗裏德里希·荷爾德林》，《體驗與詩》，胡其鼎譯，北京三聯書店，2003 年版，第 367 頁 。
53 同上，第 367 頁。

那些地方，在話語中找不到表達方式……"[54]

這個描述性的句子過長，不易理解，但他表達的意思卻再明顯不過，這正是上文討論的雙重結構：一種顯性的，一種是隱性的，"仿佛在地底下繼續流動的那些地方，在話語中找不到表達方式"。當我們為了體驗這些話而去讀荷爾德林的詩歌時，發現事情確實是這樣。且看他的《生命過半》：

懸著黃澄澄的梨
長滿野玫瑰的
陸地偎依著湖水。
你們，可愛的天鵝，
為親吻而陶醉
一頭栽進
神聖清醒的水裏。

可歎，倘若冬天已到，我
何處去採摘花卉，
何處去領略陽光
和大地上的蔭處？
高牆默立
無語、寒冷，風中
風信旗嘎嘎直響。[55]

對於季節之美與缺憾的感慨在這首詩中被呈現為表面的感情流程，也是顯性結構，然而流淌於這感慨之下的卻是詩人對人生季節的喟歎，"生命過半"正是那隱性結構的一根線索。

54 同上，第368頁。
55 《荷爾德林詩選》，顧正祥譯注，北京大學出版社，1994年版。

四、心靈的旋律：詩歌的詠唱要求

如果說二人的詩歌中都有回環往復之美，一方面在於上文所說的雙重結構的話（這種一明一暗，一實一虛的雙重結構使詩歌不經意間就有了回環之美），另一方面則在於他們詩歌中的音樂性，或者說是他們對於自己詩歌的詠唱要求。

我雖不贊同海德格爾對於荷爾德林的詩的闡釋，但他對於詩與吟唱之間的關係的見解確是十分恰當的，他認為詩有兩個鄰居：一個是吟唱，一個是思想，作詩居於兩者之間。不僅如此，他還認為："吟唱在荷爾德林的頌歌裏真正獲得生命力，更準確地說，是在荷爾德林擔當起的詩之使命中才有真正的吟唱。" [56]

對於荷爾德林詩歌中音樂性的最好的理解仍然是狄爾泰，他真正感受到其中的音符，"音樂性構成荷爾德林詩的內部形式的另一特徵。我所理解的音樂性不僅指他對語言或詩行的處理，而且指內心事件及其佈局的特殊形式。我在浪漫派的抒情詩裏，在荷爾德林的同時代人諾瓦利斯和蒂克，以及稍後的艾興道夫的抒情詩裏又找到了這種形式，所有這些抒情詩和德意志器樂的成型是同時的，如果說在德意志器樂裏個別的經歷，使感情的順序鬆散並且表現了包含在經歷裏的具體對象，那麼，在這些抒情詩人身上也有近似的傾向。" [57]

狄爾泰把詩歌藝術與音樂藝術的發展放在詩人的周圍，從其大的藝術背景來探討荷爾德林的詩歌，探討其詩歌中的音樂性，他談到當時德意志器樂作曲的發展，談到當時的歌劇的發展，從

---

56 參見戴暉《荷爾德林文集·譯者前言》，商務印書館 2003 年版，第 2 頁。
57 〔德〕威廉·狄爾泰：《體驗與詩》，第 369 頁。

莫箚特到海頓到貝多芬，"這種表現在一條運動的河流裏統一穿
越藝術作品的各個部分。而荷爾德林、蒂克、諾瓦利斯則開始了
那種新的抒情詩，它表現感情的洋溢，從心境內部升起的情緒的
抽象的主宰力，像是從不確定的遠方傳來又消失在那裏的一次心
靈活動的無窮旋律。"[58]

荷爾德林也有許多詩篇直接以"吟"、"曲"命名，如《故
鄉吟》（《Die heirnat》）、《還鄉曲》（《Rückkehr in die heirnat》）、
《短曲》（《Die Kürze》）、《愛之頌》（《Hymne an die liebe》）
等。請聽他的《故鄉吟》：

> 船夫快活地回到平靜的內河，
> 　他從遙遠的島上歸來，如果他有收穫；
> 　　我也會這樣地回到故鄉，要是我
> 　　　收穫的財產多如痛苦。

> 你們，哺育過我的可敬的兩岸呵，
> 　能否答應解除我愛的煩惱？
> 　　你們，我孩提時代玩耍過的樹林，要是我
> 　　　回來，能否答應再給我寧靜？
> ……
> 你們舊情如故！但我知道，我知道
> 　愛的煩惱不會那麼快痊癒，
> 　　世人所唱的撫慰人的搖籃曲
> 　　　沒有一首唱出我內心的痛苦。

---

58 同上，第370-371頁。

　　　　因為諸神賜給我們天國的火種，

　　　　　也賜給我們神聖的痛苦，

　　　　　　因而就讓它存在吧。我仿佛是

　　　　　　　大地的一個兒子，生來有愛，也有痛苦。[59]

　　譯者在翻譯時，保留了原詩的形式，這種階梯式的詩行在荷爾德林的詩歌中隨處可見，他顯然對此有所偏愛，不知德國歌謠裏是否經常採用這種形式，但可以肯定的是，它極富音樂的節奏感。這首詩同樣是在愛與痛中回環往復，淺吟低唱：詩歌就是荷爾德林的琴弦，他讓船夫的快樂與“我”的痛苦、回鄉的快樂與內心的痛苦跳躍成輕靈的音符，在琴弦上自由遊走。茨威格稱其為“三和弦”：“一種輕微的哀歌式語調已經顯露出極具個人特色的荷爾德林式旋律……已經在開始尋覓一種無韻無段、輕盈懸浮的詩歌的內在穩定性。如果我們仔細研究他在那一時期的詩，就會在所有作品中發現一種一成不變的三段模式：先是起，再是落，然後就是漂浮，一種由論點、反論點、綜合論點組成的和諧的融為一體的三和弦。讀過十幾首後，我們就能領會這種由‘潮汐’和‘潮漲’形成的模式，它們最後總是美妙和諧地奔流入海。”[60]茨威格在這裏所說的“潮汐”和“潮漲”，其實就是“愛與痛的回環往復”。

　　海子詩歌中的音樂性不僅表現在外在的形式上，和荷爾德林一樣，也會體現在其“內心事件及其佈局的特殊形式”上，他對詩歌中音樂的處理更多地借鑒了民謠或民歌的成分，這一點又與荷爾德林相通，狄爾泰曾說荷爾德林的詩：“感情事件中仿佛在

59　《荷爾德林詩選》，顧正祥譯注，北京大學出版社，1994 年版。
60　〔奧地利〕斯蒂芬·茨未格：《與魔鬼作鬥爭》，徐暢譯，西苑出版社 1998 年版，第 89 頁。

地底下繼續流動的那些地方，在話語中找不到表達方式，這正是民歌的特殊魅力。"[61]

且來看一例海子對民歌的借鑒。海子有一組詩，名為《謠曲》，其第一首摘錄如下：

> 你是我的哥哥你招一招手
> 你不是我的哥哥你走你的路
> 小燈，小燈，抬起他埋下的眼睛
>
> 你的樹叢大而黑
> 你的轅馬不安寧
> 你的嘴唇有野蜜
> 你是丈夫 —— 還是兄弟
>
> 小燈，小燈，抬起他埋下的眼睛
> 你是我的哥哥你招一招手
> 你不是我的哥哥你走你的路
>
> —— 《謠曲》（1986.8）

這首詩的標題已表明它和民歌的關係。奇怪的是詩的第一小節和最後一小節皆是這樣的兩句：你是我的哥哥你招一招手/你不是我的哥哥你走你的路。這兩句詩反復出現證明瞭海子對它的喜愛程度，但這兩句詩究竟該如何理解？我初次讀到這首詩特別是這兩句的時候，也有一種直覺的喜愛，感到它有陝北"信天遊"的那種令人心酸的坦率。但我並不能確定海子借鑒了信天遊的形式，或者說他這裏的"謠曲"真的和陝北"信天遊"有關。

---

61 〔德〕威廉·狄爾泰：《體驗與詩》，第 368 頁。

但一次偶然的讀書過程中，我竟然在賈平凹的一篇散文裏找到了這兩句詩的出處：那是和這兩句一模一樣的民歌詞。賈平凹的散文《米脂婆姨記》[62]：

> 走頭頭的騾子三盞盞的燈
>
> 掛上那鈴兒哇哇的聲。
>
> 白脖子的哈巴朝南咬，
>
> 趕牲靈的人兒過來了；
>
> 你是我的哥哥你招一招手
>
> 你不是我的哥哥你走你的路

在米脂縣南的杏子村裏，黎明的時候，我去河裏洗臉，聽到有人唱這支小調。一時間，山谷空洞起來，什麼聲音也不再響動；河水柔柔的更可愛了，如何不能掬得在手；山也不見了分明，生了煙霧。淡淡的化去了，只留下那一拋山脊的弧線。我仄在石頭亡，醉眼朦朧，看殘星在水裏點點，明滅長短的光波。我不知這是誰唱的。三年前，我聽過這首小調的唱片，但那是說京腔的人唱的，畢竟是太洋了，後來又在西安大劇院聽人唱過，又覺得舒揚有餘，神韻不足。如今在這麼一個邊遠的山村，一個欲明未明的清晨，唱起來了，在它適應的空間裏，味兒有了，韻兒有了。

……

我悄悄退走了．明白這邊遠的米脂，這貧瘠的山溝，仍然是純樸愛情的樂土，是農家自有其樂的地方。

（1981 年 10 月 8 日靜虛村）

海子恰巧就想了這麼兩句詩和米脂的這首歌謠有相吻合部分嗎？這當然不是巧合，但究竟是海子曾親耳聽見這首謠曲所以

---

62 此文選自範培松編《賈平凹散文選》，百花文藝出版社，1992 年 9 月版。

把其融入自己詩中呢？還是海子看到了賈平凹的散從而愛這個故
事愛這兩句歌詞終於自己也寫了一首《謠曲》？海子沒有記載，
所以結果不得而知，但確定的是：海子欣賞民歌並試圖將其融入
自己的一些詩歌創作中。

他的另一首詩《渾曲》：

妹啊

竹子胎中的兒子
木頭胎中的兒子
就是你滿頭秀髮的新郎

妹啊

晴天的兒子
雨天的兒子
就是滾遍你身體的新娘

妹啊

吐出香魚的嘴唇
航海人花園一樣的嘴唇
就是咬住你的嘴唇

—— 《渾曲》（1986）

很明顯，這也是一首融入了民歌成分的詩歌，而且從標題《渾
曲》看，應該是某一地區特有的歌謠種類。只看其內容，三節詩
均以一聲悠遠的"妹啊"引入，這無疑是唱出來的，而緊接著下

面詩句的形式相仿，內容活潑俏皮富於想像，這些都是民歌的特點。海子喜歡音樂，喜歡民歌，所以有時不由自主地讓它們潛進了他的詩歌領域。他也曾直接提出詩歌對於詠唱的要求："但是，舊語言舊詩歌中的平滑起伏的節拍和歌唱性差不多已經死去了。死屍是不能出土的，問題在於墳墓上的花枝和青草。新的美學和新語言新詩的誕生不僅取決於感性的再造，還取決於意象與詠唱的合一。意象平民必須高攀上詠唱貴族。"[63]

　　他有一部分詩篇從標題就可看出這點：《民間藝人》、《花兒為什麼這樣紅》、《歌或哭》、《中國器樂》、《海子小夜曲》等。

　　　　平原上有三個瞎子
　　　　要出遠門

　　　　紅色的手鼓在半夜
　　　　突然敲響

　　　　並沒有死人
　　　　並沒有埋下棗木拐杖

　　　　敲響，敲響
　　　　心在最遠的地方沉睡

　　　　平原上有三個瞎子
　　　　要出遠門

---

63 海子《日記——1986 年 8 月》，《海子詩全編》，上海三聯書店，1997 年版，第 880 頁。

那天夜裏

摸黑吃下高粱餅

—— 《民間藝人》（1984.11）

　　海子為了寫出他心中或記憶中最真實的民間藝人，一定思索過許久，他最終採取了這個形式，但這看似鈍樸的形式，卻是最逼真的民間藝人和他們的音樂，單調中透出原始的美和心酸。八字與四字交替出現，猶如那紅色手鼓的聲音在夜半敲響。海子做了一個嘗試，對於詩體的嘗試 —— 兩行詩，而兩行詩的嘗試是和音樂結合在一起的，事實證明兩行詩這種形式確實距離音樂最近，它是音樂的近鄰。海子寫出此詩後，發現了這種詩形，此後多次運用這種形式，皆是兩行一節的，比如：《夏天的太陽》、《兩行詩》、《熟了麥子》、《九月的雲》、《抱著白虎走過海洋》、《獻詩 —— 給 S》、《遠方》等，有一首《夜晚　親愛的朋友》是把詩和音樂結合得最好的，類似於民歌的一唱一和：

在什麼樹林，你酒瓶傾倒

你和淚飲酒，在什麼樹林，把親人埋葬

在什麼河岸，你最寂寞

搬進了空蕩的房屋，你最寂寞，點亮燈火

什麼季節，你最惆悵

放下了忙亂的籮筐

大地茫茫，河水流淌

是什麼人掌燈，把你照亮

哪輛馬車，載你而去，奔向遠方

　　　奔向遠方，你去而不返，是哪輛馬車

　　　　　　　 ——《夜晚　親愛的朋友》（1987.5.20 黃昏）

　　這首詩除了詩形之外，還有一點最能體現海子詩歌的音樂性，那就是反復的詠唱，但他這種反復又不是簡單的重複，海子不論在詩中走了多遠，用了多少千差萬別的意象，他最執著的感情卻不斷縈繞在最初的地方，像一直無法離開舊巢的鳥，盤旋，盤旋。這個特點幾乎體現在他所有的詩篇中：

　　……

　　詩人，你無力償還

　　麥地和光芒的情義

　　一種願望

　　一種善良

　　你無力償還

　　你無力償還

　　一顆放射光芒的星辰

　　……

　　　　　　　　　 ——《麥地與詩人》

　　孤獨是一隻魚筐

　　是魚筐中的泉水

　　放在泉水中

　　孤獨是泉水中睡著的鹿王

　　夢見的獵鹿人

　　就是那用魚筐提水的人

　　……

　　拉到岸上還是一隻魚筐

孤獨不可言說

——《在昌平的孤獨》

今夜我不會遇見你

今夜我遇見了世上的一切

但我不會遇見你

……

——《山楂樹》

　　這些大量的反復使海子的詩歌具有了"一唱三歎"之美,如荷爾德林的"三和弦"一樣,他也以詩歌為琴,彈奏自己內心的天然樂章。在很多詩歌裏,你能感到、聽到他的聲音,他在痛苦的吟唱,而不只是在用文字記錄,"中國詩歌和音樂的關係十分密切。音樂性是中國新詩最弱的一環,如同是古詩最強的一環。新詩在這個藝術課題上迄今仍顯出一股幼稚的神情。"[64]但海子詩歌的音樂性恰是新詩尤其是當代詩歌中的一個亮點,這是他繼承傳統的地方,也是他和許多新詩詩人的區別。這又恰是他和荷爾德林共有的詩歌藝術。正是音樂性使他們的抒情風格再次具有難以比擬的回環往復之美。

　　茨威格有一段對荷爾德林詩歌的評價,非常準確,"他作詩從不想生動形象,只想光明剔透(因此他沒有設置立體化的陰影面),他不想描述性地呈現塵世的真實事物,只想通過想像把一些非感性的、精神情感的東西帶到天上。"[65]這段話同樣適合海子。之所以"光明剔透",不僅因為他們使用了充滿神性光芒的語言,更因為這充滿神性光芒的語言中,流淌的是最真誠的情感、

64　呂進:《傳統詩歌與詩歌傳統》,《對話與重建》,第76頁。
65　〔奧地利〕斯蒂芬・茨威格:《與魔鬼作鬥爭》,第87頁。

最清澈的音樂。

第四節　中美自白詩派私密話語比較研究

　　20 世紀 50、60 年代，以洛威爾、普拉斯、塞克斯頓、貝裏曼等為代表的美國自白派異軍突起，成為美國戰後詩壇上繼垮掉派、黑山派之後最具影響力的詩歌團體。它以"自信、開放，沒有絲毫的羞恥和掩飾"的赤裸言說極大改變了美國當代詩歌風貌，在西方世界掀起一場聲勢浩大的自白潮浪。然而當它試圖進一步造訪中國時，卻因意識形態阻隔，在當時未獲得積極回應。直至進入 1980 年代，伴隨文學環境的改良，美國自白詩歌才被陸續譯介國內，並受到讀者的熱烈歡迎。1987 年由趙瓊、島子翻譯的《美國自白派詩選》就曾風行一時。這些譯作深刻影響了當時中國的詩歌創作，特別是以翟永明、陸憶敏、伊蕾、海男等為代表的一批女性詩人。她們在"自白"書寫的啟悟下，啟動了此前並未完全復蘇的個體意識與女性意識，對 1980 年代初期狂熱的政治激情與文化理想做出反思批判，及時從由男權話語把持的公共空間返歸至由個體生命經驗填充的私密空間，大膽探尋女性的身體、欲望和靈魂隱秘，顯現出鮮明的"自白"品質。中國自白詩派，一個與美國自白詩派有著密切親緣關係的詩歌群落由此誕生。

一、返歸私密空間

　　在各自民族的當代詩歌歷史上，中美自白派扮演了相近的角色——"私語"時代的開啟者。在美國，"二戰"結束後，垮掉派、黑山派率先對佔據詩壇中心的新批評派提出嚴厲批評，要求詩人摒棄 T.S 艾略特所宣導的"非個人化"和"人格面具"，以更接近內心真實的情緒、體驗、感受來破除理念、技藝對繁複生命的遮蔽，從而將美國詩歌推向了反叛傳統、解構中心、消解理性的後現代主義道路。隨後誕生的自白詩派也延續了這一基本路向。但是，無論垮掉派的"嚎叫"，還是黑山派的"投射"，都無一例外地將詩歌建立在自我與社會的對抗、自我與民眾的共鳴基礎上，須以"他者"的在場來完成自我形塑。而自白詩人則主動拒斥了"他者"的觀照，旁若無人地將自己的生活經歷、生命體驗，包括性欲、死念、精神疾病等常人避諱的隱私赤裸呈現，修築起完全由個人獨屬的私密空間。他們很少像金斯伯格那樣面對公眾而發出聲嘶力竭的怒吼，也很少像奧爾森那樣在歷史文化的漩渦中尋找急促的呼吸，他們一頭紮入自己的內心世界，毫無保留地傾訴一切隱秘，"如果說垮掉派公開大吵大嚷地對抗社會習俗，那麼自白派則是靜靜地不約而同地破壞社會傳統……自白派的真正目的是心理現實的一種剖析，剖析自我和自我體驗的世界之間的關係"[66]。

在中國，自白派同樣推動了當代詩歌的轉型。在"十七年"歷史段落中，詩歌所立足的乃是民族國家和階級政治；詩人多將外在於個體生命的政治理念當作詩歌的精神內核。直至"文革"結束，詩歌才重新繼承"五四"傳統，逐漸由階級歸落於"人"。以北島、舒婷為代表的朦朧詩人一面聲色俱厲地控訴"文革"專制罪惡，一面熱情洋溢地呼喚民主社會的降臨，努力維護人的自由與尊嚴，如普羅米修士般盜取"民主"天火，不惜成為自由、

---

66 張子清：《二十世紀美國詩歌史》，吉林教育出版社，1995 年版，第 614 頁。

人道理想的殉道者。但他們對“人”的建構主要建立在對專制集權的批判與反抗基礎上，而對個體生命所依存的、日益豐富且不斷分層的日常生活形態缺乏必要的關注；其筆下人物雖崇高偉岸，有如巨大的英雄石像，但周身冰冷，缺少常人所應有的體溫、脈動和煙火氣息。未能穿越“人”的宏大概念而潛入個體生命，朦朧詩的止步為自白詩派的崛起提供了契機。1980 年代中後期，伴隨“第三代”反理想、反文化、反崇高詩潮的盛行，以女性為主體的中國自白詩人以“黑夜”辭別由男權話語控制的光明世界，以“獨居”來抗拒意識形態的規訓，以夢囈獨語代替清晰邏輯的體系建構。“我”既不根據先在理念塑造自我，也不尋求終極的價值評價，“我”所做的只是在封閉的個人空間內無所顧忌地袒露真實的生命狀態。

　　雖在生成時間上相距三十餘年，但中美自白派合力推動了當代詩歌向由公共空間向私密空間的整體遷移，創造了背離傳統道德觀念和社會主潮的、由個人生命體驗填充的藝術景觀。美國自白詩人洛威爾在《人生研究》中回憶了自己的家庭、童年、婚姻生活及住精神病院的經歷，將精神的屈辱、情感的痛苦及生理、心理的疾病坦然示人；貝裏曼在《夢歌》中借主人公亨利之口講述了他的痛苦、悲傷、失敗和婚外情；塞克斯頓在《去精神病院，病情部分好轉》中忠實記錄了自己精神病發作及生育孩子的經歷和體驗；普拉斯在《爹爹》中提示了她對父親愛恨交加的複雜感情。中國自白詩人翟永明在組詩《女人》中大量描寫經血、懷孕、分娩等女性經驗；伊蕾在《獨身女人的臥室》中直寫女子豐滿的身體和強烈的生命欲求；唐亞平在組詩《黑色沙漠》中以沼澤、洞穴等意象盡現女性的情欲隱秘。在與公共話語的緊張對峙中，自白詩人拒絕了傳統的倫理道德並對主流話語提出質疑，開掘出

長期被遮蔽和壓制的私密體驗。這種體驗的存在形態及相對應的
表述方式都迥異於已經普遍化、秩序化、標準化的集體記憶，屬
於"微小敍事"範疇。它以異端、局部和細節的豐富消解了正統、
權威和中心的合法性，有效突破了主流話語對"人"的本質性描
述，浮顯出蓬勃雜亂、以私密空間為重要組成部分的個人世界。
這樣的書寫或許從題材上看顯得有些狹窄、瑣屑，但卻有力推動
了"人"向"個人"的轉化。因為沒有私密的個人就不是真正的
個人，不以完整個人為基礎的"人"的建構從本質來看都是一種
專制集權或烏托邦想像。在此意義上，"自白"的風行，乃是現
代文明發展到一定程度、民主意識得到進一步深化、社會生活對
個人欲求擁有更大包容度時，詩歌對時代精神變革所做出的積極
回應與有力推動。

二、私密話語特徵比較

對公共空間的疏離強化了中美自白詩歌的私密特徵，主要體
現在：一是多以第一人稱敍事，有著強烈的抒情風格；二是忠實
記錄詩人的生活經歷、靈魂悸動，帶有自傳性質，"流覽我的《詩
選集》，我的印象是把它串起來的是我的自傳"[67]；三是隔離"他
者"，僭越道德規範與主流價值觀念，大膽揭示個人隱密。但由
於生成于不同的文化場域與時代語境，在宗教意識、性別意識、
創作動機等多重因素作用下，中美自白派在話語形態方面還存有
不少差異：

---

67 Lowell, Robert. After Enjoying Six or Seven Essays on Me〔J〕.Salmagundi. Spring
 1977,（37）：112.

（一）宗教意識與世俗精神

"自白"在西方詩歌中源遠流長，從莎士比亞到赫伯特，從雪萊、拜倫及至惠特曼、弗羅斯特，都寫有不少優秀的自白詩篇。自白詩的繁盛與西方發達的宗教意識有著密切關聯。基督神學要求信徒須對上帝虔誠懺悔，將內心隱密包括罪孽都毫不隱瞞地傾訴出來，唯有如此才可獲求神的救贖。它對繁複靈魂的直視、對駁雜生命的真實呈現為自白詩歌提供了充分的文化滋養。而從詞源學來看，"自白"的英文"confession"在"坦白"、"自我陳述"之外即含有"懺悔"的意味，具有宗教指向。儘管評論家喬弗裏·索利在評論自白詩派時聲稱，"他們的作品基調，是他們的內心不依靠上帝或耶穌或人類而是向著佛洛德先生。"[68]但事實上，作為西方文化重要根基，基督意識仍然顯露於自白詩歌的字裏行間。如洛威爾即經常借用聖經故事為人類罪行懺悔，祈求洗刷罪惡、淨化靈魂，"牧羊人的小羔羊們，/牧羊人的小羔羊們，/孩子們，/你們睡得那麼安詳。"（《聖潔的天使》），"我們那被絞死的救世主的房屋。……/在黑泥淖，斯蒂芬殉道者被化成了血：我們的贖金是他死亡的泡沫。//基督在這黑水上行走。……/在基督聖體節，心兒/透過斯蒂芬合唱隊的鼓點/我聽見了它。"（《黑岩中的對話》）。此外貝裏曼的《上帝賜福於亨利》、普拉斯的《愛麗爾》等名篇也都充滿豐富的基督元素。

在西方世界，"上帝"是日常生活中最基本的文化符碼。在西方人看來，上帝與自己同在，只有上帝才能真正拯救世人，為其找到靈魂棲息地，"所有世俗的歷史不過是徒然的重複，只有

---

68 Thurley Geoffrey. *The American moment: American poetry in the mid-century*, London: Edward Arnold Ltd,1977:64.

天主教能提供自由，脫離既不像上帝又不像人類高尚精神的世俗世界。"[69]所以美國自白詩人在近乎瘋癲的暴露自我時，仍不忘陳述自己的罪惡，虔誠地做著懺悔，"我生來就和罪惡打交道/生下來就在懺悔罪過"（塞克斯頓《在對貪婪的仁慈》）。而在中國，以儒學為正統的傳統文化重現世輕來世、宗教意識比較淡薄。儘管晚近以來西方基督曾在中國廣泛傳播，但仍是基於濟世匡時、重建道德秩序等世俗效用而被接受，而未能在形而上層面擁有先驗性和終極關懷。在絕大多數漢語詩人的理解中，"上帝"主要象徵著某種完滿理想或至高權威，而與生存困境、精神危機的紓解並沒有直接關聯；與其面對一個超驗的主而懺悔，倒不如以某種理想為導引、以某種規範為參照"三省吾身"。儘管不乏一些評論家在強調"五四"文學或新時期文學所具有的深刻反省精神，而使用了"懺悔"這樣的字眼。但這種"懺悔"仍是以社會整體的理性復蘇為背景的，仍指涉於具體的社會現實，仍停留於世俗生活層面，並不具備宗教的超越性。因于文化傳統的不同，中國自白派未像美國詩人那樣將自"自白"視作面向彼岸而展開的冥想和懺悔，而是將其轉化為一種關注世俗社會的獨特的敍事方式和藝術風格。它的重心不是對終極價值和意義的判定，而是對不合理社會秩序特別是兩性關係的調整。它將言說者、聆聽者、書寫者都統一為自我，而無須上帝出席。其間即或借用某些宗教意象，也多為表層的形式元素，而與彼岸世界無關。

對於社會和命運施予的擠壓和不公，美國自白詩人常常如女巫一樣瘋狂報復，以自我的燃燒來摧毀世界，"從灰燼裏，/我披著紅發升起，/我吞吃活人就象呼吸空氣"（普拉斯《拉紮勒斯女

69　張子清：《二十世紀美國詩歌史》，吉林教育出版社，1995年版，第620頁。

士》）；但面對無所不在、全知全能的上帝，他們又深感自己的
卑微與罪責，於是又在強烈的"原罪"意識支配下懲罰自己，構
成施虐者與受虐者的複合體。而深受普拉斯、塞克斯頓等影響的
中國自白詩人儘管也不乏一些瘋言瘋語，但卻因上帝的缺席而少
去了自我的貶謫，她們意念堅定，信心滿滿，主動承擔起改變命
運、重建秩序的重任，"我在夢中目空一切/輕輕地走來，受孕於
天空/……我目睹了世界/因此，我創造黑夜使人類倖免於難。"
（翟永明《女人》）在此，中國自白詩人超越了美國自白詩人施
虐、受虐的情感層面，而賦予詩歌以強烈的創造意識與拯救意識。
她們不是破毀世界的女巫，而是以"女媧"為原型的、有著高貴
神秘品質的、力圖創世救世的女神。她們即是自我的上帝。

（二）疾病療治與性別確證

　　"二戰"後，美國社會遭遇了巨大的信仰危機。空前的人類
大屠殺顯露了科技理性的負面效應、揭穿了資產階級民主自由的
虛偽面目。相繼而來的反共風潮、"冷戰"、核威脅讓美國人在
充分享受"豐裕社會"帶來的物質富足之時，又不得不面對價值
真空所引發的虛無感、厭世情緒。"時代病"加上個人的敏感性
情和坎坷遭際，美國自白詩人幾乎程度不一地患有精神疾病。他
們之所以從事自白寫作，一個重要原因就是接受醫生建議，在精
神分析學說導引下，試圖在藝術創造中沖決道德倫理堤壩，釋放
被壓制的潛意識和無意識，求取理性與非理性的平衡，重返正常
的生活軌道。在佛洛德看來，文學是在力比多推動下營構的"白
日夢"。它包含著創作者在現實生活中難以表露、難以實現的意
欲。它能夠以超越現實的藝術幻境為那些遭受過分壓制的欲望提
供宣洩通道，成為療治精神疾病的重要手段。在佛洛德及其弟子

榮格的影響下，美國自白詩人不再堅持“人是理性的動物”，而
主張在非理性狀態下，將自己全部的感覺、情緒、體驗、欲望都
直接寫入詩中。在掙脫理性枷鎖後，詩人或耽於幻想世界中自怨
自艾，冷漠孤寂，喃喃自語；或任由不可遏制的生命衝動、情緒
激流所擺佈，熾熱瘋狂，歇斯底里，近於病態。這些作品不僅如
夢囈般失去了明晰的邏輯關聯和語言節奏，而且頻頻觸及精神分
裂、戀父、墮胎、經血、婚外情、吸毒、自殺等道德禁忌題材。

　　比美國詩人幸運，中國自白詩人並沒有遭受精神疾病的困
擾，也未借精神分析學說探究“自白”的療治效果。但其對“自
白”仍然情有獨鐘，並一度將“自白”作為抵至女性解放的必由
之路。從“五四”新文化運動至抗日戰爭、至共和國成立、至文
革結束，及至新時期開始，女性解放始終附屬於民族解放、國家
獨立、人民翻身等宏大命題。雖然在現代民族國家體系內，女性
不斷被賦予諸多“人”的基本權利，但“女性”始終未能在兩性
框架內以男性為對立面去求證自己的特殊意義，未能從“人”當
中進一步剝離出女性的獨特存在。所謂的主流話語、權威話語實
質是以“人”的代言者來宣揚男權意志，它非但不能有效傳達女
性的生命體驗，反會造成新的遮蔽與扭曲。為此，女性不得不放
棄已被男權牢牢掌控的公共空間和主流價值，而將自身的唯一領
地“身體”作為對抗男權的工具。她們放棄了對外部世界的指
涉，將男性強加於女性的價值意義、規範秩序全都懸擱起來，呈
現出封閉、內視、獨語、感性的“自白”特徵，滿足了私密話語
的基本要求。女性與自白的邂逅結合看似偶然，實則是女性解放
達到一定程度後在文學層面的必然體現。

　　從生成背景與創作動機不難看出，美國自白派與中國自白派
分別展開於理性與非理性、男權與女性兩類不同類屬的二元對立

關係中。前者借“自白”來釋放無意識洪流，強調對既有秩序的破毀，非理性色彩濃重；後者借“自白”復活個性、明確性別、突顯女性生命的獨立自在，偏重兩性關係的調整，包孕著豐富的理性因數。前者成員性別不拘，雖普拉斯、塞克斯頓等幾位女詩人聲名巨大，但其詩派領袖仍為男性詩人洛威爾；後者則是清一色的女性，幾乎覆蓋了上世紀八、九十年代之交最重要的女性主義詩人。前者筆下的主人公常常是癲狂病態，帶有自虐傾向，“只有魔鬼能吃掉魔鬼/在這血紅葉片的渴望中我爬向一鋪火炕”（普拉斯《燃燒的女巫》），“現在我被肢解成肢節，如無數棍棒飛舞”（普拉斯《榆樹》）；後者筆下的人物大多豐盈飽滿、健康優美，“四肢很長，身材窈窕/臀部緊湊，肩膀斜削/碗狀的乳房輕輕顫動/每一塊肌肉都充滿激情”。（伊蕾《獨身女人的臥室》）不過需要說明的是，男權話語主要致力於歷史政治的宏闊架構並竭力給世界以本質性的命名，理性意識突顯；女性話語主要關注於日常生活中的情感體驗，習慣以生命實感來代替抽象概念，理性意識相對淡薄。所以美國自白詩派圍繞“理性與非理性”關係所展開辨析同樣涉及到兩性話語的權力爭奪，它對非理性意識的彰顯削弱了男性話語的權威性，為女性開拓出更大的書寫空間，普拉斯、塞克斯頓與此不無關聯。而中國自白詩派從中汲取的主要成分正是這份更具現實針對性的女性意識，而不是更具破毀性的非理性意識。正因如此，中國自白詩人雖然極力反抗男權，但並不似美國詩人那樣在情緒上大起大落、在題材上驚世駭俗，而善於在靜美幽深之境求得心物交融、情思會通、兩性諧和，雖缺乏火山爆發式的力度，卻盡顯細膩清麗的女性特質。“舞蹈在體內生長/你看不見/我舞,它出現/它出現,我消失不在。”（翟永明《聞香識舞》）

三、"私密"與"公共"的融會

不可否認,自白詩派以對"私密空間"的堅守將一度懸浮於理念、技藝、文化和意識形態之上的詩歌重新歸位於日常生活、植根於個體生命經驗,恢復了詩歌的個人性與及物性。但它的極端自閉又切斷了個體與社會現實的有機聯繫,造成更為嚴重的盲視;它對感性或非理性的過分推崇不僅未能緩解精神危機,反加速了生命的終結。"個人性"最終限定為"私人性","真實性"淪為了"主觀性"。對於"自白"所存在的這些致命缺陷,美國自白詩派在後期曾做出反思:

> 儘管我的創作源自我曾擁有的感官直覺和情感經驗,但我並不贊同直抒胸臆式的哭喊,那樣的作品裏除了憤怒與傷害就別無所有的。詩人應該有能力控制並駕馭經驗,即便它如瘋狂、受虐那樣的讓人驚恐不已;詩人必須運用廣博、聰穎的智力去控制它們。在我看來,個體經驗是如此的重要,但它絕不能成為封閉的箱子,或滿足自戀體驗的鏡子。我相信詩歌必須與某些普遍的東西有內在的聯繫。[70]

儘管這段話的作者普拉斯最終未能以智性成功駕馭經驗,而是打開煤氣自盡。但她顯然已經意識到不加限制的"自白"將給詩人、藝術帶來的巨大傷害。與此同時,洛威爾也意識到自白書寫幾乎掏空了自己,必須以更多非我的題材來延續藝術生命"當

---

70 Karen Jackson Ford. *Gender and the Poetics of Excess: Moments of Brocade*, Jackson: University Press of Mississippi,2009:126.

我完成了《人生研究》時，我面臨一個大問號……我不知道它是否是我懸樑的繩或是生命線。"[71]這些警醒之言指出了自白詩歌的缺失，並直接催生了後自白派，將自白寫作推至新的階段。後自白派興起於上世紀 70 年代，代表人物有保羅・齊默、查理斯・賴特、威廉・馬修斯等。他們肯定了自白派對個人生命體驗的大膽直寫；但又指出："在缺乏他者參照下完成的自我描述本身即是失實的。真實的個體應存在于豐富的社會政治、歷史文化網路中，詩人應走出私密空間，重新佩帶'人格面具'，以'旁觀者'身份對'自我'予以多維觀照，詩人必須求助於社會生活才能使自傳體寫作更好地運作"[72]；與同此同時，還要努力從自我生命中抽繹出更深層、更普泛、更具本質性的人類普遍經驗，"我本人相信，我們生活在歷史裏，一個特定的地點裏，我準備了這些東西。"[73]保羅・齊默在代表作《齊默篇》中以第三人稱別開面地塑造了齊默形象。詩人聲稱要像自白詩人那樣表現自我，但不是自白派詩歌中赤裸裸的自我，而是穿了衣服的自我。"衣服"（也即"人格面具"）能讓自我更美、更豐富，但又不會影響真實性，"當我躲藏在精製的人格面具後面/大家總是知道我是齊默"。（《齊默在小學》）

　　與美國自白派的蛻變極為相近，中國自白派在進入 1990 年

---

71 張子清：《二十世紀美國詩歌史》，吉林教育出版社，1995 年版，第 628 頁。

72 Earl G. Ingersoll, Judith Kitchen, Stan Sanvel Rubin. *The Post-Confessionals: Conversations With American Poets of the Eighties*, Cranbury: Associated University Presses, 1989: 88.

73 Earl G. Ingersoll, Judith Kitchen, Stan Sanvel Rubin. *The Post-Confessionals: Conversations With American Poets of the Eighties*, Cranbury: Associated University Presses, 1989: 133.

代後也對"自白"的有效性提出質疑，並在寫作姿態上做出了及時調整。這方面最具典型意義的就是翟永明。這位中國自白派的領軍人物在 1980 年代後期寫的作品無論是精神氣質還是創作技藝亦或意象營構，都與普拉斯極為相近，故有"中國普拉斯"之稱。她以"我目睹"、"我創造"、"我來了"的獨白表述與男性世界徹底決裂，在二元對立模式中努力確證女性的獨立存在。但 90 年代後，在《咖啡館之歌》等詩集中，翟永明有意摒棄了單一的女性視角，而採用超性別的或雙性同體的寫作方式，同時也放棄了凌厲激越的語調和決絕的抗爭姿態，"我"忽為敍述者、忽為旁聽者，其間雜有"追憶"、"插話"、"細數"的碎片，主體人稱由"我"而分化為"我"、"我們"、"你"、"他"等等，不同人稱發出不同的聲音。它們用細微的聲音親切交談，營構出遠比自白更加豐富、更加真實的戲劇景觀和複調效果。這樣的文本既包納了情緒、體驗、事物的直接呈現，又加入了相應的觀察、分析和評論。[74]從傾訴轉向聆聽與觀看，從反抗轉向對話與交流，從抒情轉向敍事和戲劇，從宣洩走向體驗與思索，翟永明的自我突破與後自白派詩人達成了一致：以互動式敍述取代封閉式獨白，將個體生命經驗與廣闊的社會生活、歷史文化相融通，面向人生的至高價值和終極意義發出呼喚。從"自白"走向"後自白"，從"女性"走向"超性別"，新階段的自白寫作清除了自白詩派所堅持的激進主張所帶來的負面效應，重新調整了私密空間與公共空間、個人性與公共性的複雜關係。公共書寫必須植

---

74 羅振亞：《複調意向與交流詩學：論翟永明的詩》，《當代作家評論》，2006年第 3 期。

根於私密空間與個人性存在，否則極易成為理念的單性繁殖，淪為意識形態教化工具；但是個人言說也須置身公共空間方可獲豐富參照，進而全面深入地把握個體生命狀態。在詩史發展與具體的創作實踐中，公共性與個人性乃是一組不可分割的悖立組合，二者相互校驗、相互擴展，以雙方力量的激蕩與合流來不斷增強詩歌對真實自我的把握能力、對社會現實的處理能力。

結語：重建新詩"公共性"

一、"公眾性""公共性"與"個人性"的概念辨析

要討論重建新詩"公共性"的問題，我們首先需要將"公共性"與"個人性"、"公眾性"之關係略加辨析。"個人性"一向被視作"公共性"的對立面，"公眾性"則常常與"公共性"混用，似乎與"公共性"較為相似，然而事實卻並非如此。

德國哲學家哈貝馬斯在《公共領域的結構轉型》一書中指出，"公共性本身表現為一個獨立的領域，即公共領域，它和私人領域是相對立的，有些時候，公共領域說到底就是公眾輿論領域，它和公共權力機關直接相抗衡。"[1]根據哈貝馬斯的觀點，公共領域是國家與社會之間的一種中間地帶，公眾在公共領域發表"個人"的觀點，形成"批判性"的公眾輿論，旨在對公共權力機關加以干涉。而公共領域又分為文學公共領域與政治公共領域，前者因較後者相對柔和，成為公共話題進入政治公共領域的有效管道。

因此，在本文中，我們認為文學的公共性是指文學活動的這樣一種性質：個人在文學公共領域發聲，文學活動成為公共輿論的一部分，以達到對公共權力進行干涉或抗衡的目的。

當我們對文學的公共性有所瞭解之後，再反觀我們建國初期

---

[1]〔德〕尤根·哈貝馬斯：《公共領域的結構轉型》，曹衛東等譯，學林出版社，1999年版，第2頁。

的文學創作——由於國家和社會完全統一,並沒有開放的、批判性的公共領域存在,作家和知識份子無法發出個人的聲音(有一部分"潛在寫作"者除外),所創作的大多是歌頌新生政權,宣傳政策,以及記錄革命史的作品,如一度流行的"政治抒情詩""樣板戲""新民歌運動"等,這些作品受到萬眾矚目,掀起了許多群眾性的熱潮,這種被過分強調的"公眾性",或曰"群眾性"恰好與"公共性"相反,它代表的是公眾觀念的統一,國家權力對公眾輿論的專制,而非公共領域中的開放的、自由的、批判性的觀點對國家權力與社會現實的幹預。

"公眾性"與"公共性"只差一字而面目全非,其關鍵的區別就在於是否允許文學"個人性"的存在,在"公眾性"的文學領域中,少數服從多數,只有統一的,符合政權制度的聲音能夠存在,而在"公共性"的文學領域中,"個人性"恰恰是必不可少的,它不但不是"公共性"的對立面,反而還是"公共性"得以存在的基礎,只有讓每一個人都能"發出個人的聲音",文學充滿"個人性"的色彩,才能形成完整、可靠的社會輿論,由文學公共領域走向社會公共領域,最終達到對國家權力和社會現實的幹預。

二、走出"公眾性"

今日我們討論的新詩公共性重建的話題,是建立在新詩曾有一個公共性得到充分張揚的時期這一結論之上的,在新詩誕生的早期,也就是新文學誕生之初,文學革命與時代變革緊密結合,從"為人生"的文學到"革命文學",始終可見當時的作家知識份子參與公共事件,幹預現實生活的熱情,而我們也不難發現,這種文學公共性的張揚之前提是文學個人性的保障。

在新文學誕生之初，由於軍閥政府的鬆懈管制，作家們擁有自由言說的空間，文言文到白話文的語言變革，西方文學理論的大量輸入，個體價值的確立，社會轉型期人民精神和思想的大解放……這些條件使得詩人和作家們言說的能力也得到了充分釋放，表現為流派眾多、社團林立 —— 自敘傳小說，感傷主義，湖畔派，新月社……文學成為一個自由的，充滿活力的領域，每一個寫作者都能擁有自己的主張。當我們審視第三代詩歌的語境時，會發現歷史正在重演，社會轉型期的思想大解放，政治權力在文化藝術領域的撤退，以及伴隨改革開放帶來的西方文藝理論的爆炸性輸入，給詩人們重建新詩公共性提供了極好的機遇，但他們還面臨著一個障礙，那就是詩歌公眾性的後遺症。

我們姑且以於堅為例。於堅，1954 年 8 月出生于雲南昆明，14 歲輟學在家，16 歲進入工廠，20 歲時開始寫詩，25 歲發表第一首作品，26 歲時進入雲南大學中文系學習，1984 年大學畢業，1985 年時和韓東一起創辦《他們》，1986 年發表成名作《尚義街六號》……

將他的生平對應新詩發展史，我們不難發現，於堅首先在童年時經歷了了 50 年代末的 "大躍進民歌運動"，然後經歷了 60 年代的 "政治抒情詩" 時代和文革時期的 "左派詩歌" 與 "地下詩歌" 並存的時代，於堅開始寫作是 1979 年，正值中國改革開放，思想異常活躍和開放之時，這一年，《詩刊》先後刊出了北島的《回答》，舒婷的《祖國啊，我親愛的祖國》，顧城也在同年寫出了著名的《一代人》。於堅的整個大學時期，朦朧詩人一直佔據詩壇的巔峰位置，直到 1986 年前後，第三代詩人走進大眾的視線，當然，於堅也是其中的一員。

　　回顧 1954-1986 的這段新詩史，我們不難發現，於堅和韓東一起創立《他們》之前，其實經歷了新詩史上兩個非常極端的時期，其一是新詩的"公眾性"非常強烈的時期，如大躍進時的民歌運動，天安門詩歌運動，等等，這些詩歌自覺承擔了"人民的發言人"的角色，渴望表達政治訴求，追求群情激動的"廣場效應"；其二，是改革開放後，朦朧詩時代對這種"公眾化"的反動，由渴望表達政治訴求，變為對政治傷害的拒絕和反思，由追求"廣場效應"，變為用隱喻來與讀者保持距離，詩歌日漸成為了一種精英文學。

　　其實，不管是"公眾性"的詩歌還是"反公眾性"的詩歌，都只是同一個維度中詩歌觀念的更新。而對於堅來說，對詩歌觀念的更新是遠遠不夠的，"重建一種新的詩歌精神，遠比對一個時代已經確立的東西進行反動要困難得多"[2]當我們瞭解了於堅所經歷的這兩種詩歌體驗後，再來看於堅所提倡並實踐的詩歌理論，才會發現這些理論真正的意義與價值。

三、建立個人性

　　於堅詩歌觀念主要有三點，即表現對象的日常化、表達語言的口語化，以及在表現方式上"消解隱喻"，這三個點，也正是建立詩歌個人性，通向詩歌公共性的三種途徑。

（一）個人化的詩歌對象

　　政治抒情詩人的代表郭小川所創作的《致青年公民》一詩中

---

2 於堅：《於堅詩學隨筆》，陝西師範大學出版總社有限公司，2010 年版，第 4 頁。

寫到“……你們心上的世界/如藍天那樣/明澈而單純/就連夢/都像百花盛開的曠野/那般清新……在前進的道路上/還常有/淒厲的風雨/和雷的轟鳴……”使用的都是遠離日常生活的、有著濃厚象徵含義的“藍天”“夢”“百花”“風雨”“雷鳴”這些事物為詩歌意象，朦朧詩人們呢？我們且看北島《回答》中的一段——“……我不相信天是藍的/我不相信雷有回聲/我不相信夢是假的/我不相信死無報應/如果海洋註定要決堤/就讓所有的苦水都注入我心中/如果陸地註定要上升/就讓人類重新選擇生存的峰頂……”在這幾句詩中，作者使用的意象是“藍天”“雷聲”“夢”海洋”“陸地”，與郭小川的詩歌在意象選擇上其實並沒有明顯差別。這恰恰說明，朦朧詩人們對文革詩歌的反動，主要是在作品的思想、主題上，發出了長期被政治壓抑的反叛的聲音，雖然言說方式和詩歌精神有異，但政治抒情詩和朦朧詩實際上都在同一個維度中——前者作為人民的“代言人”自覺用“煽動性”的語言對這個國家發出激昂的號角式歌唱，後者則作為人民的“啟蒙者”自覺用相對較為“晦澀”的語言向這個國家發出悲壯的號角式的低鳴，訴說著曾經為之帶來的傷痛以及關於未來的崇高理想。

因此，要建立新詩的個人性，就必須要打破“公眾的”“統一的”書寫對象，曾經政治抒情詩中對領袖和政黨的歌頌，朦朧詩中對歷史的反思或形而上的思考都是單聲部的書寫，詩歌公共空間中缺少對現實生活的表現，也就談不上真正的人文關懷。因此，於堅在他的《詩六十首·自序》裏說“我只相信我個人置身其中的世界，我說出我對生存狀況的感受，我不想去比較這種狀況對另一個世界意味著什麼，這不是詩歌的事。”實際上就是將詩歌從政治意識形態和形而上世界中解放出來，將自己的書寫對象指向了個人的日常生活。

　　他在《哀滇池》一詩中寫到"在這個時代　日常的生活幾乎就等於罪行/誰會對一個菜市場的下水道提出指控？/上週末　在圓西路　夏季上市的蔬菜之間/嗅到一些馬魚的氣味　猶如魚販的刀子/隔開了一個包藏著黑暗的腹部"[3]

　　在這幾句詩中，詩人一開始就點明瞭他所關注的是"日常生活"，他摘取了"菜市場""下水道""圓西路""馬魚""魚販"這些日常事物作為描寫對象，試圖讓詩歌關注生活本身，我們也相信，只有將詩歌落實到日常生活之中，才會因生活之豐富產生豐富的詩歌，個體價值由其獨特性得到確立，新詩的公共空間才得以確立。

（二）個人化的詩歌語言

　　堅持書寫日常生活使詩歌得到了個人性的書寫對象，而堅持書寫日常生活則勢必引出另一個主張 —— 用個人性的語言書寫個人性的生活 —— 也就是口語化寫作。

　　於堅認為"口語化的寫作，是對五四以後開闢的現代白話文學的'推倒雕琢的阿諛的貴族文學，建設平易的抒情的國民文學；推倒陳腐的鋪張的古典文學，建設新鮮的立誠的寫實文學；推倒迂晦的艱澀的山林文學，建設明瞭的通俗的社會文學'（陳獨秀《文學革命論》）這一方向的某種承繼。"[4]這也引起了我們的思考 —— "國語的文學"與"文學的國語"在新文學誕生之初是密不可分的，而新詩誕生之初的公共性特徵明顯是否和新詩語言革命有特殊關係呢？

---

3 於堅：《於堅的詩》，人民文學出版社，2003 年版，第 106 頁。
4 於堅：《於堅詩學隨筆》，第 49 頁。

對來自雲南說著昆明方言的於堅來說，普通話與方言的差別正如文學革命之前的文言文與白話文的差別一樣，普通話只存在於電視、廣播、會議發言，這些脫離日常生活的，官方的、傳播意識形態和價值觀念的場合。

"口語化寫作實際上復蘇的是以普通話為中心的當代漢語的與傳統相聯結的世俗方向，它軟化了由於過於強調意識形態和形而上思維而變得堅硬好鬥和越來越不適於表現日常人生的現時性、當下性、庸常、柔軟、具體、瑣屑的現代漢語，恢復了漢語與事物和常識的關係……口語的寫作的血脈來自方言，它動搖的卻是普通話的獨白。它的多聲部使中國當代被某些大詞弄得模糊不清的詩歌地圖重新清晰起來……"[5]

從上面這段話我們可以看出，於堅對"口語化寫作"的宣導，實際上還是出於走出公眾性詩歌的時代、重建五四詩歌精神的動機（不管於堅是否自覺，這種精神中包含強烈的公共性特徵）。50年代政府對普通話的推廣是伴隨著政府對群眾思想、對文藝的絕對控制一同到來的，普通話寫作的"堅硬"正來自於它作為官方語言所必須具備的規範性，"自上而下"的推廣模式使它天然的就與政治意識形態和形而上思維緊密聯繫，同時，雖然統一的普通話寫作更易於傳播，卻也更易於使詩歌變成"宣教"的，"公眾"的，"啟蒙獨白"式的產物。

同時，於堅也澄清了，所謂的"口語化寫作"並不是指"口水詩"或用"口語"寫作，而是指用貼近日常生活的語言寫作，實際上也正是為了"書寫日常生活的詩意"。如《春天詠歎調》開頭就寫"春天/你踢開我的窗子/一個跟頭翻進我房間"[6]就在這

---

5 同上，第50頁。
6 《於堅的詩》，第67頁。

種極為平易的語氣之中，規避了普通話寫作所必須的典雅莊嚴，展示了於堅所特有的個性。因此，我們認為，於堅所提出的口語化寫作不僅使詩歌保持了與日常生活的緊密聯繫，也使得詩歌領域裏能夠容納更多個人性的聲音，“響起多聲部的合唱”，這種合唱正是詩歌公共性建立的一種前奏。

（三）個人化的言說方式

公眾性詩歌之所以得以建立，是與大眾共同的閱讀基礎分不開的，不管是政治抒情詩中的“紅太陽”，還是朦朧詩中的“血淋淋的太陽”，實際上都與大眾的閱讀基礎相契合，這些隱喻成為了一種人盡皆知的“言外之意”，為公眾理解詩歌提供了捷徑。美國詩人華萊士·史蒂文斯曾說“沒有隱喻，就沒有詩”[7]，但如果詩人一直在這種墨守成規的隱喻系統中書寫，幾乎無法描寫實在的“個人體驗”。

於堅他在《拒絕隱喻：一種作為方法的詩歌》一文中寫到：“詩被遺忘了，它成為隱喻的奴隸”“幾千年來一直是那兩萬左右的漢字迴圈反復地負載著各時代的所指、意義、隱喻、象徵⋯⋯能指早已被文化所遮蔽，他遠離存在”“漢語不再是存在的棲居之所，而是意義的暴力場”“專制的語言暴力，它合法地強迫人在既成或現場隱喻的意義系統中思想⋯⋯”[8]

當我們細讀這些句子時，就會發現根植在第三代詩人內心深處的一種“影響的焦慮”，當詞語被賦予了千百年來形成的強大的隱喻場，當我們詩中的“太陽”不再只是空中的太陽，而是“光

---

7 耿國麗：《從影響的焦慮看於堅拒絕隱喻的詩歌創作理論》，《大眾文藝》，2009年第9期。

8 《於堅詩學隨筆》，第7頁。

明" "輝煌" 甚至 "領袖" "政黨" 的隱喻時，我們所寫的詩就已經被隱喻所捆綁了，正是這些 "不言而喻" 的隱喻使作者陷入被誤讀的困境，每一個詞語都被傳統賦予了特殊含義而不再指向自身，"紅太陽" 因為代表 "毛主席" 而變成了有號召力的，宣傳性的詞語，最終也就成為了 "公眾性" 的。

於堅的《作品 89 號》一詩中寫道 "在秋天懷念秋天/如今只有回憶能抵達這個季節" "我像一個嘮嘮叨叨的告密者/既無法叫人相信秋天已被肢解/也無法向別人描述/我曾見過這世界/有過一個多麼光輝的季節"。[9]只有我們瞭解了於堅對於語言與存在脫節的這種現實的洞察，才能捕捉到無法言說 "秋天" 的這種焦慮 —— "一個詩人可以自以為他說的秋天就是開始的那個秋天，而讀者卻在五千年後的秋天的隱喻上接受它。"[10]

哈樂德·布魯姆的《影響的焦慮》一書在 20 世紀 80 年代譯介到中國，這個時期也正是第三代詩人的風格形成期，我們並不能確定於堅受到了他的直接影響，但巧合的是哈樂德·布魯姆提到的六種修正比裏有一類正是第三代詩人的寫作旗幟，即第四類 "魔鬼化（Daemonization），即朝向個人化了的 '逆崇高' 運動，是對前驅的 '崇高' 的反動。"[11]於堅詩歌對前驅（朦朧詩人）的反動是顯然易見的，前面論述的 "書寫日常生活" "口語化寫作"，都是 "逆崇高" 的表現，同樣的，"隱喻" 作為朦朧詩人最鍾愛的修辭手法，受到第三代詩人的反抗也順理成章了。

朦朧詩人們大多從文革年代成長起來，文革時期和新時期之初的政治抒情詩裏 "隱喻"、"象徵" 的手法已被廣泛運用，如

9　《於堅的詩》，第 6 頁。
10　《於堅詩學隨筆》，第 11 頁。
11　〔美〕哈樂德·布魯姆：《影響的焦慮》，徐文博譯，北京三聯書店，1992 年版，第 14 頁。

郭小川《祝酒歌》中的“黨是太陽，咱是向日葵”，以及公劉的《哎！大森林》裏關於“森林”和“啄木鳥”的隱喻，朦朧詩人們自覺或不自覺的承繼了這一手法，構築起了龐大、繁複的意象符號系統，如梁小斌的“鑰匙”，顧城的“眼睛”，海子的“麥地”“遠方”“春天”……可以說“隱喻”手法在朦朧詩人們筆下得到了登峰造極的運用，這種誇張的運用成就了詩歌的“朦朧”，也進一步使得語符遠離其本意，而被加諸各種象徵和比喻義。

因此，為了使語言回歸存在，也為了使詩歌走出公眾性的泥沼，回歸個人，書寫日常生活，逆崇高、反前驅與拒絕隱喻就被緊密地結合起來了。以于堅的名作《尚義街六號》為例，“尚義街六號/法國式的黃房子/老吳的褲子晾在二樓/喊一聲 胯下就鑽出戴眼鏡的腦袋/隔壁的大廁所/天天清晨排著長隊/我們往往在黃昏光臨/打開煙盒 打開嘴巴/打開燈……”[12]

在這首詩中，於堅要表現的是“尚義街六號”裏的日常生活，使用的是口語化的詞語，如稱呼“老吳”，同時，他有意識拋棄了隱喻義過重的意象，“尚義街六號”只是普通人的普通居所，並不是“大雁塔”“盧溝橋”一類的地標式建築，“喊一聲 胯下就鑽出戴眼鏡的腦袋”也沒有避諱可能帶來的不禮貌的含義，使詩歌獲得了最大限度的真實和自由。

四、走向公共性

通過上文對於堅詩歌理論三條脈絡的論述，我們可以看出，於堅所提出的“書寫日常生活”“口語化寫作”“拒絕隱喻”這三種詩歌理論，無一不是在帶領詩歌走出前人的影響，走出“公

---

12 《於堅的詩》，第250頁。

眾性”模式，而建立一種用個人的語言，寫個人的生活的“個人性”的詩歌範式。

我們在上文已經指出，個人性詩歌範式的確立是詩歌公共性存在之前提，但是，個人性的詩歌范式建立之後，不僅為公共性的建立敞開了大門，隨之而來也出現了許多問題，如“口語化寫作”演變成“口水詩”，“書寫日常生活”演變成“私人化寫作”“身體寫作”，拒絕隱喻、反崇高的寫作導致詩歌成為一種“語言遊戲”“反懂詩”等等。鑒於詩歌創作中的這些轉向，一些學者認為“在當下中國，文學公共領域的恢復與重建已不太可能”[13]然而我們認為，隨著詩歌個人性特徵的自由發展，必然導致兩極的出現，一端是私人性，另一端則是公共性。詩歌“公共性”的建立不僅需要詩人們具備個人性的言說能力，同時需要良好的詩歌生態環境，政府對言論的控制、讀者對公共知識份子或“代言人”的敏感，文學商業化對詩人創作的衝擊都能成為詩歌公共性建立滯緩的緣由。

其實，今天的我們並不是害怕“被代言”，而是害怕沒有人替我們發聲，我們害怕的是個人的聲音被抹殺，害怕所有人都被同一種聲音代言，正如馬爾庫塞所說：“當一個社會按照它自己的組織方式，似乎越來越能滿足個人需要時，獨立思考、意志自由和政治反對權的基本的批判功能就逐漸被剝奪。”[14]詩歌個人性的建立正是為了使個人擁有發聲的能力，擁有書寫個人的生活，使用個人的語言的能力，但要讓每個人都擁有發聲的權利和發聲的意志，則還有漫長的道路要走。

---

13 趙勇：《文學活動的轉型與文學公共性的消失》，《文藝研究》，2009 年第 1 期。
14 〔美〕赫伯特·馬爾庫塞：《單向度的人》，上海譯文出版社，2005 年版，第 3頁。

464 紫燕銜泥　眾口築居 —— 中國新詩的 "公共性" 研究

參考文獻

一、著　作

艾青：《艾青全集》，花山文藝出版社，1991。

艾青：《詩論》，人民文學出版社，1957。

艾青：《詩論》，人民文學出版社，1980。

〔奧地利〕斯蒂芬・茨未格：《與魔鬼作鬥爭》，徐暢譯，西苑　　出版社 1998。

〔保〕基・瓦西列夫：《情愛論》，趙永穆等譯，北京三聯書店，　　1984。

蔡清富、穆立立選編：《穆木天詩文集》，時代文藝出版社，1985。

陳本益：《中外詩歌與詩學論集》，西南師範大學出版社，2002。

陳超：《打開詩的漂流瓶》，河北教育出版社，2003。

陳晉：《文人毛澤東》，上海人民出版社，1997。

陳均編注：《速讀中國現當代文學大師與名家叢書・聞一多卷》，　　藍天出版社，2003。

陳思和：《中國新文學整體觀》，上海文藝出版社，2001。

陳仲義：《中國前沿詩歌聚焦》，中國社會科學出版社，2009。

程光煒：《中國當代詩歌史》，中國人民大學出版社，2003。

崔衛平主編：《不死的海子》，中國文聯出版社，1993。

〔德〕荷爾德林：《荷爾德林詩選》，顧正祥譯注，北京大學出版社，1994。

〔德〕瓦爾特·本雅明：《發達資本主義時代的抒情詩人》，張旭
　　東、魏文生譯，北京三聯書店，1989。

〔德〕威廉·狄爾泰：《體驗與詩》，胡其鼎譯，北京三聯書店，
　　2003。

〔德〕尤爾根·哈貝馬斯：《包容他者》，曹衛東譯，上海人民
　　出版社，2002。

〔德〕尤根·哈貝馬斯：《公共領域的結構轉型》，曹衛東等譯，
　　學林出版社，1999。

杜運燮等編：《一個民族已經起來》，江蘇人民出版社，1987。

杜運燮、周與良等編：《豐富和豐富的痛苦：穆旦逝世 20 周年紀
　　念文集》，北京師範大學出版社，1997。

〔法〕梅洛-龐蒂：《知覺現象學》，薑志輝譯，商務印書館，2001。

〔法〕朱莉亞·克利斯蒂瓦：《漢娜·阿倫特》，劉成富、陳寒
　　等譯，江蘇教育出版社，2006。

馮至：《馮至全集》，河北教育出版社，1999。

〔古希臘〕亞裏斯多德：《形而上學》，吳壽彭譯，商務印書館，
　　1996。

顧城：《顧城詩全集》（上、下卷），江蘇文藝出版社，2010。

顧城：《顧城哲思錄》，重慶出版社，2012。

顧城：《睡眠是條大河》，江蘇文藝出版社，2012。

郭沫若：《郭沫若集》，中國社會科學出版社，2005。

郭沫若、周揚編：《紅旗歌謠》，紅旗雜誌社，1959。

郭小川：《郭小川詩選》，人民文學出版社，1985。

郭小川：《談詩》，上海文藝出版社，1978。

海濤、金漢編：《中國當代文學研究資料叢書·艾青專集》，江蘇

人民出版社，1982。

海子：《海子的詩》，北京：人民文學出版社，1995。

海子：《海子詩全編》，作家出版社，2009。

何其芳：《何其芳全集》，河北人民出版社，2000。

何軒編著：《中國“打工詩歌”輯錄與評點》，湖北人民出版社，
　　2010。

洪子誠：《問題與方法》，北京三聯書店，2002。

洪子誠：《在北大課堂讀詩》，長江文藝出版社，2002。

洪子誠：《中國當代文學史》，北京大學出版社，2001。

洪子誠：《中國當代新詩史》，北京大學出版社，2010。

洪子誠、程光煒編《朦朧詩新編》，長江文藝出版社，2009。

胡風：《胡風晚年作品選》，灕江出版社，1987。

胡適：《中國新文學大系‧建設理論集》，上海良友圖書印刷公
　　司，1935。

黃曼君：《郭沫若作品欣賞》，廣西教育出版社，1986。

〔加拿大〕Charles Taylor，*Modern Social Imaginaries*，Durham and
　　London：Duke University Press，2004.

蔣登科：《九葉詩人論稿》，西南師範大學出版社，2006。

蔣光慈：《蔣光慈文集》，上海文藝出版社，1988。

藍棣之編選：《新月派詩選》，人民文學出版社，2002。

樂齊編：《精讀朱湘》，中國國際廣播出版社，2006。

李野光：《惠特曼研究》，上海外語教育出版社，2002。

廖亦武編：《沉淪的聖殿 —— 中國 20 世紀 70 年代地下詩歌》，
　　新疆青少年出版社，1999。

林毓生：《中國傳統的創造性轉化》，北京三聯書店，1988。

劉小楓：《沉重的肉身 —— 現代性倫理敘事的緯語》，上海人民

　　出版社，1999。

劉曉純：《從動物的快感到人的美感》，山東文藝出版社，1986。

柳冬嫵：《從鄉村到城市的精神胎記：中國 "打工詩歌" 研究》，
　　花城出版社，2006。

陆耀東等主編：《聞一多殉難 60 周年紀念暨國際學術研討會論
　　文集》，武漢大學出版社，2007。

魯迅：《魯迅全集》（第6 卷、第8 卷），人民文學出版社1981。

呂進：《中國現代詩學》，重慶出版社，1991。

呂進：《對話與重建》，西南師範大學出版社，2002。

呂進：《呂進文存》，西南師範大學出版社，2009。

綠原：《綠原自選詩》，人民文學出版社，1998。

綠原、牛漢編《胡風詩全編》，浙江文藝出版社，1992。

芒克：《芒克詩選》，中國文聯出版公司，1989。

芒克：《今天是哪一天》，作家出版社，2001。

芒克：《瞧！這些人》，時代文藝出版社，2003。

茅盾：《茅盾論中國現代作家作品》，北京大學出版社，1980。

茅盾：《茅盾全集》（第 19 卷），人民文學出版社，1991。

毛信德、朱雋編：《諾貝爾文學獎獲獎作家隨筆精品》，百花洲
　　文藝出版社，2011。

〔美〕愛德華・W・薩義德：《知識份子論》，單德興譯，三聯
　　書店 2002。

〔美〕Earl G. Ingersoll, Judith Kitchen, Stan Sanvel Rubin，*The Post-Confessionals: Conversations With American Poets of the Eighties*, Cranbury: Associated University Presses,1989.

〔美〕哈利・T・摩爾：《愛的祭司：勞倫斯傳》，王立新等譯，
　　花山文藝出版社，1993。

〔美〕哈樂德‧布魯姆：《影響的焦慮》，徐文博譯，北京三聯書店，1992。

〔美〕漢娜‧阿倫特：《人的條件》，竺乾威、王世雄等譯，上海人民出版社，1999。

〔美〕赫伯特‧馬爾庫塞：《單向度的人》，上海譯文出版社，2005。

〔美〕惠特曼：《草葉集》，李野光譯，北京燕山出版社，2003。

〔美〕Karen Jackson Ford，*Gender and the Poetics of Excess: Moments of Brocade*，Jackson: University Press of Mississippi,2009.

〔美〕雷納‧韋勒克：《近代文學批評史》，楊自伍譯，上海譯文出版社，2009。

〔美〕約翰‧E‧彼得曼：《柏拉圖》，胡自信譯，中華書局，2002。

夢晨編選：《朱湘代表作》，華夏出版社，1998。

穆旦：《穆旦詩集（1939～1945）》，人民文學出版社，2001。

穆旦：《穆旦詩全集》，中國文學出版社,199。

穆旦：《穆旦詩文集》，人民文學出版社，2007。

穆立立：《穆木天詩選》，人民文學出版社，1987。

牛漢、郭寶臣主編：《名作欣賞·艾青》，中國和平出版社，1993。

錢春綺編譯：《德國浪漫主義詩人抒情詩選》，江蘇人民出版社，1984。

錢理群、溫儒敏、吳福輝：《中國現代文學三十年》（修訂本），北京大學出版社，1998。

錢鍾書：《寫在人生邊上‧人生邊上的邊上‧石語》，北京三聯書店，2002。

〔日〕Peter B. High: *An Outline of American Literature*. New York: Longman Inc.,1986.

食指：《食指的詩》，人民文學出版社，2000。

孫歌：《文學的位置》，山東教育出版社，2009。

孫文波等編：《語言：形式的命名》，人民文學出版社，1999。

孫玉石主編：《中國現代詩導讀（穆旦卷）》，北京大學出版社，2007。

〔蘇聯〕馬雅可夫斯基：《馬雅可夫斯基選集》，人民文學出版社，1984。

索榮昌、黃湛、陳方競編選：《穆木天研究論文集》，時代文藝出版社，1990。

唐弢：《西方影響與民族風格》，人民文學出版社，1989。

唐曉渡：《與沉默對刺 —— 當代詩歌對話訪談錄》，北京大學出版社，2012。

唐曉渡：《唐曉渡詩學論集》，中國社會科學出版社，2001。

唐曉渡、西川：《當代國際詩壇》（第四輯），作家出版社，2010。

天鷹：《一九五八年中國民歌運動》，上海文藝出版社，1959。

汪暉、陳燕穀主編：《文化與公共性》，北京三聯書店，1998。

王本朝：《20世紀中國文學與基督教文化》，安徽教育出版社，2000。

王恩衷編譯：《艾略特詩學文集》，國際文化出版公司，1989。

王乾坤：《文學的承諾》，北京三聯書店，2005。

王向遠：《東方文學史通論》，高等教育出版社，2013。

王學忠：《王學忠詩稿》，中國戲劇出版社，2005。

聞黎明：《聞一多年譜長編》，湖北人民出版社，1994。

聞黎明：《聞一多傳》，人民出版社，1992。

文聞編：《我所親歷的印緬抗戰 —— 原國民黨將領口述抗戰回憶錄》，中國文史出版社，2005。

聞一多：《聞一多全集》，湖北人民出版社，1993。

聞一多：《聞一多書信選集》，人民出版社，1986。

伍蠡甫主編：《西方文論選》，上海譯文出版社，1979。

西川：《大河拐大彎：一種探求可能性的詩歌思想》，北京大學出版社，2012。

西川：《深淺：西川詩文錄》，中國和平出版社，2006。

西川：《我和我：西川集》，作家出版社，2013。

向天淵：《現代漢語詩學話語（1917-1937）》，西南師範大學出版社，2002。

蕭開愚、臧棣、張曙光：《中國詩歌評論：細察詩歌的層次與坡度》，海文藝出版社，2012。

謝冕、唐曉渡主編：《磁場與魔方》，北京師範大學出版社，1993。

謝納：《空間生產與文化表徵:空間轉向視閾中的文學研究》，中國人民大學出版社，2010。

謝泳：《清華三才子》，新華出版社，2005。

辛笛等著：《九葉集》，江蘇人民出版社，1981。

徐敬亞、孟浪等編：《中國現代主義詩群大觀 1986～1988》，同濟大學出版社，1988。

徐行言、程金城：《表現主義與 20 世紀中國文學》，安徽教育出版社，2000。

徐志摩：《徐志摩詩歌全集》，武漢出版社，2010。

許毓峰、徐文鬥等編選《聞一多研究資料（上）》，北嶽文藝出版社，1986。

楊鍵：《文化大革命中的地下文學》，朝華出版社，1993。

楊克主編：《中國新詩年鑒（2000）》，廣州出版社，2001。

楊匡漢、劉福春編：《西方現代詩論》，花城出版社，1988。

楊義等著：《中國新文學圖志》，人民文學出版社，1996。

伊沙：《中國現代詩論：伊沙談詩》，臺灣秀威資訊科技，2011。

易彬：《穆旦評傳》，南京大學出版社，2012。

〔英〕D.H.勞倫斯：《查特萊夫人的情人》，趙蘇蘇譯，人民文
　　學出版社，2004。

〔英〕D.H.勞倫斯：《性與美 —— 勞倫斯散文選》，於紅遠譯，
　　知識出版社，1989。

〔英〕H.Lefebvre,*The Suruival of CapitaLism*, London: Allison and
　　Busby,1976.

〔英〕特雷·伊格爾頓：《二十世紀西方文學理論》，伍曉明譯，
　　北京大學出版社，2007。

〔英〕Thurley Geoffrey,*The American moment: American poetry in
　　the mid-century* ,London: Edward Arnold Ltd,1977.

餘虹：《文學知識學》，北京大學出版社，2009。

於堅：《於堅詩學隨筆》，陝西師範大學出版社，2010。

俞平伯：《俞平伯詩全集》，浙江文藝出版社，1992。

余英時：《士與中國文化》，上海人民出版社，2003。

餘悅主編：《世界禁書大觀》，百花洲文藝出版社，1994。

臧克家：《生命的零度》，新群出版社，1947。

臧克家：《臧克家全集》，時代文藝出版社，2002。

臧克家：《臧克家文集》，山東文藝出版社，1985。

張隆溪：《道與邏各斯》，馮川譯，四川人民出版社，1998。

張德明：《網路詩歌研究》，中國文史出版社，2005。

張隆溪：《道與邏各斯》，馮川譯，四川人民出版社，1998。

張桃洲：《現代漢語的詩性空間——中國新詩話語研究》，北京大學出版社 2005。

張志揚：《創傷記憶 —— 中國現代哲學的門檻》，上海三聯書店，1999。

張子清：《二十世紀美國詩歌史》，吉林教育出版社，1995。

趙思運《何其芳人格解碼》，河北大學出版社，2010。

鄭敏：《詩歌與哲學是近鄰：結構 —— 解構詩論》，北京大學出版社，1999。

鄭蘇伊、臧樂安編選《時代風雨鑄詩魂——臧克家文學創作評論集》，作家出版社，1996。

鄭振鐸：《中國俗文學史》，上海書店，1984。

中國社會科學院科研局組織編選：《郭沫若集》，中國社會科學出版社，2005。

中國文化書院學術委員會：《梁漱溟全集》（第 7 卷），山東人民出版社，2005。

周良沛選編：《七月詩選》，四川人民出版社，1984。

周倫佑：《周倫佑詩選》，花城出版社，2006。

朱大可：《聒噪的時代：在話語和信念的現場》，湖南文藝出版社，1998。

朱大可：《流氓的盛宴：當代中國的流氓敘事》，新星出版社，2006。

朱棟霖：《中國現代文學史 1917～1997》，高等教育出版社，1998。

朱曉進等：《非文學的世紀 —— 20 世紀中國文學與政治文化關係史論》，南京師範大學出版社，2004。

朱湘：《文學閒談》，北新書局，1934。

朱湘：《中書集》，中國文聯出版公司，1995。

朱自清：《論雅俗共賞》，北京出版社 2005。

朱自清：《新詩雜話》，廣西師範大學出版社，2004。

朱自清：《朱自清全集》，江蘇教育出版社，1996。

二、論 文

蔡清輝：《當代中國文學公共性的缺失與重構》，《中國藝術報》
　　2012 年第 12 期。

陳超：《北島論》，《文藝爭鳴》2007 年第 8 期。

程光煒：《不知所終的旅行》，《山花》1997 年第 11 期。

程光煒：《九十年代詩歌：另一意義的命名》，《山花》1997 年
　　第 3 期。

崔衛平：《海子、王小波與現代性》，《當代作家評論》2006 年
　　第 2 期。

杜運燮：《時代的創傷》，《萌芽》1946 第 1 卷第 2 期。

〔法〕M·福柯：《另類空間》，王喆譯，《世界哲學》2006 年
　　第 6 期。

高行健：《時代的號手：在巴黎召開的抗戰時期中國文學國際討
　　論會上的發言》，《詩探索》1980 年第 1 期。

耿國麗：《從影響的焦慮看於堅拒絕隱喻的詩歌創作理論》，《大
　　眾文藝》2009 年第 9 期。

宮承波、範松楠：《網路文化公共性建設中的知識份子作為》，
　　《山東社會科學》2012 年第 8 期。

寒山石《對當下詩壇的集體審判——從"趙麗華現象"說開來》，
　　《詩歌報論壇》2006.10.24.

赫牧寰：《1958 年"新民歌運動"的文化反思》，碩士學位論文，
　　東北師範大學 2006 年。

〔荷蘭〕柯雷：《非字面意義：西川的明確詩觀》，《詩探索》
　　2003 年第 3-4 輯。

〔荷蘭〕柯雷：《西川的〈致敬〉：社會變革之中的中國先鋒詩
　　歌》，《詩探索》2001 年第 1-2 輯。

蔣述卓、王斌：《城市與文學關係初探》，《廣東社會科學》2001
　　年第 1 期。

李樂平、姚國軍：《聞一多文藝思想的階段性分析》，《中州學
　　刊》2009 年第 1 期。

李潤霞：《從潛流到激流：中國當代"新詩潮"研究
　　（1966-1986）》，博士學位論文，武漢大學 2001 年。

李潤霞：《文革後民刊與新時期詩歌運動》，《新詩評論》2006
　　年第 1 期。

李少君：《草根性與新世紀詩歌》，《詩刊》2009 年 7 月上半月
　　刊。

李少君：《關於"草根性"詩歌問題的箚記》，《詩刊》2004 年
　　第 12 期。

李少君：《詩歌的草根性時代》，《長沙理工大學學報》2011 年
　　第 1 期。

李憲瑜：《中國新詩發展的一個重要環節："白洋澱"詩群研究》，
　　《北京大學學報》1999 年第 2 期。

梁雲：《海子抒情風格論談》，《深圳大學學報》1998 年第 2 期。

淩孟華：《新時期以來女性詩歌的三種寫作姿態》，《重慶師範
　　大學學報》2007 年第 6 期。

劉建成：《哈貝馬斯的公共性概念探析從批判到整合》，《教學
　　與研究》2008 年第 8 期。

劉士林：《城市化進程與都市文化研究在中國的發生》，《人文

雜誌》2006 年第 2 期。

劉鑫：《海子：浪漫精神的復活》,《中國青年研究》1995 年第 2 期。

龍泉明：《對於一種社會成規的革命：創造社詩歌創作綜論》,《西南師範大學學報》1998 年第 4 期。

路也：《白洋澱詩群的漂泊感和放逐感》,《當代小說》2007 年第 11 期。

羅振亞：《複調意向與交流詩學：論翟永明的詩》,《當代作家評論》2006 年第 3 期。

呂進：《新詩詩體的雙極發展》,《西南大學學報》2012 年第 1 期。

孟繁華：《文學該怎樣進入公共論域：關於底層寫作》,《深圳特區報》2010 年 8 月 23 日。

默弓（陳敬容）：《真誠的聲音》,《詩創造》第 12 期,1948 年 6 月。

穆立立：《關於吶喊式的詩》,《吉林師範學院學報》1988 年第 2 期。

穆木天：《譚詩 ── 寄沫若的一封信》,《創造月刊》第 1 卷第 1 期,1926 年 3 月 16 日。

歐陽江河：《89 後國內詩歌寫作：本土氣質、中年特徵與知識份子身份》,《花城》1994 年第 5 期。

戚濤、劉蘭蘭：《民族與自我:惠特曼的雙重身份建構》,《學術界》2012 年第 5 期。

沈奇：《何謂“知識份子寫作”》,《北京文學》1999 年第 8 期。

食指：《〈四點零八分的北京〉和〈魚兒三部曲〉寫作點滴》,《詩探索》1994 年第 2 期。

蘇舜：《詩話錄》,詩生活網站。

孫文波：《我理解的:個人寫作、敘事及其他》，《詩探索》1999
　　年第 2 期。

唐曉渡：《詩‧精神自治‧公共性》，《渤海大學學報》2007 年
　　第 5 期。

唐曉渡、金泰昌：《對話：詩‧精神自治‧公共性》，《江漢大學學
　　報》2007 年第 1 期。

陶東風：《阿倫特式的公共領域概念及其對文學研究的啟示》，
　　《四川大學學報》2010 年第 1 期。

陶東風：《論文學公共領域與文學的公共性》，《文藝爭鳴》2009
　　年第 5 期。

陶東風：《“七十年代”的碎片化、審美化與去政治化 —— 評北
　　島、李陀主編的〈七十年代〉》，《文藝研究》2010 年第 4 期。

王富仁：《聞一多詩論》，《海南師範大學學報》1993 年第 1 期。

王家新：《闡釋之外：當代詩學的一種話語分析》，《文學評論》
　　1997 年第 2 期。

王家新：《夜鶯在它自己的時代 —— 關於當代詩學》，《詩探索》
　　1996 第 8 期。

王家新：《知識份子寫作，或曰“獻給無限的少數人”》，《詩
　　探索》1999 年第 2 輯。

王珂：《新詩的困境：以“梨花體”事件和“羊羔體”事件為中
　　心的考察》，《探索與爭鳴》2011 年第 1 期。

王乾坤：《敬畏語言》，《詩書畫》2013 年第 4 期。

王士強：《詩歌民刊與網路詩歌的“崛起”：詩歌傳播方式變化
　　之於新世紀詩歌的意義》，《天津大學學報》2010 年第 5 期。

吳虹飛、陳琛：《詩人芒克：我完好無損地活到現在》，《名作
　　欣賞》2011 年第 31 期。

吳嚷：《七子之歌附識》，《清華週刊》第 30 卷第 11 和 12 合刊。

西川：《答西班牙〈虛構〉雜誌四問》，《當代》2001 年第 1 期。

西川：《海子詩歌的來源與成就》，《南方文壇》2009 年第 4 期。

向天淵：《新詩 "公共性" 問題的學理背景》，《廣東社會科學》2014 年第 1 期。

向天淵、趙玲：《論當代詩歌的公共性重建》，《長沙理工大學學報》2013 年第 3 期。

謝冕：《一顆星亮在天邊 —— 紀念穆旦》，《名作欣賞》1997 年第 3 期。

熊佛西：《悼聞一多先生》，《文藝復興》1946 年第 1 期。

徐長棟：《現實主義的困惑與探索》，碩士學位論文，西南大學2006 年。

徐熠：《國內首次食指詩歌研討會暨朗誦會在我校舉辦》，《南京理工大學學報》2009 年第 6 期。

薛冰：《大躍進中的 "新民歌運動"》，《讀書文摘》2010 年第 2 期。

一平：《孤獨之境 —— 讀北島的詩》，《詩探索》2003 年第 3-4 輯。

葉紅：《生成與走勢：新月詩派研究》，博士學位論文，東北師範大學 2010 年。

於堅：《真相 —— 關於 "知識份子寫作" 和新潮詩歌批評》，《北京文學》1999 年第 8 期。

臧棣：《後朦朧詩：作為一種寫作的詩歌》，《文藝爭鳴》1996 年第 1 期。

張邦衛：《救贖與獻祭》，《湖南大學學報》2004 年第 4 期。

張德明：《互聯網語境中的新世紀詩歌》，《中南大學學報》2008 年第 1 期。

張德明：《審美日常化：新世紀網路詩歌側論》，《東嶽論叢》2011 年第 12 期。

張閎：《北島，或關於一代人的"成長小說"》，《當代作家評論》1998 年第 6 期。

張麗：《論當下的小資和小資文學》，《溫州大學學報》2007 年第 5 期。

張清華：《在幻象和流放中創造了偉大的詩歌 —— 海子論》，《當代作家評論》1998 年第 5 期。

張松建：《艾略特與中國》，《外語與翻譯》2002 年第 3 期。

張穗子：《無目的的我 —— 顧城訪談錄》，詩生活網站。

趙勇：《文學活動的轉型與文學公共性的消失》，《文藝研究》2009 年第 1 期。

後　　記

　　最近幾年，我利用課餘時間不定期地帶領部分碩士生、博士生研討《文心雕龍》，每次都最先閱讀放在全書最後的《序志》篇。在該篇中，劉勰發出這樣的感歎："歲月飄忽，性靈不居，騰聲飛實，製作而已。"每當讀到這裡，我和同學都會有所唏噓。看來，劉勰寄望情智、聲名、業績經由著述（製作）超越時間、獲得永恆（居）、得以流傳（騰、飛）的感慨，歷經一千五百餘年仍然能夠引起我們的共鳴。現在，輪到我為本書寫後記了，劉勰的話再次逗引出我的回憶與聯想，請允許我簡單地說一說。

　　我出生于重慶市巫山縣，準確地講是神女峰腳下一個叫橫石溪的地方。念高中之前的十二三年間，我幾乎沒有離開過長江三峽中的巫峽。記不清從什麼時候起聽到這樣的句子："我住長江頭，君住長江尾，日日思君不見君，共飲長江水。"於是，我對江水滾滾奔湧而去的那個遠方充滿無限遐想，總覺得有一個什麼樣的人在那裡等著與我相見。後來，有了一些地理知識，我才明白，我的家鄉——我熟悉的巫峽，既不在長江頭，也不在長江尾，幾乎是長江的正中間。再後來，我知道這幾句話是北宋詞人李之儀《卜算子》一詞的上闋，下闋是"此水幾時休，此恨何時已，只願君心似我心，定不負相思意。"原來，這首詞屬於男子作閨音的代言體，那個"君"應該是一位女子的情郎，與我少年時的想像大相徑庭。不過，這並未削減我對那幾句詞的喜好之情。隨著年歲的增長，我對李之儀的興趣也與日俱增，逐漸瞭解他的經歷並陸續讀到他更多的詞作，大概是出於上述那個少年情結，對於《姑溪詞》中的多數作品，說得不雅不敬一點，頗有愛屋及烏的感覺。

好多年過去了，我搬進現在的公寓。入住不到兩年，幾隻燕子──我想最初應該是一對成年的燕子，後來添加了兩三隻乳燕吧──大約在排風扇發生故障的時候，從那個通向牆外的管道鑽入我家主衛生間的頂棚上面，盡然在那裡安居起來。每年都有很長一段時間能夠聽到它們窸窸窣窣甚至嘰嘰喳喳，從書房的視窗探出頭去，偶爾還會發現它們進出的身影。為了不驚擾它們，我們也只好讓排風扇永遠的壞下去，幸好，衛生間的窗子還不算小。

說來奇怪，自從發現燕子住進我家，我就想起了李之儀的另一首代言體的相思之詞──《踏莎行》："紫燕銜泥，黃鶯喚友。可人春色暄晴畫。王孫一去杳無音，斷腸最是黃昏後。　寶髻慵梳，玉釵斜溜。憑闌目斷空回首。薄情何事不歸來？謾教折盡庭前柳。"此後，"紫燕銜泥"，也就成為我心目中那幾隻築居我家的燕子的形象。

現在，又是春天，我主持的教育部人文社科專案最終成果即將出版。正當我為書名而苦苦思索的時候，燕子們又飛回來了。看著那翩然翻飛、似曾相識的身影，轉瞬之間，《紫燕銜泥　眾口築居──中國新詩的 "公共性" 研究》這個書名跳入我的腦海。

是的，恰如 "眾口築居"，這部書稿正是多人合作的結果。除我自己以外，比我稍晚的新詩所畢業生，現為湛江師範大學教授、南方詩歌研究中心主任的張德明，我此前指導過的碩士生，如今已然是山西兩所大學副教授的白傑、令狐兆鵬，以及與他倆同一屆的才女，"臧克家獎學金" 獲得者，現為《同舟共進》雜誌社編輯與記者的郭芙秀,再晚三年畢業,現在是河南固始縣委黨校副教授的肖照東,雖不是我指導,但卻友誼深厚的丁茂遠(華中科技大學博士生)、陳振波(廣西社會主義學院講師),都爽快地接受了我的命題作文,參與不同節次的撰寫。另外,去年才走出校園的趙玲、李銅飛、童敏、趙明、歐茂,今年也將告別新詩所的王懷昭、高慶、唐世奇,再加上仍然在讀的易亞雲、張蕊、肖華、陳燁、李雨萌、吳雪梅、王覓、李超然等同學,都先後加入這個項目組。作為剛剛步入學術園地的碩士生,這十余位同學一開始都心懷忐忑,對這個比較陌生的話題感到無從下手,經過多次討論與反復修改,他們的稿子都變得像模像樣,而且無一例外地通過審讀得以公開發表。統稿的時候,我對全部文字又做了必要的潤色,以保證結構與表達的大體一致。這樣的合作,不一定是最好的學術方式,但在當前學術生產體制之下,也算是不得已的選擇。儘管如此,我仍然對這一合作持充分肯定的態度,我相信,這本小書將見證我們這個群體的友誼,這種友誼既是學術的,也是超學術的。

說到這裡,我還得談談本書所討論的新詩"公共性"問題。對此,我在緒論中已經做了力所能及的梳理。但此時,我想說,詩歌"公共性",也正如一個神聖的居所,需要一大批詩人去建構,而這樣的行為,用"紫燕銜泥,眾口築居"去比喻,也未嘗不可。更何況,海德格爾的名言——"詩意的安居"——已經深入人心,如果能夠築造一個讓"公共性"得以的安居的詩學處所,我們的生活肯定會變得更加詩意盎然。

最後,我要對兩位已年過古稀的老人表示衷心的感謝。一位是呂進先生,作為中國新詩研究所的建立者與守護者,他竭盡所能地構築起一個讓全所師生與校友得以"向詩而生"的居所,這個居所是實體性的，更是心靈化的。就在書稿成型的時候，我請求呂進先生答應將《詩的公共性》一文弁于簡端，作為序言，他的慷慨允諾，讓本書增色不少。另一位是文史哲出版社的彭正雄先生，經友人介紹，他在五年之前曾出版過我的一本著作，這次又愉快地接納這部書稿，並以最快的速度完成編輯與排版。前年秋天，我曾拜訪過彭先生並參觀了他的出版社。作為一家人員不多，但影響不小的出版機構，其效率之高讓我和好些大陸學者都感歎不已。毫無疑問，文史哲出版社也是一個給無數學者帶來歡樂與溫馨的人文居所，而我正是這個群體的一員，何其有幸！

向　天　淵 西元 2015 年初春
于西南大學中國新詩研究所